佛陀在30歲開悟

編著——
謝圖經

1
—
2
—
3

圖1┃素有「人文諾貝爾獎」之稱
的「克魯格終身成就獎」得
主余英時教授（左）與張鳳
攝於普林斯頓書房。

圖2┃右起：哈佛大學王德威教授
（邀請回哥大向夏濟安、夏
志清昆仲致敬）、會議部分
演講者：韓南教授與李渝教
授、張鳳、陳東榮主任。

圖3┃哈佛大學佛斯特校長（左）
與張鳳在宴會中談話。

圖1 中國之美典的專家高友工教授（左）與張鳳攝於普林斯頓書房。

圖2 左起：葉嘉瑩、李惠儀、田曉菲教授與張鳳，於葉嘉瑩教授哈佛演講會合影。

圖3 詩詞開拓大家葉嘉瑩教授（前右二）90壽宴，與臺灣大學潘美月教授（前左二）、張鳳（前左一）、國家圖書館曾淑賢館長（後左一）等貴賓合影。

	1	2
	3	4
	5	6

圖1┃ 首位諾貝爾化學獎華裔得主李遠哲教授（左）與張鳳攝於哈佛大學。

圖2┃ 右起：詩人鄭愁予、物理學院士/小說家鄭洪教授、耶魯大學東亞系主任孫康宜教授演講、張鳳主持。

圖3┃ 論述中國文化與史學意識的詩人鄭培凱教授（右）與張鳳攝於哥倫比亞大學開會時。

圖4┃ 往訪書寫《未央歌》的藝術史家吳訥孫（鹿橋）教授伉儷（左二為吳教授，中為吳夫人）與廖炳惠教授（右一）、張鳳（右二）及陳子善教授（左一）合影。

圖5┃ 右起：卞學鐄教授、趙如蘭教授與研究戲劇還本歸原的臺益堅教授及張鳳合影於美東中文學校年會演講。

圖6┃ 右起：張鳳、鄭培凱教授、吳文津館長、李歐梵教授、杜維明教授、劍橋新語創辦人陸惠風教授，一齊共同主辦吳館長榮退。

1	2
3	4
5	
6	
7	

圖1 右起：李歐梵教授、王德威教授、張鳳、論講生命哲學的傅偉勳教授及創辦劍橋新語的陸惠風教授，參與專業協會議演講。

圖2 右起：院士小說家高能物理鄭洪教授（右）與張鳳（左）於葉嘉瑩教授（中）之演講會上。

圖3 左起：周欣平館長、杜維明教授、夏志清教授、趙如蘭教授與張鳳參與李又寧教授於紐約召開的華族對美國之貢獻大會。

圖4 右起：李又寧教授、孫康宜教授、鄭培凱教授與《女性人》創辦人陳幼石教授、洪越碧教授，當時由李惠儀教授進行演講，研討主題為「婦女與中國文化：女性主義對儒家傳統之反思」。

圖5 張鳳（左）將紀剛先生交託的鹿橋（吳訥孫）贈紀剛的墨寶帛書贈予柏克萊加大東亞館收藏，李錦桂女士（右）協助。

圖6 張鳳將韓南教授交託的張愛玲家傳繡荷包贈予柏克萊加大收藏，圖右為加大周欣平館長。

圖7 改變中國現代文學史生態譜系的夏志清教授（中）、王洞師母（右）與張鳳（左）歡敘。

序

杜維明

　　張鳳女士的《哈佛問學30年》是因對一批當代旅美學人「所學所思所感所行的關切」，而加以引介論述的文集。這本文集所採的筆法，既非扣緊文本的學術批評，也不是浮光掠影的品題人物，而是通過和每人進行面對面的溝通，逐字逐句的閱讀有關文獻，再加上「尋覓根苗」的思索，讓心影漸有雛形才作出勾勒，寫成篇章的。

　　自從1982年，歷史出身而偏好文學的張鳳和夫婿黃紹光博士遷居哈佛大學劍橋一帶以來，她即苦心於筆耕開拓人文天地，並藉方塊漢字建構自淑淑人的文化事業。我想張鳳選擇了一批文史哲工作者為書寫和評介的對象，與其說是對海內外媒體特別重視政治和企業人物（不必提明星和歌星）的反應。毋寧說是為自己提供了一吐胸中塊壘的園地。我們這批樂觀其成的學人對象，為她的熱忱、敬業和鍥而不捨的精神所動，也都感到能和一位有志趣投身人文學領域的道友談天、談心或通信，不是責任而是欣然的承諾。

　　多年來因為李歐梵教授創立，後王德威教授引領，和現在張鳳主持的哈佛中國文化工作坊；一度鄭培凱教授和我們主持的中國文化研討會（原九州學刊）年會及哈佛儒學研討會；過去趙如蘭教授和陸惠風教授作東（張鳳聯絡）的劍橋新語；還有張鳳創的北美華文作家協會－紐英倫分會；及通過大波士頓區中華文化協會安排召集的藝文小集等；哈佛已經成為在英語世界中經常用普通話談論「國學」（中國學問）的道場。

　　《哈佛問學30年》生動的刻畫了協力使哈佛大學成為「人和」勝境的一批求道者的學思歷程。我們不能改變新英格蘭的嚴冬和酷暑，我們雖然希望面向大西洋的美國歷史發源地可以為東亞文明的再生創造契機，但我們有自知之明，真正塑造劍橋話語的是現代西方的啟蒙心態。

　　不過，如果我們真像張鳳描寫那樣（她帶著深情，懷著厚意，用

褒而不貶的熱筆替一群在海外為「文化中國」招魂而不知自己魂歸何
處的智識分子,繪製了一幅具體圖象),我們的「想像社群」也許在
花果飄零之後還有一線「靈根再植」的生機!

---

*杜維明教授:哈佛大學首位哈佛燕京中國歷史及哲學與儒家研究講座教授
　及哈佛燕京學社首任華裔社長,東亞系首位華裔系主任。現任北京大學高
　等人文研究院院長、北京大學人文講習教授。

序

王德威

　　哈佛大學是舉世聞名的學術重鎮之一，也是美國常春藤八大盟校的龍頭老大。

　　自1636年建校以來，哈佛大學培育無數人才，堪稱人文薈萃，菁英輩出。近百年來，更有眾多華人學者在此傳道授業，或研究講學。他們的所思所見，不僅為這學府倍添光彩，也為二十世紀中美文化交流，寫下重要篇章。

　　張鳳隨著先生黃紹光博士到哈佛擔任核磁共振實驗室主任和貴重儀器中心主任來到哈佛大學，她自己又曾二十五年任職於西方漢學研究的寶庫──哈佛燕京圖書館編目組，藉地利人和之便，得以與哈佛文理各科華洋教授，時相往還。而與前來哈佛客座或訪問的學者，亦多有求教機會。本書各章，即為這些學術因緣的結集。每位學者不只暢敘他們的專長，也兼及個人為學歷程的省思。如：

　　余英時教授談歷史與思想的貫串方法，孫康宜教授談女性學者與女性研究的互動關係，李歐梵教授談城市現代性等等，張鳳對各個學派及學者都做了專精的研究，再經各位親閱授權發表，每一篇章嚴謹呈現學者的面貌風采，深入淺出，鮮活感人，且極具可讀性。

　　當代人物傳記，多偏重政商兩界；所談所錄，亦囿於一時一地的話題。《哈佛問學30年》以學者為主要寫作對象，以學術思想為論介重點。誠如哈佛校徽VERITAS美麗真實所謂，知識的追求、真理的辯證，方是文化建設百年大業的基石。

　　特為之序。

＊王德威教授：哥倫比亞大學丁龍漢學講座教授，哥倫比亞大學首位華裔東亞系主任，現任哈佛大學漢德昇（Edward C. Henderson）中國文學講座教授，哈佛燕京學社董事會首位華裔董事，曾獲國家文藝獎。長江學者。

目次

一懷孤月映清流
——博雅的漢學名師楊聯陞教授

　　歲暮天寒，哈佛大學燕京講座教授楊聯陞先生於1990年11月16日與世長辭。楊先生學問博大精深，是大家公認的啟沃西方漢學界的先導史學家之一。在哈佛東亞系近四十年間，教誨培育出無數英才遍布世界各國，如趙如蘭、余英時、高友工、勞延煊、張灝、劉翠溶、陸惠風等，跟他上過課更有張灝、劉翠溶、蕭啟慶等位。

　　在追思儀式的前夜，適逢哈佛中國教授、學者在趙如蘭和卞學鐄教授家，有個劍橋新語討論粥會。當我領著學者與聯合文學的發行人張寶琴到達不久，任教於普林斯頓大學的余英時教授、陳淑平教授夫婦也應邀趕來參加。當晚余教授跟我提到：「今年是我最難過的一年！兩位與我最親近的老師，錢穆和楊聯陞先生，竟先後在三個月間都去了……」

　　11月24日，在大波士頓華人聖經教會舉行的追思儀式莊嚴隆重，到場的有哈佛柯立夫、魏格納、孔復禮等楊先生的老同事或受教者。當時正休假的、1990年在夏威夷大學東西中心的哈佛東亞系系主任杜維明，也千里迢迢地趕回來。膝部開刀未久、行動十分不便的張光直太太李卉老師，亦拄著拐杖同張先生前往。趙如蘭，卞學鐄教授夫妻則幫忙拍下感人鏡頭。

　　追思是由麻省理工學院退休教授、中研院院士林家翹先生，回憶他與楊聯陞教授認識經過而展開。1933年，他與楊先生一同進入清華大學。大一時，楊先生就以一手精彩的文言文，顯示出深厚的國學基礎。楊先生精力過人，這是他以後在學術上主要成功要素。

　　余英時與陸惠風二位先生都曾受教於國學大師錢穆先生，也是楊聯陞先生的得意門生，和在哈佛執教時的輔士，共同開過中國制度史，通史等。余教授哀傷地談起三十五年前的往事。他初遇楊先生，正值楊先生的事業高峰，他推崇楊先生是漢學界第一流真正居於領導地位的學者。在1955年以後的二十二年間，除去他在密西根和香港中文大學的幾年，他們師生幾乎天天見面。無論是教學或討論，都能體會到楊

先生的照顧和關切。楊先生做學問從不偏私，有時還為了學生而做。
譬如楊先生在法國得獎的學術名著《中國貨幣信用小史》（1952），
就是因為教學沒有適當的教材，他特意為學生而完成的一本書。

「楊先生的研究工作，常常以一點重心，一個文化的側面問題，
從古到今全面地來看。他的學問融會貫通，在思想、制度、經濟、科
學、藝術、語言等方面都有獨特的素養，而且摒除學派門戶之局限，
能兼容並包。好比師長輩的陳寅恪、胡適、柳詒徵、錢穆等都曾與他
往還研究。尤其錢穆先生，直到後來都一直感念楊先生給予的協助支
持。」說起錢先生，余英時不覺分外沈重地說出：他原本盼聖誕假期
來看楊先生的憾事。

對於楊先生的過世，所有仰重他的學者，都萬分傷感。余英時先
生在追悼會上說：「昨夜我再回到劍橋，整個世界已經改變！」在哀
思之餘，余教授也說：「對整個世界的漢學研究來說，有楊先生與沒
有楊先生是大有不同的。他提高了漢學水平，他的工作是不朽的，在
立功、立德、立言方面均為不朽！所以就學術生命來講，楊先生的生
命已進入我的生命，我好好地活下去就算他精神的不朽……」

陸惠風教授以英文悼念，「先生待人寬厚熱忱，但治學處事卻冷
峻認真。對於複雜的概念，往往能用三言兩語明快扼要地剖析清楚。
他學問淵博、思想玄深、才藝多端，對於接近他的年輕學者，有著謎
一般的吸引力。」楊先生年輕時，就與京劇名角趙榮琛結為好友，後
訪港臺時，還經常票戲。楊先生兼好其他戲劇音樂，曾寫成子弟書賀
趙元任先生金婚。幾年前他載先生出門，師生二人各以蘇州評彈及河
北歌謠唱和〈杜十娘〉。當他與大家娓娓道出這段珍貴的記憶，說起
楊先生彷彿參透那悲壯淒寂失落之愛、河北腔唱得哀怨感人之時，我
不覺以杜十娘怒沈百寶箱的寓言，再與陸先生所做的輓聯兩相對照，
似乎陸先生意在言外，別有所指。

　　　夜侵靜室重衣冷，魂繫人天短夢愁。
　　　萬里鄉心埋異土，一懷孤月映清流。

陸先生相當周全地提到楊先生鑽研政治，但不涉及政治的態度。
楊先生於清華畢業後急欲施展抱負，卻不願接受周作人的聘約——因

北大當時似受日本操縱。終其一生，他雖有許多日本學者朋友，但總在欣賞研究日本文化和日本軍國主義間保持一個明晰的距離。楊先生對危機重重的世界及未來，十分憂心，造成他晚年患上憂鬱症，需要電療。即使如此，他仍奮力堅持漢學傳統。

　　陸先生還引用杜甫的〈有客〉來紀念楊先生常有客來探病，憂喜參半的晚年：

　　　幽棲地僻經過少，老病人扶再拜難。
　　　豈有文章驚海內，漫勞車馬駐江干。
　　　竟日淹留佳客坐，百年粗糲腐儒餐。
　　　不嫌野外無供給，乘興還來看藥欄。

　　少年時，我就愛讀傳記。趙如蘭教授的母親──趙元任的夫人楊步偉女士的《雜記趙家》和《一個女人的自傳》，就是兩本相當受中國青年學生喜愛的書。在《雜記趙家》的書後，錄有楊先生巧妙寫成的子弟書──一首打鼓詞，楊先生還親唱並將其製成了錄音帶，賀趙元任夫婦金婚（1971）。

　　　金樽酒滿賀金婚，三生石上良緣分。
　　　一位是雙修福慧仁山公孫女。
　　　一位是管領風騷甌北公後人，
　　　聲名洋溢乎中外，著作是層出不窮，
　　　早已等身。
　　　喜孜孜嬌娃佳婿，添幾位活蹦亂跳，
　　　孫男孫女。
　　　鬧哄哄高親貴友，數不盡晚生下輩，
　　　賀客盈門。
　　　大眾齊唱春不老，川流不息，不斷地飲香檳。
　　　忽然二老開玩笑，雌雄高下假爭論。
　　　五十年細賬從頭兒算，妳欠我我欠妳，
　　　難解難分，
　　　一個說，易定乾坤，男人走運，

大宋皇爺趙姓人；

一個說，姓趙的雖然做皇帝

掛帥還須老太君。

各寫打油詩一首，再比文才把上下分。

一個說，要來生得變成，陰陽顛倒，

才能再配；

一個說，下世紀，沒問題，男女平權，

福壽平均。

再一想，打碎了泥人兒，把水泥和合，

重捏成男女，

你有我，我有你，從來如此——

還認甚麼真——

相愛一笑溫，高正難論，

算了罷，

果然是，各有千秋，平分春色，

春色二十分。（一作二千分）

謅成子弟書一段恭賀

元任吾師

金婚大慶

韻卿師母

學生楊聯陞

繆鉞

呈稿

　　楊先生是哈佛大學的教授，又是中研院院士。我在密西根時，由於研究所教授指引，陸續讀過他的《中國制度史研究》《漢學散策》等英文著作。八〇年代初，紹光剛應聘到哈佛主管核磁共振實驗室，楊先生才退休不久，但仍常看到他來燕京圖書館查書，回辦公室指點學生或接見訪客。而我得識楊先生是在個歡慶酒會上，大庭廣眾倉促中未便多所請益。這些年，因與趙如蘭、張光直、杜維明、陸惠風諸家師友時有聚首的機會，從他們的談話中，我對這位太老師輩的國學

通儒，才有了更深入的認識。

楊先生（1914-1990），祖籍浙江紹興，生於河北清苑－保定，畢業於保定志存中學。他1937年畢業於清華，在陳寅恪先生指導下，寫了《租庸調到兩稅法》論文，當時就很有影響。後隨史學專家賈天納（Charles S. Gardner）到哈佛研究學習，當時同來尚有與他同被稱為陳寅恪門下最聰明的學生周一良先生。

楊先生1942年得碩士，1946年得博士。在1947年任哈佛助理教授前，曾任哈佛、耶魯講師，及聯合國語文研究組專家等職。1951年升副教授，1958年升正教授，翌年，獲選為中研院院士。1962年講學於法國巴黎大學和日本京都大學，1965年榮膺哈佛燕京講座教授，為哈佛講座教授華裔的第一人，直到退休。楊先生曾獲聖路易華大暨香港中文大學榮譽博士學位。1971年以《中國貨幣信用小史》修訂版，在法得獎。治學嚴謹的楊先生在學界有「漢學警察」之稱。

除了楊先生英文的重要學術著作外，還有中譯本的《中國制度史研究》《漢學散策》《中國語文札記：楊聯陞論文集》《楊聯陞論文集》《中國貨幣信用小史》，以及《中國文化中「報」、「保」、「包」之意義》《漢語否定詞雜談》《國史探微》《楊氏橋經》《東漢的豪族》《國史釋論》和《漢語否定詞雜談》等語法書和《楊聯陞日記》的特藏複印件。1998年臺北胡適紀念館在楊太太捐贈之後編著的《論學談詩二十年：胡適楊聯陞往來書札》，2004年他們的外孫蔣力編著的《哈佛遺墨——楊聯陞詩文簡》《漢學書評》等也被收入燕京圖書館中。

楊先生的興趣其實十分廣泛，他好戲曲、愛下圍棋，擔任過圍棋俱樂部的會長，甚至寫過《楊氏橋經》和麻將規則。但陸先生認為楊先生對遊戲的興趣，還是在於研究其發展的歷史，好比他發表過有關古代遊戲「六博」的論文。有好一陣子，他也喜歡畫國畫，張大千先生到他家拜訪時，兩人還合畫了一幅。趙如蘭教授提到楊先生晚年票戲，曾因過分入戲而引起高血壓，遂以畫國畫代之。這樣的晚年，依我看來仍是豐富又饒有情趣的。

楊先生的家庭美滿，楊太太是賢妻良母，育有兩位女兒：忠平，恕立，兩位兒子：道申，德正，名字以「忠恕道德」起頭，其疼愛的孫輩華嶽（Harry）就任科技界，外孫吳其光（George Wu）曾任教哈

佛商學院，皆有成就。楊太太繆鈴娘家哥哥是四川的國學家繆鉞。後經葉嘉瑩、陸教授提示，我查得楊太太哥哥繆鉞，即彥威先生亦是辭章絕妙的學者。郎舅揚名東西。詩詞專家葉嘉瑩教授寄贈給我的《迦陵存稿》中，就寫有〈賦呈繆彥威前輩教授七律二章〉，首段即為「早歲曾耽絕妙文，心儀自此慕斯人」之句。楊太太高壽九十六歲，於2011年5月30日安然而去。

中研院院士趙如蘭教授，也特別空出時間來細訴她所認識的楊聯陞先生。趙如蘭教授是趙元任先生的女兒。她說：「楊先生是我的導師。早年他是我們家的常客。據母親說，父親從不和人結仇。只一次，與魏楷（Ware）大罵起來，為的就是楊先生入學申請獎學金，魏楷不肯給，說楊先生是跟賈天納（Charles S. Gardner）來的，所以不給。父親就指責他，像楊聯陞這樣優秀的人還不給，給誰？結果還是給了。母親也很喜歡楊聯陞，常邀他到家中吃飯。我讀博士班，研究中國音樂，就是楊先生提議的，父母親對此倒無所謂。那時，我剛結婚沒幾年，學鏜還在MIT念博士，女兒出生了，我在東亞系教中文。有天楊先生就對我說，『妳念了音樂，在東亞系教中文，空的時間還多得很，為什麼不研究中國音樂，一半在音樂系修，一半在東亞系，我願做妳的導師！』聽他這麼一說，我就認真起來了，規規矩矩地在系裡，把原來不行的中國歷史（因為一直在國外）、文言文，以及如何運用參考資料等，全都在他指點下修完了，研究起中國音樂來。」

「楊先生給我非常好的訓練，記憶最深的是，他要我把日本學者林謙三於1937年寫的《敦煌琵琶譜》翻譯成英文。那時我剛修日文，正好做練習。他還要我把文中提到的資料在圖書館裡統統查出來，我花了一學期的功夫才做成。」

楊先生不但指點她讀很多從來沒有想到要讀的書，還教她利用時間，累的時候，就整理卡片資料，免得隨便玩掉寶貴的時光。「因為他跟我父母親熟，我小時候他就認識我，也知道我年輕時愛玩。楊先生待學生真的好！退休之後，還跟我說，他辦公室裡那一屋子的書，我要什麼就去拿好了。閱歷又廣，楊先生講課也生動活潑。」

趙教授說：「楊先生有次在系中開會出來，相當激動而不樂，原因是費正清，想把訓練學生方式不同的費正清中心與東亞系合併，引起楊先生、柯立夫等漢學根基深厚學者的堅決反對，1990年9月1日剛

過世的前美駐日大使賴世和E. O. Reischauer當時是系主任，則持中立態度，結果雖未合併，但是在那個年代裡，楊先生多少也總有被壓抑的不愉快吧。」我想這爭鋒舊事，也許可以為四十多年前一些激烈的言論，誤將楊先生與費正清牽扯在一起，做一個明白的反證。

　　考古人類學專家、中研院院士張光直教授感慨地告訴我：「前一陣有中國學者，欲整理楊先生舊友的集子，來信問我，楊先生可否作一篇序。我打了幾次電話都沒人接，就去問陸先生。未料回信不到一周，就聽說楊先生過世了。我雖未跟他上過課，但他是老師輩，課外也曾受教很多。前輩學者中，像他這樣，學問寬廣透徹的還真不多！」

　　當年，負責哈佛燕京圖書館善本書庫的戴廉先生，在保險櫃中，捧出五十多封胡適給楊聯陞的信手稿影本。這些信裝訂成冊，封面上由館內貼有小條註明「不得流通，不得影印……」。我花了三天時間閱讀這些珍品，在吳文津館長的指點下了解到楊先生七十六年生平中的一鱗半爪。

　　1943年到1958年這十多年間，是他事業發展的巔峰時期。胡適與楊先生過從甚密。存在燕京圖書館的五十四封信影本，亦是永世的珍寶。從胡先生答覆楊先生「自漢至宋的史料之中，有什麼相當重要而不甚難譯不甚長的東西嗎？我偶然想起《顏氏家訓》，此書比較合你提出的三項條件（較人物易翻）」起，他們討論遍及「全祖望、趙一清、戴震《水經注》大疑案的重審」、封神故事的產地是否為福建……直到二十世紀50年代初所論的范縝「神滅論」、《壇經》版本，及承負、業報觀念是否為中國本位思想，等等，題材遼闊。據我揣摩，《水經注》等是胡先生的興趣，至於《壇經》等則恐怕是楊先生數度在哈佛開講「禪學」的準備工作，楊先生最後在1980年左右再開一次「禪學」，協助他教課的就是陸惠風先生。

　　楊先生更多次與胡先生談到語言學方面——關係代名詞等文法問題。胡先生回函說：「我是很歡迎你下海的！」楊先生後來還與趙先生合編一本字典，在語法、語言方面都有獨樹一格的追溯。為了彌補楊先生去信的闕如，我又翻閱相關文字，在《胡適秘藏書信選》中，尋獲僅有的一信。附錄如下：

楊聯陞致胡適⋯⋯

　　聯合國又在裁人，這次據說裁一百至三百，若裁三百就要去十分之一。我們這個語文研究組，好像還可以苟延，只是組長馬高奇（G. Margoulies）已經免職，改去做傳譯，組務由語文處副處長鮑思齊（Le Bosquey）兼理。鮑不懂中文，諸事由我。我一個人也做不出什麼事來。現在正寫一篇文章，講英文被動句的譯法，是有感於傳譯、翻譯諸君之濫用「被」字。如「這個通知，將要被分送給各國代表團」，我看了實在難過。「就要分送」四個字豈不又自然又清楚。中國語文對於「格」（voice）本來是不大在意的，他們這種「謀害中文」（這也是外國話，一笑）的行為，我實在不能坐視！敬請

　　雙安

學生　楊聯陞1947年3月16日

另外他們以接近白話體詩互相應和，十分有趣。見胡先生1943年11月18日信：

蓮生先生：

　　古人說用將不如激將，我的一激竟使康橋多產新詩——多產這樣新鮮的白話詩，豈不大有功於白話詩國也哉？

　　你的〈新閨怨〉和〈出塞前〉都很好，佩服！

　　我做不出這樣「地道的」新詩。

胡先生十分客氣，常常借用楊先生的詩。好比在1949年7月27日信：

你勸我「多做幾首詩」這個意思頗新鮮，我一定記在心裡，可惜的是「待等秋風落葉，那時許你荒寒？」詩是你的，是我借加的⋯⋯

在《胡適日記》中，也可看到1944年12月21日他抄錄楊先生的詩：

楊君在火車上作小詩：

才開壽宴迎佳（嬌）客，又冒新寒到草廬。

積習先生除未盡，殷勤異域訪遺書。

　　楊先生此詩是記1944年深秋，胡適來哈佛講學，12月17日胡適53歲壽誕前日，壽星在飯店請了楊先生、趙元任夫婦等二十餘人；生日當天趙元任在家中又為他大宴嘉賓四十多人。12月19日，楊、胡二人與哈佛燕京圖書館首任館長裘開明，同赴波士頓以西的渥斯特鄉下，去看一位老傳教士於五十年前在日本、中國買回的書。結果胡先生出五百元向教士之侄買下這些舊書。作詩的當天，楊先生再陪胡先生去把書裝箱托運回紐約寓所。

　　此外，1944年的6月21日，胡適給楊先生的信中有一段：「P.S. 北京大學萬一能復興，我很盼望一良與兄都肯考慮到我們這個『貧而樂』的大學去教書。」6月29日記與信均錄有：「喜見新黃到嫩綠，懸知濃絲旁堤垂。雖然不是家園柳，一樣風流繫我思。」日記上載有：「戲改楊聯陞的〈柳〉詩，卻寄楊君及周一良君（我上周去信，約楊、周兩君去北大教書，他們都有宿約，不能即來）。」在信上則為：「北大近來不敢多約人，正因為前途無把握，故怯於『自媒』，等到『春心動』時往往太遲了！戲就您〈柳〉詩換幾個字寄我解嘲。」又錄上述，「喜見」之詩。

　　關於此事，陸惠風先生述及當年楊先生在他二樓的辦公室，曾談起楊先生自己的希望和挫折。楊先生剛到哈佛時，曾與周一良相約，在美他們當盡力提升漢學研究，然後再回到清華北大開創事業貢獻一生。似乎這兩個夢，一個實現了，另一個則付諸遺憾。楊先生崛起於二十世紀40年代，正是中國思想界從五四運動激情蕩漾的救亡時期漸趨成熟，轉而著眼於對中國文化深沈反思的階段。他的一生貢獻，正是這一轉變時代中的一個重要環節。由於戰亂，他不得不改變初衷，托身於寧靜的哈佛校園，以另一種方式來完成他的使命。這一轉變雖未必符合他當年師友陳寅恪、胡適的初衷，但從世界史的觀點上來看，卻未必不是一件好事。今日在世界各校執教的中外學者群中，曾受他影響教益的大有人在。

　　楊聯陞先生弦歌雖止，同樣之於其他無數的接棒者，也只有承其無窮餘音，以繼志述事使楊先生的風範長存。

教我如何不想他
——語言與音樂學家趙元任、趙如蘭教授

　　如果不曉得趙元任夫婦1922年4月20日，在哈佛大學教書時，在劍橋市立醫院，得了最長的千金——趙如蘭；也不知道趙如蘭1944年在哈佛女校畢業後，又特別受東亞系和音樂系合聘，任教了四十多年的話，一定難以算出她來美的年齡，平日她總是挽著個雅致的髻，額上的美人尖和她藹然可親的笑容，幾乎令人忘卻她在課堂上也有嚴肅的一面。

　　趙如蘭是當年哈佛及毗鄰的麻省理工學院中少有的女教授。她非但承襲父母在語言音樂上的造詣，年輕時就指揮過華裔「哈麻合唱團」等合唱，更對中國民族音樂和表演藝術之分析有精湛的研究。

　　1990年夏，她當選了中央研究院人文組第一位女院士。其實早在1969年她就與康乃爾的謝迪克（Harold Shadick）以及其他對中國演唱文藝有研究的漢學家，創立了「中國演唱文藝研究會」，定期開會並發行研討刊物。她也曾被推選為有規模組織之後的首任會長，所以一向是這方面的權威學者。

　　有後輩學者問起81高齡的她在美居住的年份時，她會幽默地說：「我第一次來的時候是八十一年前，第二次來已經六十二年了！」自出生到兩歲離開劍橋哈佛到歐洲，這幾十年，她先是跟隨父母，後是隨先生卞學鐄教授或她獨自研究講學，可以說跑遍天下。

　　母親楊步偉就在《雜記趙家》中提起她的第一語言是法國話，因為起頭說話是在法國人家，三歲後回中國大陸住過北京、上海、南京、長沙、昆明等地，十六歲到夏威夷，十七歲就到美東。

　　回想起中學快畢業時，她說：「我的數學考得比別人都好，還勝過那些男孩，我心裡打算是要學數學了——像父親原來一樣。直到跟父親轉到哈佛來之後，才念起西方音樂——學士與碩士，畢業後，又受到研究導師楊聯陞教授的指引，重點轉移到中國音樂，重新踏踏實實地鑽研起中、日等國的樂譜、音樂史等。」她在1960年以《宋代音樂史料及詮釋》完成博士學位，這本論文在1968年還在美國音樂學會

得了金克代（Kinkeldy）學術大獎。她以嚴謹的學術方法處理各種資料版本，又有獨到的見解，「說來也是幾位導師的持續訓練，記得楊聯陞教授要我把日本中樂專家林謙三先生有關敦煌樂譜的論文下功夫翻譯，並到燕京圖書館親自查探各項文獻。」

哈佛音樂系的華德（John Milton Ward）教授，原擅文藝復興時期音樂，卻開通地將各地民族音樂學發揚光大，那些音樂教授們慨然承認中古西方宗教音樂理論，也有好些盲點是弄不清楚的，這種「知之為知之，不知為不知」的求真態度，都給她不可磨滅的影響。

這麼些年，趙教授在哈佛開的課程有：音樂系方面的「民族音樂學介紹」、「中國音樂概論」、「古琴音樂」、「京戲的音樂結構」；東亞系則有「口傳文學」、「說唱藝術」、「初級、中級語言」等。「剛開始資料不足，逐漸錄音、唱片、樂譜書、錄影帶等齊全，甚至愈來愈說不完，有題材一說就豁出去了，還得改日程。」她曾前往中國內地、香港、臺灣及日、韓各地收集錄音錄影材料，雖然自謙為偶然的田野工作者，她仍然有計劃，也有犧牲地收得無數材料。

1964年整個夏天，她獨自返台，每天就坐在大鵬劇團演戲班子的場面裡頭考察錄音，鑼鼓咚鏘把耳朵都弄壞終也不悔。在那時候，很難得的錄許多從頭到尾的好戲，再加上後來到處收集的，經過又譜又譯的淘煉之後，就開了一門京戲研究課。對於古琴，她特別求教於臺灣香港的古琴專家，又到中國內地訪問音樂界的學者，她特別感興趣的是分析琴曲音樂的結構。

談到趙元任先生給她的影響，她嘆了口氣：「唉！這個說起來啊……在中國社會一介紹就我是名人之後，趙元任的女兒，可是外國人不在乎你的家庭怎麼樣，他們聽了就會起疑心，要問那麼你自己有什麼能力呢？所以中國式的介紹常常造成我的壓力。」

其實她與她父親的工作，基本上有許多方面不一樣。他對語言是學術性的分析研究，在音樂上主要的是藝術性的創作，而她是致力於音樂方面的學術性研究，在語言工作上，只是關心實用的教練問題，而她父親也編過一本著重實用的中文教科書叫《國語入門》，內容非常豐富。她沒有正式學過語言學，修過一兩門課而已，但是她相信比一般教中文的老師，對《國語入門》這本書下的學習工夫要多些，

這也就是她的基本訓練，後來還編了一些附帶的補充練習材料。在學術的研究方法論上，父親並沒有正式教過她，但是相信，很可能無形中也受到一些父親的影響。總而言之，在家，父母都是任她們隨意發展，比方她寫完那小冊文法上的補充練習，請父親過目，平素不多話的他不過點個頭說聲OK，也沒有加什麼意見。聽來就像據說沈穩安靜，一旦說話又極靈巧的趙老舉止！

在音樂方面，趙元任先生是以創作了《上山》、《海韻》、《教我如何不想他》等百餘首歌曲出名，她說：「我可能遺傳到一點音樂天分吧！從小只要可能，家中總有鋼琴，當時難在常常搬家。」這在她寫的〈我父親的音樂生活〉（哈佛東亞系刊物《石獅評論》1985年13期），以及從前讀她母親楊步偉女士的《一個女人的自傳》、《雜記趙家》中都有溫馨的記載。趙教授提到：「常常同父親一塊唱他作的歌，新曲子父親總是先唱給母親、我和妹妹們聽。……父親經常彈琴，喜歡巴哈、海頓、莫札特、貝多芬、蕭邦。特別喜歡舒伯特……古典、浪漫，有些近代……的作品，難得聽他全盤地拒絕哪個派別哪個作曲家。

有回我們正在北京郵局等掛號信，父親掏出他為捕捉音樂靈感常帶在身上的小本子，就與我們坐在一條板凳上一起練唱。上世紀三十年代他寫了許多家庭歌曲，有二重唱，有三重唱，讓我們唱著玩。」趙先生作過一首三部合唱曲《小中！小中！如蘭、新那、萊思在叫你！》給她們四個女兒，這些音樂的薰陶，怎能不深遠？

我曾有福在她「說唱藝術」的課上與陳芳英教授等位親炙教誨。講題由京戲、山東快書、相聲、數來寶、崑曲、越曲、蘇州評彈、十字唱兒、大鼓，到二人轉、山歌等民族歌謠，她對民俗說唱的資料網羅，可說鉅細靡遺。單舉一項大鼓，趙教授就會由奉調大鼓、西河大鼓、京韻大鼓，各家比較他們不同的風格，分析結構、配字填詞等，可由魏喜奎自創一格的奉調大鼓，講到章翠鳳的「大西廂」「丑末寅初」或小彩舞的「子期聽琴」，教材有音帶、影帶，包羅萬象不勝枚舉。

1988年秋，趙教授應大波士頓區中華文化協會，藝文小集召集人我的邀請做演講，舊友新知來了滿堂七十多人。她笑眯眯地走上講座表示：為要給大家聽各種錄音，所以選了「討論民歌唱法、通俗唱法

和美聲唱法」為題。但強調並不是以聲樂家的觀點評論高低，只求詮釋其風格不同。影響風格的原因很多，區域、表演環境、觀眾的親疏多寡、歌曲內容、歌唱者脾氣、演出目的等，都有關係。

播放起1985年陰曆六月初，她到甘肅蘭州南邊一百八十公里的蓮花山錄的「花兒」會錄音，錄到各種唱民歌的實況例子。那次是首度開放外路人研究，共請去四位學者，其餘三位都是美、日裔。歡迎餐會後，就先請來公認的花兒王朱仲祿先生來表演，此外還有比賽鬥智格式的唱法，另有三、五人一組的洮岷唱法，常是男女找對象的方式，每人唱一句，還沒唱完就有了腦筋快的「串把式」的人指點下一個人唱，尾聲還唱著：「花兒……蓮葉兒」

她說：「上山那晚我們不想依安排休息，只想去看村子裡滿街的熱鬧，結果意外地看到各種唱花兒的實況。」一串輕快的女聲唱了起來，感受不同於響亮圓潤的花兒王，難以想像的，街道橋上、鋪子裡、山頂上，黑黝黝的，誰也看不見誰，一叢叢一堆堆的男女老少，刁難的、挑情的、一觸即發的歌聲不絕於耳。

她再舉上世紀五十年代，法國學者在長江上錄的工人打夯歌、勞動號子、兒童遊戲歌以及上述的花兒等山歌，全不是為觀眾而歌，都是有實效目的之民歌。民歌的定義不只是代表國家民族特點，也不一定都是簡單樸素。音域可以廣，也可以變化複雜，有各種花音。在浪漫主義的時期，民歌是時髦的作曲材料，可以配上鋼琴交響樂，不過那就不能算是民歌了。譬如她提出四十年代斯義桂唱的〈鋤頭歌〉，那是已經把民歌表現為美聲唱法的藝術歌曲了。

「十娘誤墮勾欄院，托身李甲，結下良緣」大家一聽這石慧儒唱的單弦牌子曲〈杜十娘〉，就同意這是傳統的說唱藝術。趙教授說：「這就是通俗唱法，雖然也是跟著時代潮流發展的，不過變得緩慢多了，中國本有的通俗唱法，甚至於在『迪斯科信天遊』、『迪斯科二人轉』中有時也聽得到。」

當熟悉的《教我如何不想他》以美聲唱法的唱片唱完，觀眾掌聲口哨四起。她笑著示意大家靜下來討論：美聲對我們中國人一定美嗎？在西方表演傳統，大家習慣地叫做美，我們聽慣京戲，聽金少山唱花臉，聽馬連良唱老生也就認為美。多聽，有了鍛煉就能欣賞。「這《教我如何不想他》的錄音是在長沙1986年聽廣播偶爾錄下來

的，可惜不知是誰唱的。唱法因為咬字很清楚，可以說是有點中國化的美聲，而這種唱法我們也都聽慣了，我也很喜歡。」

第二首不同於先前的鋼琴伴奏，並且改用了交響樂，唱者江南口音軟軟明晰地吐字，剛唱出「天上飄著些微雲」，聽眾就笑了起來，每唱一句大家又笑，有些朋友懂戲，聽完了像看戲一樣鼓掌叫好！現場嘰哩呱拉地熱烈透頂，她笑問大家：「有多少人喜歡第一個唱法？第二個唱法？叫好的呢？」「唱得跟我一樣嘛！」「是梅蘭芳唱的？」「第二人聽起來比較有感情。」猜測和意見都太多。

「第一個唱的是愛情多麼偉大，天上的雲、地上的風、草、水、花、樹都使我想起了她！愛情！你看這就是我的愛情！是我在那說愛！想她！

「第二個唱的是你跟我，把這愛情收起來是咱們的，這兒讓我想到你，那兒也讓我想到你，我唱歌給你聽，所以唱的是《教我如何不想你》！風格不同。再問一個問題：假如這兩人跟你談愛，你喜歡哪個？」又是議論紛紛，各投所好。「現在要告訴大家，第二首是我父親自己唱的！」趙元任先生自己唱的！大家又笑又指的傻了，大聲歡呼談開了！「是1935年百代公司要他唱的，錄音前他們就對他說：『趙先生這是一首情歌，請您唱得年輕一點兒……。』唱完了回家來他跟我們說：『我特意給他們唱得甜甜的。』」真沒想到！她曾贈與其父的自傳，年譜……讀後我又寫成新篇，益發得她鼓勵。

她無論在平素教課或演講都擅以手勢加強，生動活潑戲劇化地把民歌曲藝中的精髓，栩栩如生地表現出來。依我推論這非但與她自幼調皮淘氣有關，還是得自家傳。據《趙元任早年自傳》裡說，剛上中學，趙先生的代名是「潑」，活潑的簡稱，另一個同學是「殺」、「必」，這大約是綽號玩意兒。他又說：「韻卿和我都喜歡說讓人吃驚的話。」韻卿就是她母親楊步偉女士。再讀楊女士的《雜記趙家》也提到如蘭兩歲多，就在法國人家追雞砸碗的頑皮兒戲，所以她的幽默和好動是與生俱來的。

據趙元任年譜早年自傳，趙元任語言學名家，哈佛哲學博士，在清華開過數學，物理，心理……課程，12歲就父母雙故，遷居大姨母家，16歲前後入江南高等學堂，就戒除惡習，興趣廣泛，除語言，歌唱彈琴外，還自裝望遠鏡，看彗星，生物解剖，更積極體能鍛鍊，啞

鈴，跑步，跳高，雙單槓，竟是多次康奈爾大學競走冠軍！冷水浴終身……後任清華四大導師，終身推辭做校長等行政職。

有年春天，我與趙教授同時應邀吃飯。大夥隨著她健步如飛地走過那綠蔭紅磚、陽光燦爛的哈佛園。偶然，閒散地聊起東亞系英國籍的葉山（Robin D.S.Yates）教授，總是頭前腳後緊張地衝來衝去。她說洋人大多是那樣走路的，不像我們中國人，總是腳先出來，再是挺出的肚子和高抬的手……。說著就在那哈佛老園的水泥路上，蹚了幾個京戲老生的台步，人人都笑彎了腰，她也不以為忤。

1992年，很榮幸地協助策劃如蘭教授榮退誌慶大會，以中英文隆重舉行：她談起將來的計劃說：退休了，就可以欣然自在地研究講學。她書架上恁多的資料如音帶、影帶等，及豐富的藏書也得整理。猶記得她寬敞的辦公室，除了門窗外，四壁書架，全是離地一尺高至天花板，尚備一方黑板，放張長會議桌，可供我們進行討論課，十來位學生都不成問題。後來這個辦公室給了李歐梵教授，用到2004年李教授榮退。趙教授的書架全放滿了書，他們家中幾個書房不說，連客廳也是一壁一壁的書，有書滿之患研究不完。

1983年她與陸惠風博士組成「劍橋新語社」，約定在每月最後一個周五夜，交替在卞家、陸家舉行非正式的學術研討會，曾駐足哈佛的師友杜維明，張光直，胡永春，鄭培凱，張隆溪，葉揚，柯慶明，我等夫妻老早便參加，1989年起，我也是聯絡人，協助聯絡組織邀請，常由我聯絡朋友們，有車者和乘車者，主講與聽講者，同在哈佛燕京圖書館門前7點會齊，我和卞趙兩教授再領著主講人，及一夥學者到他們家；1995年後，多在卞趙家探討，是大家印象深刻，聚會的重要場所。

千禧年後，人太多，改在我向哈佛燕京學社借訂的哈佛燕京聚會廳（Common Room）議談，直到2005年。參加者除了在美國劍橋鎮的哈佛、麻省理工學院和附近的教授學者外，還有哈佛燕京學社每年邀來的訪問學者。每次由一兩位學有專精的學者提出主題，再互相思辨，主人則精心烹製熱粥以饗賓客，在卞家是紅粥，陸家是白粥。這個傳統也許我們能由趙元任夫妻和女兒女婿卞家的賓客留名簿，到陸家和我的留名簿中見出端倪，賓客包括當年的胡適、傅斯年到今日各行各業的著名人物，他父女兩代名師，薪火相傳。

　　風度翩翩的卞學鐄先生與趙教授結縭六十四年。他是麻省理工學院航空工程學系教了四十多年的資深名教授，他外祖是南開大學創辦人嚴範孫——嚴修先生，也是書香世家，兩位像趙元任夫婦一樣，懂得人生樂趣，歷年來一起應邀到世界各地講學，夫妻倆鶼鰈情深，同遊天下；又愛朋友，「結交了許多大號兒、中號兒、小號兒的朋友」，他倆對待我們這些學生輩的朋友，不單獎掖拉拔，還親如家人，更以廣闊的胸懷，不斷求知教學相長，給我們深重的影響。

　　卞先生謙和沉靜，在劍橋新語的粥會中，常見他微笑聆聽。「他很開通，我要上哪兒去，就讓我去，1958年到日本跟宮廷裡出來教練的樂師學雅樂，1964年去大鵬劇團錄京戲，1970年後又去香港中文大學任客座教授三次，全是我一個人去的。」2000年之後，趙教授告訴我卞先生說張鳳如果不能同去，就別跑來跑去演講了。真是有幸，能與趙教授同去開會數次，親近歡喜地同進出同寢室。

　　趙教授常念起：「1975年春天，我正在香港客座，學鐄由東京大學剛到柏林也去客座教學，哈佛的教務長魯梭斯基（H. Rosovsky）來電話說：南學院（South House）提名你當他們的學院院長Master。南學院即現稱的克北（Cabot）學院……原來有幾個學生是我教過的。在我與學鐄剛結婚時，我們就討論過什麼樣的生活最喜歡，他說跟學校有關的最好，我想這學院院長是完全生活在學校裡邊的，他一定會喜歡，所以連問也沒問他就先答應了，之後才打電話給他。回來一住就是三年，他是輔院長，我們周末有時候才回家看看，雖然很忙只把教書減少四分之一，兼職，所幸他也並不討厭，倒還自得其樂。」在美國依俗被稱為卞趙如蘭教授的老師含著笑，以她優美的京片子滿意地回憶著。學院至今都高掛一幅卞趙如蘭教授畫像緬懷。這是哈佛百年華裔首任！

　　問起女兒卞昭波，她談起：「說來慚愧，女兒一歲半，還在我們自己這兒，那時我打不定主意是否再深造，母親看我們每天把女兒交給人家看，又忙成這樣，就說你交給我吧！自己的父母幫忙比交給誰都放心，所以一直在他們身邊長到十五歲才回來，進高中一年級，所以我母親管她叫『老五』，對我的事業當然幫助很大！」據她母親《一個女人的自傳》中提到她未婚之時，已慨嘆婚姻事業不能兩全，她的雙親終於成全了她。

　　1974年她被評為正教援，是哈佛前十位的女性正教授之一，也是東亞系第一位女教授。1980年哈佛女校瑞克利夫學院頒給她傑出成就獎。1990年她當選中央研究院人文組第一位女院士，她很謙虛地說出感想：「我第一個反應是也許他們認錯人了！」再問下去，她才表示：「我覺得他們到底承認了音樂學是一門求真的學問而重視，這在國內一般人還不大知道，這點我倒是非常高興！」問起卞先生的感受，她說：「很好啊！不過我們各人有各人的天地，我是搞有聲音的，他是搞超聲音的──太空工程超音速方面！」趙教授還是不改那活潑的赤子心。

　　2009年6月20日凌晨4點，在美國劍橋我們失去了90歲的卞學鐄教授。在我經常的探望中，深知略有失憶常會重覆發問的趙教授心底的憂傷。2012年和2013年的4月20日我們都熱烈地為趙教授慶祝了大壽，2013年11月30日上午10點，91高壽的趙教授在家中安祥羽化，人非草木，常常在卞家進出的我們，豈能不傷情……。

　　卞趙如蘭教授在2006年至2009年間，決定將畢生收藏的音樂書籍，視聽資料及器材，教學材料，筆記及樂器等慷慨地捐贈香港中文大學圖書館，已成立「卞趙如蘭特藏」，2014年舉辦了紀念展。

　　千古絕唱《教我如何不想他》！無論在學習研究的路途還是人生，我們總希望像她一般積極公道，是永遠愉悅前瞻的求進者。

啟發漢學的中國考古文明
——考古人類學家張光直教授

　　三十幾年前剛到哈佛，人人都提醒我們，一定要看大學裡碧波地（Peabody）博物館的玻璃花。這約莫四千多件纖細精巧的玻璃花，和847種植物標本，很多已絕種，是由父死子繼兩代德國植物學家製作成的，每年吸引了數以萬計的前來參觀者。對於我，這座博物館更令人親切處是：國際考古人類學名家張光直教授的辦公室，就曾在此棟百年老建築的樓上。他屹守在這天地玄黃、宇宙洪荒的古文明研究領域之中，從事著人類學和考古學的教學和研究。

　　張光直教授，1954年畢業於臺大考古人類學系，1960年獲哈佛大學博士。先在耶魯大學擔任教授十六年，1970-1973年兼任人類學系系主任，再於1977年，應許哈佛的延攬回來任教，1981-1984兼人類學系系主任，1985-1988年兼哈佛東亞咨詢委員會主任，並為哈佛赫德蓀Hudson考古講座教授，影響極大，更榮膺美國國家科學院及美國人文藝術及科學院院士，皆首開百年來華裔之首位，他也是中央研究院院士，應諾貝爾化學獎得主李遠哲院長邀請，在1994-1996年擔任副院長，共同領導這個最高的學術機構。

　　哈佛化學系和博物館之間原有停車場，是當時我們每日來去的必經要道。張先生的停車位，就在那兒。K. C. CHANG的紅色名牌，與一旁的賀胥拔（D. Herschbach）、李普康（W. Lipscomb）等諾貝爾獎化學家們遙相呼應，CHANG字更顯得熠熠生光。

　　平素張教授淵默沉潛，望之儼然。其實他即之也溫，總是虛懷若谷地指引後進，還稱大家先生小姐，引得大夥深感不安。記起陪同已是師範大學教授（後任文學院長）的同學吳文星去拜望，他特意前來接引，下了老式電梯，曲曲彎彎地好不容易進了他的辦公室，不免有些客套寒暄。他對我說：「張小姐我們都是同行，妳今天怎麼這麼客氣！」真折煞人也！某次在我家夜宴，大夥起鬨，喜愛美食的他一高興非但鼓勵，竟神采飛揚說要高歌一首《夜半歌聲》，後來卻因喧囂相戲，賭吃蘋果而未唱。還有一回在賞心悅目的蘭花幻燈講演中，他

詢以：「蘭花能不能吃？」他這種冷不防的妙語，令端麗又擅長崑曲語文的張太太也不禁對其童心莞爾。

張太太李卉，是哈佛東亞系資深語言老師，亦前輩好友，早年在臺大歷史系畢業時，她高張先生一屆。他倆的女兒張仲琪已自哈佛畢業並開始工作，兒子張伯賡博士亦由哈佛畢業多年，先在哈佛甘迺迪政府學院，擔任亞洲部副主任，最近才遷北京。說起話來他夫妻都一口漂亮的京片子，不深究是不容易明白張先生是1931年生在北京的臺灣板橋人，張太太則是廣東籍，但在天津長大。

翻檢張先生1975年為他的父親張我軍先生所編的文集，可發現他以考古的手法為早年的板橋做了如此的復原：現在的板橋是鬧市，是大臺北（現為新北市）的一部分。七十年以前的板橋還是個鄉下地方，有一兩條大街，有一家大紳士（林家），有一些小生意人，但多半的住民是種田的。我們張家大概和那時板橋大部分的人家一樣，也是林家的佃戶。但我聽說祖父在過年時寫對聯賣錢，父親幼年時也從老先生念過塾堂，所以他們算是莊稼人（作者按：一說為商人）裡受過教育的。

祖父早死，他父親為了養家，離開板橋到臺北的高新銀行做職員，被派到廈門鼓浪嶼的一個支行去服務。這兩年廈門海邊的生活，大概是他父親一生的一個轉捩點。在這裡他不但直接的受到祖國文化的薰陶，而且：『自從領略了海的感化和暗示之後，我就不想回到如在葫蘆底的故鄉了。』

張我軍這個名字，也是在廈門時代開始的，回臺不久，他就北上進了北京師範大學。張先生曾說：「我的父親1921年到北京時，五四運動剛過去，只能說他受了五四餘波的影響……。」他屢在《臺灣民報》鼓吹大陸的新文化運動，做了臺灣新文學運動的急先鋒，把自己和妻子羅心鄉女士的戀愛情詩集印成《亂都之戀》。這是臺灣第一部白話詩集，曾與其他千百萬字的文稿遺失殆盡。幸虧張教授和其兄張光正先生分別在臺灣、大陸查訪收集，才搜成《張我軍文集》《張我軍選集》二部。1986年張先生喜獲臺灣黃天橫先生所贈，在舊書攤購得的1926年臺灣版的《亂都之戀》。帶回哈佛燕京圖書館編目組，經過我及同事的仔細處理，現珍藏於圖書館善本書室。

張先生謙稱考古學，是學問中「冷而又冷的冷門」，一般認為他

的學術文章，並不令人乏味。或許由於家學淵源？他同意寫學術文章有所體會，是得自父親張我軍的的啟迪，科學性的學術文章，尤其是人文社會科學，最好也能採取文學的基本技巧，一步步引導讀者的興趣，進而說服讀者。他虛己敬人：「這一點，我受李濟之老師的影響很大，他的文章內容是科學的，文字是文學的，我自己希望朝這方面努力。李先生對我作學問最大的影響，是堅持最高的科學水準，每篇文章都要提出最多、最強的證據，以排山倒海的方式提出證據來說服別人。」

如何選定考古人類學來做研究的？張先生回憶與父親住在北平的年代，他父親從事教育寫作翻譯維生，譯有一本日本早稻田大學西村真次教授著的《人類學泛論》，他對書裡的人類進化史、石器時代……很感興趣。1946年張家四兄弟除長兄外，全隨父母遷回臺灣，張先生由北平師大附中轉到建中，在街頭購得第一本探討中國史前考古的書《中國史前時期之研究》，是裴文中寫的，把當時新舊石器時代的資料和研究成果作了初步綜合：也感嘆中國的考古雖說是遍地黃金，然而有才華有志氣的讀書人多不願獻身考古研究。

張教授說：「讀了裴先生這書以後，我對這門學問更加嚮往。」正逢考古人類學系剛在臺大成立一年，他以第一志願考進去，當初有五人考取，翌年轉走二人，只剩下三人。他說：「我很幸運！當時考古人類學系的名師有李濟之、董作賓、凌純聲、芮逸夫、石璋如、高去尋等先生，都是中國考古學的菁英，教學又非常認真。」臺大畢業後，又因李濟之先生的推薦，獲得哈佛燕京學社獎學金，來到哈佛進修。他說明：「我的理論傾向是三十年來在美國考古學界生存所培養出來的；另一方面，我的考古學實踐是在中國文化範圍內進行的，當然受中國考古學傳統的許多影響。」他已出版了數十種學術專書，均為研究中國考古學的經典著作。英文的有：《古代中國考古學》——中文：印群譯《考古學的再思》《中國古代文明》《殷商文明》等幾版，中文的有：《美術、神話與祭祀》有日文版（郭淨譯），《中國青銅時代》（第一集、第二集）有日文版《考古學專題六講》《考古人類學隨筆》《中國考古學論文集》《商代文明》——毛小雨譯，《青銅揮塵》劉士林編，《商文明》——張良仁、岳紅彬、丁曉雷譯陳星燦校，《考古學：關於其若干基本概念和理論的再思考》曹兵武

譯，陳星燦校，《李濟文集》——張先生主編。

他的學術文章見解精闢備受推崇，1990年並獲頒香港中文大學榮譽博士，尤以在聚落考古學和中國考古學先驅性的研究馳名國際學術界，是中國古代研究的領頭人物，講學考察的足跡遍及世界，如英法甚至遠及中亞。他大哥張光正為他編有《張光直文學作品集》等。尤其自己力述政治白色恐怖的自傳《蕃薯人的故事：張光直早年生活自述》，繁簡版本另有法文版，是真情流露異於學術的著作，細述建中高中時的囹圄之災，他與我等入選河南大象出版社《世界（紀）華人學者散文大系》。

在緊湊的日程中，他曾專為我們演講「從美術談中國古代文明的起源」。以罕有的幻燈配合，由三皇五帝談起，透過美術這扇窗戶檢視古代文明的特徵：夏商周三代華北遍布千萬城邑建築，臺基以上多木造，與歐美的石材有異，年深月久毀損燒蝕後，五彩斑斕富麗堂皇的形象全無影蹤，只餘下以鐵石重器層層加高的夯土臺和柱洞。藝術家經考古家的指點，據其基址等可想見堂廡門座畫出復原圖。他出示《生活》雜誌，早年所刊的殷代國王以奴婢嬪妃做人牲的殉葬圖，看來真驚恐張皇，他說：人的表情是有不少想像，基本上是合乎事實的。

由殷墟出土的殉葬兵器，能推論統治者，有制度化的暴力使用。再由青銅彝器等運用「在祀與戎」（《左傳》），而不用在生產工具。在此範疇中，新石器時代過渡到文明有著很強烈的連續性，在宗教和政權的集中方面，與中美洲的馬雅文明相似。他引用普林斯頓大學牟復禮（F. Mote）教授和哈佛史華慈（B. Schwatz）教授等的理論解釋原始社會的宇宙觀，有別於蘇美及歐西的「破裂性」文明（不外乎在生產工具技術和貿易組織勞動力等的變化，與宇宙形成整體論的破裂）。中國的連續性是文明發展史的常態？「破裂性」文明是突變？他這種闡釋有一定的說服力，曾掀起了歐美考古人類學界的大辯論。轟動一時的《河殤》解說詞亦引用他的說法。不過他對《河殤》的看法是：大家都可以承認傳統文化有許多缺點，《河殤》對傳統文化的攻擊是一般性的，「我又看一次《狂人日記》，見魯迅攻擊傳統是吃人的禮教，話說得很重，時間很早，要西化現代化並不是新物事。《河殤》把代表傳統的符號——龍、長城等加以批判，更引起人們的

爭議注意！」

巫師對法器——含美術寶藏的獨占，也是中國文明的特徵。巫在甲骨文是 ✛，解釋眾說紛紜。他表示：「很榮幸與臺北故宮的袁德星先生談過——也就是詩人畫家楚戈，楚戈認為I就是矩，我完全接受，很合理。」答案在《周髀算經》，矩是掌握天地圓方的工具，使用矩的巫是通天地的。玉琮也是法器，還有山、樹、風、鳳鳥動物、酒藥樂舞等，均為通天之手段。他再拿中國巫教，與美國社會人類學家佛斯特（P. Furst）所提的，亞美式巫教意識形態比較，發現兩者非常相似。相信代表了人類的老祖先，通過白令海峽，從亞洲進入美洲，已有相當發達的文化。另外，「亞形」在中國青銅銘文，和中美洲的出土石刻裡均有發現，張先生假設殷商文明，與中美的馬雅等文明，出於同祖的後代，並將其祖先文化，追溯到一萬多年前，美洲印地安人祖先還在亞洲的舊石器時代，稱之為「馬雅中國文化連續體」。獨占美術品法器，可與占戈戟兵器等統治工具類同，是鞏固政權的方法。這在商周藝術核心，青銅器的九鼎傳說上看得很清楚，王朝占有九鼎，即獨占通天手段的象徵。故改朝換代，不但政權轉移，而且也有國之重寶的美術品精華轉移，這種現象由古代一脈相承下來。

張教授在1964到1965年曾主持臺北大坌坑、高雄鳳鼻頭遺蹟的發掘，建立其在臺灣史前文化上的地位。1971到1974年又積極促成中研院、臺大和耶魯攜手合作「臺灣省濁水、大肚兩溪流域自然與文化史科際研究計畫」。

於1980年代中，他想把中研院個別從事臺灣史研究的雄厚資源集中起來，就向當時的錢思亮院長提出，希望在中研院成立一個臺灣史研究中心的計畫。錢先生很贊成，卻因病去世，直到吳大猷院長繼任後，在1986年才開始了「臺灣史田野研究計畫」。這一計畫集合史語所、近史所、民族所和現改為中山人文社會科學研究所的三民所，四個人文科學研究所的人力，通過獨立的編制和預算，進一步擴充收集保存臺灣史的材料。他說：「開始時臺灣史的研究並不是很熱門，這幾年整個風氣才有了變化，我很高興在中研院已經有多年的研究基礎，將來有設立一個所的可能，我只做了設立推動，對研究並未直接參與。」曾引起熱烈討論，推動籌備處多年，終於2004年正式成立臺

灣史研究所，由莊英章先生擔任首任所長。

　　在中國大陸，他聯合哈佛和社科院考古研究所的考古學家們，共同設計先商文化研究計畫，計畫長期以地下勘測發現商朝前期的文明。商早期集中的地區在：河南東部、山東西部、安徽北部、江蘇西北四省交界處。商代之名由商城而來，商城傳說在河南商邱附近，但自有歷史記載以來一直連續不斷淹水。張先生說：「我的假設商城遺址是埋在很深的泥土下面，因為屬於黃氾區。」我問：「黃氾區的遺址與一般土層下差別大嗎？」「更深！我們一般認為在八公尺到十公尺以上，詳細的地層地點要待地質物理學家之工作了。」

　　他又補充：自1928年河南安陽殷墟的發掘，尋得了商代晚期的遺址，繼有五〇年代的鄭州和七〇年代的偃師出土的商代中期文物，湖北長陂盤龍城的發現也比殷墟的時代早。在商代建立王朝前的先商時代，中國考古學家1930年代依傳說，在河南商丘一帶找卻遍尋不得。泥沙太深，非但商代的不見，連漢代的都湮沒了。不過當年已有新資料，相當深信找得到代表先商的聚落，宮殿建築、銅器、玉器文字等，現在說來還早，這是長期計畫。「我們知道的比不知的少太多了！」

　　張先生說：「我很樂意跟青年談我所做的事情，與方法的考慮或結果等，這可能是唯一能鼓勵他們的。至於學習經過及師友影響，是個人生命史中的一些偶然因素，好比對我影響大的哈佛教授都不在了，他們也沒法尋得，所以我想沒有特別的重要性。」後輩受他教導和影響者不計其數，趙元任先生的長外孫女——卞學鐄和趙如蘭教授的女兒卞昭波，就是在1964年參加了張先生的考古工作，才決定主修人類學。

　　追問他有關「馬雅中國連續體」爭議的發展：「時間慢慢會做個判斷，還會繼續研究，也會有更詳細的報告。有些問題開個頭覺得很興奮，等三、五十年、一百年研究清楚了，就覺得可笑。」「不會吧？」不由我分說，他毫不著力的點出我在密西根州大研究所鑽研過的中俄關係人物：「就像妳以前研究瞿秋白、陳獨秀等人，不曾覺得他們的社會理想不嚴肅，經過歲月看到制度思想的變遷結果，不會覺得他們幼稚？」憶起他的自傳《蕃薯人的故事》。他也提醒過考古學，常有後來的材料推翻全盤，我不覺迷惘，又無言以對。

　　當年常見他自博物館出來，走過樹影遮蔭的哈佛神學街（Divinity Ave），在燕京圖書館石獅佇立的對街舉手與我相招，總想起澄心淨慮，抗塵抵俗治學修身的宋明高士。而嚴謹的他卻不辭辛勞入世，讚許導引後進如我輩，並分赴各地進行考古田野工作和提升研究，還不辭病體貢獻中研院。他以「冷門」學問，來為歷史解決熱門的中國古代文明起源之疑惑，卓然有成，怎不令人欽敬？

　　張先生患帕金森氏症約十年，在2001年1月3日清晨1點50分，我們痛失了這位考古人類學大家！

儒學現代轉化任重道遠
──為往聖繼絕學的杜維明教授

　　「我們雖然生為中國人，但對中國自己的東西不論古往今來，都了解得太有限了。學文學的不懂莎士比亞是恥辱，但沒有摸過杜工部卻是可原諒的；學哲學的不能不知道康德，但可以完全忽視朱熹；學歷史的沒讀過《羅馬帝國衰亡史》是遺憾，但沒摸過《史記》卻很平常！我們必須開始有系統地先來了解自己⋯⋯。對中國文化和西方文化都再作更深入的了解，那麼我們的基礎必厚，立論必高，呼聲也必大。」剛入師大歷史系念書時，《大學雜誌》在校園相當風靡，陸續讀到方自哈佛畢業，到普林斯頓開課的杜維明教授，發表在上面很有見地的文章。尤其是對上述這段話，懵懵懂懂的我，彷彿是有領悟，也因此擴展對中西史學的興趣。讀起《史記》《羅馬帝國衰亡史》等。

　　杜教授早年師承牟宗三、徐復觀、魯實先諸先生，並私淑唐君毅先生。杜教授在建中就得天獨厚，因啟蒙老師周文傑的引薦而認識了牟先生，再得識唐、徐二位。因牟、徐先生轉任東海，遂決心入東海大學就讀。先考進外文系，次年，情感上與之最親近的中文系徐復觀主任，建議轉入專治哲學史學，是東海第三屆校友1961年畢業。

　　1962年獲得哈佛燕京學社博士獎學金，1963年和1968年相繼獲得哈佛碩士、博士學位後，再任教普林斯頓四年，柏克萊加大十年，1981年客座哈佛，次年應邀返哈佛，講授中國思想史、中國哲學及進行儒學研究。任教近三十年至2010年，舉行盛大70歲慶生後榮退。現任北京大學人文講席教授，及高等人文研究院創院院長。

　　杜維明教授是當代新儒家第三期的代表人物之一，他始終奉獻儒學，辛勤從事講學研究，最難得的是又能以開放的心靈論學。他奔波全球毫不懈怠地前往北京、南京大學，臺灣大學、香港中文大學及法國高等研究應用學院（Ecole Practique des Haute Etudes）擔任訪問教授；並先後獲得浙大、人大、北外、中山大學，中國社會科學研究院名譽教授頭銜；美國密西根州立大學，理海大學，臺灣東海大學，山

東大學，香港嶺南大學，倫敦大學國王學院等十多大學榮譽博士學位。擔任國際儒學聯合會副會長，馬來西亞拉曼大學的國際顧問，新加坡、巴黎、東京、溫哥華、斯德哥爾摩、新德里、開普敦、伊斯坦堡、丹麥等高深學院，宣揚講授儒家哲學，並由比較文化學、比較宗教學、比較哲學、倫理學、美學的視野，來闡明儒家傳統及其現代化。

杜教授多年來，全神貫注致力於儒學發展，文化中國，及現代精神的反思。1983-86年曾任哈佛大學宗教研究委員會主任。1986-89年擔任哈佛東亞語言與文明系系主任，1988並榮膺美國人文藝術及科學院哲學組院士、國際哲學學院院士兼副主席，且是東亞學者，獲此殊榮之第一人。

1995年應印度哲學委員會之邀，在南亞五大學府，發表「國家講座」1996-2008年出任哈佛燕京學社首位華裔社長，1999年更榮膺哈佛大學哈佛－燕京中國歷史及哲學與儒家研究講座教授，此教席為英語世界裡第一次以「儒學研究」命名的講座教授；2000年他並榮獲湯慕思百瑞獎。2006年榮獲美國人文學者終身成就獎。在2012年任北京大學世界倫理中心主任，並當選央視舉辦的第一屆中華之光－傳播中華文化年度人物。2017復旦大學儒學大講堂首期主講人。

又為聯合國安理會秘書長安南邀請，與世界各地的卓越人士，在聯合國商議如何周遊列國，遍訪領袖人物了解各文明傳統的現況與傳統，為聯合國推動文明對話傑出人士小組成員。不僅定期參與在瑞士開的世界經濟高峰會議；主持每年在亞斯本學院開的亞洲執行會議；千禧年榮膺第二屆湯慕思百瑞生態宗教獎；2001獲得第九屆國際李退溪學會大獎等，多項榮譽皆有史以來華裔的第一遭。

杜教授擔任哈佛燕京學社社長，12年引領學社，蒸蒸日上，當時正值經濟繁榮的歲月，選訪項目均欣欣向榮，廣邀英彥訪問學者計劃多達30位，研究講師計劃20位，博士獎學金計劃45位；並且設新項目訪問研究學者和公共知識分子計劃，邀請學科專才短期來開課作系列演講。

北大陳來教授，1997年就以中文開過課，教室內杜維明、包弼德兩位教授在座，和當時準博士的祝平次、宋家復、賀廣如（訪問）等位及我，在哈佛英語世界，過去只有王德威、李歐梵教中國現代文

學，趙如蘭教授和高級語言中文課，得以如此講課，這樣多元化的開放，殊為可貴。

他積極與三聯和廣西師範大學等出版社合作出版，對《燕京學報》、《中國學術》、《當代》等雜誌津貼。每週哈佛儒學研討會、黃萬盛先生曾協助舉辦，並定期深秋在哈佛燕京大禮堂，我等召開的中國文化研討會，請訪問學者演講研討。每有別開生面的主題，如啟蒙與現代性反思、新世紀的文明對話、文化空間與族裔認同等。

接受前任社長韓南教授建議，隔年召開哈佛燕京學社社友會議，首度在南京2000年；第二次在蘇州2002年，加強返國社友之聯繫。鼓勵跨學科互動，還創辦哈佛燕京學社網頁。

杜教授還開闢新局面支助難得的研究，對西元前300年郭店竹簡的研討印行上網，龐樸先生創《簡帛研究》網站，訪問的大陸學者郭沂、郭其勇、邢文等位均有其他參與。哈佛校報特此報導。在杜教授率引之下，學社蓬勃發展。2009年6月8日他邀請我，參與歷任領導慶祝杜社長照片高懸哈佛燕京學社門楣的儀式，見證華人在哈佛光耀門楣，歎為觀止！

他是1940年，出生在昆明的廣東南海人。杜先生的父親，杜壽俊老先生，早歲自金陵大學畢業，即考進資源委員會任職，與陶聲洋、蔣彥士、李國鼎諸位相熟，還被選送美國深造，專攻企業管理1945到1947。在臺灣造船公司退休後赴美，因通曉方言，杜老先生考進美國法院，是官方承認指定的翻譯。母親歐陽淑麗，是中央大學1940年代徐悲鴻的女弟子。杜先生略帶自豪地說：「她一直不單是家庭主婦，我們從小，她就在外面上班，在臺灣後來做過賓士汽車公司經理。移美舊金山做了多年公務員，曾獲市府頒特獎。」

話鋒轉到他母親的二姊夫黃毓沛先生。黃是美國芝加哥華僑，很早就被來美旅行的林森，請回國去幫忙發展空軍，曾由新疆迪化飛行護送國旗到瀋陽給東北軍等，立了不少功勞，還出了一套「中國進入航空時代」的紀念郵票。杜先生說：「在那種氣氛下，母親年輕時是要做第一個中國女飛行員的。」終究她教養成功杜先生和他任職空軍的哥哥、專攻生物學的妹妹，和在舊金山僑界也很熱心公益以建築為專業的弟弟杜維新。

杜維明教授是中國思想史的專家，尤其對探討儒學及儒學在

亞洲中、日、韓、越各國之現代轉化和研究亞洲哲學和比較哲學等方面，更是聞名於世的權威，杜教授筆耕凝道出版了多部英文學術專著和以中國儒家的人文精神的現代轉化為中心的學術論著：*Humanity and self-cultivation: essays in Confucian thought*、《仁與修身》、*Centrality and commonality: an essay on Confucian religiousnessc*、《中庸》、*Confucianism in an historical perspective*、*Confucian traditions in east Asian modernity: moral education and economic culture in Japan and the four mini-dragons*、*Confucian ethics today: the Singapore challenge*、*A Confucian perspective on human rights*、*Neo-Confucian thought in action: Wang Yang-ming's youth(1472-1509)*、*Way, learning, and politics: essays on the Confucian intellectual*、《道學政：有關儒家智識分子》、*Confucian thought: selfhood as creative transformation*、《作為創造轉化的自我》等；合著和編有：*New horizons in eastern humanism: Buddhism, Confucianism and the quest for global peace*、*Tu Weiming and Daisaka Ikeda*、*The sage learning of Liu Zhi: Islamic thought in Confucian terms*、*Tu Weiming and Murata, Sachiko*、*Confucian spirituality*、*Tu Weiming and Mary Evelyn Tucker*、*Confucianism and human rights,* edited by Wm. *Theodore de Bary and Tu Weiming*、*China in transformation,* edited by Tu Wei-ming、*The Living tree: the changing meaning of being Chinese today*、*The Confucian world observed: a contemporary discussion of Confucian humanism in East Asia,* edited by Tu Weiming，*Milan Hejtmanek, Alan Wachman*、*The Historical Legacy of Religion in China*⋯中文發表五卷本的中文版《杜維明文集》2001《杜維明作品系列八卷本》2012出版。另有《對話與創新》《文化中國的認知與關懷》《現代精神與儒家傳統》《儒家思想》《現代精神與儒家傳統》《儒家傳統的現代轉化：杜維明新儒學論著輯要》《人性與自我修養》《儒家自我意識的反思》《儒學第三期發展的前景》《三年蓄艾》《人文心靈的震盪》等；《新加坡的挑戰：新儒家倫理與企業精神》高專誠譯、《論儒學的宗教性：對《中庸》的現代詮釋》段德智譯 林同奇校、《儒教》陳靜譯、《道學政：論儒家知識分子》錢文忠、盛勤譯《儒家傳統與文明對話》彭國翔編譯；經過學者的編輯出版：《杜維明文集》郭齊勇 鄭文龍編、《一陽來復》陳引馳編、《天與人：儒學走向世界的前瞻：杜維明范曾對話》《現代性與物欲的釋放：杜維明先生訪談錄》盧風、《杜維明學術專題訪談錄：宗周哲學之精神與儒家文化

之未來》東方朔、《杜維明：文明的衝突與對話》朱漢民、蕭永明編選、《杜維明學術文化隨筆》鄭文龍編、《十年機緣待儒學：東亞價值再評價》周勤、杜維明先生主編《儒學發展的宏觀透視：新加坡1988年儒學群英會紀實》、《思想・文獻・歷史：思孟學派新探》、《紀念孔子誕辰2550周年國際學術討論會》等；他且是《哈佛亞洲研究》、《東西哲學》等的編委，常在各著名漢學研究刊物上推出文章。除此，他並結合日本的「會讀」和德國的研討會方式，在1982年組織了「哈佛儒學研討會」這個學術團體，中英文並重，發展文化科研項目。這是延續了他在伯克萊加大的主持，還有在1729 Spruce Street杜宅的思想沙龍，及教授俱樂部的會讀。

1990年代，他在香港、臺灣、中國大陸以及美國的漢學刊物等媒體提出「文化中國」的論說，引起熱烈的反響。他表示：這是超越一般人類學家所指的「文化構造」，也是很多朋友老早提出來討論過的。他只是針對近年來，事實上業已呈現的情況，而做一番描述，但仍有一定的客觀基礎。「文化中國」的涵義很廣，包括了：第一意義世界，指大陸、臺灣、港澳和星洲等華人為主體構成地區。第二意義世界，指散布全球各地的華人社會。第三意義世界，指全球從事研究、報導和傳播與中國有關事物的學人、記者、官員及商賈，包括把那些和中國既無血統又無婚姻關係，甚至連中文一個大字不識的「外人」也統統納入。盼他們健康互動又相對獨立，以形成一種有創造張力而無惡性抗爭的態勢。

從文化的角度對中國進行反思，杜先生提到四十多年前以柏克萊加大的列文森（J. Levenson）為代表的思想家，認為傳統儒家已經沒落到無生命力，逐漸被埋葬。但有鑑於世界發展的多元化，除了歐美和蘇俄模式之外，至少已出現第三種或更多不同的工業文明。或可以說是「個人資本主義」之外，還有「關係資本主義」——這就是與儒家影響極有關係的日、臺、港、星和南韓亞洲五條龍的興起。這些現象能不使我們反問列文森的說法是否可以成立？學術界只從經濟因素，如美援、技術引進、勞資關係、資本積累、勞動力、企管等來認識這些現象，那麼解釋一定是片面的。如世界接受美援的國家極多，卻並未造成類似奇蹟，非經濟的結構功能歧異性也大。美國現代化理論突出的學者帕森斯（T. Parsons），曾引市場經濟、自由民主制度、

個人主義為三個不可分割——有一項不能體現，則不能完成——的現代化內容。然而東亞的發展不完全符合。這幾個國家不論是一黨民主或大權獨攬，政府都對經濟有主動規畫，扮演相當重要的角色。杜先生說：「很多人認為香港完全是自由經濟的十足體現，那是對香港比較陌生的關係，單看香港40%以上市民，是住在政府所建的住屋，政府還配合當地華人菁英，對各種問題的領導及介入都是常見的事。1987年紐約的股票市場突然崩潰，日本股市當然很受影響，而苦無辦法，但香港股市馬上決定停止，三天不動。哪一個自由市場有那麼大的力量？這完全是政府和經濟社會的菁英所為，維持了香港的安定。」賢明的政策與智識菁英配合，有時在促進經濟成長方面，比靈活市場也許更具關鍵性。

杜先生舉哈佛前輩教授，曾任美駐日大使的賴世和（E. O. Reischauer）為例。賴世和注意到儒家在日產生的作用，和基督教在歐美所產生的作用，是有相等的決定性。對應德國現代化理論家韋伯（M. Weber）探討出新教倫理，作為促使資本主義在歐美勃興的動機，那這五條龍在東亞現代化的文化共通點，便不能忽視儒家倫理。雖然儒家傳統在他們社會結構，和功能上的深淺廣狹大不相同，卻同樣對士、農、工、商、販夫走卒都有極大的潛移默化、導引調節作用，樹立了東亞工商業的價值精神典範。當然文化不是單因，而應視為不能消解的背景理論。

從廣義的「文化中國」來看，還可發現一個特殊現象：「邊陲向中心挑戰」。邊陲，大而言之，是指大陸以外的華人社會；而廣東、閩南、上海、山東等大陸邊陲因受到港、臺、日、韓的經濟互動，也明顯地發展出：對北京核心有經濟威脅的潛力。雖然「文化中國」是不包含日、韓等國的，但日韓等都是日本學術界所謂「儒教文化國」的成員。

杜教授分析：文化中國不僅具有世界最多的農民社會——八億以上，也擁有世界極有影響力的企業隊伍，分散各地。1991年8月在新加坡召開第一次世界華商會議，共有800位傑出的華人企業家，代表74個城市、32個國家。再看中國的水災，港澳及世界華人均熱心救災，他自己就以身作則；在民主制度催生的艱苦奮鬥中，臺灣則邁出一大步！如何能配合發揮力量？又怎樣避免港臺藏三地可能的政治危

機？如何克服十萬流亡海外的菁英，與其他智識分子，精神資源薄弱與價值領域稀少的困難？杜先生期待：展望未來大家能主動自覺地投身文化事業，從全球視野和已經湧現的華裔智識分子中的一種群體批判的自我意識，來為中國何處去，以及如何再鑄民族魂尋求答案。

杜教授在堂上常強調，研討中國文化，必須有三個前提：一是多元化的認知。他以開放的心靈反思儒學，亦顧及中國的其他傳統：釋道及民間傳統，智識分子傳統，工商、軍人、農民的傳統。

二是繼承五四批判精神，使傳統的陰暗面，得到較充分的揭露，儒家的真精神，才可能以嶄新的面貌重新起步。過去他在柏克萊加大歷史系，就開過好幾次批判儒學的研討會，對過去、現在甚至將來可能出現的對儒學的批判，都作了廣泛而深入的探索。

「因此對於儒學的批判，在我心中占有相當的分量。不管你把儒學說得多麼高明，多麼富理想性，我都可以馬上舉出很多與之相應的陰暗面來。因此我對儒家傳統並沒有任何浪漫式的迷戀。甚至可以說，我對儒學的陰暗面，可能要比一些以批判儒學為首務的學人，還了解得多一些。如果說，我是像一個基督徒研究基督教神學，或者像一個佛教徒研究佛教教義那樣，試圖身體力行地去認識儒家的智慧，因此只能進行內部批判，我不能不首肯。但這並不意味著我放棄了批判的權利和意願，只去照察儒家的那些精采的東西；我是從最殘破的，已經百孔千瘡的表現形態中，去發掘還可能有的拯救中國的源頭活水，那真正有精神價值和哲學意義的動源。」

三是現實考慮的前提。現實感愈強，對現實問題複雜程度理解得愈深，反思才愈可能深入。近代飽受屈辱，五四的知識分子，基於救亡圖存的使命感和愛國心的激勵，對企圖利用「尊孔讀經」來維護既得利益和舊社會秩序的軍閥，採取一個針鋒相對的策略。這些智識分子包括：自由主義的胡適，社會主義的陳獨秀，馬列主義的李大釗，無政府主義的吳稚暉和巴金、魯迅等文學家。他們接受西化的層次儘管不同，但不約而同地組成一個和儒家傳統徹底決裂的聯合陣線，一而再、再而三激發熱血青年痛斥禮教，掀起打倒孔家店的浪潮，像吳稚暉先生，甚至要把線裝書拋進茅坑。在這種不可抗拒的西化衝擊下，使他們一面倒，但在感情和行為上，又無法擺脫儒家傳統。杜先生說：「胡適曾表示，他根本不贊成全盤西化，但由於傳統的惰性太

厲害，非要矯枉過正不行。」他比喻五四的智識分子，以為傳統像一只可以一丟了之的包袱，卻不料它已內化成骨血是丟不掉的，只能謀求改善。他用禪宗《指月錄》中的「解鈴還需繫鈴人」來說明，如果傳統真是儒家惹的麻煩，那這癥結，還是要靠主動批判創造的儒家來解決。

　　對中學為體，西學為用的說法觀點如何呢？杜先生表示「中學為體，西學為用」實際上也是一種簡單化，不能達到運作實效的提法，是一種抽象的理念，一種無用之體。把中學當成孤立的體，那麼中學中比較有生命力的價值，就不可能發展。這樣一來，青年人對傳統的說服力、生命力，也就不可能有什麼切實的體會，不可能鼓舞青年，最多不過塑造一批偽君子。我們應該繼承五四的批判精神，但這一繼承一定要建立在比較寬、深的文化反思基礎上，對政治化的儒家，保持高度警覺，俾使對傳統文化進行更深入的挖掘。不但去了解中學之體，而且還了解這在中國社會如何運用，同時也要從西學之用，進一步了解西學之體。把西學當成散離的用，就是把西方文化，當作一種工具性的東西來理解。對於它的科學、民主法治、自由人權、道德自律、宗教情操的思想精神，廣泛的文化背景和深刻的精神根源沒有體驗，只是引進它的科技管理等，自以為別的東西都可以不要，那麼我們引進的，必然是最膚淺的東西。不論迷戀中國文化的優越感，或喪失自信的自卑感，都是兩股缺乏思想性、知識性，情緒化的浪潮。單以富強為終極關切，誤西化為現代化，那忽略了人並不只是經濟或政治性的社會動物，同時也是歷史文化性的精神實體──生存的要求，也有嚮往藝術感受和宗教體驗的意願。

　　他堅定地說：「儒學必須對現代西方文明所塑造的生命形態，作出創建性的回響，才有進一步發展的前景。在這樣的理論基礎上，更恐怕儒家傳統將來的發展，也可能有這一側面。也就是說儒學要進一步發展，必須先在國外的某些地方發生影響，即如經過紐約、巴黎、東京……，在外面取得了發言權，再回到中國才比較有說服力。」

　　新文化運動者，認為中國的落伍保守，和方塊漢字有不可分割的關係，而提倡白話文，進行漢字簡化，甚至主張漢字拉丁化，以達廢除漢字的最後目標。他特別指出：「今天我們回溯這段歷史，站在現代化趨向多元模式的基礎上，可以斷言，這種努力是混西化與現代化

為一談的特例。」就看日本在二次戰後，曾受美國語文專家的影響，把小學生漢字減到八百字左右，韓戰越戰之後，日本現代化突飛猛進，在工業上凌駕歐美，可是通行的漢字反而倍增。

目前電腦電傳處理漢字的基本技術問題解決，從普及教育和大眾傳播的實用觀點，來批評漢字的言論，更缺乏說服力。杜先生說：「我最不習慣的，像『聖人』的聖字，本來很莊嚴，從耳從口從壬，表達了很特殊的文化意念，但變成『圣』以後內涵是什麼？就很難講了。還出了個笑話，頤和園有塊牌子介紹慈禧，為了古雅一點吧，工人根據指示把簡字都改為繁體，結果成了『慈禧太後』。可見，在認同的問題上，最好不要作簡單化的判斷。」他強調徹底西化，全面揚棄中國文化，那正歸趨王陽明七絕中的兩句：「拋卻自家無盡藏，沿門托缽效貧兒。」總之，我們該揚棄、繼承、引進、排拒者均未達成。要如何擺脫枷鎖和狹隘的實用觀點，採取宏觀角度？

從比較文化的角度來看，德國哲學家雅斯培（K. Jaspers）稱西元前八世紀到六世紀，在世界出現的光輝燦爛精神文明時代為「軸心時代」。思想的主流是：印度的印度教、佛教；中東的猶太教和以後發展的基督教、回教；歐洲的希臘哲學，以及中國的儒家和道教，都是人類共有的精神遺產。我們觀察，除了中國文化儒家倫理，獨自憔悴外，其他上述思想均仍保有旺盛的生命力。這是不應有的特例。我們的文化和儒學何以不能像其他思想，同樣成為現代文明的組成要素？那就得看我們能否了解並效法孔孟荀以降的歷代大儒，在每一個時代中，通過自覺批判，重新創造人文價值。

有人認為，若把儒學通過嚴格的推理形式，用當代的哲學方法和西方的學院術語表達出來，使歐美學術界極有地位的國際學人樂於接受，未嘗不是一種宣揚儒學的權宜之計，也許可以收到文化交流的浮面效果。但杜先生認為最多不過是起碼的鋪路措施。如果毫不自覺地以為儒學的中心問題如：心、性、修身、聖、仁、義、禮、孝、經世……之類，只要通過現代哲學的洗禮，就可以粉墨登場，變成一種放諸四海皆準的國際概念，那就太無自知之明了。他說：「我不反對學術工作的趣味性和遊戲性，但真正莊嚴的哲學探究，是一種終身事業，一種『道不可以須臾離』的宗教奉獻。」

現代我們不稱讀書人、士大夫、儒者，流行稱做「知識分子」，

這要如何定義？杜先生認為把intellectual意譯為智識分子，以智慧與見識來定義的智識分子，應該能站在自我意識較高的水平，能縱觀大局，關切家國天下大事，在歷史和文化智慧的導引下，不喪失高瞻遠矚的批判精神。專家學者不一定是智識分子。他們可以來自社會各階層，他們應和人類全體保持精神的交通，和社會大眾保持緊密的接觸，和自己所屬的群體保持血肉的關聯，有存在的感受，和參與的精神而成為社會良心的一群人。

如此的現代智識分子，才不致陷入一些窘境。他承認現代中國的智識分子的確不易，無論是社會風氣的腐蝕性，政治權勢的局限性，或經濟結構的迫壓性，都會使一個本來胸懷大志的讀書人，物化為塞滿酸氣的軀殼。一旦智識分子自棄讀書人的靈性，成為一個被世風所轉，為利欲所迷者，則常會不惜犧牲道德原則，作一些損人不利己的事，甚至為求表現的速效，投靠現實權勢，難免不參與助紂為虐的勾當。

回顧傳統的儒者，已用血淚為中國智識分子澆灌了一株以道德責任為根，以學術修養為莖的大樹。儒家這門學問的對象不是一套觀念，一串命題，而是每個有血有肉、具體存在的人——真實無妄之人。儒學就是引導如何做人的學問。

杜先生曾在美公共電視《觀念世界》節目中，對專訪他的比爾‧莫耶士（Bill Moyers）由比較文化、比較宗教的角度，談儒家傳統的現代意義兼論社群問題。做多年在國外的儒者，杜先生當然不是那麼一位抱殘守缺、食古不化閉塞的衛道者。但儘管多麼開通審慎，強調對話交通聆聽了解，偶被誤解，仍然是避免不了的。他還是堅持「知其不可為而為之」地在生活踐履上體認儒學：「我的基本思考重點，還不是使儒學在一個多元化的環境中，起某種積極的作用，或者讓儒學對東亞的現代化，乃至中國的現代化，作出巨大貢獻，雖然我確實有這方面的心願，還必須先站在一個更根本的基點上，就是儒家如果有第三期的發展，它要經過怎樣一個創造的轉化？在二十或是二十一世紀，儒家傳統有無再生的可能？有無真正的生命力？這裡除了很多客觀的外在條件，需要考慮外，我最為關注的是在對儒學沒有下最後結論之前，怎樣對這一個精神傳統進行一個全面深入的反思。」

從前他苦惱沒有羅素、海耶克那樣幸運地在英國的民主立憲制度

下，如魚得水，如鳥翔空。他們或在恬靜的鄉間別墅中著書立說，或在繁囂的世界都會裡評論時政；退可以傳道授業，進可以振奮民心。而中國知識分子一無依傍，連最起碼的棲身之處都不易找到，只有靠自己孤獨的靈魂在遙遠的天邊作回歸的大業。但在艱苦困難之中，他仍努力通過基於道德勇氣的批判精神，以負責的言論和實際的行動拓展「集體意識」的領域，增進現實存在的合理性，並充裕大眾的文化生活。這不正合於先儒范仲淹之「先天下之憂而憂」，以及張載「為天地立心，為生民立命，為往聖繼絕學，為萬世開太平」的磅礴宏願？真是任重道遠！

鐵屋中的吶喊
——解讀城市現代性與中國現代浪漫文學的李歐梵教授

　　初來波士頓這個文化重鎮，紹光休閒時被一些合唱團朋友請去指揮演唱。在圈子裡就聽得談論寫《西潮的彼岸》、《浪漫之餘》的李歐梵教授和他聲樂家妹妹李美梵的音樂造詣，對這位現代文學專家的才藝學問之寬闊，很是訝異。1990年「五四」剛過，他應王德威教授之邀，回到哈佛費正清中心來開「中國當代文學的創新與傳承」大會，我總算得見當年曾與陳若曦、歐陽子、王文興、白先勇等傳奇地創辦《現代文學》的他。

　　當時李先生正被哈佛及加大洛杉磯UCLA兩校拉角，分身乏術。經過兩年的迂迴，1992年他先回哈佛客座，1994年正式允任哈佛東亞系。李歐梵教授是河南人，長在新竹，1961年臺大外文系畢業，1970年得哈佛博士之前一年，即在常春藤盟校之一的達特茅斯學院（Dartmouth）任教。1970年冬到1972年1月，任教香港中文大學崇基學院，1972年1月到1976年暑假任教普林斯頓大學，1976到1982年任教印第安納大學，1982年到1990年任教芝加哥大學，在芝大最後三年兼東亞研究中心主任。1990到1994年任教洛杉磯加大，1994年終於返回母校哈佛任教十年。2004年榮退客座港台各名牌大學名譽教授。榮膺香港科技大學人文榮譽博士，香港人文學院創院院士，香港中文大學講座教授。

　　李教授1939年生於河南太康。父親李永剛（影樺）與原籍江蘇的母親周瑗女士，是南京中央大學音樂系的同學。在30年代初，由念書相戀到結婚，成為佳偶，頗有五四的浪漫精神。舉行婚禮之時，其父正任教河南信陽師範，抗日戰爭也已開始。李先生說：「他們婚禮那天，信陽師範全校師生列席參加，日本人也來湊熱鬧，派了數十架飛機來『賀喜』！家父母這一代人由五四的浪漫心態，轉向抗戰的愛國奮鬥精神，心情上的變遷，也是中國近代思想和社會史上可以大書特書的。」

　　從他父親珍藏了三十多年後才發表的一本日記《虎口餘生錄》中，明瞭他們一家在1945年3月到6月間，在河南山區逃難的來龍去脈，深感這類真實生動的家史之鮮見又可觀。

　　1945年正值抗戰尾聲，那時學校就是一個大家庭，學生流亡在外，他們的父母早已把他們交給老師。他父親曾任信陽師範的教務主任、代理校長和校長。勝利後，母親是音樂教員和女生指導員，所以真可說是學生們的父母一般。當時信陽師範校址遷到豫西的師崗，學生大部分是窮鄉僻壤的貧民子弟，逃難所接觸的更是農村老百姓。

　　他記得幼年時父親往往數日不歸，住在學校辦公室內料理校務，這種獻身教育的精神，是這一代教書的人如他自己所望塵莫及的。這是謙辭，其實他盡心教學早有聲名。

　　適逢父母全校集合欲逃難往西安，一家流落虎口，他說：「我實難辭其咎，當時剛滿6歲，患了嚴重的傷寒。」他父親公私兩忙，睡眠更少，1945年3月30日他父親顯然面臨重大的決定，是否該以責任在身率領大家庭學生西行，還是為一己兒女之情而放棄出發？

　　他母親以眼淚傾訴，在師崗其弟亞梵病逝，如今極不願損失歐梵這個孩子，想暫時脫離大隊，等他病勢稍輕，再設法西去。父親也不願丟掉這個孩子，只好忍痛離開其他孩子們告別學生，僅將行李書籍隨同運出。

　　最後所有藏書丟盡，他父親身邊所帶唯一的書，是一本《英文會話文件辭典》及隨身攜帶的小提琴：「父親在大學從馬思聰先生學小提琴，又從一位奧國教授學指揮，更喜歡讀翻譯的西洋小說，可算是典型的西化人物，即使在緊要關頭，仍不忘他的西方嗜好。」他們逃到山區。

　　憶起那個四月，正是他們兄妹過生日的初春季節，賭上了命運。在河南山區，本以為安全，躲在牛棚，兩歲大的妹妹連吃了五個冷雞蛋，他自己正坐在山坡下的竹林中玩，突然山頭出現一隊黃制服的人，接著就卜卜卜地響起來，像放炮，當時似乎兒戲，實猶有餘悸。

　　他父親在4月11日的日記記載：「昨夜狂風，今晨見天色陰晦昏暗，七時許，開始落著小雨，村裡的軍隊都在嶺上布防了，重機槍手雄偉地站在土崗上，凝望著前面。今夜會與敵人遭遇嗎？機槍聲清越可聞。大炮則兩三分鐘一發，震動山谷。每一發炮彈，都是『朋』一

聲響後,隔三五秒鐘,甚至約十秒鐘,才聽到嘩啦炮彈落地聲,隨著是……,群山的回聲呼應,聲音的路線,歷歷可尋……。仟行在生死的邊緣上……,人本能地趨於自求生存的自私……,把妻兒們安置一下,就爬上山頂去……。」翻山越嶺地逃亡,更緊湊撼人。

他父親與友人,把手槍埋在碎石堆裡,把日記本也塞在石頭縫裡,處置後屏著呼吸,等最後的命運。半小時後,不見動靜,一切都沉在死寂裡。總覺得所躲的地方不安全,又沿著山溝,爬到巨石堆積的另一山坡,躺到山洞裡,從石縫裡取回的日記上潦草地寫著:「離開妻兒們已經兩三個小時,不知道她們安全否?生命繫於一線,隨時可斷呵……,他們如果遇到不幸,我的一切都完了,我會傻、會瘋,也許會死——死,多麼可怕的字。幾十聲槍響,斷續地掠過頭頂;一陣寒慄自脊背而下。」在死亡的陰影下他們相顧失色。

李先生回顧這段虎口餘生,只有慶幸。就廣義言,還會有種天地不仁的罪咎之感:「為什麼這幾個家人因我而落入虎口,但今天音訊全無生死不知,反而沒有我幸運?重讀同學陳若曦的《尹縣長》,也同樣有犯罪的感覺。人世間有幸有不幸,往往幸運的人得以生存,是很多不幸人的生命換來的,我這個幸與不幸的看法近於迷信命運……。」

他逃日本人的惡夢,早已被自己的下意識壓抑下去了。對於繼續從河南邊境逃難入陝西,越過秦嶺而至西安的「原始旅程」,記憶反更清晰。也可能是最後一段漫漫長途,使他突然從幼年進入「少年」。據他母親說,在某些地方,心理竟然相當「成熟」。當時他當然還不能了解父母貧困到變賣訂婚戒子的程度,大概是在安康,全家寄住在父親的朋友梁冰潛伯伯家,兩三家人至少有一個多月不知肉味。有天母親帶他到市場,偷偷買了個牛肉燒餅給他吃——說不定是用典當衣物後的錢。他津津有味地大吃大嚼後,母親對他說:「我們李家的孩子最乖,能吃苦不亂鬧,所以給你一個燒餅吃,用作獎勵。」他聽後並不自鳴得意,卻突然想哭,「從此之後,在我的腦海裡,『乖孩子』就等於『能吃苦』,也就是『懂事』,似乎對於整個人生也看乖了。」

那一段旅程,他家一路上處處靠朋友照顧,至今難忘。他父親的朋友正好像父親自己一樣義氣,又因河南民風純樸,老農的真摯待

客，也與沿途壯麗的山路一樣深留記憶。

群山之下常有清溪，他父親有疾怕濕氣，走在山上，他們則沿溪山上山下呼應，非常有趣。他父親以詩人之筆記著：「遍山青綠，異常鮮麗。春匆匆來，又匆匆飛去。黑暗留在後面，敵人所占據的山地留在後面，前面是光明，是自由，是祖國的大好河山。」身歷其境，他猶記得最後從群山中走出來，突然看到生平從未見過的平原，那一片一望無盡、欣欣向榮的自由美景，使他頓時對將來生出一股幸福的憧憬。多年後，他在臺大，想把這初望平原的心境，做討論人生小說的象徵主題，可惜當時未能寫出來。

一般抗戰時期的報導文學，經矯揉造作的文字修飾後，不忍卒睹，可以說是浪漫精神的不良影響。他記得威爾遜（Edmund Wilson）論南北戰爭文學時說：戰亂時的作品，往往帶煽動性或新聞報導性，有思想深度者極罕見。他頗客觀地說：「在真實戰亂下寫的東西，是不可能誇張做作，因無時間在文字上下工夫，這種言簡意深的作品，反而令人感動！」

戰火再起，父親考慮舉家遷台之時，在一張臺灣地圖上發現了新竹──好雅的名字，又是距離大陸最近的地方，全家真的在新竹定居下來。父母親同在新竹師範任教，也把獻身精神帶給竹師學生，他從小在學生堆裡長大，家裡學生來訪絡繹不絕。在小城住了八年。

多年前的新竹，到處是風沙髒亂。記得小時候赤著腳，穿過稻田中的小徑去上學。放學後，在泥濘中打彈子，陰溝裡抓泥鰍，有時也會在屋後的草叢裡捕到幾隻彩色繽紛的蝴蝶；還記得夏日驕陽如炎下的柏油馬路，走起來腳底燙得發熱，遠處冰店傳來靡靡之音……。

他們一家四口擠在一間斗室裡，三家人共用廚房，十幾家人共「享」公廁，就這樣安定了下來，戰爭的夢魘，逐漸在回憶中消失，新竹遂變成了他真正的家。

「淳樸的生活，成了我的習慣。在這八年裡，我不知道生命有什麼特別的意義，只知道念書」，早晚惡性補習，由竹師附小，入新竹中學，初中升高中，高中考臺大，這就是人生的大事。進了中學後，他不再赤足上學。

父親為他買了一輛腳踏車，他每天騎著車子，穿著土黃色的學生制服，在風沙裡疾馳。學校在半山上，每天清晨，當他背著書包騎車

上山，總覺得是段漫漫長途，目的也雖遙遙在望：「但我知道，抵達目的地後，我的負擔會更吃重，一天的課業壓在心上——數學習題、國文作文、英文考試、化學試驗，從早到晚，似乎永無喘氣的餘地。於是一天又一天，周而復始，難道這就是生命？」

書本和學校以外的世界，他很少接觸，父母也不准接觸。但唯一的例外是電影院，成了他的避難所，看電影也成了他心目中的美事。有時不禁感到奔波於家門和學校間，目的就為了周末可以看電影。週六晚和週日午後是他的黃金時光，一場接一場地看，在漆黑的座椅間，忘記身外的一切逆來順受的難關苦楚，完全失落在銀幕上的理想世界。

他可以在黑暗中放膽遨遊，把銀幕旁幻燈片上的劇情任意渲染，織造出更美麗動人的故事。他得到不少安慰，更發現了西方世界：希臘的廢墟、羅馬的競技場、中古歐洲的城堡、美國西部的原野……好一個五光十色的世界！

散場後，從戲院走出來，他猛然感到小城的窒息，幻想將來要遠渡重洋，到西方世界開創自己的天下，將在陌生的國度裡，遍嘗人生酸甜苦辣，再悄悄回來走進戲院旁的咖啡店，靜靜回味。也有夜晚，在萬籟俱寂的街上，看完電影，騎著單車，迎著皓月，馳騁在更綺麗浪漫的夢幻中。

他從讀書以來，興趣一直在文學。1957年考上臺大外文系這個十分熱門的系，同屆共一百多位同學，原本相當疏離。到1958年5月20日才由陳若曦、陳次雲發起「南北社」，他和幾個好朋友白先勇、歐陽子等被邀，王文興、戴天、席慕萱等後來加入。早期多遊樂聯誼、橋牌、郊遊、座談。因為都對文藝感興趣，又寫又談的在1960年初白先勇任社長時，便正式創立「現代文學雜誌社」，劉紹銘、叢甦、王禛和、劉大任、蔡文甫、朱西寧、陳映真、黃春明、施叔青、李昂、林懷民、七等生、三毛、荊棘、李黎、水晶、奚淞、余光中、葉維廉、楊牧、張錯、鍾玲、鄭恒雄、杜國清、柯慶明等人，許多現在文壇舉足輕重的人，都曾幫忙寫、編、校，盡各種努力。2008年9月20日還由臺大和國家圖書館主辦：「驀然回首：現代文學」座談演講，請他和白先勇、陳若曦、王文興、葉維廉……暢述那段風風火火的盛事！

　　自謙的李教授說：因為當年，他還未創作小說，只是幫助好朋友們「搖旗吶喊」。他們要翻譯卡夫卡等西方作品，他就譯。事實上當時也不太了解，等到國外多年，才發現當時已闖出幾條路，值得重視。白先勇老師對我說：歐梵學業成績好，每學期考第一。

　　在同學歐陽子等位的筆下，他老早就多才多藝。對音樂和電影，更有驚人的豐富知識。所以快畢業時，他有兩個「妄想」：到好萊塢去學電影導演；到維也納去學指揮──雖屬家學淵源，但也遭父母反對，當然是無法實現的。只有做做夢！

　　從好友劉紹銘教授處他得知讀文學備受「吃馬鈴薯」之苦。他自認還沒有創作，怕申請不到獎學金，所以就選擇外交、新聞、歷史等路子。結果1962年芝加哥大學國際關係系，要比伊利諾州立大學廣播電視系給他的獎學金更高些，就去念了。

　　但是他對當時國際關係研究所流行的「遊戲理論」，不顧人文道義的外交，感到索然無味。辛苦煩悶，又窮得無錢買酒，也沒膽量去酒吧，當然更沒有膽量效白先勇的〈芝加田之死〉去自殺。窮途末路除了看看電影，就買學生票聽芝加哥交響樂團做僅有的娛樂。在焦慮之中他念沙特（J. Sartre）、卡繆（A Camus）；又因看遍歐洲電影，再度洶湧起來，想申請加大學電影，或申請印大學戲劇。但是，由於他在芝大跟隨選課和工作的東亞圖書館館長錢存訓的推薦，哈佛東亞系給了他全額獎學金，1963年秋他轉學這首屆一指的學府，開始念中國近代思想史。

　　「歷史是偶然，文學是興趣！」他不免感到內心的恐慌。兒時的家庭教育灌輸的多是希臘神話，他的名字就取自希臘神話奧非歐Orpheus，還有西洋音樂文學，而非國樂平劇圍棋，及四書五經、《左傳》、《史記》、唐詩，但他逐漸在一知半解中對過去的文化產生好奇心，重新再發現，也發現了自己。

　　他的指導教授史華慈（B. Schwarz）研究過嚴復，於是他由嚴復的好友林紓（琴南）翻譯大量西方文藝作品推究起。從五四的一代到他父母的時代，都懷有一種浪漫的情緒，對外在世界不滿，對庸俗價值藐視，作個人反抗遂演變成對純藝術的本體追求，而有創造社初期「為藝術而藝術」的口號；實則熔浪漫與象徵為一爐。這一代極為主觀的發泄個人情感如勇氣、熱情等，推崇強調人的本質和尊嚴，又對

社會現實具有人道同情心的作品，是特殊的歷史社會環境下的產物。

　　他的博士論文《浪漫的一代現代中國作家》，就五四新文化運動與文學革命的密切關係，以六十年代的歷史視野和角度，較客觀地析論當時文人的種種頹廢、逃避、自哀自憐的現象，雖各有其個人原因，但背後卻隱現著一個時代的大徵象——中國知識分子，有史以來第一次集體感受到與政治社會的疏離。郁達夫有意無意間，用了十九世紀俄國史上由屠格涅夫首用的一個重要意象——零餘者。

　　五四文人的弱點，正代表歷史上價值的變動。他們的疏離感，與西方的並不盡相同，並非全出自物質環境的變遷，而是淵源於對社會的一種自覺。從古到今，有心的知識分子很難，也不願掙脫個人與政治、社會文化的密切聯繫。

　　胡適以文學革命與西方文藝復興相比，但李先生認為可能是與歐洲十八、十九世紀之交的浪漫主義反動來比，更較適切。兩者皆反對古典傳統的迂晦、雕琢、形式化；主張發揚個性、主觀、人性、皈依自然，奔瀉一己的坦誠和情感。如果說盧梭（J. Rousseau）是浪漫主義之父，其《懺悔錄》是後來各浪漫作家的經典，中國新文學所受正是這種影響。

　　如徐志摩由哈代（T. Hardy）之死，歌頌整個歐洲文學。徐志摩的著眼、詞彙和看法全是浪漫的：「從《懺悔錄》到法國革命、浪漫運動，到尼采與陀思妥耶夫斯基，從尼采到哈代，我們看到人類衝動性的情感，脫離了理性的挾制，火焰似的迸竄著，在這火焰裡激射種種的運動和主義。」他推崇托爾斯泰（L. Tolstoy）、羅曼羅蘭、泰戈爾（Tagore）、羅素，認為：「他們柔和的聲音，永遠叫喚著人們天性裡柔和的成分，要它們醒來，憑著愛的無邊力量，來掃除種種隔礙，我們相愛的勢力，來醫治種種激盪我們惡性的瘋狂，來消滅束縛我們的自由與污辱人道尊嚴的主義與宣傳。」這顯然是盧梭的翻版，也證明其號召力。

　　郁達夫亦曾贊揚盧梭為人類解放者、反抗的詩人、自由平等的擁護者、大自然的驕子等。除上述者外，當時文人崇拜的英雄尚有：拜倫（G. Byron）、雪萊（P. Shelley）、濟慈（J. Keats）、歌德（J. Goethe）、高爾基（M. Gorky）、雨果（V. Hugo）、拉馬丁（A. Lamartine）、莫泊桑（G. Maupassant），西方重要作家幾被網羅殆

盡，用同一浪漫氣息，不論優劣派別，一口氣全都吞了進去。

對此，1926年梁實秋做哈佛學生時就寫過長文加以針砭。梁先生指「同時代的新文學運動有：受外國影響：推崇情感、輕視理性；對人生的態度是印象的；皈依自然、側重獨創，四點特徵」。梁先生師崇白璧德（I. Babbitt），白氏師崇阿諾德（M. Arnold），是抨擊浪漫主義最烈之人，梁先生的態度是師承有自。

李歐梵教授又感覺到中國近代文學，也許是受西潮影響太快，往往兼容並取，只要是新的、時髦的，都是好的。但與西方浪漫作品相較，獨缺帶有宗教色彩對宇宙人生的神秘感和想像力──二十世紀英美批評家認為這是最重要的。

而且五四的文學作品，浪漫情緒的表現還是與國家民族的大問題相連，文學的形式，脫不了寫實的手法，從一鱗半爪的消息，走向前衛式的各種新文學，自然主義、象徵、抒情、傷感的人道主義等，又與純寫實的福樓拜（G. Flaubert）大相逕庭。

他們也沒有把西方浪漫主義，自歌德、雨果後的那種浪漫哲學特色吸收進來，歐洲作家覺得對現實不滿而創造、想像的藝術文學，應該是個有距離的美學世界，背後含哲學背景，層次是高於現象社會的歷史、政治的。

中國方面自晚清以降，「現代」取向的意識形態，在字義涵義都充滿「新」內涵：維新、新民、新青年、新文化、新文學，「新」字幾乎與一切社會性、知識性的運動息息相連，欲求中國解脫傳統的桎梏，而成為「現代」國家。

因此，中國的「現代性」Modernity，不是以排斥過去的現時意識為主的信念，而且也是往西方求新的探索。在不同程度上繼承西方中產階級現代性司空見慣的觀念：進步與進化的觀念，實證主義對歷史前進運動的信心，以為科技可能造福人類的信仰，廣義的人文主義架構中自由與民主的理想。正如史華慈所言，其價值已然經過「中國的」再闡釋。

十九世紀前半葉，依照柯林內斯可（M. Calinescu）所言：在西方文明的舞台上，現代風便發生無法改變的分裂──一面是科技躍進，工業革命和資本主義帶來勢如破竹的經濟社會變遷；一面是成為美學觀念，產生象徵、立體、未來、意象、表現、達達和超現實等主義，

代表對前者激進的反動。

　　這反動，事實上可以遠溯到浪漫主義運動，反抗一成不變而講究完美的古典觀念，和包藏在十九世紀日增月漲的物質文明中的虛偽和粗鄙。在二十世紀之交已建立理論：反傳統、反功利、借賈射德（O. Gasset）的名言——甚至反人文。厭倦了空洞而浪漫的人文主義和市儈功利的氣息，對生活形式或生命形式真正厭惡，使他們排棄在浪漫藝術和寫實主義中顯著的人文因素。亦如盧卡奇（G. Lukacs）指出：「現代主義對人類歷史感到失望，揚棄歷史乃直線發展的意念。」他們視外在世界頑冥而疏離令人絕望，以主觀摧毀偶像的姿態，毅然再創立新的「藝術現實」。

　　當五四人士對傳統發動總攻擊時，他們感情的思潮激蕩起自我而浪漫的主見，這和歐洲不同。在某種程度上，他們同樣具有西歐美學的現代主義那種藝術性的反叛意識，但並未拋棄對科學、理性和進步的信心。在文學上，寫實主義的主張，正呼應了賈射德為十九世紀歐洲文學整體的總結論：「他們把嚴酷的美學因素減縮到最低，讓作品在虛構中涵蓋人生真相，在此意義上世紀一切藝術都是寫實。」

　　五四文學醒目的特徵，是假借外在現實，極為顯眼地展現自己的個性，即近似西方初期的現代主義。依歐文‧郝（Irving Howe）所見當現代主義猶未隱藏浪漫主義的原貌時，「它自稱是自我的擴張，是個人生命力使其本質和實體產生超越性和狂歡性的增大。」初期具體的縮影是郭沫若早年的偶像惠特曼（W. Whitman）。但中國1960年以前的現代文學，都避開了西方現代主義的中期晚期。「中期，自我又自外界回轉，彷彿它本身便是世界的軀體，精細地探究自我內在的動因；自由、壓抑、善變。到晚期階段，由個人的厭倦和心理的覺悟發生劇變，成自我的完全消失。」這兩階段的典型人物是吳爾芙（V. Woolf）與貝克特（S. Beckett）——只有魯迅在散文詩中偶現近似之境界；吳爾芙的遺緒則要到凌叔華和張愛玲才接到。

　　五四文學在其巔峰時期，是表達心理衝突和苦惱的形式。外在現實的壓迫，並未在作家意識內消退，反而縈繞不去，腐敗庸俗社會的弊病，又加劇力量侵入作家的良知，不能忘懷現實。從較非美學的觀點看，中國文學對現代風的探索，是屈就於悲劇性的人性意義，不曾轉化到純美學主義的死巷，也不曾遭逢西方現代主義的窘境：時間無

常，必須永遠掙扎，始終不得完全成功。

中國現代文學的主流，受到感時憂國的意識左右，三十年代更將視野擴大到社會，描寫城市和鄉村，表現出夏志清教授稱的「結結實實、根深蒂固的人道寫實主義」。現代性在中國文學史上那時並未真正成功，但仍有少數作家如詩人李金髮、戴望舒、卞之琳、梁宗岱等，確實努力摸索，想體會契合西方現代主義的技巧，也遭受抵觸辱罵，到中日戰爭即告終。

李先生說：「我所以要解開『中國現代文學中的現代精神』一系列的探討，就因為他們都提出中國怎樣走向現代的道路。從五四徐志摩、郁達夫的浪漫情結，到三十年代都市文學、新感覺派，臺大的《現代文學》，再到大陸的現代熱……文化研究，這研究愈來愈擴大，到現在『現代』還沒弄完。」

深入地將各主題分別探究並開課，好比他在哈佛所開的「三十年代都市文學」的討論課，除開研讀上述詩人，更選介他很拿手的「新感覺派」城市文學作家，如施蟄存、穆時英、劉吶鷗，並兼及張愛玲等位之作品。

他概括地論及：五四以降中國現代文學的基調是鄉村，鄉村的世界體現了危急存亡之秋作家的挽救精神，而城市文學卻不算主流。這個現象，與西方完全以城市為核心的文學，形成明顯的對比，尤其現代主義各種潮流，沒有巴黎等幾個大城，也就無由產生，如威廉斯（R. Williams）所說：「西方現代作家的想像中世界唯在城市，不論光明或黑暗。」

中外文學區別太大，研究中國現代文學的學者，特別在大陸，往往不重視城市文學，視為頹廢、腐敗、半殖民地的產品，因之一筆勾銷。這是意識形態主宰下的褊狹觀點。事實上，三十年代鄉土作家也有不少住上海，出版中心和文藝論戰等都在上海，可以說作家的想像世界雖以鄉村為主，生活世界卻不免受城市影響；心中的矛盾，就奠基在這無法調解的城鄉對比上。

李先生搜索三地資料，首開都市文學作家研究之端，把被人忽視已久的施蟄存諸位推崇為中國文學史上「現代主義」的發軔者，也要大家留神他們編的雜誌《現代》。

聽得他論張愛玲：在大陸一下就把她定位於「小布爾喬亞」——

小資產階級，作品只能是反面教材；在港臺又被捧得像寶，似乎缺乏歷史感，一味贊她文字怎麼華麗，意境怎麼蒼茫，都沒有把她放在思想文化上來看，亦即是一位有現代藝術精神的作家。

1949年後，臺灣多數人，無意面對前途不明的政治，於是在臺的作家轉向內在「生活在感官潛意識夢幻的個人世界中」。由夏濟安教授主編的《文學雜誌》，在臺灣的文學史上，是個重要的里程碑，所提倡的是「寫實主義為小說創作的信仰」，但他們對描述真相覺得為難，不得不採取「現代主義」，因此史無前例的花朵，綻放的時機業已成熟。

詩比小說搶先一步。1953年紀弦等創《現代詩》雜誌，1956年又組詩社，接著現代詩社有藍星詩社和創世紀詩社；詩人如楊牧、瘂弦、余光中、鄭愁予等均特別強調現代詩形式上雖受惠於西方，也要有明確的中國感，以期同化中西菁華。

李先生很客觀地論及他和同學所創辦的《現代文學》的壯舉，在於有系統地介紹西方現代主義文學大師，由卡夫卡到湯瑪斯曼（T. Mann）、喬伊斯（J. Joyce）、勞倫斯（D. H. Lawrence）、沃爾芙等幾十位，主要是小說家。小說技巧的創新性，是這份雜誌的現代主義另一個主要品質證明。

兩三百篇小說，包括他的好友白先勇、王文興、歐陽子、陳若曦諸位在風格上，都顯示出自覺地受到西洋現代小說的啟發，有象徵、超現實、意識流、弗洛伊德式心理分析等各種技巧，怎能不「震驚臺灣的文壇」？

當時這群才二十幾歲的年輕作家，所學和政治認識總有其局限。臺灣的現代主義終成形式重於內涵，風格技巧甚於哲學學理的特徵。不過李先生總說，作品站得住最重要！

他喜歡歷史深受家庭影響。幾次赴歐「踏尋徐志摩的蹤徑」──後來記述文字還被集成一書，動機就為鑽研他父母浪漫的一代。他將這種個人家庭影響，提升到歷史的層次。

每人有家史也好，家庭回憶錄也好，不該只看做歷史洪流的部分，該和國家民族的歷史一樣重要，一樣能爭取其獨特的發言權。像昆德拉（M. Kundera）就說各國最大的危機，在於每個集權的黨或政治集團，湮滅又猥褻了歷史，來造自己的黨史。「您是指權威性？」

「對了！就因當年的禁錮，我一出國就故意研究魯迅，大看曹禺、巴金，早在十多年前參加國建會文化組就與白先勇等倡議開放。」他最愛寫文學味道的歷史。深深影響我們。

讀過許多李先生公開發表的或僅止於師友間流傳的文字，都能讀出他的浪漫。無論被說成「忠厚而痴情的感情主義者」或其他，他並不迴避，反而從歷史的角度來打趣說：「我以前浪漫的歷史，都是『斷代史』，得從『斷代史』裡面讀出『通史』；從文學理論來說，我把過去當做『作品』，那時的作者是我，可是已經死了，所剩下的只是『作品』，你可以談論，我也可談論的就是『作品』。」

又一次他把美滿的家庭提升層次處理：「我獨身很久才結婚，一向對婚姻有永恒堅持的理想，所以雖然朋友們以為我是浪漫主義者，終於找到了歸宿，我卻不認為婚姻就是找歸宿。我非常尊重太太，處處也為太太考慮。」據悉他轉任，就為太太也能一展長才。1994年秋回哈佛，他的前岳母大人就是在文壇影響了許多人的聶華苓，也有了不少來哈佛相聚的機會……。之後聽他說過「待人以誠，斷代史很多，但我問心無愧」。千禧年中秋與太太李子玉——玉瑩結褵，獲贈他倆合著《過平常的日子》，退休港臺講學恩愛攜手寫讀多年。

或許由於夏濟安老師的感召，或是因為從心理學派名家愛理生（E. Erikson）上課起，研究了魯迅，感覺魯迅又歷史又文學，孤獨悲觀十分複雜，就摸索研究了二十年，想把魯迅由神還原為人。1987年終於出版了《來自鐵屋中的吶喊》英文鉅著，這是英美學界公認為魯迅研究的重要工作。「這本書寫得艱苦漫長！」也幾乎令他陷入事業的逆境，還多虧真正的朋友劉紹銘教授促他由歷史回歸文學，令他特別感激。

「如何善處逆境呢？」「很簡單甘於孤獨還要自嘲，中國知識分子最愛自哀自憐，擴大逆境，可能別人的痛苦更深重呢！特別是男性，所以當年曾由文化視野反思男性。」

近年來，他榮退後，教學又繼續寫作專欄，甚至有了指揮和演電影的體驗；再出版論著人文六講《中西文學的徊想》、《狐狸洞話語》，《上海摩登：一種都市文化在中國1930到1945》等評論集十種，還寫成長篇小說《范柳原懺情錄》，《東方獵手》二種，及與門生陳建華合著，《徘迴在現代與後現代之間》，還有《世紀末的反

思》《世紀末囈語》，《尋回香港文化》，《交響：音樂札記》，
《現代性的追求：李歐梵文化評論精選集》，《蒼涼與世故：張愛玲
的啟示》，《我的哈佛歲月》，《浪漫與偏見：李歐梵自選集》，
《音樂的遐思》，《清水灣畔的臆語》，《都市漫遊者：文化觀
察》，《又一城狂想曲》，《未完成的現代性》，《人文今朝》《現
代性的中國面孔》《李歐梵講演》季進編，《睇色，戒──文學・電
影・歷史》，《自己的空間：我的觀影自傳》，《音樂札記》等散文
集，《過平常日子》《一起看海的日子》《戀戀浮城》（這三本為李
歐梵、與妻李子玉－李玉瑩合著）。

　　真謂琴瑟和鳴，令人欣羨！

　　他在哈佛榮獲院長提名兼任族裔委員會主席，為百年來華裔首
任。但是他認為在美國文化裡哈佛帶頭作族裔比較研究的中心，無甚
建樹。

　　2002年李教授當選中央研究院，首位中國現代文學院士，2004年
他哈佛榮退，由費正清亞洲研究中心和東亞語言文明系主辦三天的學
術研討會歡慶，由哥大請來哈佛接替他的王德威教授主持，發表談話
者有：汪暉、廖炳惠、劉再復、葛浩文、史書美及杜維明、韓南、谷
梅……等位，會議以中英雙語進行發表談話。接著兩天英文會議致
敬。會後舉行酒會餐會我們參與歡慶。

　　待人隨和得體，常有學生直呼他英文名Leo或歐梵先生；常見他
輕鬆不羈、高立台前上課，西裝球鞋是在哈佛或維也納、布拉格聽音
樂時可能的穿著。十年中，蒙其指點顧問作協會議，與其所創哈佛中
國文化工作坊合作主持名家哈佛演講如白先勇、楊牧、張錯、鄭愁
予、也斯、李渝、王渝、李銳、蔣韻、朱天文等都來過……（後王德
威引領……由我主持），他尊重小輩，時時不忘給予幽默的讚許，曾
在臺上介紹我是演講會的總導演，給予種種令人汗顏又感激的溢美之
詞，堪稱：平等扶植弱小民族！

　　聽他自在揮灑地論講香港、上海的文學媒體，或從容坦蕩地大談
多元文化和文化中國，在在都是嶄新而值得喝彩的博大題目，與哈佛
同感深慶得人，有此良師益友。

如此繁華
──首開哈佛中國現代文學課程的王德威教授

　　1986年夏天，我們就聽到哈佛的張光直和韓南（Patrick Hanan）教授輾轉邀到臺大王德威教授任教一事。而後參加王德威在哈佛東亞系經常主持的作家演講；並且多蒙他襄助，在哈佛大學和大波士頓區辦了許多文藝講座，多年繼續引領，現在我主持哈佛中國文化工作坊，並協助顧問北美華文作家協會紐英倫分會。

　　在哈佛大學1990年5月11-13日召開的「中國當代文學的創新與傳承」會議上，哥倫比亞大學的夏志清教授在結束之前有一段談話，提到1990年即將任教哥大，而當時還在哈佛東亞系的王德威教授──他是該會的兩位召集人之一，他說：「王德威，能有他做接班人，我感到放心，他具有我所有的一切──除了我的機巧wit。」夏先生妙語如珠地暢所欲言，卻顧不得，溫文爾雅頗不自在的王德威和濟濟一堂大笑的學者。

　　王德威教授，1954年生，祖籍吉林（遼北）長嶺，父親王鏡仁先生和母親姜允中女士都是東北極有影響力的領袖人物。他1976年臺大外文系畢業，赴美國威斯康辛大學麥迪遜校區攻得比較文學博士。1982年返臺任教於臺大外文系，教授歐洲文學史等課。1986年再度赴美，任教於哈佛大學東亞文明系，開中國現代小說與戲劇等課，在過去只重視古典文學的哈佛首開中國現代文學教程。1990年跳槽轉任哥倫比亞大學，擔任東亞系及比較文學研究所教授，曾為哥倫比亞大學丁龍漢學講座教授和東亞委員，1997年起，兼哥倫比亞大學東亞系，兩任系主任，被譽為華裔在哥大百年來第一人。2004秋哈佛大學比較文學系與東亞系，終於能共同邀他回來擔任Edward C. Henderson漢德昇中國文學講座教授再度任教哈佛。

　　2004年臺灣中央研究院第25屆院士會議中，不足50歲的王德威教授當選中央研究院院士早應邀兼臺灣中研院文哲所研究員，翌年北大等講座後，又兼任受聘復旦大學長江學者特聘教授，每三年的學術休

假他總是東西來去應邀各國講座，如2013-2014他在劍橋大學文藝社會人文中心任訪問教授又有一系列演講，2017秋也在中港台連講，更常應重大文學獎如「紅樓夢獎」等擔任評委、主席等。2008起參與哈佛燕京學社董事委員會會擔任首位華裔董事和東亞系務等。

王教授勤於寫作，出口成章，是中國現當代文學領域中的代表人物數一數二的精英。又興味古雅喜歡中國戲曲繪畫，大學曾票戲扮大仙，現偶抽暇畫山水，眼睛累得有點問題，不然怎麼能有時間注意，以游泳步行為運動。他孝順父母，多年來寒暑長短假必回台，又助朋友，謙和歡樂，忙得不亦樂乎。

王教授自1986年起，是在哈佛講中國現代文學的頭一人，他看海外漢學或中國學，不管在國內怎樣的蓬勃和熱鬧，在國外相對於英美文學與文化研究來，還是絕對的小眾，我們自己要知道自己的邊緣定位。當然，最廣義海外漢學的中國文學研究，從十八世紀到今天，起碼也有了兩百年的歷史。一開始它就屬於東方學，就是東方主義對中國的好奇，研究方法是五花八門，非常雜亂，是薩依德所說的東方主義的那套。

東方學、漢學或中國學在哈佛大學，探討多年發現得由1879年的戈鯤化，和1920年代的趙元任、梅光迪開始教授中國語言課，才有根苗。海外比較嚴肅的漢學研究，尤其是文學研究，要到1920、30年代之後，比如高本漢的語言學研究，或者費正清的歷史學研究啦等等，逐漸烘托成了一個大的學科，基本還是對中國的研究，也就是地區研究。文學方面的漢學研究，王教授傾向於用英文philology主要指細膩的文本解讀，所以傳統漢學往往是鑽在故紙堆，找題目鑽進去，雖然很精深，但也可能鑽錯。

談到「中國文學的現代意識？」，他一開始就有很多保留。他的書名有《被壓抑的現代性》《如何現代，怎樣文學？》，「現代性」、「現代意識」，這些名詞就讓人意識到很多問題。

什麼是「現代」？現代，基本上是引進西方的modern這個字，經過日本的中介，逐漸翻譯而來的，這意義是非常複雜又難以解決。從時間的觀點來看，現代意味排除歷史和傳統的限制。

在1970年後，西方的建築界，首先展開「後現代主義」，之後蔓延至視覺藝術界、繪畫，文字藝術。當然，運動總是具有後見之明，

在逐步意識到有這個後現代運動興起之後，於是後設，去做建議的體系。如果「現代」已經變成「後現代」的話，現代這個詞，已經被歷史化了，這是另一個弔詭，「現代」顯然是在歷史的潮流裡一段時間，在這種情況下，再來講中國文學的「現代化」豈不是很反諷？「現代」已經過去了，我們怎麼老瞠乎其後？

「我今天並不準備解決這些問題，但是我得先提出問題後，才能再進一步講：什麼是現代文學。」他說：二十世紀定義下的現代主義，可以上溯到十九世紀中葉，像波特萊爾（Baudelaire）的詩作等。所謂「第一世界」的現代文學（如果中國等是「第三世界」的話），也應包括十九世紀末瑞典的史特林堡（Strindberg）的劇作，法國象徵主義的詩如里波（Rimbaud）、馬拉美（Mallarme）等人，以及19世末、二十世紀初的尼采（Nietzsche）哲學、佛洛德（Freud）心理學、索緒爾（Saussure）的語言學，和傅瑞哲（Frazer）的神話學等思想，都肇始了現代主義的周邊和間構，在二十世紀初逐一形成「現代主義」。

第一次世界大戰前後，由於十九世紀以來的實證主義、科學主義掛帥，接著共產主義等也漸次興起，社會、政治、經濟的變動，科技的過度發展，物質過度膨脹，就因為這些客觀的時代背景，歐洲的思想家、文學家開始湧現疑問和爭執，也提出「現代主義」的觀念。這個詞有相當自我意識。他們意識到時間的焦慮感——時間是留不住的，現代與過去、歷史、傳統，有了強烈的罅隙、斷裂的焦慮感。

另外，疏離感也是現代文學的特色，人性經過十九世紀科學文明的洗禮後，失落在科技文明之茫茫大海，這種孤獨分離，以致1920到30年代有「失落的一代」之說。

四〇到五〇年代，存在主義則發展到巔峰，人彷彿失落在世界海洋孤島找尋方舟。這種切斷，一方面讓大家感到疏離，價值意義若有所失，一無所恃；另一方面，也讓這些學者、思想家，興起了鄉愁式的感覺，想要重新追溯意義的所在，跟傳統文明的起點建立一個新的關聯。

比如說，傅瑞哲就顯示這個傾向，他觀察現代社會結構及部落的儀式，希望再度去訪求失傳的遠古文明發端之神話架構，而把幾千年的西方文化、文學活動壓縮在神話格式裡，寫成《金枝集》。或像

佛洛伊德，由每人的生活資料，從一切都是性的昇華壓抑，來詮釋他的心理學觀點，去探索每個人的焦慮，或者存在焦慮後，那種不可說的，內心永遠被壓抑的源頭。或像尼采去做哲學上的反思。不論傅氏的向外，

佛氏的向內，都可以發現一個弔詭：二者思想的基本模式，都是要找尋源頭和意義——人類文明的源頭，或是人類生命意識成長的源頭；對不可追尋的過程，再次塑造一種新穎的研究和連接，經由文字的揣摩和象徵符號，去把那無法用平常語言表達的深層意義，用圓融精緻的文字實驗，重新把它定義出來，對於意義的關懷以及如何銜接過去與現在，是現代文學重要的課題。

在文學上的例子著名的如喬伊斯（James Joyce）的《尤里西斯》（Ulysses），運用荷馬（Homer）史詩希臘英雄尤里西斯，在十年特洛伊（Trojan）戰爭之後，又經十年的尋覓、流浪，終究回家的神話，投射在愛爾蘭都柏林的一天——1904年6月16日，以庸俗的中年商人布隆（Bloom），游蕩在市區所見的瑣碎事物，來對歷史神話和現代人的心靈，作一個內向化的嶄新鑒別。

中國現代文學的情形？德威教授談到：我們的現代文學，是十九世紀甲午戰後，有識之士意識到須有一套新的言談媒介來看待談論，甚至「書寫」出我們的國家社會。於是早在清末嚴復、夏曾佑的〈本館附印說部緣起〉（1898）中，即有力倡文學功能再造人心的議論，「但最為人所熟知的，是梁啟超的〈譯印政治小說序〉（1898）及〈論小說與群治之關係〉（1902），梁啟超篤信「小說有不可思議之力支配人道」，所以「欲新一國一民，不可不先新一國之小說」儼然國家興亡，端賴小說改良之成功，至若五四前後陳獨秀文學革命論，霸氣十足地宣傳國民文學、寫實文學、社會文學；魯迅之弟周作人提倡人的文學，以痛斥傳統非人的文學；文學研究會號召「為人生而藝術」；乃至茅盾等推崇自然主義小說，皆可看作是附和是類觀念的反響。

但他強調五四文學與西方現代文學，仍有相當的差別。中國現代作家不只對個人主體關懷，也再度估量「我」這個作者和讀者群體之關係，作品跟國事天下事之關係；他們雖也處理了孤立感、疏離感的問題，卻是寫作主體對國家社會深切觀點和參與被拒絕之後，感到無

人了解的孤立；或是知識分子與落後故鄉人事間有那堵看不見的牆，而墜入有心無力的自慚孤獨，是不同於西方現代文學的。

　　在文字的描摹形式，也有不同，在西方是寓意性很強的，相信文字是顯而易見的象徵符號，用以描摩那失去的根源，或內心的世界，將它重新表達，這種想回溯又回溯不易的鄉愁感，是有別於我們作家迫不及待地要切斷傳統的聯繫，（切得斷否？我們不得而知！）而且魯迅以降的五四作家，對於深刻關照主體人性、細膩的心理描寫，仍缺少像同輩西方作者那樣的關懷。他們琢磨新語言——白話文，並企圖用十九世紀西方寫實主義的技巧：特寫、諷刺、抒情等「不同」的敘述，來擺脫傳統。但主要還是出於他們對文字文學神奇力量的信念——相信文字可激發讀者的道德政治良知，移風易俗、改造社會民心，讓讀者了解現代化的必然。只要看梁啟超堅信的「不可思議之力」，以及魯迅棄醫從文以期用文藝來改變國民的精神，便可明瞭他們信仰文字是有天啟式（apocalypse）的宣道、重整的魔力，也牽涉到東西文化傳統之不同。畢竟我們不脫「文以載道」的傳統，所以在將中國現代文學與西方對比或類比時很難說完全沒有相似之處。可以說有相似，也有不相似的地方。

　　在文字跟文學的實踐上，說穿了，中國的現代文學，是個十九世紀歐洲的寫實主義文學，並不是像普魯斯特Proust或喬伊斯的作品，但這並不代表中國文學跟不上「時代」或不夠「現代」。「現代」要與過去或傳統劃清界限，但總也不能脫離歷史情境的主宰。從這個層面，我們又可看到「現代」這個詞的弔詭性，「現代」到底在哪兒？

　　他莞爾表示：在中國並不缺少現代化這個詞匯。五四有過，顯然沒有成功，是以在每個時期不斷出現。這個現代化所具有的時間和進步的觀念——在設定的時空環境上，繼續的進步——有強烈政治意義。廣義地說，毛澤東1942年的延安談話，文學為政治服務，也可以代表另一個觀點的「現代化」。中國的文學現代化總是希望建在功利的關係上——要有用，不論對自己和社會，能夠更好。這與西方標榜的現代意識不同。

　　「施蟄存、劉吶鷗等，這些新感覺派作家，也可以看作現代主義的始作俑者？」「是的，茅盾、郁達夫他們都翻譯過現代主義的東西，更不提新感覺派作家如施蟄存、劉吶鷗等始作俑者的貢獻。「不

過當時並未受重視。這點李歐梵先生曾在他編的《新感覺派小說選》的序文，有很好的論介。

西方現代文學的寫作技巧，以及思維特徵的有系統的介紹到中國來落地生根，還是在臺灣的1960年代，白先勇、陳若曦、歐陽子、李歐梵，王文興等創立的《現代文學》雜誌時代。這些作家間接又影響了八〇年代的大陸作家。如莫言、韓少功的作品，很像卡夫卡，也像馬奎斯（Marquis）。

比如首位中國鄉土作家榮獲2012年諾貝爾文學獎莫言，他的小說，以其風格來講，是鄉愁感的尋根文學，是現代意識的作品，如《白狗鞦韆架》、《爆炸》等作，對知識分子與農民間的關係，有獨到的體會，上承魯迅等1920到1930年代作家的人道精神，而能另杼新機，點出其間的矛盾齟齬！

王德威教授以莫言為例，論述當代文字峰迴路轉之機：《白狗鞦韆架》描述知識分子返鄉，再遇兒時舊識的一段傷心之旅，其架構源自於魯迅式的「返鄉」小說，如《故鄉》、《在酒樓上》、《祝福》等。

魯迅寫「我」與潤土、祥林嫂間難以跨越的障礙，道盡多少年來知識分子與農民間的「無言」情結，及至莫言筆下，刻意誇張了這個女性形體上的缺陷，以影響其人政治或社會地位的卑下。暖，幼時曾自鞦韆摔下而跌瞎一眼，被迫嫁給啞巴為婦。盲啞之家，本就堪憐，更不幸生出的孩子也是啞巴。以盲啞農村的凋敝落後，莫言的批判反諷意圖，不言自明。但《白狗鞦韆架》的結局卻完全逆轉了魯迅式論述。我們的敘述者臨離鄉之際，忽被獨眼的暖，攔路截下，不為其他，只為與敘述者苟合一次，以期生個『會說話的孩子』，這項難題的結果，我們不得而知。然而莫言的突兀安排，已為魯迅以降的返鄉文學，增添一極具思辨餘地的回聲。在此時，農民以肉體的直接要求，既富個人逾越禮教禁忌的欲望，也遙擬彌漫社會的機會主義，挪揄困窘知識分子，紙上談兵的習慣，以低鄙、嘉年華式的狂想，挑釁知識分子的高蹈姿態，當魯迅救救孩子的吶喊被『落實』到農婦苟且求歡的行為上時，我們看到1980年代大陸作家最奇特的反思潛流。魯迅以降所示範的那套人道寫實論述，亦因之暗遭瓦解。莫言的寫作一路推上高峰，真是「千言萬語，何若莫言」？

　　現代主義哲學的根源是人的焦慮性、緊張性，不論像西方作家失落在人間大海；或是像中國作家描述「我」對社會的孤獨感，到了「後現代」，這種焦慮都已經逐漸沉澱。文明發展到某個程度後，人之所以為人已經開始變成問號了。對人本身的觀念，過去認為不得了的問題──如存在、斷裂等，均開始以玩忽的態度來看待，變成只像符號一樣遊戲般的活動。後現代文學，對語言也有基本不同的看法，認為若要藉著語言去追尋渺不可測的神話或心理源頭，是一種自我欺騙的玩藝。語言是在不斷自我解構。

　　對價值體系，現代文學是含整合意義的，希望經過文字的描摹，把現代跟過去，把渺小的我與遙遠神秘的我，史源和自然，重新定位，牽連在一起。後現代主義則採分裂式的看法，不斷分解、擴散問題。所以現在看到的「後現代主義」作品，是個很「輕」的東西，所謂「生命中不可承受的輕」，與現代的「重」，恰恰相反。

　　後現代不去尋找始源式的「自由」、「獨創」與「意義」，基本上它是寄生在那「現代」上的Post-Modern，所以一定要有東西在那，才能搬過來看，解過來看，

　　是以權威消失，文字不再獨大，映像的媒體如廣告、電影、電視，各種傳播上的變異技巧都顯示了，在繪畫和建築及文字上的衝突都很大。

　　談「中國文學的現代意識」實在是一個自我瓦解的課題。在時間的潮流裡，任何標籤都是有傾向的，應該不斷隨著歷史時空來重新定位。「現代」一詞，已經被「註冊」了，我們以上世紀末的眼光，來問一個問題，二十一世紀後我們要怎麼看「現代文學」呢？我們的「現代文學」會以什麼來標籤呢？我們也不好就兩個人在這兒把「現代」一槌槌的釘起來，來個蓋棺論定，能做的只有仿效傅柯（M. Foucault）來做一個探源式的權宜回顧，把它歷史化，賦予它一些時間標的及「考掘點」，建立一個譜系。

　　這「現代文學的譜系」可以從晚清開始，經過了五四和毛澤東延安談話的寫實主義文學潮流，到1960年代臺灣現代作家，而至1980年代大陸四個現代化之後，作家們在海峽兩岸彼此所作的文學實驗，其間各種特徵，有異有同，實不能以一言蔽之。

　　王教授特提起2008年與季進在《文藝理論研究》中談到：一直認

為，現代中國文學研究最重要的成果之一，是對「現代性」的探討，「現代性」儼然成了一個無所不包的理論框架，相關論述層出不窮，但其對立面，「歷史性」的辯證，仍顯不足。歷史性不只是指過往經驗、意識的累積，也指的是時間和場域，記憶和遺忘，官能和知識，權力和敘述種種資源的排比可能。現在學界都開始強調歷史的多元歧義現象──一樣可能是空洞的指涉，有待填充。所以這應該是問題的起點，而非結論。正因為現代的觀念來自於對歷史的激烈對話，「現代性的歷史性」成為從事研究者最嚴肅的功課。

海外現代文學學者在借鏡傅柯的譜系學考古學、巴赫金（M. M. Bakhtin）的眾聲喧嘩論，或是本雅明（W Benjamin）的寓言觀末世論等西學方面，不落人後，但對二十世紀中華史論，隱喻或憂鬱詩學，並沒有投注相等心力。他覺得這仍然是不平等的現象。

歸根究底，既然討論「中國文學的」現代性或後現代性，我們就必須有信心叩問：在什麼意義上，十九、二十世紀的中國文學發明，可以放在跨文化的平台上，成為別具一格的貢獻？這未必全然是樂觀的研究，因為在任何時代，任何文明，各種創造接踵而至，有的不過是曇花一現，有的是新瓶舊酒，有的證明此路不通，而最新穎的發明，往往未必就能為當代或後世所接受。因此談現代性，就必須談在綿密的歷史想像，和實踐的網絡裡，某種「現代性」之所以如此，或不得不如此，甚或未必如此的可能。

審理海外中國文學研究的成果時，我們可以有如下的論題：西方理論的洞見如何可以成為我們的不見──反之亦然？傳統理論大開大闔的通論形式和目前理論的分門別類是否有相互通融的可能。在什麼樣的條件下，中西古今的壁壘可以被重新界定，中國文學論述的重鎮──從梁啟超到陳寅恪，從王國維到王夢鷗──可以被有心的學者引領到比較文學的論壇上？

目前海外中國文學研究的多樣的發展值得繼續鼓勵。在此之上，也許仍有三個方向值得有心學者，不論是海內或是海外，共同貫注心力。

第一，有關現代文學批評的批評。過去一個世紀對於中國文學的批評，甚或批判的聲音當然不絕於耳。甚至有一個時代批評的威脅如此之大，甚至及於身家性命。但是如果我們能將眼光放大，不再執著

「批評」和「理論」所暗含的道德優越性和知識（政治）的權威感，而專注於批評和理論所促動的複雜的理性和感性脈絡，以及隨之而來的傲慢與偏見，應該可以為一個世紀以來的批評熱做出反思。

第二，文學和歷史的再次對話。文史不分曾經是傳統學問的特徵，也曾經受到現代學者的詬病。在經歷了一個世紀的理論、批評熱潮之後，藉著晚近中西學界對歷史和敘述，歷史和想像的重新定位，文學應該被賦予更多與史學對話的機會。以文學的虛構性來拆解大歷史的神聖權威，以歷史的經驗性來檢驗、增益文學創造和文學理論，已經是老生常談。文學和歷史之間千絲萬縷的關係，應該是建構和解構文學（後）現代性的最佳起點。

第三，打開地理視界，擴充中文文學的空間座標。在離散和一統之間，現代中國文學已經銘刻複雜的族群遷徙、政治動盪的經驗，難以用以往簡單的地理詩學來涵蓋。在大陸，在海外的各個華人社群早已經發展不同的創作譜系。因此衍生的國族想像、文化傳承如何參差對照，當然是重要的課題。

海外學者如果有心持續四海一家式的大中國論述，就必須思考如何將不同的中文文學文化聚落合而觀之，而不是將眼光局限於大陸的動向。而樂於倡導「邊緣政治」、「干預策略」、「跨際實踐」的學者，不更應該跨到當今理論領域以外，落實自詡的論述位置？二十世紀中國的文化和歷史發展曲折多變，理應反映在文學理論的發展上。身在海外的中國文學學者既然更多一層內與外、東與西的比較視野，尤其可以跳脫政治地理的限制。只有在這樣的視野下，才能激盪出現代性的眾聲喧嘩，也才能重畫現代中國文學繁複多姿的版圖。

王教授選擇1905、1955、2005三個歷史時刻，來討論現代中國文學發展的曲折脈絡。主要：1905年見證了新舊文學互動以及「被壓抑的現代性」的現象，1955年則標誌著革命啟蒙話語和國族主義的空前高峰和內爆，而2005年的文學雖然持續反映後現代／後殖民／後社會主義的影響，但1905、1955年代的幽靈其實驅之不去。雖然抽取了這三個年代，但並不想暗示這裡面有什麼歷史因果律的必然。

相反的想是重探二十世紀以來中國文學複雜的軌跡。他認為中國文學現代性不能以特定時期、公式、創作或閱讀群體來斷定，現代性意義不在於內爍真理的呈現，而在對歷史座標的不斷定位。只有當

我們折衝於現代的多元時間面向間，我們才能持續啟動、也化解「現代」謎樣的魅力。他啟示討論變與不變，振聾發聵！

在臺灣的《聯合報》和《上海文學》2006年9期那個專號，以及香港《明報月刊》發表的文章中，德威教授把Sinophone Literature 一詞，創譯為華語語系文學，這是在國際漢學學術領域裡，洛杉磯加大史書美教授和王德威教授，耶魯石靜遠教授等位集中研討的新興熱門觀念。在哈佛大學就召開了2007年和2016年兩次國際研討大會。歷來我們談到現代中國文學或中文文學，說法名正言順，但在現當代語境裡，也衍生出如下的含義：國家想像的情結，正宗書寫的崇拜，以及文學與歷史大敘述的必然呼應。然而有鑒於二十世紀中以來海外華文文化的蓬勃發展，中國或中文一詞，已經不能涵蓋，這一時期文學生產的駁雜現象。尤其，在全球化和後殖民觀念的激蕩下，我們對國家與文學間的對話關係，他認為必須作出更靈活的思考。

基於嚴肅思考的漢學文學研究，他將華文文學重新定位：華語語系文學的提出，就是期望以語言－華語－作為最大公約數，作為廣義中國與中國境外文學研究、辯論的平臺。「Sinophone」是新發明的詞彙，但逐漸流行，意思是「華夏的聲音」。相對的幾種有關帝國勢力殖民屬性文學或是文化的專有名詞：像是Anglophone，Francophone，Hispanohone，（Nipponohone）Literature，即英語語系文學，法語語系文學，西班牙語語系文學，日語語系文學等如：西印度群島的英語文學，西非和魁北克的法語文學，巴西的葡語文學，都是可以參考的例子。提醒了在地文學和宗主國之間的語言／權力關係，但是另一方面也要正視：雖在當地厲行殖民主的語言，而在地文化從事者因地制宜，又以其人之道還治其人之身，對宗主國的語言文化做出另類衍申，解釋，發明。於是有了斑駁混雜的語言結果：雜糅、戲仿、甚至是顛覆的創作。

特別點出：日語語系文學最具歷史批判性，指日本殖民主在殖民地所加諸臺灣，或朝鮮的文化霸權結果，而在被殖民地區的作家（像楊逵，龍瑛宗……），和宗主國之間產生的或是妥協、或是共謀、或是衝撞，或是嘲仿的情形，常糅合言語，可從文學的表達上看出端倪。相對的，在上海、香港的張愛玲等位還有其他淪陷區如滿洲國以及部份臺灣文學仍然是以中文為主。

　　華語語系文學並不等同上述文學，語言駁雜的馬華文學也不能如此歸類，但全可說是在地居民有意無意地賡續華族文化傳承的觀念，延伸以華語文學符號的創作形式。

　　新觀念興起之前，已經有代表性人物如我們推崇的：杜維明教授的文化中國；李歐梵教授遊走的中國性；王賡武教授實踐的中國性；王靈智教授雙重統合結構的中國性等，都開始思考海外的中國性問題，並有批判的聲音如：周蕾教授說一本護照和種族的訴求……又都不能完全代表中國性……

　　在臺灣的賴和與陳映真，寫作猶如啟蒙的魯迅。還有張腔標記的「南洋張愛玲」李天葆之馬來地域特色，異於其他張愛玲的海外譜系，彷彿張愛玲的隔代遺傳鴛鴦蝴蝶派作家錯置時空，隱諱敘事。摒棄李永平與張貴興的現代派解構，免卻任何感時憂國的情緒，華艷錦繡又空虛，獨樹一幟，是華語語系文學中的幾個特例。王教授又說：哈金以借來的語言，英文寫作，但是「發聲」的位置多是中國的。如此，他賦予華語語系文學——漢人的非華語（以及非漢人的華語）寫作——一個極有思辨意義的例子。

　　華人投身海外，基本上身份是離境的、漂泊的「移民」。而年深日久，一代又一代移民的子女融入了地區的文化，真就成為外國人「夷民」。但還是有一種海外華語發聲姿態，那就是拒絕融入移居的文化裡，不論如何，仍然堅持「花果飄零，靈根自植」的想像，形成所謂的遺民和後遺民……。暗示了時間本身的裂變，時過境遷之後鄉愁的身份……追思時空的消逝錯置……思維不絕如縷，這與其他文學有著最大的不同。

　　華語語系文學研究試圖更加凸顯的，正是臺、港、中、華人等看似一目瞭然的身份標籤背後的權力運作與差異化過程。有別於強調中國文化或文化中國的廣納百川萬邦，華語語系文學研究更願意突顯的面向：包括了各地華人移民後裔移居離散的歷史背景，以及跟當地人及其文化社會的交流互動。這些容易在傳統中國或漢學研究中，被感時憂國的宏大敘事視為無關緊要的細枝末節，可以幫助我們探索移民對僑居地——非中國——文化與歷史的貢獻。在這個層面上，華語語系文學研究更貼近去國家化的思路框架。由文學所構築的空間必然形成一種有別於歷史、政治、社會經濟學所界定的地理。必然會產生碰

撞，產生或以虛寄實的對話關係，也生發許多海外的最新反響。

　　在這個號稱全球化的時代，文化、知識訊息，急劇流轉，空間的位移，記憶的重組，族群的遷徙，以及網路世界的游蕩，已經成為我們生活經驗的重要面向。近年因為初步鋪展了「華語語系文學」的概念後，出版論文和專書……陸續觸及討論的議題從文化中國／文化中華展開，研究的個案包括上述作家外還衍伸到鍾理和、西西，到高行健、阿來以及中南美洲作家，替華語語系研究提供了多元的在地實例，並呈現出華語語系研究領域的深耕與擴展……各種「文學行旅和世界想像」對話的契機與聲音，已逐漸浮現，在漢學學術圈掀起了對「華語語系文學研究」的研討熱潮。

　　王教授一向對海外華語語系文學的成就作出細膩觀察評論，三十多年來，除在1980年代他與我合作請來戴厚英，張系國，夏志清等，他還請到劉心武，李子雲，張辛欣，劉曉波等位華語作家常來哈佛演講，後來東亞系李歐梵教授等位師友亦合作無間，和他回任後，持續主持東亞系和亞洲中心組織舉行中英演講研討會，導引我主持哈佛中國文化工作坊作協等演講，對華語語系文學研究都想貢獻心力，基於這樣的理念，所以，輪番邀請海內外作家包括：李歐梵、聶華苓、李渝、施叔青、也斯、平路、駱以軍、黎紫書、紀大偉及余秋雨、龔鵬程、鄭培凱、廖炳惠、陳國球、陳來、奚密、石靜遠、陳丹燕、王安憶及趙淑俠、趙淑敏、孟絲、趙俊邁、胡為美、周春塘、張美蘭、張志強、葉嘉瑩、陳昭瑛、朱天文、柯裕棻、劉克襄、余華、格非、董啟章、劉大任與在哈佛大學的作家李潔、艾蓓與我等演講座談。

　　2010年他與田曉菲教授又請來王蒙、張抗抗、張煒、馬小淘、毛尖、李潔、哈金、任璧蓮我等對話，舉行盛大的第二屆中美傑出作家論壇——作家與評論家的對話，還在東亞系常不斷召集會議，讓學者和就讀現代文學的學生，參與文化討論，對全球語境下的華語語系文學觀測與審思。

　　研究文學，自然應該對文學理論的動態保持興趣和關心，他說：「這也是基本功夫。好比我對解構學的態度，是意識到它內蘊的弔詭性，但不輕言放棄詮釋學的基本議題。我希望對過去與現在的關係，以比較性的文學角度，多少規範一些問題。我要自己承認，不見得是一個傳統的文學批評者，對於追尋那些嚴絲合縫的文學史作法，覺

得有人可以做得比我更好。這並不意味著：我不重視傳統文學史的作法。但不論從個性上，或是學術方法來講，我較喜歡以新的角度，看文學史方面的存續或斷落的現象。見識過去我們從來沒有注意到的一面，把過去的，也賦予新的意義。但是我要講句實在話，國外的學者包括我自己在內，在客觀研究，即所謂的材料部分，我們是有所欠缺的，所以才更多地注重更多理論互動。但是，對一些唯理論是尚的同事，我不太能夠認同。我用了一個很不恰當的比喻，你們都知道齊人有嗟來之食的故事，這些理論是我們學來的，與自己發明的不太一樣，其實是「嗟來之食」。在西方吃得快快樂樂，然後回過頭來到國內，很是驕傲，接受掌聲，這也許都無可厚非。可是，不能對理論，有一種自以為是的驕傲，應該用平常心來對待，不必過於誇大它的功效，回來之後這個「理論的身段」一定要放下來。

他在《海外中國現代文學研究譯叢・總序》中提到，最近現代中國文學研究的熱點是：中國現代文學研究與理論的互動，對理論的關注，當然說明學者磨練批評工具，以便更深入探討學術問題的用心，因此產生的史觀和詮釋，也的確令人耳目一新。像周蕾（Rey Chow）1991年出版的《婦女與中國現代性》（*Woman and Chinese Modernity*），就具有相當的象徵意義，與代表意義，它對現有批評典範的反駁，對女性主義、心理分析、後殖民批判，以及廣義左翼思潮的兼容並蓄，樹立了不同以往的論述風格，也引起中國研究以外的學者的注意。

理論與文學研究的真正互動，其實還是不夠的，儘管1990年代以來，西方中國現代文學界眾聲喧嘩，可是挾洋以自重者多，獨有見地者少。從後殖民到後現代，從新馬克思主義，到新帝國批判，從性別心理國族主體，到言說「他者」，海外學者多半隨西方，當紅論述，並迅速轉嫁到中國領域，以至於理論干預，成了理論買辦，如此的西學中用，毋寧充滿反諷，這是我們必須保持自覺和警惕的。

其次，1990年代以來，現代中國文學研究，早已經離開傳統文本定義，成為多元、跨科系的操作。已有的成績至少包括電影、流行歌曲、思想史和政治文化、歷史和創傷、馬克思和毛澤東美學、後社會主義、「跨語際實踐」、語言風格研究、文化生產、大眾文化、性別研究、城市研究、鴛鴦蝴蝶和通俗文學、後殖民研究、異議政治、文化人類學、情感的社會和文化史研究等等。尤其是電影或廣義的視覺

研究，更備受關注。相對於以往以文本，文類，作家時代是尚的研究方向這些議題，無疑為現代中國文學領域注入源頭活水。但換個角度來看，所謂的文化研究也不無歷史因緣。

在很多方面，它讓我們想起半個世紀以前夏濟安、夏志清，夏氏昆仲和普實克等人，自不同角度對文學與文化，文化與社會互動關係的強調。風水輪流轉，經過了新批評、形式主義、結構主義、解構主義等以語言為基準的理論世代、新一輩的批評者、轉而注意文學和文化的外沿關係。性別、族裔、主體、情感、日常生活、離散、國族、主權、霸權、帝國、等等話題又成為津津樂道的話題。

以往文學史研究，強調經典大師的貢獻，一以貫之的時間流程，歷史事件和文學表徵的相互對照，也就是所謂的「大敘述」。而上個世紀末以來的文學史研究則對「大敘述」的權威性提出質疑。這背後後現代的各種歷史觀，關歷史論述的重新審視：比如福柯的譜系學，德希達（Jacques Derrida）的解構說，懷特（Hayden White）等人的後設歷史（Meta history）等等都產生了重要的影響。

談到主體性的問題，如果缺乏歷史經驗的填充，是一個空洞的詞。其實最主要還是要有自己的一個場域，最好地加以利用，來和外界的場域進行交換。不能說接受了某種理論，或者跟某位海外學者有交情，就喪失了主體性了。這就是一個學術對話的策略，對話會越來越頻繁。現在對中國的漢學研究用的都是西方的模式，西方的理論，而我最希望看到的就是，我們在單調談本雅明、阿多諾、布迪厄、拉康等人的同時，也能充分認識同輩的中國學者在方法及理論上的獨特建樹。

現在有多少時候，我們能平心靜氣地思考章太炎：那種龐大的既國故又革命，既虛無又超越的史論歷史觀呢？現在對陳寅恪討論很多，可他的歷史隱喻符號體系的詩學，還有《柳如是別傳》這樣的巨著，有多少西方學者能夠認識呢？很多人說錢鍾書的《談藝錄》、《管錐編》是老派的東西，我並不覺得。錢鍾書那種跨越中西的胸襟與能力是令人驚嘆的。當然，1949年之後，有不得已的政治環境的限制，但這種限制也啟發了他開創全新空間的可能性。諸如此類的建樹，我覺得海外的同事並沒有正視，很可惜。學然後知不足，虛心讀讀吧。王國維在國內備受推崇，可在國外他憂鬱的文化遺民詩學研究

卻是小眾中的小眾。可笑講了那麼多年的文化學術交流，卻還是單向的。在國外，有那麼多的資源，又有語言的優勢，理當為學術對話做點工作。可以讓人們知道朱光潛、宗白華、瞿秋白啊。這其實又回到所謂「主體性」的問題。

文學界提到德威教授在象牙塔中融匯西方理論研究文本，已如莊子：道，由技入藝，游刃有餘！出入得宜，已入化境──尤其是巴赫金（Bakhtin）的眾聲喧嘩（Heteroglossia）和嘉年華式狂歡（Carnival）對話論，福柯的話語論、布厄迪爾的文化生產論，熱奈特的敘事理論等，均已儼然自成一家。他謙稱：「那是溢美之言！有些理論如：『眾聲喧嘩』的理論，早在八〇年代，就已介紹給中國文學研究的同好。眾聲喧嘩代表中國現代文學言談的一個出路。

第一種眾聲喧嘩，是對政治社會環境的反應──各種不同聲音的出現；第二種是指原來言談表面未曾涉及，內在泄漏出來，不請自來的聲音。『多元化』只是『眾聲喧嘩』最表面的層次。

我們也得繼續關懷別的層次，如權力變化傾軋時可能發生的消長、對立或吻合；此外巴赫金所提出的『嘉年華式狂歡』理論，雖然引介時難免有削足適履的顧慮，但介紹所得到的成效，可能仍大於這些負面影響。『狂歡』代表的是用笑來反對的聲音，不但有很大的破壞性，可推翻既有的秩序和權力；另一方面也隱藏著危險的設計，在適當的範圍可能同化為權力機構的應用媒介，如臺灣的『選舉假期』。狂歡完了之後，權力機構仍回到高高在上的原狀。這些理論都需要仔細去考慮各種的層次。」

他早就說過，我們對任何理論、任何方法，不應該只是人云亦云的推崇或貶斥，它的合法性（legitimacy）應該建立在：是否能增進我們對某一文學現象的了解之上。

「我經常講一個笑話，這個女孩子最理解了，你買了一個名牌的衣服，巴不得把名牌反穿，讓人家看出你買了一個Dior之類的東西。不要忘了，還有很多名牌故意把標籤做得很大，像那個Gucci就是這樣。我覺得西方理論的運用也是這樣，理論操作中，沒兩下子就把理論的牌子亮出來了，不是可笑嗎？理論本來就是為我所用的嘛，我最反感動輒借助西方的理論話語，來批評中國怎樣。」

他對當代文學作總體評估：「我只能說1977年以來的四十年華語

文學有很多精彩的時刻,這些作家的成就是不容我們用一兩句話來抹殺的,也不容我們用一兩句話就捧上雲霄的。無原則的吹捧或無限上綱式的批評,我都沒法接受。」他強調,過去四十年裡很多值得驕傲的文學成就,不應該只限於大陸,「我覺得在臺灣、香港、新馬,甚至歐美華人社區的創作場域裡,都有很多非常精彩的表現。」

他甚至有時跟學生說,五四文學可能是神話化了,其實我們拿過去四十年裡,當代文學的精彩作品來跟五四文學做比較的話,可能有過之而無不及。但是五四文學時期是把文學當成一個神聖的、崇高的文化實踐來看待,這個典範的意義已經逐漸地解構和播散了,所以當代作家或當代文學未必能享受到五四時期那樣的榮譽或者爭議性。

當代文學的發展前景,要看怎麼去定義文學——如果就是我們用文字所鋪陳的想像力的一種結晶,無論是對過去還是對當下或未來的想像,他覺得作為文明持續產生活力和發展重要的媒介,無論如何都是有生命力的。也許我們現在熟悉的文類,會逐漸邊緣化,甚至消失,但那並不代表廣義的文學的消失了。這一點他還是很樂觀。

教學之餘,他文學批評不斷,寫成書評結集,1986年就出版《從劉鶚到王禎和——中國現代寫實主義散論》,又跟著出版《眾聲喧嘩——30與80年代的中國小說》均以比較文學的理論特色,重新闡釋華人世界的現代小說,筆法凝練,饒富褒貶之意。

備受推崇的幾本英文書《茅盾、老舍、沈從文——二十世紀的中國寫實主義》《被壓抑的現代性》《歷史與怪獸:歷史,暴力,敘事》《史詩時代的抒情》皆有風行景從,劃時代的影響。

Fictional Realism in Twentieth-Century China, Mao Dun, Lao She, Shen Congwen; *Fin-de-sicle Splendor: Repressed Modernities of Late Qing Fiction, 1849-1911*, *The Monster That Is History: History, Violence, and Fictional Writing in Twentieth-century China*, *The Lyrical in Epic Time: Modern Chinese Intellectuals and Artists through the 1949 Crisis*, *Taiwan under Japanese Colonial Rule*, co-ed. with Ping-hui Liao ; *Globalizing Chinese Literature*, co-ed. with Jin Tsu; *Harvard New Literary History of Modern China*, ...

陸續著有:《閱讀當代小說:臺灣・大陸・香港・海外》《小說中國:晚清到當代的中文小說》《想像中國的方法:歷史・小說・敘事》《如何現代,怎樣文學?:19、二十世紀中文小說新論》《眾聲

喧嘩以後：點評當代中文小說》《跨世紀風華：當代小說20家》《被壓抑的現代性：晚清小說新論》《現代中國小說十講》《如此繁華：王德威自選集》《王德威精選集》《後遺民寫作》《當代小說20家》《1949：傷痕書寫與國家文學》《抒情傳統與中國現代性：在北大的八堂課》、《現代抒情傳統四論》與陳思和教授同編《建構中國現代文學多元共生體系的新思考》等等，諸多開創先河之名作，被視作王德威梳理文學敘事與意識形態互動關係的重要成果。

　　他聲稱現在已由過去所研究的比較文學，跨行也鑽研中國由晚清到現當代文學，但卻一向以為我們對現代性的認知，如果沒有更廣闊的歷史意識和知識的鋪墊，終究會顯得狹隘；他精湛的書評中英學術文章，金聲玉振響亮於海內外，二十年前就被論為凝煉華麗：以當代語言敘事理論為經，輔以五四至當代海峽兩岸作品為緯，鋪陳為綿密多向的論述。

　　評論文體，獨樹一幟，隱隱然有威爾遜，崔靈，雷文等大家風範。名不虛傳是一種特殊的創作，評論書寫，文學史，這成為在哈佛大學等名校課堂教本研討，是評論典範。他說：「對我而言，保持種清醒而警覺的研究視角，釐清學術與外部的批評距離，寫出好的學術著作等等，都可算是文化參與，就能夠對文化產生正面的影響。……作為一個評論者，必須要有勇氣說一些真話。我通常缺乏這樣的勇氣，就要盡量和作者保持距離，如果有了人情的包袱，就更說不出什麼了。」願意著力做好研究的「專業性」是他比較能夠勝任的文化參與。

　　現在跨國與理論旅行的問題，已經讓我們無可避免地要面對沒有「純粹性」的問題了。對西方主流的理論話語，我們所能做的就是批判性的轉化。最近多年，西方的文學理論也陷入沉寂，已經很久沒有新的理論話語出現，也是契機，我們可以重新返回，扎實的文本研究，進行細膩的、專業的研究累積，努力真正豐富文學研究史的研究，發出學術之聲。還很要緊的是1996年起就難得地推動中書西譯計劃，把華語文學介紹到世界各地，得到的批評反應非常好，但是好的文學不一定是暢銷書……。

　　他才學縱橫，講演每以逸趣橫生的體察，聲調、風采都引人入勝。又虛懷若谷。他與杜維明、孫康宜教授均曾為我哈佛系列之書作

序，均是扶持鼓勵我最多的良師益友。在我寫作摸索的路途上，經他指點，寫成哈佛系列有得華文著述獎散文類第一名的，也應各地名校邀請演講，更榮獲如潮佳評，還在暢銷書之列，他曾與夏志清教授為書取中英文書名，在他主編，要求嚴謹的麥田人文學術系列出版。後被評為北美第一部華人「學術因緣的傳述」。榮幸拙作在他的課堂還被推介。

他對表演藝術很有興趣，近來偏向於詩學與歷史之間的關係，重新考察沈從文所代表的抒情傳統和現代性問題的幾次啟悟。他在北大的系列演講的抒情，定義上跟傳統的定義很不一樣，不是小悲小喜的抒發，而是希望把抒情還原到一個更悠遠的文學史的脈絡裡去。討論瞿秋白到陳映真所代表的紅色抒情、還跨界論音樂家江文也對中國現代音樂史的突破，臺靜農的書法和胡蘭成所代表的抒情傳統與禮樂方案，和白先勇的〈遊園驚夢〉、李渝的〈江行初雪〉、阿城的〈遍地風流〉……都在討論之列。

「我一開始研究的範疇是1930年代到1940年代，也就是五四之後那段時期的文學、歷史和政治之間的互動。「有情」的歷史——《抒情傳統與中國現代性》是探討四五十年代國共分裂之後，作家、藝術家和知識分子的抉擇問題。「我覺得要弄清現代文學的發展，必須回到晚清，也要兼顧當代，首尾呼應，這樣才能看出這個時代錯綜複雜的脈絡。」

在書裡，他談到晚清複雜的文學面貌、晚清文學種種不可思議的實驗，都不是五四那一代所能夠企及的。如果沒有晚清的《海上花列傳》，怎麼會有後來的張愛玲？如果沒有晚清的《二十年目睹之怪現狀》，又怎麼可能有三〇年代魯迅、張天翼、吳組緗這麼一個批判現實主義的傳統呢？晚清文學所建構的龐大的所謂正義問題，後來在革命小說話語裡都逐漸作出曲折的詮釋。晚清其實有很多文學、思想、文化的資源，提供大家理解五四時代的最重要的線索。五四與五四文學後來是被典範化了，1997年他寫《被壓抑的現代性》主要就是想做一個相反的觀察，「我認為五四重要，但是晚清一樣重要，你能從中看出整個文學、文化史裡非常微妙、細膩、輾轉周折的改變。」

《被壓抑的現代性：沒有晚清，何來五四？》已然成學界名句，這書仍是晚清文學研究生的必讀。提出歷史的起承轉合也許不像我們

想像的是突變、戲劇性的，談晚清的重要性，並不是來刻意貶低五四的貢獻。

對兩岸學者重寫歷史或文學史的努力，不會一味否定，畢竟我們對文學史真相的挖掘、譜系的重組其實還遠遠不夠。他曾說，述說歷史不難，述說歷史的「難以述說性」卻又「必須述說性」才難，這應該成為文學史撰寫者自覺的道德承擔。

2017年春5月，王德威主編的《新編現代中國文學史》英文版在美國堂堂面市，這是1989年由哈佛大學出版《法國文學史》後，陸續出德國文學史，美國文學史……，為哈佛大型國家文學史系列之一。他又嘗試文學史新編和撰寫方式，力圖以新的理論構架、新的詮釋方式，邀請了143位作者共襄盛舉，其中有作家應邀加入：如王安憶寫她的母親茹志娟；哈金用小說體寫魯迅寫作《狂人日記》的1918年4月2日的那個夜晚；余華寫他在華東師大的翻牆故事；莫言寫今天讀寫長篇小說的意義……，他讓這部文學史更有「文學味道」，來呈現複雜、多面、不同文化互動的文學面貌。他說：恐怕又要引起很大爭議……

他今後的治學方向研究中國文學的焦點以現代為主，也上溯到明清時期。研究論理涵蓋範圍亦廣，如鑽研晚清文學史中被壓抑的現代性，現代性（modernity）和怪獸性（monstrosity）的交集等。有興趣考察歷史不同時點所折射出來的現代性；性別、文類、國家主體的再現，文字與視覺文本的辯證等。揮灑自如又洞見頻出，令人敬佩。

語法理論長項的語言學家
——哈佛語言學系黃正德教授

　　黃正德教授，算是我師大的學長，臺灣師範大學英語系60級校友，1971年畢業，雖說在校時因系別級別有異，並不認識，但在新世紀之後，他由康乃爾大學，爾灣加大，再被挖角轉任哈佛語言學系教授，這一段由康乃爾移帳而來的經歷，與我家近似，因此我也格外仔細關注他的學思歷程。

　　他生長於臺灣東海岸的花蓮縣，花蓮中學高中畢業後免試保送，進入師大英語系就讀，畢業實習一年後，考入母校英語研究所就讀，獲得碩士學位。1977年夏，曾參加夏威夷大學的語言學暑期學校課程。1978年，獲得美國傅爾布萊特獎學金，啟程前往麻省理工學院攻讀語言學博士。

　　在這個全球排名第一的MIT語言學與哲學系，他師從喬姆斯基（Noam Chomsky）或譯杭士基、哈里（Halle）、黑爾（Ken Hale）等語言學巨擘，鑽研先進的語言學研究方法並於四年之後學有所成，順利通過了嚴格的考驗。

　　1982年年榮獲MIT博士後，34歲的他先在火奴魯魯夏威夷大學工作一年，然後返回臺灣，在新竹的清華大學中語系和外語系擔任副教授兩年。之後，1985年應邀再赴美任教，開始擔任康乃爾大學的語言學教授，不久即被挖角而先後轉任爾灣加州大學以及哈佛大學。因他勤學自勵豐碩的科研課題和犀利的眼光，黃正德教授輕車熟路在美國語言學界立定了根基，引起學界矚目這位C. T. James Huang。

　　二十世紀語言學革命的導師，也被稱為現代認知科學之父的喬姆斯基教授曾經說過黃正德教授是他最得意門生之一。黃教授的研究專注於語法理論、句法與語義的關係，以及漢語語法語義分析，在熱門的句法研究主題如：移位限制、空語類分布與指稱、隱性移位與邏輯形式等理論等方面出版了不少重要著作，並在生成語法理論的發展與沿革中扮演了積極的角色。

　　語言學華裔先驅原本不多，他是少數在全球兩大頂尖語言學期

刊*Language*和*Linguistic Inquiry*發表過論文的華人學者。他的高水平研究論點廣泛受到學界的引用，並收錄進美國大學所采用的句法學教科書。除了獲致種種國際榮銜外，2016年7月他榮膺第31屆中央研究院院士。

2001年起，黃正德教授擔任哈佛語言學系教授，後又兼研究生事務主任並曾代任系主任。他任教哈佛東亞系語言組的太太，蕭惠媛老師，是他重要推手最好的另一半。黃教授說：是要感謝家裡的「PHT」（Push Husband Through），太太在他探索學術的生命中，始終在背後支持著他。

他們伉儷旅居美西而東，經常往返臺美，近年來每每返臺，都更加體會到臺灣的自由民主、多元社會、以及不斷提高的公民意識，縱在美國也以臺灣感到驕傲。

2016夏他返鄉洽公，正趕上中研院新院士宣布揭曉，他是師大第十位院士校友。應邀出席記者採訪，當選感言首句就以來自偏鄉為榮，噴薄而出談自己的出生地，花蓮縣富里鄉明里村。他是師大第十位院士校友。

黃教授的家鄉花蓮縣富里鄉郵遞區號965，是臺灣所有鄉鎮郵遞區號編碼的最尾端，最高的編號。他說：「從臺北市中正區100號，一路編下來，最後一鄉才編到富里。」那是人人都最難想起眷顧的一個的地方。

黃正德教授深憶：他來自臺灣窮鄉僻壤的農村家庭，父母為黃慶發、黃陳秀娥，家中有七個兄弟姊妹，兄弟中他排行第三，1948年出生，兒時家境清寒負擔頗重，要幫著下田務農耕作，課餘勞動，常常要從幫父親耕地農活或是放牧照看水牛之間自行選擇。

心領神會他與曾任花蓮縣政府前民政局長的哥哥黃新興，哥倆分工彷彿微妙對話：「每次我圖輕鬆省事，還可看書，選擇放牛時，哥哥總是甘之如飴地選了耕作。我們還真幹得有模有樣，而且我很享受戴著大斗笠草帽，坐在水牛背上看書的悠閒時光。有時看漫畫或讀故事書，後來改看武俠小說或念現代詩」。他還騎在牛背上寫新詩，跟牛仔似的學著吹口琴，那是哥哥從城裡上中學，給他帶回來的。

大哥黃新興從富里鄉下村幹事起任職，後由民政局局長退休。兄弟分別在台北、中壢就業；姐妹嫁後也在花蓮、台東工作或者退休擔

任志工。

　　離家上花蓮高中，對現代文學創作突生滿心濃厚深情，熱忱自創了一本文學刊物，讀者預計為中學生。高一有陣子聚精會神在辦雜誌上，荒廢課業，為能夠在同學放假離校前問世出刊，第二天即期末考，都還不放鬆印製步調，居然在考試前晚守在印刷廠，監督老板和工人通宵加班給印雜誌。這個當時花蓮著名的東益印刷廠，老闆就是名散文作家楊牧（即詩人葉珊），本名王靖獻的父親。

　　結果期末考慘不忍睹，門門紅燈高掛，竟遭退學遣返。終究發誓好好學習，才得在秋季返校，但不得不重讀高一。

　　重讀那年，他依然照舊不被看好。突然父親患病，村裡的醫生一籌莫展，為配合父親進城就醫，進一步查驗，父子暫住在他宿舍。從此生活發生了巨變。將近整學期，父親在學校附近醫院治療，一如在農村習慣早起，每天早上5點，別的同學都仍在酣睡，就把他叫醒，改變了作息的生理時鐘。因此，吃早餐前可學習兩個半小時，這習慣持續很長時間。當然，早起獲益良多。他說：比如，我幾乎背完了一整本英漢小詞典。

　　體悟求知慾，圖強向上展現語言天賦的他，復讀高一結業，報名參加英語競賽，而且自感發揮出色，穩拿桂冠。但說來也奇怪，那年學校一直沒有正式公布競賽的結果。他說：坊間傳言是由於老師們沒有消除對我的不良印象，並懷疑我在競賽中作弊。後來在高二時，終於用努力為自己正名，學校私下給我補頒了競賽獎。

　　到頭來他以全校優秀畢業生的身份，免試保送入臺灣師範大學，成村裡首進大學的子弟。父親在開刀檢查後，發現沒什麼問題，醫生就讓他回家了。還出人意料，又健康地度過了三十多年。

　　黃教授與中研院院士吳茂昆，著名高溫超導體物理專家，前東華大學校長，兩位都是花蓮中學的校友。

　　縱使黃教授早就發現思考語言的運作方法教人開心歡喜，滿足了知識渴望，也從中發現了靜水流深的生命力，但實際浸潤於語言學，還幸得許多貴人的識拔與提攜，才不致悵惘失之交臂。

　　他在臺灣數一數二的大學英語系探索語言學這一學科，系裡楊景邁、湯廷池、傅一勤、董昭輝等多位教授，皆為殷切而具感染力的國內名師。他恍然大悟，一向灌輸的語法規則，原來可以用更普遍的原

則闡明。

在當中，有位傅布萊特訪問教授——Rudolph C. Troike 博士，給了他莫大的支持和扶掖。認為黃教授深具潛能，應該去麻省理工學院繼續深造。當時受制的條件不少，籌劃出國困難重重。

但這其間，Troike博士年年給他寫信。激勵他信心和勇氣，不放棄赴美探勘的理想，同時也引導他申請傅布萊特獎學金。

終於他過五關斬六將，來到了波士頓。在抵達MIT 20號樓那一刻，他成為了麻省理工學院語言學與哲學系有史以來第一位華裔研究生。他記得：系主任Jay Keyser親切歡迎他的到來，學長Tim Stowell帶著他遊覽校園。Noam，及Morris, Haj, Ken（Hale）等他所仰慕已久的名教授都讓他儘管直呼其名。

回首在語言學這條道路上的三十多年，他既懷念又存感激。他說：「我的心中，一半是童年時光的記憶。我常坐在水牛背上，想像自己是牛仔；或是與小夥伴們捕鳥逮兔子。我有時會想，這個家鄉郵編965的鄉村男孩，如果當時就知道長大後會成為語言學家，並在離家鄉有12小時時差的地球另一邊教書，會是怎樣的心情？

另一半在他心中，則是無限的感激。感謝一路給予無私幫助和指導的引路人，是他們讓他有了今天的成績。父親晨起喚醒的堅持，讓一個中學退學生懂得了勤奮的價值。Troike博士發現了他的潛質，並以持續的鼓勵和信任點燃了他內心的渴望，「讓我想我原不敢想，成我本不能成。」

麻省理工學院MIT的導師和同門也給予他莫大的策勉和支持。他們激發了他的求知欲，教會他如何立身治學。他說：「時至今日，我為身為語言學家深感幸福，並因而能得眾多同行為良師益友、同事、後學，而倍覺榮光。」

黃教授指出，語言學是研究語言的一門科學：主要是藉著觀測並分析語言現象，以推斷人腦結構及其支配的認知系統。他認為人出生時已具備普遍語法的基因型態，因環境或教育的不同，進而發展成不同語言的語法，就好比一顆種子落在不同的土地，會因為後天的灌溉與培育生長出不同樣貌的植物，人類因為天賦而擁有的語言基因結構（稱為「普遍語法」）也會因為出生以後的語言環境而習得不同的語言。

黃教授認為：因為人類有共同的語言基因，所以世界上的幾千種

語言雖然表面上差異很大，但經過研究後可以發現，它們的基本結構確是幾乎完全相同的。

黃正德教授的學術成果初露鋒芒，在他極具創見的博士論文「句法移位及其限制」，後成影響他導師知名猶太學者喬姆斯基「屏障體系」的思維來源，衍生成為1990年代以來的焦點議題，至今仍為學界津津樂道。

黃正德教授的著述大多以英文寫成，也有少數幾篇在國內重點期刊以中文發表，包括兩本書經過翻譯成中文在中國大陸出版。其著作受到學界的廣泛引用（根據 Google Scholar Citations 統計超過一萬五千次），從而促進學界在相關問題方面的更深入研究。著述有：

（1）*Chinese Generative Grammar,* translated into Chinese by Chunyan Ning, Fang Ho, and Dasan Zhang, Heilongjiang University Press, Harbin, 1983.

（2）*Logical Structure and Linguistic Structure: Cross-Linguistic Perspectives,* （with Robert May）Dordrecht： Kluwer Academic Publishers, 1991.

（3）*New Horizons in Chinese Linguistics,* （with Audrey Li Yen Hui） Dordrecht： Kluwer Academic Publishers, 1996.

（4）*Logical Relations in Chinese and the Theory of Grammar,* Garland Publishing 1998.

（5）*Long Distance Reflexives, with Peter Cole; Gabriella Hermon,* Syntax and Semantics 33, Academic Press, New York, 2001.

（6）*The Syntax of Chinese, with Audrey li and yafei li,* Cambridge： Cambridge University Press, 2009.

（7）*Between Syntax and Semantics,* Routledge Leading Linguists Series, volume 15. New York： Taylor and Francis, 2010.

（8）*The Handbook of Chinese Linguistics,* （with Audrey Li and Andrew Simpson）Malden, MA： Wiley-Blackwell Publishers, 2014.

（9）*Peaches and Plums: Interdisciplinary Essays. Language and Linguistics Monograph Series 54.* （with Feng-Hsi Liu）Taipei： Institute of Linguistics, Academia Sinica, 2014.

（10）*Encyclopedia of Chinese Languages and Linguistics,* （with Rint

Sybesma, Wolgang Behr, Zev Handel, and James Myers）.「Leiden」：Brill, 2015.

（11）*Chinese Syntax in a cross-linguistic perspective*,（ed. Audrey Li, Andrew Simpson and Wei-Tien Dylan Tsai.主編）Oxford： Oxford University Press, 2015. *A Festschrifts for C.-T. James Huang*祝壽論文集已由牛津大學出版。

黃教授著作亦有中譯本：

1、《漢語句法學》張和友翻譯、顧陽校訂，北京世界圖書出版社出版，2013。

2、《漢語生成語法》寧春岩、侯方、張達三合譯，黑龍江大學出版社出版，1983。

　　他積極參與世界學術活動，包括創辦了頗有國際能見度的「東亞語言學理論工作營」。並且三次與美國語言學會合作，籌辦「中國語言學暑期學校」，立竿見影地展示中國語言學者研究成果並促進中外學術交流，扶植青年人才。

　　這三次分別是1991年在加州大學，1997年在康乃爾大學，2005年在哈佛大學與麻省理工學院；他還曾五次擔任美國語言學學會暑期班課程客座教授，兩次擔任美國語言學學會暑期班副主任，以及擔任澳洲語言學會與西班牙Girona暑期班課程客座教授。1991年他領銜創立國際中國語言學學會（IACL）擔任籌備會主委，並先後任秘書長、財務長、副會長、會長；另外，除了擔任國內外十數種重要語言學期刊的學術顧問或編輯委員之外，他又於1992年創辦一份以理論語言學為取向的《東亞語言學學報（*Journal of East Asian Linguistics*）》（1992年起已出版至第15卷）並擔任主編至今。這份由國際有名出版社Kluwer與Springer支持出版的SSCI & A & HCI 的頂尖期刊已經出版到了25卷，儼然已是相關領域的最主要學術平台。

　　黃教授主要的學術兼擔任國內外十數種重要語言學期刊的學術顧問或編輯委員。與諸殊榮交相輝映。

　　黃教授，往任主要的學術兼職，還有法國巴黎第七大學訪問教授和法國社會科學院東亞研究所，及西班牙、澳大利亞等國擔任客座教

授，還時常為國際大型學術會議作大會報告和特邀講座，其足跡遍及亞洲（日本、韓國、中國大陸、台灣、香港、新加坡）、歐洲（英、法、德、西、與北歐）以及美國各個主要大學校園。他的影響所及已然跨越漢語語言學的範疇，並成為推動語法理論欣欣向榮的先鋒之一。

他先後教授學生達數百人。目前他指導獲得博士學位者，已有30多人，分別在美、日、韓、意、土耳其以及中國大陸與台、港等地區擔任大學教職或科研工作，其中不少得意門生如：甯春岩、顧陽、湯志真、林若望、蔡維天、鄧思穎、劉辰生、林宗宏等位都已是學界的知名學者。黃教授與夫人，雖人在美國但也心繫家國，幾乎每年都會回到臺灣，並到大陸與香港訪問，在許多大學給莘莘學子介紹語言學的新課題與分享他的研究，包括在台師大、清大與中研院的訪問演講，在北大的系列講座，以及香港中文大學、香港城市大學、與北京語言大學開設的客座講席。

黃正德教授獲得榮譽，除上述外主要還有：爾灣加州大學「校長教授」，古根漢基金會研究學者獎（Guggenheim Fellowship），行為科學高級研究中心研究學者獎，和CCK基金會資深學者獎、北京大學漢語語言學研究中心客座研究員及魯迅人文講座、清華大學榮譽講座、「厚德講座」，臺灣師範大學傑出校友，北京語言大學長江學者講座，中央研究院語言學研究所科技部講座，臺灣語言學會終身成就獎等。並於2015年當選美國語言學會會士。

師從他的臺灣清華大學蔡維天教授說：黃教授以原則——參數的理論框架為本，深入探討普遍語法的結構與性質，並印證於漢語的諸多現象：如疑問、話題、關係等句式的內在語法關連、空代詞的分佈與詮釋以及在位疑問詞的類型特色。以此為切入點，黃教授提出了隱性移位，提取域條件，擴充控制理論等影響深遠的理設，在語言學發展史上為漢語研究建立了不可動搖的橋頭堡。

多年來黃教授持續攻城掠地，其研究觸角延伸至重構、長程照應詞、提昇動詞、輕動詞、非賓格動詞、正反問句、光桿條件句及被動句等語法現象。關於漢語的類型定位問題，他更從宏觀參數的角度揭示其根深蒂固的「分析性」，進而提出「南北是非與古今通塞」，暢言語法化對類型變遷與方言歧異的影響。諸此種種，其效應不僅持續

延燒，並在新近博士論文、期刊論文中開花結果，引發廣泛而熱烈的討論。

　　總之，黃教授的研究也為漢語語法研究與主流語法理論的結合作出了重大貢獻：一面以生成語法理論處理若干漢語語法問題，推動了漢語研究由描寫向解釋的轉變；另外又以漢語語法分析，關鍵性地解答了語法理論中，不少懸而未決的問題，使漢語研究成果直接貢獻於主流理論，也引起廣大生成語法學者研究漢語語法的熱潮。

　　他一路進學修業，離別家鄉卻越來越遠，最後來到西半球的美東，父母晚年難以親力侍奉，讓他不免抱愧。

　　黃教授以農村子弟自豪，幾十年前，村裡孩童，連小學都不一定畢業，相對他卻靠著父母寬容遷就，成為村裡第一個念大學、第一個拿到博士顯親揚名國際學界的教授。在語言學的路上，他為現代漢語生成語法理論的發展研究，在世界高水平的學術期刊發表，建立了安如磐石的顯著據點，扮演了要角，譽滿東西。

　　聽他談起：「我時刻掛念著父母和另六個兄弟姐妹，並有一種深深的愧疚感，因為我感覺這些年回家的次數真是太少。侄子告訴我，母親每年年夜飯時，都會特意給我留出座位，並在餐桌上擺放我碗筷。每念及此，我都有種撕心裂肺的痛感。」流淌出濃重悲懷的遊子深思，真令遠離家鄉聚散漂泊，如出一轍的我們不免也熱淚盈眶。

性別格局昇降：談論《紅高粱》
——哈佛藝術與建築史汪悅進教授

「你為什麼會曾經選擇電影美學來研究呢？」有不少人問過哈佛出身的哈佛大學藝術史講座教授汪悅進這個問題。

他笑著回答：「我承認研究電影理論有不少難處！由於畫面的直觀性！電影也是最通俗的傳播媒介，幾乎已不容學者見仁見智的文字闡釋，但是中國近年的一些導演，拍攝了許多很值人深思熟慮的電影，極待敏銳的研討發揚；而且在中國電影理論方面，能在歐美方面做點不隔靴搔癢的評介者，實在不算多，由我們中國學者來思辨，是比較能明瞭其中的甘苦，更能切中其間的奧妙。」

汪悅進於1983年畢業於復旦大學外國語文學系，1986年獲得復旦大學英美文學碩士後，正攻讀博士之際，優異地中選燕京學社哈佛訪問學者，1987年秋，他開始在哈佛研讀博士，在1990年，由東亞系轉到藝術史系，得過ACLS and Getty，Smith Learned Society，Mongan，Hoopez及國家畫廊……許多論文獎金，發表中英論文無數，還有英文劇本入選夏威夷國際影展，1996年就被邀去芝加哥大學教中國藝術，1997年回哈佛得博士，並開始任教於藝術史和建築史系。

汪教授現任哈佛大學藝術與建築史系洛克菲勒講座教授（Abby Aldrich Rockefeller Professor of Asian Art），曾獲美國古根海姆Guggenheim基金會學術成就獎及美國專業學會所頒賴斯康姆獎，及哈佛大學教學獎。專精領域為中國中古藝術史，對敦煌、龍門、河南、山東、遠至新疆克孜爾石窟壁畫……佛教遺址舍利函，寺廟和塔，變相……均仔細研究，重新建構中古光怪陸離的想像世界。

如古代龜茲地區的克孜爾石窟，比敦煌莫高窟還早300年，算最早的佛教石窟，始鑿於東漢。列入《世界遺產名錄》。

2015年聚焦克孜爾石窟壁畫的國際學術研討會，在杭州中國美術學院舉行，共百餘各國學者關於古跡保護與修復、佛教藝術進行研討。同步還有「千年敘述——中國岩彩繪畫作品文獻展」。汪教授就結合人工智能科技和人文，發表了《禪觀與天眼：克孜爾石窟壁畫空

間新議》。

汪悅進教授代表著作有Shaping the Lotus Sutra: Buddhist Visual Culture in Medieval China（《塑造法華經：中國中古佛教視覺文化》）2006年獲日本坂本日深學術獎。他曾任美國國家美術館高級視覺藝術研究所，蓋蒂基金會，立青基金會顧問，美國大學藝術史協會機關刊物Art Bulletin編委會編委，麥克米蘭出版社《佛教百科全書》副主編。一度為哈佛文理學院網頁四位首頁人物之一。另有《庵上坊：口述、文字和圖像》（合著）等作品……。著述廣泛，涉及古代墓葬禮儀藝術，青銅器紋飾，佛教石窟造像與壁畫，歷代書畫，雕塑，建築，版畫，攝影，電影，及當代藝術等方面。

他還與我談起過另一譯作：法國大思想家羅蘭・巴特（Roland Barthes）的《戀人絮語》（Fragments D'un Discours Amoureux），這部名著問世後風靡西方文壇，被譯成多種文字，並搬上舞台，暢銷極了，汪悅進與武佩榮譯成中文後，法國巴黎電視台，還派人來攝製一個有關中國的戀人們如何思想與說話的節目，更羅曼蒂克地影響了各地的戀人們。

他也曾發表英文論文〈老井：子宮還是墳墓？〉探討吳天明在《老井》中的創新，及那盤盤纏纏、割絕不斷的傳統……他對電影的評論，並不在於恢復作者之原始意圖，

汪教授除了發表〈盲人與悲劇〉、〈東邊日出西邊雨〉、等好多論文之外，還有譯著：《角度的變換——西方文學批評方法諸種》、及編著《意象批評》等。

汪教授曾受邀於：奧地利維也納大學、德國柏林大學、海德堡大學、法蘭克福大學、瑞士蘇黎世大學、澳洲悉尼大學、加拿大多倫多大學、美國普林斯頓、耶魯、斯坦福、伯克萊加大等大學講學。

辛勤忙碌的歲月中，仍念念不忘與他談電影美學的日子，因我對電影藝術自早著迷，曾在臺灣師大上大二就參與了電影藝術研究社。經由哈佛訪問學者錢滿素教授介紹，數通電話暢談後，就與之相約，1988年秋，在我主持的大波士頓區中華文化協會藝文小集談談中國電影，在那前後，哈佛校園中的文史演講座談會：張系國、劉賓雁、北島……，都與他不期而遇，到中國文化研討會——九州學刊第三屆年會，他與王德威、張充和、李卉等學者同作主講，受到趙如蘭、鄭培

凱、杜維明和我等師友的邀請組織，又歡聚一堂。

1989年春，在討論會，聽其發表過專題之後，我又請他來藝文小集演講並放映影片河殤，頗令我們熱血澎湃，還激發姜渝生和王小娥兄嫂返台服務到成功大學任教授。顧長清朗的汪悅進，談起中國電影來很帶勁，1958年生於江蘇鎮江的他，略帶些江南口音。中國電影起步並不晚於其他國家，只是中國電影過分的依賴了好萊塢的語彙，跟隨好萊塢的模式去拍，中國觀眾又習慣地沉溺於大起大落，悲歡離合的敘事情節，以至中國早一點的電影都沒有「丟掉戲劇的拐棍」，未能發揮純電影的潛在力。

自1979年白景晟發表這篇文字後，引起一連串爭議，包括電影理論家鍾惦棐──小說家（鍾）阿城的父親，也提出「電影與戲劇離婚」等等理論，並引進法國新浪潮電影批評家巴贊Bazin的長鏡頭理論，來否定過去電影的拍法──隱形切割、戲劇化的故事等，相當反諷的，巴贊是主張兼容並蓄地運用舞台空間的，而對電影要與戲劇分離的看法並不贊同。

汪悅進認為這些中國電影理論家，反對的不只是影劇的形式，而是反對沉澱在膚淺的戲劇形式中的意識形態及文化內涵，事實所見，中國新潮電影，是以其不可抗拒的轉換消化力量，在電影語彙上做了嶄新的啟發融合。

1980年代初，大陸電影界就出現了一整批電影：吳天明、滕文驥《生活的顫音》，黃建仲《小花》，史蜀君《女大學生宿舍》，楊廷晉《苦惱人的笑》等，在形式時空上都非常自由，體現風俗、閃回、生活流、意識流、刻劃人物心理、運用跳切，聲音與畫面的對位與錯位──所有手法上能想到的花招，幾乎全用上了。

分析起來：由於經歷了文革，大家急於把人性強調起來，如吳天明的《人生》，其中特寫婚禮場面，鏡頭裡，紅紗巾上，淚珠在燈光中煜煜閃爍，情感之震撼……，並將觀眾視角帶進內心的探測，如：謝晉的《天雲山傳奇》，運用三個女主角多視角觀點來敘事，這在西方如歐森‧威爾斯等，甚至臺灣的侯孝賢都早已用過！

可是，整個大陸電影界，卻感覺新鮮，就蜂擁而上，盡量運用這些手法。終於到大家都覺得需要整理思緒，對這種閃回跳接厭煩，不願再濫用的時刻，就出現了走回現實的影片如：吳貽弓拍了改編自臺

灣名作家林海音作品的《城南舊事》及鄭洞天的《鄰居》，都是講求情調、意韻，把生活慢悠悠地展開，節奏舒緩娓娓道來。

接著新一代的導演，又意識到上述電影，尚欠缺理性批判，須再提昇，就出了像陳凱歌的《黃土地》、吳天明《老井》，後來張藝謀拍了2012年諾貝爾文學獎得主莫言的《紅高粱家族》，理性而不介入的冷靜批判，與隨戲同悲的感情，對觀眾而言都是一種享受或經驗，又何必「冷靜」呢？中國的社會文化中仍有許多的問題，有待批判冷靜型片子，提示我們一些思維方式。以獲得歐西「洛加洛」大獎的《黃土地》為例：其中送別和婚禮二個場景，十分特出。

學者統計過中國電影，婚禮場面特別多，《黃土地》的婚禮是很冷峻的一場，緊接在送別之後。送別是中國傳統戲劇中，最複雜的感情，往往是大加渲染的，但陳凱歌有意識地用呆鏡頭拍靜止人物，又挑選臉部表情不活躍的主角，反戲劇化的效果極好，造成天地萬物什麼都不想的場景……。

起唱之後是陳凱歌最不滿意之處，他認為鏡頭應該大量搖移，但汪悅進認為有其特殊效果：遠景的運用，遠近的急劇跳接；又起唱後，呆鏡頭與歌聲強烈的遊移，造成矛盾，有衝破靜止的意思，靜與動，畫面的框式與激越，情感之間的矛盾又形成了張力；畫面上的山脈曲線，用以表現內心的起伏變化，就這樣破了中國的傳統──大起大落，空鏡上的曲線、完全的沉默、歌聲的含意，抒情而又不如過去的濫情，令人覺得有壓抑感。整個空間是破碎的──無法以現在的空間來合成一個東南西北的完整鏡頭，不完整感本身就帶有很多意思在內。值得予以深思肯定。

電影的音樂和聽覺效果，也很吃重。送別前段的音量是由透明嘹亮的女聲所唱的歌，顯示對男主角的回來有著充分的信心；後段聲音低婉，象徵內心獨白，把信心否定：『山歌救不了翠巧我！』人物兩次被山勢所淹沒，大遠景，再跳到中景，處理了內在的矛盾，也是陳凱歌作品複雜而隱晦的明證。

婚禮一般而言，是感情起伏的關鍵，可是《黃土地》用的大遠景：斜的山城，很小的送親行列由山坡上循序而過，預示女性從此將被愚昧、昏黯的生活所折磨，類同哀悼殉葬，冷冷的不帶過多感情；成親也只演到一隻黑手去揭紅巾，不多著墨，點到為止，再以蒙太奇

跳接歌頌大陸解放自由的『腰鼓舞』歡騰場面，與婚禮的麻木兩相呼應；蒙太奇手法的第一鏡、第二鏡，直接結合成第三鏡，真是高明的對照，至於翠巧的生死也故意模糊，並不明示她為激流吞沒──令觀眾大掬同情之淚，而代之以歌聲之倏然而止，絃外之意明矣，只抹去了戲劇化，陳凱歌拍戲相當冷！」

莫言的《紅高粱》以粗獷狂放的風格，張藝謀的電影詮釋，先贏得西柏林國際電影節金熊獎後，格外引起海內外的爭議，汪悅進也興味高昂地做了仔細的研究分析，《紅高粱》總體看來是以追求男性豪壯的姿態出現，但檢視其內在的含意卻是糾結複雜。

在中國傳統裡，除了陰陽之說，及既有的男尊女卑的倫理規範，不可忽視的處於統治地位之王權，又與男權呼應，發展出一套中國人的「女（柔）性哲學」之主張以柔克剛。他用林語堂在《吾國與吾民》中的話：「中國人的心靈的確有很多地方是近乎女性的。」而西方女權批評理論中，所指的女性少一器官的「缺陷」，成為象徵語言的缺陷，在中國社會文化的大背景下，這種「女（柔）性哲學」顯得男性有了缺陷，翻點古代人物，完美的男性，似乎無一不帶脂粉氣，豪勇的男子成了有缺陷的可愛，如《水滸傳》中的魯智深、李逵等。

古代的騷人墨客，總愛以香草美人自喻，但是，這種崇尚「女性化」──使男性佔據了女性意識空間，當男詩人以女詩人的聲音出現，如曹丕寫出：「賤妾煢煢守空房」這類句子時，女性連做「被思念對象」的地位都沒有了，女性地位自然不能提高。

在戲劇文藝的傳統上，這種文弱青年、白面書生……，似乎只有女性才能表達，所以有女扮男裝的越劇等，到了中國近代，又淪為半殖民地的東亞病夫，所以一直到1980年代，這種「奶油」小生的形象，還是難以擺脫，他舉出早期的好萊塢默片「殘花淚」為例，來說明中國人的民族性，給西方的印象也是柔（女）性的。

1980年代初期，後來擔任上海人民藝術劇院院長的沙葉新，寫了一齣盛演不衰的劇本，「尋找男子漢」，隱現當時社會的焦慮感，迫切渴求脫出那種陰柔受壓迫的審美趣味（那時政治象徵的意義相當強），先是帶異域性（學日本……）的沉默性格，深鎖重眉，不苟言笑，豎著風衣領的男性形象出現了……，當大家對這種做作拙劣的形象看膩了，《紅高粱》應時而生，為中國電影文化和文學都豎起一里

程碑。

　　《紅高粱》，將驃悍陽剛的男性形象予以肯定推崇，汪悅進引羅蘭‧巴特的看法：「任何文字只不過是鋪天蓋地巨大意義網路上的一個紐結；它與四周的牽連千絲萬縷。」莫言或張藝謀的「創作」亦然，可以尋覓到諸多歷史的回聲：粗獷的「我爺爺」，就似《水滸傳》中英雄豪傑的重視；另外，也打破了狂飲在中國歷史上承受道德譴責的傳統。以往狂飲常常是誤國、做惡的原因——狂飲代表對繁文縟節的越規、對超驗境界的追求，《水滸傳》對狂飲之後的故事，做過戲劇誇張，如武松打虎。有趣的是：在中國不狂飲似乎就無法成就「男子漢」，《紅高粱》在這種意義上，既依附於舊有觀念，如祭酒神歌中所述：

　　「九月九釀新酒，好酒出在咱的手；喝了咱的酒……滋陰壯陽嘴不臭……一人敢走青殺口……敢見皇帝不叩頭……」

　　《紅高粱》對傳統似有批判，但又將其意義狹隘化了，《紅高粱》中以讚頌紅酒，將一切的母題都聯繫起來——紅色的花轎、喜帳，紅色的背景；鮮紅的血，鮮紅的落日，把激情視覺化；似乎融入一點兒西方的價值觀念——尼采是讚頌酒神的。

　　《紅高粱》也是蘊含巴赫汀的嘉年華會理論，電影化的再現，瓦解既有的次序、喧鬧、變形，使一切東西都不絕對化，如：片頭嫁麻瘋病人的婚禮是沮喪的，迅速就變幻成戲謔的顛轎舞。祭酒神的嚴肅莊重，又被「我爺爺」的闖入衝著酒缸撒尿而褻瀆；女主角麻瘋丈夫死後，她勸幫工留下，叫大夥直呼她「九兒」而不稱「掌櫃的」，瓦解了現有次序；當土匪包圍酒坊，該是扣人心弦的動作片場景，卻以中景的醉漢「我爺爺」倒叉二腿，倒在酒缸裡「嗯啊」胡唱，這亦莊亦諧的手法，同時出現於一個場景，就益顯其嘲弄之意味；結局女主角中彈悲劇性的死亡，卻又被聲道上的喜慶音樂所摧毀，閃失了可能的悲壯！

　　《紅高粱》對於病弱的嘲諷，由顛轎詞開始，再到麻瘋病人抽水煙的萎靡，還有觸目驚心的剝人皮場景都反映出來，在剝人皮一場中營造出達爾文式「優勝劣敗」的殘酷世界，以期觀眾由讚賞陰柔的傳統中覺醒；也對魯迅先生在〈吶喊〉自序中所嘆：「凡是愚弱的國民，即使體格如何健全，如何茁壯，也只能做毫無意義的『為日軍斬

首示眾』的材料和看客……所以我們的第一要者，是在改變他們的精神，而善予改變精神的是……，當然要推文藝……」以及後來魯迅在〈阿Q正傳〉及〈藥〉中所批判的那種對他人受難麻木不仁，視暴力行為視覺快感的病態觀眾心理，有直覺的把握或暗含批判。

汪教授分析《紅高粱》一片周而復始的模式是：男人劫女人，女主角至少經歷了四『劫』：一開頭，由視覺敘事言——九兒是被轎夫們抬（劫）去的一個不樂意的新娘；其次是遇到高粱地搶劫未遂的蒙面漢；第三次是被『我爺爺』在紅高粱叢中的『強佔』；甚至當『我爺爺』回到酒坊，將九兒打橫夾抱而去鑽進屋裡的場面，均可視為形象上的搶劫象徵。

這表面看，莫言，張藝謀是想強調男性秩序和統治的，但汪悅進認為由於電影內在的敘事與銀幕形象的限制，而導致不同的結果。

《紅高粱》並非按傳統通俗劇的發展來鋪陳故事，恰恰相反地——九兒每次遇劫，都鎮靜自若！從她面對半路殺出的蒙面強盜之場景來說，透過電影鏡頭語彙，典型的正打鏡頭，是對九兒面無懼色的靜止特寫，接著反打鏡頭是由九兒的視覺角度，看出的蒙面漢子，她目光上下游移觀察這漢子，蒙面漢劫新娘，視覺上的鑄造，常常是攝影機仿照漢子的視線來打量新娘，而《紅高粱》卻將主觀意識放在九兒這邊。鏡頭再回給她，仍是對她從容不迫的描寫，當漢子一把握住九兒穿著紅繡鞋的腳，她突然「噗嗤」一笑，出人意表地將雙方較量的角力逆轉，汪悅進引用他的譯作——羅蘭巴特的說法：「往往被搶劫的對象成了戀愛的主體，搶劫主體（我），成了戀愛的客體。」汪悅進表示此刻攔路漢子是否搶劫者的寫照，倒在其次；一對陌生男女，初次面對面，男人想得到這女人的力量，透露出薄弱感和不自信；做為被劫女性的九兒，反而成了一個有喜怒，有欲求，大大方方的「我」！

中國女性在傳統的道德焦點上是：常受譴責的代罪羔羊，冶蕩的誘惑者如妲己、楊貴妃；但在藝術鑑賞的風格層次上，又是被男性主觀意識所慾求欣賞的對象，這種雙重性的分割，充分暴露了傳統意識形態中的內在矛盾，借用西方時髦的符號來說是：「慾望X」，慾望擺在X號底下，想要抹去，卻欲「X」彌彰。

「紅高粱」不僅在表面看來是企圖改變男性格局，更想將「慾望

X」的X號抹去，但無意識地卻建立了女性主義觀意識和性意識，這就形成片中內在的張力。故事剛開始張力就不斷隱現，年輕的新娘，看似被玩弄於一群男性轎夫的掌股之中，事實上《紅高粱》卻一反格局：與現代女性電影小說所批評忌諱，好萊塢經典式的男性視角相反，經過描述，轎內成了一個自在的世界；確定的鏡頭是九兒她那帶有渴望的眼神，不斷由轎內向轎外投注凝視，轎簾不斷隨風掀起，由縫隙中，可以看到一個滿身油汗，肌肉壯的男性軀體在搖擺行進，這在某種程度上，就是把西方那種男性窺視女性的「觀淫癖」顛倒了陰陽。

顛轎舞的動作本身，就帶有一定的性含義，歌曲又粗鄙俚俗，被顛新娘的驚喘，表面看似生理的，但經過攝影機大作文章，具有很強的性暗示，這場顛轎舞，九兒始終在轎內，在她自己意識世界中，經歷了所有的身心起伏；這又與我們傳統的女性心理描述——女性一定受男性撩撥、引誘，必在男人的視覺當中才能激起她們的性慾望——大相逕庭，九兒在她與外隔絕的轎中世界，形成她唯心世界的象徵，女性的意識是自在一體，不假外求的。

另外，『我爺爺』，在酒坊撒野，酒糟如雨般灑在九兒身上，女子卻兀自不動，心神潰散，目光眩惑狀……卻暗含性的委婉用詞：雲雨之意；最後九兒中彈身亡，倒下前銀幕慢幕鏡頭出現，大加渲染，情節上雖與性無關，視覺上仍是一種迷狂，迷狂在佛洛伊德及許多文學傳統，是往往與死亡相連的。

觀眾或導演編劇是否也有意見相左的時刻？是我直覺的問題。汪悅進認為當然可能！美學闡釋本來就是仁者見仁、智者見智的。由敘事結構上，《紅高粱》是對男性豪傑之氣的推崇，但是首先他由第一人稱的畫外音敘述：我跟你說說我爺爺我奶奶的這段事，這段事在我老家，至今還常有人提起，日子久了，有人信，也有人不信……。接著就滑到一個中近特寫——綺年玉貌的我奶奶，於是觀眾視角隨之離開稚童的視角，與銀幕上的女主角認同……，故這片子是由美學的幻覺形象作開始……，以孩子對母親靈魂的呼喚結束……首尾形成一個框架式的結構——包容性的結構，也是對母性世界追求的結構，也可以說是佛洛伊德對他孩子玩〈Fort/da〉遊戲的再現！

《紅高粱》是被女性世界幻覺所駁御的，在片尾奶奶死後，作為

明清文學審美風尚與女性研究
——哈佛大學東亞系李惠儀教授

　　哈佛大學的中國文化研討會，是我協助杜維明與鄭培凱兩位教授召集大家一起組織的（原九州學刊）年會。從1986年起，有二十四年風雲際會的中國文化研討盛況，包含「中國傳統與現代」、「中國文明的起源與文化的發展」、「表演藝術與中國社會」等文化文藝思想相容並蓄的論述。

　　1992年研討「婦女與中國文化——女性主義對儒家傳統之反思」，請到年紀輕輕的哈佛青年學者Junior fellow的李惠儀教授。她同與講求女性論述的孫康宜、陳幼石、李又甯、洪越碧等女權健將侃侃而談，她又聲調溫婉，眼光柔和，及腰長髮婀娜，精神內蘊，謙抑自持，學術文字精妙。

　　千禧年間，她剛被哈佛大學延攬，從普林斯頓大學喬遷至劍橋鎮。她就念舊地來到燕京圖書館編目組尋我，詢問中文學校的地點，想把女兒送去學習，時移事往，2013年她的孩子都就學賓大了。

　　惠儀教授1959年生，父親李照先生，母親麥玉蓮女士，生長在香港，在人聲嘈雜和擁擠環境中長大，格外喜愛逃入幻想靜謐和孤獨的文學境界。愛英國古典小說和武俠，幼時的偏愛，在專業上開花結果，她成了文學教授。宇文所安教授從她做哈佛青年學者就對她印象深刻，說她有驚人飽學的知識蓄藏，不但能長段引誦詩文，還兼融原創的心思，在哈佛也沒幾位教授如她的研究般隔越了兩千年：曾致力於析論最早不起眼難以理解的奇特文本，她悠游自在鑽研早期的《左傳》和《莊子》中的文字，快樂如莊周夢蝴蝶。

　　她為港大論文寫作選課交卷：以文學中的幻奇觀念，比較《西遊補》、卡夫卡（Kafka）與果戈理（Gogol）之作。這成為她申請赴美的重要文章。離港留學即往普林斯頓大學，正值高友工教授蓬勃有為之年，極能啟迪他們後進同窗如廖朝陽，陳葆真，楊澤等。她又與指導教授浦安迪（Andrew H. Plaks）的「內斂睿智，那沖和淨遠境界之昇華，深有默契不足為外人道」……她在普林斯頓首次「感悟靜

諡，領略秋爽春妍」。後適逢芝加哥大學的余國藩教授到普大訪學，乘機討論，一致肯定認為情／幻、真／假之說，最精妙者在中國古典文學中當屬《紅樓夢》再撰成〈警幻的系譜〉。普大畢業後前往伊利諾大學任教，接著她就成了哈佛院士（學）會的青年學者在哈佛一住三年！加入哈佛此會，得先要有學者推薦，院士會主動邀請才成。力薦她的，英譯《西遊記》的著名比較文學家余國藩教授就是其中之一位。名額有限榮膺青年學者不必教學，只需參加每月餐會交流，可全力研究自己的課題。

忙於教研的李教授，曾客座主持，或光臨我們哈佛中國文化工作坊，客氣聆聽海上花列傳等演講研討。惠儀教授在研究和書寫與眾不同，她也不會重複自己。

她又開授多元的課程，像歷史寫作和小說、中國文學中的英雄與反英雄、紅樓夢研討等。她慨然接納並深入地關懷學生：讓稚嫩的學生感覺自己所說的每句話都值得聆聽，建立孩子獨特的視角與信心。她的學生王可有充滿感激和溫馨地回憶：廣博的知識謙遜地表現在她如何「搭建」彼此的對話、和她溫和地向他們提出挑戰性問題。始終保持著這種開放、不裝腔作勢、相容並包的態度。

譬如，她在「紅樓夢研討」課上講授現實和幻想，欲望及其超越或否定的辯證法。課中並討論相關的清朝的文學傳統、曹雪芹悲劇的一生和家族史、佛教和道教對小說的影響，當然，還有賈家成員們的家族和個人關係。李教授不矯揉造作、溫和的風度，具體展現了她在這段非常學術和令人生畏的探索時光中，所給予的個人接觸，讓人回想起來，總有著難以置信的喜歡和感激。李教授完美地引導，讓學生明白，最有效、最有力的課堂學習，是伴隨著性格發展的。

這樣對紅學早有新議的教授和這樣的課程，給了學生絕妙的博雅教育，能驅動天性，有益於其個性和認同的成長，對生活和世界產生豐富多樣的看法。學生到現在還記得並感受到「無用」的博雅教育和她這位文科教授產生的衝擊，並在多年後還會繼續記得並感受到這種影響。

除動人教學外，李教授秉承其導師高友工教授研究的美典以及其他，青出於藍，峰迴路轉：通過聽她論講由世變與玩物來談清初文人的審美風尚，以期約略瞭解她有關物的論述和國族思想在清初的轉化。

　　鑒賞家與收藏家，在晚明文人文化中扮演極重要的角色，囊括了時代矛盾與關懷。她通過討論晚明有關社會等第、雅俗分野、公私界定等問題，認為及至標新立異與恪守典範、重情尚真與遵循秩序等二端之分合，均可於玩物文化中察見端倪。更能瞭解從中易代之後有關鑒賞與收藏的討論，及清初文人對晚明生命情調持續與轉化的追懷與反思。

　　晚明有關鑒賞與收藏的寫作分為兩類。一是以客觀態度評定書畫珍玩的真偽與價值，及家居日用諸物的雅俗與宜忌。著作通常以經、史、譜、錄、箋、志等字眼標題，內容是「指南」式的分類、品題與論述，故語調多帶不容異議的權威性。譜錄的序跋，這些文字，對雅俗等第的客觀述說摻雜風流自賞與流連光景。個人志趣表現糾合了士人集團特性的界定。玩物讓士人遊移於仕隱之間，並調和了自我對團體的參與與疏離。

　　其二是人與物關係的詩文，後世將其歸類為「小品」。此類「性情文字」所關注的是主觀地抒發對物情物理的感悟。筆調自標新異，肆情任氣，間亦有把物極端「人化」，使之成為情深思苦的對象。於是人與物的遇合，興會淋漓，帶濃厚的傳奇性。物的價值，有時脫離市場價值，甚或與其社會、道德、文化等層面的意義也不盡相符。物主鑒賞家的愛憎喜惡成了價值的源頭，其所體驗鍾情之物，也許是奇異特殊，亦可是照常理看來乃是凡庸或有缺陷之物，述說的重點是物以人貴，以物抒情，通過物來表達自我的奇思、逸興與深情。

　　談論女性風貌的文字，品妓箋之屬，即以女子作為「物」來品評。遊記文章表現的獵奇心態，或可看為品鑒山水。晚明好言情，對一往情深的謳歌，交織了自喜、自賞與自遠——把自我的情思變為鑒賞的物件。

　　李教授探討晚明談物的論述在清初的轉化。文人通過玩物、體物、觀物之時間性，在調和自我對團體的參與與疏離「自我建構」，在易代之際融入興亡之感與歷史記憶，先從前朝遺物談起。

　　在清初的政治氛圍，談物，實界定一文化空間，呈現其社會效用。這是遺民相濡以沫之情懷，亦往往是遺民與清臣交往的線索之一，而明清士人的抉擇，經常可從其談物賞鑒品第的語彙中察見端倪。以可能參與抗清義軍的江南丹徒冷士嵋所著〈文太史椅為姜仲子

賦〉詩中述此椅及其他文物：國難崩奔亂似麻，天崩地解的時代，其兄曦起義，兵敗被執不屈死，士崶遂服古衣冠而隱，簑衣翁笠，竹杖芒鞋，晦明寒暑不易。避世與張自烈、魏禧、姜實節（即仲子，姜采子）、文點（文震孟孫）等遺民之交誼，見於酬唱。

姜實節，仲子，有名的風流才子，朱素臣《秦樓月》傳奇即以姜實節及其青樓相知陳素素的悲歡離合為原型。其父姜采、其叔姜垓以志節堅貞為士流所重。姜垓在臨終易簀之際，把在廟市購得的內庫玉羊轉贈乃兄，姜采《敬亭集》有詩述事：前朝物玉羊不在大內在姜氏案頭，覽之能無亡國之痛。鐵畫銀鉤宛然在目。

文中以椅子聯繫文物典則：在文人想像中，唐祝文沈等代表吳中風雅的盛世，喪亂之後，興會難再。文徵明卒後，椅子付予門人彭年，彭歿而椅復歸文徵明曾孫文震孟，成為他憂勤國事的所在。

汪琬心儀文震孟為其作傳，他據椅遺情想像，顧望懷愁的意興。汪琬亡故，子又將椅贈姜實節。冷詩稱姜所居為白屋。但吳綺說他「多藏而服古」。陳維崧〈藝圃詩序〉原注亦云：「最為吳中勝處……旁列古鼎彝及茶鐺酒董諸小物。」時置諸姜實節案頭者，尚有他藏的宣德窯青花脂粉箱，是明大內故物，有關題詠屢見清初詩詞，可考者包括吳綺、汪琬、余懷、毛奇齡、陳維崧等人的文集千言。升沉各異的歷史記憶，顯貴敗落，畫家文點賣書畫自給，文果滄桑後披緇逃禪。

姜實節寶愛此宣瓷脂粉箱：說其質素文青，體堅制妙，置硯塘側摩挲把弄，但不知其為何物。經老宮監判定始知為故宮所用，毛奇齡〈宣德窯青花脂粉箱歌為萊陽姜仲子賦〉：連昌宮監老不堪，落花時節來江南。見此忽爾驚歎息……宣德是明宣宗年號，宣窯脂粉箱變為明初盛世的標記。

慟哭前朝，感喟無窮。遺物讓觀者感歎興亡，重新考察盛衰之契機。但眷懷家國與歷史判斷之間的關係甚為複雜。前述詩詞把宣德追想為明朝承平盛世，但明清詩、文、小說、筆記又好談明宣宗嗜鬥蟋蟀，因求異種勞民傷財，並認為這是王朝衰敗的徵兆。據沈德符《萬曆野獲編》記載，宣宗「最嫻此戲，密詔進千個」。有語云：「促織瞿瞿叫，宣德皇帝要」。至今猶傳。有以得世職者。宣窯蟋蟀盆甚珍重，不減宣和盆。

　　吳偉業在京，見孫承澤藏宣宗蟋蟀盆，感賦〈宣宗御用餞金蟋蟀盆歌〉，長詩以沉恨與批判雙管齊下，交織今昔、興衰、真幻等線索，全詩貫穿反諷，藉顛倒蟋蟀勇猛與名將武功，蟋蟀盆與歷史戰場，綜述宣宗對蟋蟀獨垂青盼，以草蟲的殊遇暗示才人的不遇。易代之際苟延殘喘諸王，認知知遇充滿矛盾與危殆。

　　李教授論及晚明談物，認為其有執著的私人象徵，即提升個人愛憎使之成為價值來源。文化觀點在清初與政治糾纏以後，私人象徵遂變成政治抗爭或是與政體疏離的暗喻。玩物的政治寓意可濃可淡，「風流遺民」在文酒社集中托物寄興，衍生的多層聯繫是別有深心的鬱勃憤懣，還是「雖不得志，亦且快意」的放浪？這又牽涉清初對明末文人文化任性恣情的反思。

　　她以孫承澤為例：審美文化是文人的共識，透過審美視野的共有空間，政治矛盾可以淡化。詳審清初遺民與「貳臣」交往，往往離不開文酒之會及聲華玩物的審美活動。以賞鑒知名者如孫承澤、周亮工等，均與遺民有密切往來。士大夫的抉擇（是否出仕新朝）又與他們的鑒賞收藏行徑息息相關。動亂中，大族敗落，巨室收藏流散，有能力繼續搜購名跡者，多半是貳臣新貴。孫承澤在崇禎時任官兵科給事中，後歸降大順，官至吏部侍郎。孫氏經學、史學、理學著作頗豐，但湮沒無聞，其鑒賞與收藏，卻歷來為藝林稱賞。四庫館臣薄其變節，但亦認可他習掌故、精賞鑒。其傳世之作較為人知者為《春明夢餘錄》等。

　　《庚子銷夏記》乃1660年孫承澤退居後所作，始自4月，迄於6月，故以銷夏為名。卷一至三錄所藏晉、唐至明書畫真跡；卷四至七錄古石刻；卷八寓目則記他人所藏而嘗為承澤所見者，其標題評騭，議論考據，頗稱精闢翔實。屢述搜尋過程，從明故宮與大族收藏流出的書法、名畫、彝器、珍玩，其不遺餘力搶搜。兵燹劫難，北京變成文物市場。孫承澤住北京，鑒賞識見得以充分利用：如荊浩畫作在明末已極為罕見，細案孫氏語氣像是期待與預想可以遇見。出見，山與樹皆以禿筆細寫；世變，賦予鑒賞與收藏火盡薪傳的文化意義。另藏有《褚河南遂良書孝經　閻立本畫》《李伯時袁安臥雪圖》《關全山水》《孫過庭書譜墨蹟》《趙子昂千文墨蹟》等，圍繞這些書畫石刻聚首的同好，在書中亦有描述。

鑒賞與收藏界定一種文化空間與審美空間。在其間，政治抉擇的分歧可以擱置，文酒社集的交誼可以持續。政治氛圍的淡化，顯見於孫承澤本人及友人所表彰的隱逸情懷。顯宦多年，孫氏辭官，退居自號退谷逸叟。《庚子銷夏記》序中洋溢著閒適之情：名畫一二種，反復詳玩，盡領其致。然後閉扉屏息而坐。吳偉業在贈孫承澤的《退谷歌》中，將退谷別業寫成避世逃時的樂土。此詩作於吳偉業身不由己、倉皇北上出仕新朝後，詩中表現的無非愧疚與自責。客觀說，兩位以明臣仕清的身份並無二致，但《退谷歌》卻以詩人的困頓反襯孫氏解脫於「非朝非市非沉淪」的兩可之境。

以玩物遊移仕隱之間，本是套話，更是晚明文學一大命題，卻因清初的特殊政治環境而深化和轉化。鼎革之際進退出處之矛盾，可能因一部分士人的惶愧與悲哀而更需要調和與化解。此中消息，竟似是以鑒賞與收藏作為逃避歷史矛盾的根據。

士人出處之際志行的真偽，抉擇不足以動搖固有的文化和社會網絡，又可藉賞鑒的語境探討。入清不仕的冒襄，字辟疆，如皋人，明末四公子之一，風節文章負重望，主持復、幾二社，以〈宣銅爐歌為方坦庵年伯賦〉及《宣爐歌注》為例：據大木康教授考證，冒襄詩通過宣爐的文化歷史意涵重申兩家族之世誼，並緣飾在文人文化中重新安身立命的方拱乾進退出處歷盡滄桑，得失之空幻、決定之合理性。

張潮把《宣爐歌》及注收入他編輯的《昭代叢書》，並附小引與評點。張潮生於清初，但顯然嚮往晚明的趣味與生命情調。張潮評冒襄真色之論：「古今人品文章判斷略盡。」〈宣爐歌注小引〉又云：「一爐剖而為二，半真半偽，若兩截人物。」內外不符，進退失據，或身仕兩朝者，世斥為兩截人。

冒襄本人珍藏的宣爐，已於1645年於過江避難時丟失。方拱乾寄情宣爐，無異荊棘銅駝。是不得不在文人文化中重新安身立命。因此，真賞不遑追究進退出處，而是通過「筆墨宣爐」的「藝術再造」延長歷史記憶。冒襄請求方拱乾以擘窠大字書寫《宣銅爐歌》，而他準備酬勞。宣爐文化意涵重申家族世誼。

李教授再論風雅與氣節的關係，她認為藝術境界與道德境界相反相成。明亡，不與新朝合作的士人稱之為遺民。態度也多不一致。有些以苦節著稱的遺民在悔罪與捨棄意識下「不入城、不赴講會、不結

社」。如徐枋，戲劇性的與世決絕：以書畫自給，足不入城市。豢一驢「高士驢至」，取其卷，如所指備物而納諸；如李確，數十年不入城，「山中糧絕……非其人，雖饑勿受也」。這類高蹈之士以奇窮見志節。

身無長物的遺民，談不上玩物，但卻可以重新界定「物」的價值。如：林古度將兒時的萬曆錢，佩之終身，標示追懷故國，吳嘉紀為其作賦。巢鳴盛的「匏杯」，都是遺民詩人引以自況並因而自貴之物。巢鳴盛隱跡深林，「繞屋種匏……攜李匏樽，不脛而走……巢又作，〈題匏杯〉〈大匏賦〉以見志。」匏味苦，可說是與社會及政治現實疏離的象徵。晚明談物，本有提升個人愛憎，使之成為價值來源的論調。這觀點在清初與政治糾纏以後，私人象徵遂變成政治反抗的暗喻。

遺民世界複雜多元，並不限苦節。有遺民雖經歷明清之際的動亂不墜，依舊保有財富和影響力，有的更銳意經營結合風流與氣節的精神境界。如海寧查繼佐，以史學知名，又好講論存誠經濟之學，「甲申後家居，極文酒聲伎之樂」。如皋冒襄，更可作為東南「風流遺民」的代表。他堅拒清廷徵詔，卻談藝談情，風懷感舊不衰。冒襄與名妓董白的姻緣，為世豔稱。董白夭亡，冒襄追記情緣作《影梅庵憶語》。文中的董白，慧心巧思，多情善悟，才、色、藝俱絕，體現了理想的道德人格。易代之際的轉徙流離，正足以彰顯董白志節的堅貞。冒襄以婉惻的筆調，肯定了風流與節操的相輔相成，表現了晚明唯美精神與閑賞文化在清初以道德化的姿態延續。冒襄等文人集團的生命情調，與遺民苦節恰恰相反：把文酒社集，甚或徵歌選色變為政治立場，不僅是前朝所遺，亦是疇昔風流所遺。風流遺民反映了公與私、兒女與英雄、藝術境界與道德境界之間雖表面對立卻暗地相通，看似壁壘森嚴的分野其實並非不可湊泊。

冒襄在垂暮之年，編次與師友門生酬唱往還的詩文書信為《同人集》，多次提出遺民懷抱，是借追慕明季騷雅優遊，哀悼風流雲散的。《同人集》收錄仕清官吏，但亦有抗清烈士、隱逸高人，包括觸犯清廷的錢謙益、陳名夏等，也許為此後來被清廷列入禁毀書目。以講學負盛名的陳瑚，偕弟子瞿有仲訪冒襄於水繪園。酒行樂作，欲辭，及演《燕子箋》，陳再避席，述說今昔之感。明亡前陳瑚看過《燕子箋》，江山陵谷巨變。來訪途中，「黃沙白草……死者死而老

者老矣」，不忍終曲。冒襄憶金陵罵座，邊看《燕子箋》，邊詬詈阮大鍼，幾乎致禍。冒襄復辯：吾與子尚俯仰醉天，僵塞濁世，興黃塵玉樹之悲，動喚宇彈翎之怨，謂之幸耶？謂之不幸耶？……瞿有仲亦引述冒襄的話，認為他借聲色韜晦，寄其憂愁憤懣：「……逃情寄志也。風蕭水寒，此荊卿築也。月樓秋楊，此劉琨笛也。覽雲觸景，終不以悅時目。」

二十年後冒襄故交、以《板橋雜記》聞名的余懷，在冒家屢經禍患衰敗後，仍操持同樣論調；李清在《同人集》序中以為珍玩的散失與文字的積聚形成對比，有文化意義。

1679年冒家寶彝閣與染香閣毀於火災，收藏的書畫鼎彝古玩化為灰燼。生活漸入窘境，但冒襄仍然勉力以有限資源繼續搜購名跡珍玩。收藏的五十三種硯山只有一座倖免祝融，但之後，冒襄獲得了據稱是米芾「寶晉齋中物」的硯山。傳說硯山是南唐李後主之物，後收藏於宋宮內府，米芾輾轉獲得後為之繪圖。冒襄門生張瑞為硯山作一正一背二圖，並刻意形容硯山和在座眾人的觀賞興致：「峯巒洞壑，泉潤瀑布，靡不具足，座客有觀止之歎。」藏天下於芥末微物，是想像空間的展現，亦是避世逃時的寄託，這常見的話題在易代之際有特殊意義。查士標，亦為硯山作圖，是冒襄私淑古人的驗證：「愛石成癖，直可尚友南宮……」

鑒藏溯源於文化記憶。冒襄81歲，書童徐雛拿來驚絕非常，「罕見者，撫視久之」的兩幅畫，不但樓閣精工，更兼煙樹樵漁，直逼董源《瀟湘圖》之神境。冒襄把兩幅畫名為《滕王閣圖》《岳陽樓圖》，經鑒定是郭忠恕真跡。「畫兼南北，獨擅千古」彰顯的是江左風流的延續，亦是文化命脈的不絕如縷：生平所藏盡灰燼於十年前。何復遘此。真賞。寄寓冒家的戴本孝讚歎冒襄與郭忠恕神交千古，「溯源窮流，堅持風流餘緒」，使冒襄本人也變為文物化身。誠如孔尚任致書云：「高燕清譚……如觀先代之鼎彝。」玩物未必喪志。王弘撰以志節學術負盛名，為關中士人領袖，收藏最豐。

黃宗羲在《思舊錄》推許「手障狂瀾」，感喟「役於物」的徒勞，卻不認為風雅有妨氣節。結語時，他緬懷耽玩書畫的清興：「公有家樂，每飯則出以侑酒，風流文采，照映一時。由是知節義一途，非拘謹小儒所能盡也。」

　　李教授以典麗奧博之文字闡述：鑒賞與收藏背後的激情與藝術精神變為忠義節烈的前奏。戴洵記述訪冒襄時，得睹曾為瞿式耜珍藏的沈周長卷，寫下〈觀白石翁畫卷記〉。瞿氏一生酷愛沈周的畫，他皆重價購取，摩挲賞玩收藏漸富以後，揀選最佳的，請名工裝潢，手自標識，珍藏於耕石齋中。沈周號石田，石田不能耕，瞿式耜以耕石命顏其齋，表示對沈周的心儀與尊崇。沈之號，瞿之齋名，均顯揚藝術創作與鑒賞的「無用之用」。莊子無用所代表的精神自由與解放，往往是士人不遇的息肩之所，藝術境界亦藉以開拓。

　　惠儀教授又以祁彪佳所建之寓山及冒襄營構之水繪園為例證論「審美空間」所代表的文化與政治意涵。風雅與氣節合流，形成審美空間的轉化，藝術境界遂與政治活動或歷史關懷聯結。以江南名園為例。祁彪佳的寓山，是晚明園藝的頂峰。晚明對設想真與幻、夢與覺之間關係的興趣，在祁著《寓山注》中表露無遺。祁彪佳自述其「極慮窮思，形諸夢寐」。寓山諸勝，均有取於視覺的轉移變幻，藏高於卑，取遠若近，乍無乍有。南明福王時，祁彪佳任江南巡撫，清兵陷杭州時，他於寓山投池自盡。

　　全祖望在〈祁六公子墓碣銘〉淋漓述說。由夷度先生，即祁承爜說起（祁彪佳之父）。祁氏三世志行與趣味的傳承與轉移，頗堪玩味。祁承爜以書癖自許，祁彪佳更嗜戲曲和亭園。到祁理孫、祁班孫，結客已從貴游逸樂變為謀畫恢復，寓山成為談兵說劍的所在。祁氏兄弟為魏耕置酒呼妓，認定酒色無礙賢豪俠義。據全祖望〈雪竇山人墳版文〉所說，魏耕曾致書鄭成功，「謂海道甚易，南風三日可直抵京口。己亥，延平如其言，幾下金陵。」可見魏耕與鄭、張水師入長江有密切關係。後魏耕於祁家被執，殉難杭州。當時株連甚眾，祁班孫遣戍遼左，尚有遺民詩人屈大均。屈大均「讀書祁氏寓山園，不下樓者五月。」此時之詩，瀰漫著求仙與逃世的意象，徘徊真幻的興致，於是平添濃厚的政治意味：「半山每答猿公嘯，千仞將聯鳳鳥翰。鳳鳥高飛何所止？金陵宮闕五雲起……」屈大均筆下的祁氏藏書，已與嗜古好學無關，而是展現幻境與寄託政治抱負的想像世界，「長風吹我至禹穴，猿啼虎嘯依藤蘿……」

　　水繪園值得考索。李教授引李孝悌教授的研究，令我們得悉了冒襄水繪園的興衰與遺民世界的關係。先後棲遲在園中的遺民、抗清志

士，包括杜濬、方以智及其子方中德、中通，和前文論及的姜實節，湖州戰死的戴重之子戴移孝及提到的戴本孝等。1652年，水繪園歸冒襄父冒起宗所有，旋即修建為名園。兩年冒襄將水繪園改名水繪庵，次年作《水繪庵約言》：「庵歸僧主。我來是客，靜聽鐘鼓。」據陳維崧《水繪庵記》題詠均讚歎冒襄的脫略，鄧漢儀就曾寫道：「儼成高士宅，半作老僧居。」韜晦是為了自保──當時清廷對江浙士人的鎮壓和打擊，不數年即釀成科場案、奏銷案、通海案、明史案等大獄。《影梅庵憶語》曾記有「丁亥，讒口鑠金⋯⋯」，暗示順治年間冒襄曾涉嫌參與或協助復明活動，詳情不確知。佛道離塵出世之姿，無礙對情的執著。杜濬題詠水繪庵：「碧落方求人外友，青天寧負夜來心。」碧落廬是冒襄為亡友戴重而建，「夜來心」指對董小宛的懷念。雖碧落廬有「一僧昕夕」，但似只為鐘磬聲的點綴。冒襄惜逝，因造園而沉吟更深。冒襄在水繪園延客結社唱和，時人比之信陵君。水繪園盛時，自東林幾社、復社諸舊交及其子弟，清廷新貴，以致隱逸緇羽之倫逃禪披緇的遺民，去亦復來；而聞風向慕者，則又神交色動矣。這對清廷有關立盟結社的禁令，能否算是間接的反抗？社集諸詩文卷帙浩繁，頗難泛論，可斷言眷懷故國、哀悼風流雲散為基調之一。

在水繪園淹留八載的陳維崧，寫下很多此類詩句：「信有青袍能跣屣，卻憑紅燭照艱難。」「今日淒涼依父執，烏衣子弟幾家存。」飛揚跣屣，磊落不平，只能藉紅燭高燒映照世路艱難。結客開尊，聊遣故宮禾黍之悲。水繪園是蕭殺劫後相依的境域，「我向此間聊躑躅」，酬唱篇中亦有隱喻圖謀恢復之壯志者，如「翊漢懷諸葛，椎秦憶子房」；也有置復明的慷慨悲歌於燕集華辭，表示後者的無可奈何，「舞袖歌喉向月寒，那堪正值亂離看」；更有寓家國之思於狎興流連者──順治及康熙初年，冒氏家樂班有楊枝、秦簫、紫雲等能度曲演劇的歌僮，有關他們的題詠連篇累牘，屢見《同人集》及清初詩文集，陳維崧與紫雲生死纏綿的戀情更為人所熟知。題贈篇章固多風流婉媚之作，然亦有從歌僮絕藝聯想到滄桑巨變，如陳維崧的《秦簫曲》：「此間秦簫曲中傑，忽然高唱受降城。」又如他的《徐郎曲》，糾合了豔情與史識：「暗裡漫尋前度曲，人前不認舊時容。」

即便演劇、觀劇，也賦予特殊的歷史意義。明亡後自稱「倦觀歌舞」的陳瑚，1660年在得全堂觀看《燕子箋》與《邯鄲記》，藉舞臺

上的異代衣冠致慨：「無端愁殺江南客，袍笏威儀見漢官。」水繪園的審美空間，透過江左風流的延續而與離亂的時代抗衡。文酒聲色是否可以「自贖」，頗可爭議。無可置疑的是描繪聲色的詞彙通過隱約和寄託，包羅更廣，取義更深。

　　清初對晚明文化的批判，著名的有顧炎武論「文人之多」：「士當以器識為先……」認為自嘉靖以來，因過重文章而華而不實，尤為深惡痛絕的是悅人欺人的「巧言」。顧炎武又以晚明虛談心性比附魏晉清談，並嚴斥之「亡天下」：「仁義充塞，而至於率獸食人，人將相食，謂之亡天下。」巧言與清談，使人聯想到浮靡誇飾、任性縱情的士風。從反面看，聲色玩物代表耽溺、瑣細與荒嬉。據李教授初探，清初對晚明文化的反思，並不見得強調玩物喪志的弊端。有些作品如張潮的《幽夢影》，則刻意追蹤明季的閑賞藝術。

　　李教授思索前朝遺物，把牽涉鑒賞與收藏的語境聯繫到進退出處的抉擇與文人集團的界定。明季談物的趣味在清初轉向「政治化」。物通過與個人記憶、歷史反思、文化傳承的關係而具備一種「救贖性」。雖然清初遺民多有悔罪心理，但懺悔的框架並非都能貫徹始終。即如張岱的《陶庵夢憶》，序言申明悔意——把過往一切「持向佛前，一一懺悔」，但夢憶的主調是流連光景，追懷明季冶遊，牽念奇人異物。書中有揭露繁華背後的陰暗面，亦有點出積聚收藏的徒勞（如《三世藏書》）和奢華靡費的報應（如《西湖香市》《越俗掃墓》），但例證不足以抗衡彌漫全書撫今追昔的悲懷。張岱曾在《西湖夢尋》序言中說：亂後的西湖遠遠比不上他夢中的西湖——失落的故國既然只能在夢境、回憶與文字中追尋，執著也由偏至之情提升為不渝之志了。論述風雅與氣節的關係及審美空間的轉化，歸結到道德境界與藝術境界的交融、平衡與張力。唯美、尚情、享樂是否使人降志辱身，並動搖國家社會秩序？李教授徵引的例子，操持相反的論調：物情、物理的感悟，聲色玩好的追求和書寫，讓人面對往昔，理解歷史，通過藝術境界調解矛盾與超越困境。「蠟亦不肯灰，歌亦不肯絕」，成為一種與時代對話的生活方式。

　　反復詳論，盡領其致，惠儀教授深刻地解析了玩物當年傷時憂國的心情。向來同情弱勢的我，更不免暢然又感喟她有心地從揚州女子談起：性別與清初歷史記憶。

　　清初文學有筆記、小說、方志、詩文等，以1645年揚州屠戮的書寫為主線，以揚州女子的命運作為明清易鼎歷史記憶之歸著及歷史判斷之關鍵。首以王秀楚《揚州十日記》為緣起。

　　作者王秀楚誅伐責難揚州女子的貪婪和無恥。他深惡痛絕的似乎不是清兵的獸行，而是自甘與清兵淫媾的女子。作者察覺婦女是被緊密監護的戰利品，似乎由被害者變為有可能助桀為虐的失節者。文人對現象世界觀察入微、視野剖析、刻畫縷述的興致，在喪亂中逆轉為恐怖、惶惑之逼視與白描。

　　張茂滋的《餘生錄》則充滿惶愧自責，「劫厄生還者之罪疚」；計六奇《明季南略》亦謂揚州自宋元以來三罹兵劫，豈繁華過盛？而閻爾梅寫《惜揚州》描述揚州女子的驕奢，似註定了史可法退守揚州的敗亡。

　　以小說形式引揚州女子為話題，反思歷史因果，探討罪與罰之邏輯者，則有丁耀亢的《續金瓶梅》。丁耀亢，字西生，號野鶴，又自署木雞道人、紫陽道人，山東諸城人。其文煽情動欲，欲擒先縱，似乎是作者自許的「熱一回，冷一回，著看官們癢一陣，酸一陣」之策略。但世變的洪流衝擊小說的道德重塑，其報應架構亦因而有時顯得捉襟見肘。歸根究底，看似嚴密精微的因果報應系統，實不能背負解釋歷史巨變之重任。

　　易代之際的顛連困厄是普及的，偶然的，作者看得真，寫得切，自然不容易以理化情。故於每回起首先將《感應篇》鋪敘評說，方入本傳：客多主少。揚州或真是驕奢糜爛，但若說屠城慘禍是果報昭彰，卻是乖情違理，難以接受，而丁耀亢最終亦不能自安罪罰的邏輯亦是對此的矛盾、困惑與模棱。

　　憶起我初讀丁耀亢的《續金瓶梅》，是早年與回母校哈佛來教過課的中研院的胡曉真教授和哥大的劉禾和商偉教授等人，同在2014辭世的韓南（P Hanan）教授的筆記小說課上，怎能不感懷？李教授據胡曉真教授的論述，點出《續金瓶梅》因要針對並化解《金瓶梅》的情色誘惑，著力渲染逾越性欲帶來的痛苦，但仍未必能擺脫書寫情色陷於「入乎其內」「出乎其外」之間的夾縫、兩不兼容的困境。

　　丁耀亢既然要依循「罪與罰」的邏輯，用「揚州瘦馬」代表以女色桎梏蠱惑人心淫奢業報為線索的「城市罪惡」。「瘦馬」者，即

窮人家女兒自小被收買，修飾調教，長成後蓄養者居為奇貨，轉賣給富家做妾。但丁耀亢沒有以局外人視野居高臨下，諷刺個中人營營役役、自欺欺人；也沒有學衛道者義正詞嚴，嫉恨人倫乖絕，道德淪喪；更沒有從被買賣女子角度控訴頹俗，或用代言體寄慨；相反的，作者的描述夾雜翔實的報導與娓娓道來的興致。寫到「瘦馬」的訓練，如何演習枕上風情及如何被禁「把兩個指頭兒權做新郎」，更有推波助瀾之嫌。丁耀亢以金兵攻陷揚州緊接「瘦馬」描述，表明兵禍焚屠是淫風惡俗之報。

丁耀亢寫女子以黑灰搽臉，蓬頭破襖，做奇醜模樣，希圖免於被擄；也有貞烈婦女投井自縊的，或截髮毀容的。後金兵知道，出了大牌，有婦女自死者，罪坐本家，全家俱斬。誰敢不遵？日夜裡倒守起女孩兒來，顧不得名節，且救這一家性命。可見失節者亦多身不由己。也有哭哭啼啼，「似昭君出塞一般」引人悲感的薄命佳人。點出此矛盾，並非爭榮鬥寵，只是窘辱中不能自免的受害者。

另外汪森於《粵西叢載》，記廣西何桂枝的瘦馬生涯及其自傷身世的《悲命詩》。痛砭揚俗，激越悽楚，「語紅顏綠鬢閨中女，來生誓莫生揚州。」

《陶庵夢憶》，張岱冷眼旁觀，以尖銳辛辣的筆觸，寫出繁華熱鬧背後的陰暗面《二十四橋風月》，寫數以百計的下等揚州妓女盤桓茶館酒肆之前「拉客」，強顏歡笑，卻難掩悽楚。

其他如謝肇淛《五雜俎》稱述維揚女子之美，於販賣「瘦馬」者亦有怨辭。

惠儀教授尋繹女子何以代表亡國的恥辱，並聯繫著威脅與危險。再依循《揚州十日記》所暗示劫難與繁華過盛的關係，以《續金瓶梅》為焦點，論述其中「罪與罰」的邏輯。作者丁耀亢寫揚州，以譴責起，而以比較平恕的視野終。揚州女子的形象，也相對的從淫縱無恥演化為無辜的受害者與權威的歷史見證人。他還探討譴責的反面，分析表彰揚州死難烈女的詩文及方志記載，考查死節之政治意義的營構方式及動機，並闡釋具體的暴力記憶如何通過女子的身體延續；終至探究清初揚州由蕭條至復興如何通過聲色與女性的聯想書寫，旨在證明創傷的記憶與遺忘，往往關聯對女子的褒與貶、責難與同情。

總結揚州女子故事的是一美人題壁詞，詞調寄〈滿庭芳〉，被擄

掠徐君寶妻以揚州城破寫一代興衰，以己身漂泊，情緣斷絕，殉身在即痛悼國破家亡。其藍本載於陶宗儀的《南村輟耕錄》。

清初文學對揚州屠戮的書寫，便是如此在記憶與遺忘的抗衡之間展開的。如李教授所論，記憶與遺忘，又往往關聯對揚州女子的褒和貶，責難和同情。無論取向如何，其文人結交的文化氛圍均有共通之決定性。即如丁耀亢本來要以揚州女子之無恥寫繁華業報與歷史因果，卻因文酒聲色的「移情作用」變得模稜兩可。又如卓爾堪，除了收錄前輩遺民詩人歌詠其伯母卓烈婦的詩，亦曾請同時人（包括遺民與仕清者）為她立傳賦詩，卓爾堪編著的《遺民詩》，收錄黃宗羲、賈開宗、柴紹炳、黃逵、沈蘭先、李柏六人寫就的同題詩《卓烈婦》及汪涵《輓前指揮卓文伯元配殉節錢宜人》。以此為題而沒有收入的，可考者尚有遺民詩人孟鼎、陳廷會、王文師等人之作。歌頌錢淑賢或卓烈婦的文人，無論出處抉擇如何，都能從她們的殉難營構政治意義。部分頌贊文字背後又指向遺民與清臣的交遊網絡，唱和所界定之文化氛圍，暗示殉節的抗爭意義亦必須在接受新政權的大前提下定位。從這個層面說，文人文化可說是創傷回顧中的批判與眷戀、抗爭與妥協、記憶與遺忘的緩衝地。李教授千迴百轉，綿密研討，為漢學注入兩性論的文化標記。

李教授在休假的年度，即2011年，曾榮膺CCK基金漢學中心獎助，遠赴臺灣地區收集資料並在臺大講座：主題就為「明清之際的女子與國難及其迴響」（2014年業已出版英文書）。她還使用的材料涵蓋詩詞、小說、戲曲、彈詞、筆記、方志、傳記等論及女英雄的想像與歷史記憶：明清易代的記憶與想像，在近現代史構成波瀾壯闊的迴響，或藉以激情勵志，或由此感慨興亡。晚清的反滿情緒，藉反清復明的故事推動和傳播；抗戰期間，有識之士多有借鏡鑒明末志士力挽狂瀾的敘述；明遺民的氣節，成為民族主義的先聲、政治抗爭的暗喻、爭取思想自由的投射。綜觀明清之際反映世變的文字，其中一反復重現的話題即為女子與國難的關係，即以女子之貞淫美惡、雄邁與屈辱、自主與無奈演繹國族的命運及世變中人們自存、自責、自慰的種種複雜心境。爰及清末至二十世紀，此議題之延續與翻新，或可藉以窺探傳統與現代的銜接和張力。

李教授集中一主線，即女英雄的想像與歷史記憶。首先探索不

同的歷史環境如何塑造歷史記憶，明季女英雄的壓抑與重構，如何應運而生，繼而由實入虛，分析清初文學中虛構女英雄所代表的對晚明的批判、哀悼、辯護。如王夫之《龍舟會》雜劇，重寫唐小說《謝小娥傳》，以謝小娥女扮男裝報殺父殺夫之仇的故事，痛斥明季文臣武將不濟，兼寄寓亡國之痛，抒忠無路。與此取向相反的是吳偉業的《臨春閣》雜劇，吳劇為陳後主寵妃張麗華翻案——亡國妖姬變為憂勤國事的能臣，與鎮守邊疆的高涼冼夫人惺惺相惜。她們一文一武，雖不能扭轉乾坤，卻為中流砥柱，代表晚明耽溺恣縱、尚情唯美之生命情調的「自贖」。復又自虛返實，討論「貳臣」筆下的奇女子：如周亮工追懷與他共守圍城的亡妾王蓀，吳偉業隱然推許為詩史的舊好卞賽，錢謙益頌美心懸海宇、力圖恢復的同心共命之人柳如是，背後均熔鑄作者之自責、自解、和「自我詮釋」。而象徵意義之遊移，正是與時代潛在對話的明證。如屢見清初詩文小說筆記，再現於《紅樓夢》及晚清短劇《姽嫿將軍》的林四娘，亦鬼亦人，時真時假，似強似弱，既幽怨又憤烈，或殉明或殉清或殉情，恰好表示明季女英雄是一個具彈性的象徵符號。

　　李教授又再論了女性文學的英雄想像。明末清初是女性文學的高峰期之一，已成定論，而女子如何思考己身與世變的關係，可溯諸其文字。明清之際女性文學主流之一是憂國傷時的詩詞，例證具見徐燦、顧貞立、王端淑、劉淑、李因、周瓊等人的作品。也許是天崩地解的時代逼使她們超越閨閣婉約的語言，見證離亂，反思歷史，述往思來。

　　於是眼界擴大，感慨遂深。政治失序似乎造就了不容於承平秩序的想像空間，於極少數女子，甚或予以伸展抱負的機會。書寫自己從戎靖亂的女子自是跨越性別界限，但談兵說劍，自我營構勇武憤烈形象，質疑性別界限的女性文學作品所在多有，並不限於這些女英雄。對性別定位的不滿，又往往是悲懷國變途窮的前奏和後果。同時，家國之感醞釀詩心之覺醒，即詩人對女性文學的自覺與使命感之提升。十九世紀中葉女詩人書寫鴉片戰爭與太平天國之際的國危家難，慷慨悲歌，繼續了此傳統。及至晚清秋瑾、徐自華、吳芝瑛諸人的文字，雖少有直接指涉其明末清初之先驅，就意象與命題而言則是一脈相承的。其繼往開來的契機，表現在她們對明季女英雄的特殊興趣，及對革命與性別互為因果的詮釋。李教授貫通古今的研究，直令我們縈心

饒耳思量晚明精神面貌，在清初的持續與轉化兀自散發出女性自覺與抗爭。

　　李教授為1982年香港大學的優秀得獎畢業生，1987年獲普林斯頓大學的博士學位，1987至1990年任教伊利諾大學，1990至1993年榮膺哈佛青年學者，1992至1996年任教賓大，1996至2000年她在母校普大任教，1998至1999年她曾獲得CCK基金赴台研究，2000年至今成哈佛大學東亞系教授，2002至2003年獲瑞克利夫獎金著述，李教授對晚明至清代的詩詞文學及其中蘊含的女性主義、國族思想素有研究，2014年7月榮膺第30屆中央研究院院士。她著有專書：《引幻與警幻：中國文學說情》（*Enchantment and Disenchantment: Love and Illusion in Chinese Literature*）、《左傳的書寫與解讀》（*The Readability of the Past in Early Chinese Historiography*）、《明清文學中的女子與國難》（*Women and National Trauma in Late Imperial Chinese Literature*），榮獲2016年美國亞洲學會所頒「列文森書籍獎」。英文《左傳譯注》2016榮獲2018年美國亞洲學會所頒「韓南譯書獎」。*The Oxford Handbook of Classical Chinese Literature, 1000BCE-900CE*則是與魏理和、田曉菲教授合輯；另有*Trauma and transcendence in early Qing literature*、*The Columbia anthology of Yuan drama*等作。從論著和翻譯兩方面推動並拓展明清文學與中國史傳傳統研究，貢獻卓著。讀其書聽其言，方可對她的思想略窺一二。

　　李教授的夫婿是布朗大學歷史系主任白德甫（Omer Bartov）教授，他自小在特拉維夫長大。白德甫教授於2011年春也應邀至臺大歷史系擔任客座特聘講座教授，兩個小孩與他們一起到了臺北。白教授在年度第2學期於臺大歷史系開授「歷史觀點下的猶太人大屠殺」。其關心的領域以納粹黨衛軍、兩次世界大戰時期的種族屠殺、戰爭與大屠殺之間的關聯，也涉獵有關二十世紀暴力、認同與影視再現之間的互動，並反思歐美與伊斯蘭世界對於猶太人的刻板印象。

　　學術伉儷相輔相成，多年來分別在常春藤名校辛勤研究教學，能在中西學海樹盛名，絕非偶然。李教授開拓性的方向顧盼兩性與審美等，周密翔實的歷史思考和文化闡釋，將會餘音嫋嫋地留在時間的灘岸上。

古典與現代的學術與詩情
──哈佛大學東亞系田曉菲教授

　　在曉菲教授剛入哈佛大學讀博士不久，就聽親近的詩詞大家葉嘉瑩教授談起：這是位詩人小天才……，多年來也不時會在哈佛東亞系見到曉菲溫暖可愛，青春純美又端莊的身影。

　　曉菲教授1971年10月她出生在冰城哈爾濱，祖籍山東臨清，4歲跟父母搬到天津，就在天津長大，住天津文聯大院，唐山大地震後不久，全家都在地震棚裡避難住了很長一段時間，開始受到文學光影的啟蒙，因父母都從事文字工作，很受家庭氛圍的熏染影響。她的第一首詩是1978年6歲半的時候寫下的，是一首七言絕句，叫〈遊頤和園〉。

　　她父親田師善先生，曾經是大學教授，專門研究中國現代文學，搬家到天津後，先是做了數年編輯工作，後來擔任天津文學院院長，他善於發現年輕的文學人才，熱愛人才，當年在文學院主持舉辦的作家班，培養了很多後來變得非常知名的天津作家。她母親許建華女士，是中學語文教師，很受學生愛戴，她說：小時候每到逢年過節，總有我母親的學生，來我家看望，無論是畢業還是沒畢業的，給我留下很深的印象。她覺得後來任教大學，大概也是家傳影響！

　　孩子時不免喜歡玩，同時她也迷戀看書，一看書就會看上好幾個小時，除了家裡的藏書之外，因父親工作之便，天津文化局資料室，天津作協和文聯的圖書室，都是她經常光顧借書的地方。媽媽怕她把眼睛看壞，叫她別看那麼多書了，她居然回答說：「不看書要眼睛幹甚麼用呢？」

　　她也就在家長的引領下讀詩學文，愛書成痴：讀悠揚委婉卻又不肯委曲的古文，如背誦周敦頤〈愛蓮說〉等，還讀希臘神話看到在悲劇與局限中展現的神力……她在《天津日報》發表了第一首詩，又頻頻為報紙和雜誌採用，10歲到17歲之間就出了三本詩集，她的詩作先聲奪人地獲得「世界兒童詩歌比賽」的國內獎。尚未從天津13中學畢業就直接升大學，心底深處的中學校園，住過的小海地的小河……都

讓她不時思念。

對於生長的城市天津，她曾以賈島〈渡桑乾〉抒發胸臆：「客舍并州已十霜，歸心日夜憶咸陽。無端更渡桑乾水，卻望并州是故鄉。」浮屠桑下不肯三宿，唯恐產生眷戀，她說雖愛釋教，卻不是比丘尼，她對從小生長了這麼多年的城市：每次回家，她都喜歡踏在天津的土地上，喜歡打起鄉談，和出租車司機攀話，喜歡街頭小販們貧嘴和「嚼性」（是個知有音而不知如何書寫的方言），我也有姐姐一家老小長住在津，不免心有戚戚焉。

她加入中國作家協會，是天津會員，天津很多老作家比如魯藜，都曾是她的忘年交。最不能忘記魯藜這位又純真又熱情的老詩人，是她家的鄰居：「我常向他借書，他還曾為我寫詩送給我，那時我9歲，我是小孩子，他是老孩子……」也就在1985年初中未讀完時，曉菲因詩歌創作獲獎，並已結集出版詩集，在北大英語系、心理學系、中文系老師面試通過，特招破格錄取進入北大英語系。14歲的她未脫的仍是稚氣與詩情。

深憶這多少學子夢寐以求的，北京大學：她說第一次知道這世界上存在著一個北大，是在7歲的時候。偶然從抽屜裡翻出一張泛黃的照片，上面是一片沉靜而美麗的湖光塔影。她目不轉睛地注視著這似曾相識的風景，一些莫名的驚奇、喜悅與感動，從自己那充滿渴望的內心悄悄升起。母親告訴她：這，就是北大。她自那時起便結識了北大……

10歲，乘汽車從北大校門口經過。身邊的阿姨喚她快看快看，她卻固執地扭過頭去，口裡說著：「才不呢！現在看了，將來來上學不就不新鮮了嗎？」

她從未懷疑過要成為北大的學生。那份稚氣十足的自信，似乎預示了一段奇妙的塵緣。她說：「只是我沒有想到，我會這麼快就實現了童年的夢想；而且，在白駒過隙的彈指一瞬……」。

驀然回首，我們彷彿從她的字裡行間認識了那還不滿14歲：短短的頭髮，天真的目光，完全是個一腦子浪漫念頭的小女孩，對什麼都充滿了興趣與好奇。紛揚的白雪裡，依稀看到她穿著藍色羽絨衣，無憂無慮的在結冰的湖面，擲下一串雪團般四處迸濺的清脆笑聲。

才進校門，高年級同學就帶著他們參觀北大圖書館。當時，好像

還看了一個介紹圖書館的紀錄片。入學之初那句頗為雄壯的誓言——「我不僅為北大感到驕傲，也要讓北大為我感到自豪」——在圖書館大樓的映襯下驟然顯得蒼白無力。她說：我緊閉著嘴，心頭湧起一種近乎絕望的感覺：四百萬冊圖書！實在難以想像。而其中我所讀過的，大概連這個數目字的最小的零頭都不到吧！

她憶起了中學時1983年在青島過夏令營時發生的一件事情：記得那時燈已熄了，她們在黑暗裡躺在床上，隨意聊著天兒。她和領隊的那個小小的女老師正說得津津有味，上鋪的女孩卻忽然哭了起來。她們驚訝地問她怎麼了，她嗚咽著答道：「你們知道得那麼多，可我什麼也不懂……」「如今，我和女老師的談話早忘得一乾二淨了，可那女孩子的嗚咽，反倒長久而清晰地留存在心中。當我隨著面孔尚未記熟的新同學，一起走出圖書館的時候，我似乎剛剛理解了那因為自己的無知而抽泣的女孩……」

於是，自從她小心翼翼地佩戴上那枚白色校徽起，北大就不再是照片上的影像，不再是車窗外一掠而過的建築，不再是小女孩心中珍藏的夢想，而成了需要用全部清醒意識來對付的、不折不扣的現實。假如一生可以被分成許多階段，那麼與北大的際遇，便是又一個新的開始。

可不，一開始——她就說：開始做美得有點迷離的夢，開始對從未涉足過的世界進行探尋。

當她在圖書館裡，一排排落上了些許灰塵的書架間徜徉，她覺得自己就像是童話裡的女孩，懷著激動不安的心情，啟開了閃閃發光的仙宮大門，有時，並不急著翻檢借閱，只在書垛給留出的窄窄小徑上慢慢地走來走去，以目光撫愛圖書。中文的、英語的，都在以互不相同的沉默的聲音，向她發出低低的絮語和呼喚。漸漸地，心情也變得和它們一樣：沉靜，愉悅，安詳。

就這樣，簡單而又美好地，北大為一個渴望以有限的生命擁抱永恒的小女孩打開了一扇神奇的窗子……宇宙與人開始以全新面目向她揭示和呈現，她開始思索，開始疑問，開始摒棄，開始相信。北大為她展示了一個動人的新世界，在這令她驚喜的天地裡，她渴望生活，渴望創造，渴望有一副輕靈的翅膀，擺脫這沉重的肉體的束縛，將在無際的天空自由地飛翔！

喜歡讀北大的書，更喜歡讀北大的人。有時，她特別靜靜地站在圖書館閱覽室的門口，看那些伏案讀書者專注而入迷的神情；也一邊走向第三教學樓，一邊聽身旁經過的人高聲爭論著什麼問題，吸引她的，往往不是他們爭辯的題目，而是北大人特有的敏感，學生特有的純潔，言談的犀利與機智，精神狀態的生機勃勃；更願意站在廣告欄前，一張一張細細地讀那些五顏六色的海報，為的是永不厭倦地重溫北大清新自由的氣氛。

那眷顧智識書海茫然的強勁感受，對在哈佛燕京圖書館坐擁書城幾十年的我，感同身受！

曉菲教授北大畢業飛離未名湖博雅塔的燕園時，只不過是18歲的亭亭少女，1989年她北京大學畢業。赴美深造1991年，獲內布拉斯卡州立大學英國文學碩士學位，繼續攻讀哈佛博士。1998年獲得哈佛大學比較文學博士學位。之後分別在柯爾蓋特Colgate大學和康奈爾大學任助理教授，2005年擔任哈佛大學東亞語言與文明學系副教授。2006年35歲時，就成為正教授。

曉菲教授吟哦詩書常有推陳出新，應時當令的理論或工筆寫意配合的想法，早些年捧讀她親筆簽名的好書《秋水堂論金瓶梅》等幾本，果然在漢學界智識界引起了大反響。特別是她對《繡像本金瓶梅》的解讀，由其中讀出慈悲，與其說這是一種屬於道德教誨的慈悲，毋寧說這是一種屬於文學的慈悲。顯示出她的廣闊視野：墮落的角色也被賦予詩意的人情，深通世情的寬容。

曉菲把《金瓶梅》比作「一枝倒插的梅花」：大多看到的只是光禿禿的枝乾，那醜陋的，不體面的；而倒插深藏在瓶中的花，豈不是白白地嬌艷芬芳了嗎？無端浪費！沉思審視對人性世道的終極考問，便有了精神高度的領悟，方能洞悉那些痴迷貪歡不知改悔的男女，她認定作者是位有力與慈悲之人，而非繁瑣小器之市井口說。

她常常想著要把《金瓶梅》寫成劇本，武松出場：「身穿著一領血腥衲襖，披著一方紅錦。」這衣服的腥紅色，簡單，原始，從黃昏中浮凸出來，茫茫苦海上開了一朵悲哀的花，就此啟動了這部書中的種種悲歡離合。潘金蓮，西門慶，都給這腥紅色籠罩住。「電影前半是彩色，自從西門慶死後，便是黑白。小說變得蒼白，匆忙收尾……」大概很少人耐得住小說後半撲面而來的灰塵與悽涼，所以往

往不喜歡。

《秋水堂論金瓶梅》筆名宇文秋水的曉菲寫這書，有很大程度也是對版本的比較。她特別喜愛《繡像本金瓶梅》——張竹坡評點本，曉菲教授並表示：財與色是《繡像本金瓶梅》最嘆息於世人的地方……它描寫慾心強烈的男子，也描寫慾心強烈的女人。而且，對這樣的女人，作者也是很慈悲的……還請讀者不要被皮相所蒙蔽，以為作者安排金蓮被殺，瓶兒病死，春梅淫亡，是對這些女子作文字的懲罰：我們要看他筆下流露的深深的哀憐慈悲。

她頗有精謹眼光，她遍讀：論語乃至聖經；為研究魏晉南北朝文學史與社會；她勤讀泛讀「二史九書」——一般說二史八書：《南史》，《北史》；《宋書》《南齊書》《梁書》《陳書》《魏書》《北齊書》《周書》《隋書》。再加上《晉書》，是為二史九書，是了解南北朝歷史的基本；並讀大藏經、道藏等材料，先秦漢魏晉南北朝詩，全上古三代秦漢三國六朝文……等為支柱。

更以比較文學的觀照，解析中古摩爾人統治下的西班牙，將阿拉伯貴族詩人的伊賁哈贊，《鴿子的頸環》對比《擊壤歌》，《東京夢華錄》或張岱之作；非典瘟疫剛過她點出薄迦丘《十日談》是在1348年黑死病席捲翡冷翠，十萬以上喪生的暗淡背景下，十位義大利貴族鄉間躲避黑死，在晶瑩噴泉，清涼綠蔭桃源中，描繪出階級的差別，權威的制約等……以文字營造出人類文明社會縮影。

跟著她讀《高文爵士和綠色騎士》WS默溫新譯的是中世紀有力的英文敘事詩；博赫斯（J L Borges）《七夜》，談巨著開端即富魔力——如但丁神曲：在35歲那年，我發現自己站在一片幽暗的樹林裡……旋即進入更深的黑暗，接著半明半昧的煉獄，隨後是光明；讀義大利的卡維諾《看不見的城市》裡馬可波羅對成吉思汗說：我不斷地講不斷地講，但聽眾只聽到他們希望聽到的東西；文字總是時間的倖存者，在動筆時都以一千零一夜的故事警惕，那麼對讀者和作者自己，都會好得多。

揭櫫《紅樓夢》不是橫空出世絕無依傍的作品。在文學傳統上，是繼承了《金瓶梅》。清代小說常反映出時人價值觀的二元對立結構：潔淨與骯髒；或論歷來忽視的梁朝短暫映亮的，即將成為絕響的音樂：聲與色，都很快就要沒入黑暗……。

　　對主角遷移不斷改名，馮夢龍的〈賣油郎獨占花魁〉，她指出小說大背景，是北宋王朝的覆滅，由金人入侵把「花錦般一個世界，弄得七零八落……不上一年把家業掙得花錦般相似「與其說這小說是對市民階層價值觀念的讚美，還不如說它是對正名的歌頌，對錯置與復位的描摹；〈杜十娘怒沉百寶箱〉她不覺得是為「封建制度壓迫下的女性」鳴冤叫屈：是個男性文人自戀的寓言；和蒲松齡的《俠女》比較起來，她讀唐朝的俠女傳奇，自有磅礴的氣勢，也更近人情。

　　最妙的她在暴風雨天，想起陶淵明這個名字中，也有很多深冥幽暗的光。恰好象徵了他詩篇富於欺騙性的簡單。陶淵明的《讀山海經十三首》是中國文學史上第一組以讀書為題材的詩篇。內容是循序漸進，不可分割的整體，它記敘了一次想像的旅程。

　　曉菲教授也愛新詩，說作為寫詩人談寫詩，是極難的事，如果自己比較謙沖，便會踟躕不安，覺得自己的寫作實踐及不上自己的理想。然而，就算眼高手低，自己的理想還是難免影響自己的實踐，於是又好像在為自己的詩，進行理論辯護，如此臨淵履冰，所以她本望保持一點在研究與創作的「行距」，但看她說得言之成理：

　　說新詩與舊詩之間，有最深刻的區別，雖然新詩是白話詩，新詩的鼻祖胡適，認為白話的特點是淺近，魯迅認為白話的特點明白如話，但是新詩的哲學與美學本體，從一開始，就是貴族的或是精英的，不是民眾的，這一點，恐怕是提倡平民文學的新文化運動的領導者們所始料未及的。

　　新詩不是不可以成為每個人的詩！主要得尋回她先生宇文所安教授說的：白話詩的成功不是憑借文字，因文字總是受制於語言的國家疆界，以及這疆界帶來的限制，它成功所憑借的是只有在文字裡面才能實現的東西：想像中的意象。

　　一系列關於歐洲手抄本文化的著作，對田教授的學術研究產生了很大影響。簡言之，手抄本文化有流動性，從抄寫者到編輯、到讀者這些身份往往是並存的，都參與了抄本的製作和更重要的創作。她說：「我認識到傳統的考證，如何可以被提升到理論的層次，從而獲得一種新的生命，與當代世界接軌。對文本多重性的認識，只能發生於後現代文化之中。」在全球化的語境裡，我們不能夠、不足以斷定，也沒有必要追尋原本。

　　她以手鈔本文化作為切入點研究陶淵明醒目的代表作《塵几錄——陶淵明與手抄本文化》讓人興奮。中古時代，文本主要以抄寫的形式流傳，在抄寫過程中，既會產生無心的失誤，也常常發生抄寫者／編者對抄寫的文本進行有意改動的現象，而影響讀者對於作者意向的認知。《塵几錄》一書旨在向我們展示，讀者不僅體驗作者，而且，更通過重新塑造文本，以使文本符合自己的解讀來生產或創造作者。她說：此書就東晉陶淵明作為焦點，檢視文本傳播的機制與歷史。每個異文都折射出一個陶淵明的形象，從而解構，重構改造。

　　曉菲教授也探索文化偶像背後的另一個陶淵明，追尋鑲嵌在歷史語境中的陶淵明，因其棄官歸隱、選擇了清貧單純的田園生活而得到人們的讚譽。所留下的飄忽不定、若隱若現的痕跡。他的作品的樸素風格被人們當作文學和德行的最高境界，文學評論者也極力在他的生活和作品之間發現完美的協調與統一。通過比較詩人的四種早期傳記，此書展示這些傳記在很大程度上，來源於陶淵明詩文所塑造的自我形象。曉菲此書以歐洲手抄本文化研究作為參照比較，展現了中國文本的流動性，以及手抄本的被重新建構和變形。

　　兩岸繁簡字體都出版的《烽火與流星：蕭梁王朝的文學與文化》，她不僅以獨到的識見並呈恢宏眼界探討梁朝宮廷的文學，要旨檢視梁朝文學產生的文化語境，就此提一連串對應內在關聯的文化史和文學史；構築文化生產場域，為了使詩歌變得更加立體，可更清楚地觀察它的形態，更好地認識它的價值。和詩相比，王朝是短暫的。她重新評估和挑戰對蕭梁文化史以及文學史的現行主流觀點，並探索：無論唐代詩人筆下哀婉傷感的南朝形象是多麼深入人心，我們應該穿透後人設置的層層幻影，看到梁朝精神本身蓬勃昂揚的文化膽識與想像力。

　　梁朝的時代充滿了嶄新的開始「新變」，能量充沛的創舉，他們生活在現下，完全沉浸於「此時與此地」投入地經歷每一個時刻，他們在智識上極為精微淵雅，精神上又相當天真，她認為對梁朝文化精神最好的概括不是「頹廢」，而是「康強」。侯景之亂才以致命的打擊，摧毀了南朝的精神。蕭梁王朝，是中國歷史上最輝煌、最富有創造力的朝代之一，同時，也是最被低估、受到誤解最深的朝代之一。此一時代也是至今仍然統領著中國文化想像的「南北」觀念或錯置的

文化建構，初次成型的時代。她自成一格的文學史學問，精彩可觀。

　　交織著對西班牙文學，特別是阿拉伯－安達露西亞文學的譯介，曉菲還寫成文學記遊《赭城》——阿爾罕布拉——紅色的城堡。曉菲出書前兩年在赭城，因為不留神錯撤數碼相機的鈕，西班牙南部之行中拍攝於格拉納達，塞維拉的六十多張照片曇花一現的瞬間凋落無蹤。於是，不能釋懷的她續用柔情組字逐句，凝練生動奔騰潮湧，追述構築——遊記《赭城》於2006年堂堂推出後，一座永遠存在於深心中的夢幻之城，想像之城躍然紙上，火熱暢銷。她精緻描繪的文字嫵媚生姿，雖有評說與斯諾的《西行漫記》有異曲同工之妙，但不論就文字思想啟悟造詣，曉菲教授絕對是無以倫比的。

　　曉菲教授的夫婿為宇文所安教授，本名斯蒂芬歐文（Steven Owen）為哈佛從耶魯請來的教授，亦曾任比較文學系和東亞系系主任。生於1946年密蘇里州聖路易市，博士論文研究《韓愈與孟郊的詩》獲耶魯東亞系文學博士學位，1972年隨即執教耶魯大學。並於1982年轉聘哈佛大學。任教於東亞系與比較文學系。為詹姆斯·布萊恩特·柯南德（James Bryant Conant University Professor），大學講座教授，非常榮耀的，哈佛大學一共僅有24位。2018年春4月26日起漢學詩學界特為他舉辦隆重的致敬大會。

　　熱愛唐詩和中國古典文學的宇文所安，就他自己取的中文名字都很有深意，宇文是北魏的鮮卑姓氏，與他的英文姓發音相近：「所安」則出自《論語》「觀其所由，察其所安」。名跟姓加在一起，也有胡漢融合的意思。

　　他關於中國古典文學的研究專著以唐詩為主：《追憶：中國古典文學中的往事再現》《初唐詩》《盛唐詩》《中國「中世紀」的終結：中唐文學文化論集》《迷樓：詩與慾望的迷宮》《他山的石頭記：宇文所安自選集》還有賈晉華等位翻譯的《晚唐：九世紀中葉的中國詩歌（827-860）》剛由北京：三聯書店，2011出版。與孫康宜教授共同主編Cambridge History of Chinese Literature《劍橋中國文學史》中譯，也剛由三聯、聯經兩岸出版。

　　婚後，已獲博士的田曉菲，先後應聘到柯爾蓋特大學和跳槽到待遇更好的常春藤紐約州的康乃爾大學，任助理教授。因兩地相隔，在交流上浪費時間，分離不是辦法。她回到哈佛東亞系教書，之後這對

伉儷才終於團聚。他們既是有默契的夫妻又為同事，公事公辦家庭私人關係不會帶到哈佛的工作上去，還是彼此文章的知音和第一讀者。曉菲說：我為我們找到彼此深感幸運：兩個分享同一天生日的人，也分享對工作，對生活，對詩歌的激情……我倆安靜地各自做各的事情，家中分有兩個書房，一人一個互不干擾。」

秉性勤學的曉菲目前治魏晉南北朝詩，宇文教授更偏愛唐詩，志同道合的倆人似乎分了中國古詩的頂峰時代，「我們可沒有刻意去分配，其實我倆的學術興趣都很廣」曉菲教授和先生都辛勤精進說：我們瞭解尊重地每天都不停工作10到12個小時，如果不是這樣，就覺得這一天很浪費。」因此在授課忙碌之暇，才塑造了創作的非凡成果。他倆還在2011年春天喜獲麟兒。她現兼任東亞區域研究主任。

田教授的文字作品也不間斷出，有《快樂的小星》1985、《愛之歌》——詩集，1988年、《生活的單行道》——散文集，1993年、《秋水堂論金瓶梅》——學術隨筆，2003年、《薩福：一個歐美文學傳統的生成》——譯著與作品評析，2004年、《塵几錄：陶淵明與手抄本文化研究》——英文學術專著，2005年、《赭城》——文學遊記，2006年、《烽火與流星——蕭梁王朝的文學與文化》——學術專著，2007年、《留白》——隨筆與論文集，2010年、《神遊：中國中古與十九世紀的行旅寫作》——英文學術專著，2011年（這部書中文版由北京的三聯出版）；譯著有《微蟲世界》——從中文譯為英文的十九世紀末關於太平天國戰亂創傷的回憶錄，作者張大野，2014年，此書榮獲2016年美國亞洲學會所頒「韓南譯書獎」。2017年她與李惠儀、魏理和合輯成書 The Oxford Handbook of Classical Chinese Literature, 1000BCE-900CE、《毛主席的孩子們：紅衛兵一代的成長與經歷》（合譯1988）、《後現代主義與大眾文化》2001、《他山的石頭記：宇文所安自選集》2002。她對南北朝文學，宋元晚明的文學，一直包括到現代文學也很感興趣。

談起家庭影響，她告訴我新書《神遊：中國中古與十九世紀的行旅寫作》：寫書的時候我常常想到我的祖父。她祖父繼光先生，字藎忱，生於光緒27年——1901，卒於民國27年——1938。一生反映了最後一代中國士人在動蕩不安的時代，經受的種種苦難。他在年輕時曾放棄了前往美國求學深造的機會，因曾祖母年邁，他又是長子。抗戰

爆發，他拒絕與日據之下的當地政權合作，被投進監獄，飽受折磨，不屈而死。曾祖母終生都在悔恨當年沒有敦促她祖父去國遠行。「為了紀念一次只有在想像之中才發生過的行旅，我把這本書獻給我的祖父。」

她父母的童年都在二次世界大戰，中日戰爭年代度過，都遭過慘酷的家難，她說：有一天我希望把他們的經歷寫作成書，希望藉此紀念二十世紀多災多難的華人。

《神遊：中國中古與十九世紀的行旅寫作》已出中英文版。書中把出現在同一歷史時期、但是通常被分置於文學、歷史和宗教研究領域的各材料放在一起進行讀析。有意希望借此消解現代學科劃分所帶來的一些不自然的後果不同領域和文本一起，希望能夠照亮它們一些被忽略的方面。把詩、賦、道教寫作、佛經與佛經注論放在一起討論，以展示東晉時期人士，永嘉之亂中遷移到南方的北人後代，既是流亡者和避難者，也是首批移民者和殖民者。為江南做徹底的文化變形，對這片美麗而奇異的土地進行詠歌、描畫、論說。如王羲之為詩集作序：蘭亭集序，可稱書法史上最有名的作品。對南朝貴族士人言：江南是道新奇的風景線，他們對之迷戀地凝視，以文字對之進行再現與言說，把這道風景線載入文化版圖。其時，中國山水詩和山水畫開始發展，開創了語言的和視覺的傳統，後被發揚光大，永遠留下中古時形成伊始的印跡。

佛教，在文化精英階層產生了越來越大的影響；他們以新眼光來看待周圍的嶄新世界，有觀照和想像的新話語漸漸形成；再討論出征記載、行旅賦；以及僧人法顯的《佛國記》的文化解讀：是關於中亞、南亞和東南亞的遊記。法顯在西元399年從長安出發，前往印度取經，在長達十四年的漫遊，從斯里蘭卡搭乘商船踏上了回鄉之路，把冒險經歷寫成受歡迎的遊記。在這南北分裂之際，不必都像法顯那樣遠行才會遭遇奇異和 他者」：如果一個由南入北的旅客跨越政治地界，他會發現自己既是回到熟悉的文本疆域，也是進入未知的領土；反之由北入南亦然。

她再把謝靈運的詩作放在前所勾勒出來的背景下進行探討，同時檢視謝靈運同時代人關於「入冥／還陽」的記載，以把注意力引到謝詩的一些隱蔽的特點。最後利用歷史寫作、民族志類型記錄、地

理記錄、詩歌、日記和散文遊記，探討在遭逢異界時碰到的複雜問題：如何處理種族和性別，如何整理出新的世界秩序，如何為現代城市繪製版圖。此書關注的是她稱為「文化再現式」cultural forms of representation的寫作，整理出這寫作中所蘊涵的觀看世界的範式。

　　此書主旨探討文體類型的問題。遊記文學是一個寬泛的分類，特別關注的文體是詩歌。論詩人謝靈運，他的詩描寫詩人主體與奇山異水的交涉，基於天堂／地獄的觀看模式而又突破了觀看模式；又論被視為前現代最後一位偉大詩人的黃遵憲，他的詩描寫自我與他者的遭遇，同樣代表突破，把具有彈性的傳統觀看範式伸張到了極致。主要論點是，中古時代首次發展出了一系列觀看世界的範式，對後代產生了深遠的影響，到十九世紀早期中古時代的觀看範式在近代的延續與變形。承受巨大的壓力，到了臨近斷裂崩潰的程度。在現有的概念和新的現實之間存在著極大的張力，可見文化傳統的延續和激變。

　　無論在中古時代還是在現代中國，物與人都在不斷移位，界限被打破，文化被混雜和融合。中古時期體會到華族中心主義的傲慢和偏見，難免流露出大國上京的輕蔑口吻，十九世紀的歐美遊記中全然改觀。遠涉：西方世界新而且奇；經歷工業革命所帶來全方位的巨變。中國訪客有著雙重的文化衝擊：不僅是穩定的差異，而且是本身即處於急速變化中的差異。讀來體驗到深刻的錯位意識：既是實際發生的，也是象徵性的；是身體的，也是精神的。

　　中古時代是中國拓展智識與文化視野的時代，外來佛教在文化變形中，扮演了重要角色：傳統世界觀中以華夏為中心的思想受到了衝擊。在法顯佛國記裡，中天竺被稱：中國，而中國被稱：邊地。十九世紀的歐美行記的作者，不是把西方世界視為天堂就是把它視為地獄，像在早期中古時期那樣，近代中國被外來影響所深深震撼，存在著焦慮，有很多對於失掉文化身份的擔心，呼籲寬容精神，呼籲把外來思想容納進本土的文化體系。在這個時代，疆域變得具有穿透性，界限被跨越，這次中國人的反應要複雜得多，不安得多，人們在混亂無序中迫切地尋求精神上的立足點和穩定。反復出現的主題是遊歷：頭腦中的遊歷，身體的遊歷，無論是前往異國他鄉，還是從北到南或從南到北，無論是進入佛教的樂園淨土，還是游觀幽冥。把行旅經驗記載下來，使作者得以把這個世界的混亂無序整理為有序的文字，

在過程中找到意義，找到一定的圖案和規章。此書的標題《神游》
——Visionary Journeys——指的是那些精神之旅：充滿了創造性和想
像力、曉菲教授也以此高瞻遠矚的視野作出了圓滿漫遊。

從金瓶梅到陶淵明，西班牙文學到行旅寫作，她的研究包羅多
姿，自《秋水堂論金瓶梅》出版後，佳評紛至沓來……接二連三在美
國學術刊物、英國的泰晤士報文學副刊以及臺灣、中國學術雜誌上都
有書評，反響很是見重。她先後出版了諸多著作，一經問世就廣受讀
者的熱愛，並引起了學術界的廣泛關注，常春藤名校也盯上了她這位
好教授，想挖她跳槽過去任教。曉菲雖鑽研起古典文學，也還一直保
持對現當代文學與文化的興趣，對文革文學和網絡文學都有研究寫
作。還留神東亞系歷史博格推薦研究者來找我談論，偶也會為我們文
化研討主持一段；或同先生走出象牙塔參與葉嘉瑩教授哈佛演講。

過去我曾在1998秋協助燕京圖書館鄭炯文館長，辦中國作家協會
代表團贈書哈佛座談會，由李歐梵教授與我接龍主持蔣子龍、扎西達
娃、向前、周蕊、冰凌、宋曉亮等參與的這文學的絲綢之路座談。

又一次作協代表團是托哈佛東亞系的王德威和田曉菲教授之福，
他們主持大會，請留中美作家、評論家共聚一堂，參加「第二屆中美
作家論壇」，2010年9月24-25日，中國的代表作家包括王蒙——前中
國文化部長，張抗抗、張煒、朱虹、馬小淘、黃友義、和正在哈佛的
李洁、毛尖、我等。他們召集美國作家金凱德（Jamaica Kincaid）、
哈金（Ha Jin）、任璧蓮（Gish Jen）、裘小龍（QIU Xiaolong）、及
學者宇文所安、伊維德（Wilt Idema）、慕尼黑漢學家吳漠汀（Martin
Woesler）、寫《怎樣閱讀世界文學》David Damrosch（達姆羅什）、
Alexander des Forges（戴沙迪）、陳曉明、葉凱蒂、鍾雪萍、宋明煒、
石靜遠、王敖、桑稟華和北美華文作家協會副會長－紐英倫分會作家
會長張鳳，以及鄭洪、劉年玲諸位參加中外文學家，在哈佛大學亞洲
中心對話。

「新世紀，新文學：中美作家與評論家的對話」論壇，由哈佛亞
洲中心、費正清中國研究中心、中國作家協會，和中美交流基金會共
同主辦，為期兩天。有傑出中美作家和評論家數十人共聚一堂，探討
新世紀新文學的成就希望和挑戰。討論主題包括二十一世紀的中國文
學、文學與公眾文化、文學翻譯與文化越界、文學、社會與作家，以

及當代全球比較文學的視野等。相識於1993秋，其後數次開會又重逢的王蒙先生和我，也得以在哈佛教授俱樂部再度歡敘。

　　曉菲教授說過，對一個學者來說，學與思同等重要：沒有豐厚學識作為基礎的思想，未免流於空言，行之不遠；然而徒有知識的積累而缺乏獨立、新穎的思想以清楚的頭腦、銳利的目光和豐富的事實作為基礎，對一個大的問題進行持續、透徹的探索與追尋，就不算知道如何思想。

　　經過幾年筆力的用心經營，也不乏詩人感情的田教授在學術上了開展豐碩成果。引起普林斯頓等大學，都想請她過去任教。2006年，哈佛文理學院院長找到田曉菲，微笑地說：「校長德里克・博克（Derek Bok）閱讀了你的全部材料之後，通知評審小組，免掉了向校長匯報這一最後程序，他說根本沒有必要再開會討論了。」這在哈佛很少見。2006年10月，年僅35歲的田曉菲正式成為哈佛的終身教授，記錄刷新，各媒體報道。

　　博克校長是我家由康乃爾大學被延攬轉任哈佛大學時的老校長，德高望重的教育家，1971－1991榮退，2006左右因校長勞倫斯桑莫Lawrence Summers言論對女教授不公，爭議最終桑莫辭職，博克被邀請回來擔任臨時校長，其後由美國內戰和南方歷史名家的女校瑞克利夫學院院長佛斯特（Drew Gilpin Faust）在2007秋－2018年就任第28屆校長──是哈佛大學首任女性校長！

　　田曉菲教授學術與詩情之筆鋒盡處，盡如她的嶄新思想：「中國古典文學是一個廣大幽深、精采紛呈的世界，但時至今日，我們極需一種新的方法、新的語言對之進行思考、討論和研究。」

歷史與思想之間
——人文諾貝爾獎：克魯格獎得主
　余英時教授的學與思

　　余英時先生是錢穆先生所創的香港新亞書院，第一屆畢業生，而錢先生的著作，在各歷史系已是好幾代的入門經典，記得進師大第一堂史學課，導師朱際鎰教授就指定錢穆《國史大綱》的讀書報告，作為我們頭項作業，有此淵源，余先生的書，當然令我手不釋卷。

　　余英時先生自大學開始著作《近代文明的新趨勢》1953、《到思維之路》1954、《中國傳統社會人物批判》《民主革命論》《文明論衡》等均為1955年之前，在港所著或出版；《歷史與思想》34刷、《史學與傳統》《中國知識階層史論》《中國近世宗教倫理與商人精神》《中國思想傳統的現代詮釋》《士與中國文化》《方以智晚節考》《論戴震與章學誠：清代中期學術思想史研究》《紅樓夢的兩個世界》《中國近代思想史上的胡適》《民主與兩岸動向》《歷史人物與文化危機》《現代儒學論》《陳寅恪晚年詩文釋證》《猶記風吹水上鱗——錢穆與現代中國學術》《論士衡史》《朱熹的歷史世界——宋代士大夫政治文化的研究》《宋明理學與政治文化》《未盡的才情：從顧頡剛日記看顧頡剛的內心世界》《知識人與中國文化的價值》《會友集——余英時序文集》《十字路口的中國史學》《文化評論與中國情懷》《中國文化與現代變遷》《情懷中國——余英時自選集》、《中國文化史通釋》……等約八十多本，為1976年之後出版之中文著作；另有英文著作《東漢生死觀》——1962哈佛大學博士論文，發表於1964-65哈佛亞洲研究學刊、《漢代中外經濟交通》、《1784-1941中美關係》等英文論述。

　　1952年余先生得新亞書院學士，再入研究所，幾經波折，到1955年才以無國籍身份赴美，到哈佛大學，參加第二屆「哈佛燕京社訪問學者計劃」一年，1956-1961年攻讀了哈佛大學東亞系史學博士，1962年到1966年余教授擔任美國密西根大學副教授、1966年到1977年回哈佛東亞系，擔任中國史教授、其中1973到1975年出任香港新亞書院校

長兼中文大學副校長。終究他離開哈佛和關懷他的楊聯陞教授被延攬到耶魯。

1977年受聘美國耶魯大學西摩（Charles Seymour）歷史講座教授，1987年赴普林斯頓大學擔任榮耀的史翠特大學講座教授（Michael Henry Strater Uneiversity Chairprofessor）。2001年榮退。哈佛－耶魯－普大是他人生的三個過程。孫康宜教授曾記下他寓意深刻的詩句：「桑下自生三宿戀，榆城終負十年緣」表達這種個人抉擇的傷感。但換個角度，又何嘗不是華裔之光。他培養出許多史學人才，入室弟子多院士，論學起來極一時之盛。如王汎森、黃進興、陳弱水、康樂、林富士，以及北大的羅志田⋯⋯等位。

此外，余教授1974年榮膺中央研究院第10屆院士，1994年被推選三位院長候選人之一，1977年香港中文大學頒榮譽法學博士，1984年美國明德學院；1992年港大均頒榮譽文學博士，1991-1992年間他又被請到康乃爾大學，擔任首任胡適講座訪問教授。做一系列演講。2004年榮膺美國哲學會院士。他的學術成就有著長遠影響。

為表揚余先生史學貢獻，母校新亞書院，同中文大學崇基學院一起成立「余英時先生歷史講座」，推動中外歷史文化，引介學術新知，首次講座已於2007年起邀請許倬雲教授。2010年後，他又連續幾年當選為百位華人公共知識分子。

2006年11月16日，美國會圖書館宣佈：余英時與美國非洲裔歷史學家約翰・霍普・弗蘭克林（John Hope Franklin）共同獲得：克魯格人文與社會科學終身成就獎（Kluge Prize rewards lifetime achievement）。此獎有「人文諾貝爾獎」之稱——頒給了最具影響力的華裔知識分子。余先生2014夏又榮獲首屆唐獎「漢學獎」。

與他同時獲獎的有同來自美國的生技獎得獎人艾利森，獲得永續發展獎來自挪威的布倫特蘭，生技獎得獎人之一是來自日本的本庶佑、法治獎得獎人是來自南非的薩克斯。

克魯格獎的評選保密工作實施得非常嚴格，得知獲獎消息時，他感到很意外。克魯格獎從2003年創立時，第一屆獲獎者是研究馬克思主義和西方神學者L. Kolakowski，第二屆2004年的兩位得主分別是研究基督教史家J. Pelikan和法國詮釋學者P. Ricoeur，2006年他和非裔學者約翰・富蘭克林獲獎。他能獲獎說明該不定期獎項，在美國內部已

離開了白人主流學術圈，也表示獎項的西方評委已慢慢解除「西方中心」的觀念，西方主流學術界，已將中國作為一個重要的研究對象。知道他是從世界學術的視角出發研究中國，作出了一些成績。

美國國會圖書館館長畢靈頓，在頒獎時說余先生的學術以一種深遠的方式，檢視攸關人性深層事實的主要課題，就是要了解人性：不先被概念束縛住，歷史是開放、鮮活的，不信歷史有所謂必然規律，歷史要看人心，有意志、情感、欲望、嚮往，是超越國族等意識型態。世界上各個文化，各有各的脈絡與傾向。

余先生祖籍安徽，是潛山縣官莊鄉人。在他的父親之前，他的家族在那十足的窮鄉僻壤，是很普通的農家，半耕半讀沒有功名。他父親余協中先生，從鄉下私塾到新式教育，自燕京大學到美國留學，在科爾蓋特（Colgate）大學，獲碩士學位，又到哈佛大學研究，完全是自己讀出來的。1926年，余協中教授學成歸國，在南開大學任歷史系系主任，主授西洋歷史，接蔣廷黻先生的棒子，所以余英時先生出生在天津。

他的母親張韻清女士，是清初世宗雍正朝宰相張廷玉之後，外祖父家是兩百多年的桐城相府——相府是民間說法，其實是內閣大學士。他母親在曾經文風鼎盛的桐城，受過很好的古典文學教育，能文、能詩、能詞，他曾找到一本《桐秀集》，裡頭有母親和姨母的作品，可惜留下不多。他母親1930年1月22日在津生他時難產而死，因此在1945年以前和舅家失去了聯繫。母親顯赫的家世，其實對他並無影響。

抗日戰爭爆發，1930年出生的余先生，才七歲不到。父親由天津隨校南遷，他則隨伯父一家，從安慶避居故鄉潛山官莊，有九年時間，不但沒有書齋，連學校都沒有，可說一般人所受的正統教育，及現代學校教育，在這階段都付之闕如，更沒有和父親親近濡染的機會。

他說：「這九年的鄉居，在我個人的生命史上，是一個很重要的階段。」他相信：當時所見的官莊鄉和一兩百年以前的情況，並沒有本質上的差異，不過更衰落、更貧困而已。最原始的農村，沒有自來水、沒有電，交通工具是轎子、滑竿、兩條腿，他在鄉下與祖母生活，還親眼見到裹小腳等等傳統的風俗文化。

那兒一般的地主，不過一兩百畝田，勉強夠過生活，佃農不交佃租，一點辦法都沒有。佃農是永佃制，趕不走的──有耕田的權利，因此只有靠人情來收租，佃戶錢不夠，地主也只有少收點遷就。大家都是親戚，幾百年來都一塊居住，因此不可能像現代社會大都市一般，純從經濟考量雇主和工人的利害關係。這種人情味濃厚的社會，是城裡人不易了解的。

在精神面貌上，官莊幾乎相當完整地保持了中國的傳統。那裡沒有新式學校，偶爾有一兩處私塾，塾師程度很差。只能教識識字，讀《三字經》、《古文觀止》、四書之類的東西。1945到1946年他在桐城舅家住過一年，也沒有上學，不過接觸了古典文學。在那鄉下，連小說都很少，譬如《紅樓夢》那時就沒看過，《薛仁貴征東》、《羅通掃北》等演義小說較多，其中《水滸傳》帶給他的印象最深刻。因為小說內容吸引人，也許不見得每個字都認識，連猜帶矇地就漸培養出他的閱讀能力。

當時，通俗化的儒、釋、道，仍然支配著鄉人的信仰和行為，和現代文化是處於完全隔絕的狀態。最諷刺的是陳獨秀這位「五四」健將是懷寧人，和潛山緊鄰，但是余先生第一次聽到陳獨秀，是因有人傳說他公開提倡「萬惡孝為首。百行淫為先」，又寫下了「父母有好色之心，無得子之意」（這當然是借用了王充的說法），這兩句大逆不道的話。可見城市知識分子歌頌了幾十年的「五四」新文化，根本沒有波及鄉間。

回憶中：1938年舊曆過年，他第一次看見伯父寫大批的紅紙春聯，其中有個條幅「天地國親師」，是貼在放祖先牌位的廳堂中間牆上的，伯父向他解釋，這五個字原來是「天地君親師」，不過已是民國時代，所以改了，這一字之改，雖也透露了一點「現代化」的痕跡，但整個價值系統的結構顯然原封未動。這正是「五四」前夕陳獨秀在《新青年》上發表，〈舊思想與國體問題〉一文中所要徹底鏟除的。

九年鄉居，他雖然因此失去受現代學校教育的機會。但卻能在前現代的社會和文化中度過童年和少年時代，親身體認到中國傳統的內在意義。現在回想起來，不能不說是一種特殊的幸運，因這種直接從生活體驗中得來的知識，絕不是任何書本上可以獲得的。「如果我今

天對中國傳統的價值觀念，還有一點真切的了解，那便是受了這生活之賜。」

1978秋，余先生曾訪問大陸。不過自這次考察之後，他再也未去過。之後在台的侄兒回鄉拍了好多電影。他看到破舊的家，過去喜歡徜徉的後山，樹也砍了，光禿禿一片，鳥叫、蟲鳴優美的自然景觀也沒了……有稱：他沒有鄉愁……。

抗戰勝利之後到瀋陽，他才開始接受新式教育。那時已是16、17歲考大學的年紀。父親在東北中正大學任文學院院長，史學之外，文學哲學等造詣也深。他說：「我所以學歷史，當然和父親有關，也可說我的求學階段根本沒有機會學理化，我學文史幾乎是注定的，因只有這方面的基礎。」他先上先修班，得在一年之內，把英數理化等錯過的學問全補學起來，準備以同等學力報考大學。報考華北大學，他考一年級沒考取，考二年級倒錄取了。因一年級要考英數，把分數拉低了。經過一年努力，他插班進入燕京大學歷史系二年級，念了一學期。

余先生在1948年，1949年前後，當時他就在燕京初讀自由主義等。已經知道，中國文化必須現代化，吸收西方文化。中國文化與西方文化並不排斥，固有文化是具有理性成分，因此是能夠吸收民主自由等西方文化元素。他的看法從19歲就形成，一定要深入認識西方文化和歷史，來跟中國比較，藉此了解中國文化的特性，以判定是非。這個決定基本上確定了余先生日後數十年的學術方向。

1950年的春天，他從北京到香港，自以為只是短期探望父親，很快就會回去的。但父親告訴他錢穆先生剛創辦了新亞書院，要他去跟錢先生念書。

他清楚地記得：父親帶他去九龍桂林街的新亞，去見錢先生的情景。校舍在三、四樓，十分簡陋。樓下吵鬧得很，圖書館則根本不存在，談不上是大學規模，整個學校的辦公室只是一個小房間，一張長桌已占滿了全部空間。他們在長桌邊坐定不久，錢先生出來問他讀書情況，並說新亞初創，只有一年級。他轉學便算從二年級下學期開始，但必須經一次考試。第二天去考，錢先生主持，沒給考題，只叫他用中英文各寫一篇讀書的經歷和志願的文字。錢先生當場閱卷後面帶微笑，他便算被錄取成為新亞文史系二年級第二學期的學生了。

　　現在回想起：「這是我一生中最值得引以自傲的事。因為錢先生的弟子儘管遍天下，但是從口試、出題、筆試、閱卷到錄取，都由他一手包辦的學生，也許我是唯一的一個。」他在新亞先後只讀了兩年半，正值新亞最艱困的時期，錢先生常常要奔走於港臺，籌募經費，上課並不多。

　　錢先生雖然在中國是望重一時的學者，他的《國史大綱》和《中國近三百年學術史》，《先秦諸子系年》等書早已有口皆碑，但他初到香港卻沒有很大的號召力。新亞初創，學生一共不超過二十人，絕大多數是從大陸來的子弟，程度參差不齊。教起課來絕不能與他當年在北大、清華、西南聯大時相提並論。所以余先生常說：「我跟錢先生得益最多的是在課外聊天的時候。」錢先生給他的第一個印象是：「個子雖小，但神定氣足，尤其是雙目炯炯，好像把你的心都照亮了。同時還有一個感覺，就是他是一個十分嚴肅、不苟言笑的人。」最初使他有點敬而遠之，後來由於新亞師生人少，像個大家庭，常有同樂集會，師生熟了。才對錢先生有了完全不同的認識。

　　他父親後也在新亞兼任西洋史，錢先生常和他們一家人或去太平山頂或去石澳海邊坐茶館，而且一坐便是一整天，所以1985年賀錢先生九十大壽，他特別寫的四首七律的最後一首就是：

　　　　海濱回首隔前塵，猶記風吹水上鱗。
　　　　避地難求三戶楚，占天曾說十年秦。
　　　　河間格義心如故，伏壁藏經世已新。
　　　　愧負當時傳法意，唯餘短髮報長春。

　　那時錢先生還有下圍棋的興趣，陳伯莊先生是先生的老對手，棋力相等。余先生偶爾也被讓幾個子指導一盤，「好像我從來沒有贏過」。有一次，余家一家人請他同去看一場電影，是關於親子之情的片子。散場後，家人都注意到錢先生的眼睛是濕潤的。不用說，他不但受了劇情的感染，而且又和余家人在一起，他在懷念著留在大陸的子女。但這更增加了對錢先生的敬愛。

　　一年暑假，香港奇熱，錢先生又犯了嚴重的胃潰瘍，一個人孤零零地躺在空教室的地上養病。余先生去看錢先生，問有什麼事要幫著

做？錢先生說想讀王陽明的文集。余先生便去商務印書館買了一部回來。錢先生仍一個人躺著，似乎新亞全是空的，心裡真感到為他難受。

以後，雅禮協會和哈佛燕京學社都支持新亞，香港大學又授予錢先生榮譽博士學位，地位遽速上升，新亞的情況才開始改善。1952年夏初，余先生成為新亞第一屆畢業生，但錢先生因年前在臺北聯合國同志會演講，禮堂倒塌，頭破血流，昏迷了兩三天，幾乎死去，在臺灣療養尚未康復。以致未能趕回香港參加。

1953年錢先生得到亞洲基金會的資助，在九龍太子道租了一層樓創辦了新亞研究所的前身。余先生也是研究生之一。研究漢魏南北朝的社會經濟史。錢先生任導師一再叮嚀，不要過分注意斷代而忽略貫通，更不可把社會經濟史弄得太狹隘，以致與中國文化各方面的發展配合不起來。

錢先生走出自己獨特的「以通馭專」的道路。又當面指點余先生，並啟示史學的多元性，以《國史大綱》的系統見解，導引余先生以開放不封閉的研究方法。從此以後，余先生便常常警惕自己不能武斷，約束自己在讀別人的論著——特別是自己不欣賞的觀點時，盡量虛懷體會作者的用心和立論的根據。

余先生分析：錢先生一生從歷史上，尋求中國文化的獨特精神，在1930年代雖以考證見稱於世，也不諱言考證是為更高的目的服務，在論據隱而不露的《國史大綱》引論所說的「於客觀中求實際，通覽全史而覓取其動態」，正是具體描寫。分析到最後，錢先生是為了解答心中最放不下的一個大問題，即面對西方文化的衝擊和中國的變局，中國的文化傳統究竟將何去何從？這終極關懷所獲得的系統看法，遍見各本著作。1990年，錢先生過世，余先生以：「一生為故國招魂，當時搗觸成塵，未學齋中香不散。萬里曾家山入夢，此日騎鯨渡海，素書樓外月初寒。」輓聯敬悼老師，強調招國魂的大業未竟。知識界在興起「錢穆熱」之後，繼有「余英時熱」廣泛流傳其作，筆端飽含人文情懷，思想深刻影響華人世界。余先生卻說：真正的學是不能熱的。學是要冷冷清清長期做的，如果要帶一個「熱」，就可以不考慮了。

錢先生曾對1958年新儒家學者牟宗三、唐君毅、張君勱、徐復觀

的「中國文化敬告世界人士宣言」不聯署。余先生曾在1991年寫了一篇有關〈錢穆與新儒家〉的四萬字紀念長文──表達自己的觀點──錢先生不能劃入新儒家收入《錢穆與中國文化》（三聯出版社）。錢先生是以史學立場，提供了一個超越觀點，能夠打通經史子集各種學問的千門萬戶，成為二十世紀國學界的通儒。

錢先生所論中國文化，採取的立場不是哲學，而是史學。從歷史的立場出發，不但分別從政治、經濟、社會、學術、宗教、文學、藝術，以至通俗思想等各方面去探究中國文化的具體表現，而且更注意各階段的歷史變動，特別是佛教傳入中國後，所激起的波瀾及後來與中國文化主流的融合。

凡有生命力的傳統，都必然是變動而開放的。錢先生在信仰層面，當然承認儒家有其歷久而彌新的常道──雖不能以幾句話來加以概括，但是他的史學立場，則使他把儒家看成一個不斷與時俱新，活的傳統，在這方面有獨到的見地。

余先生說：香港五年的流亡生涯……是我個人生命史上的關鍵時刻之一。我可以說，如果我沒有遇到錢先生，我以後四十年的生命，必然是另外一個樣子。這就是說：這五年中，錢先生的生命進入了我的生命，而發生了塑造的絕大作用。

不過他自謙治國史是1960年前後「剛剛入門」。當時他的計劃是讀完學位後，回新亞去執教，所以主要精神放在西方歷史和思想方面，羅馬史，西方古代、中古政治思想史、文藝復興與宗教改革，以及歷史哲學等，都是他曾在哈佛正式選修過的課程。

我為尋求余先生思想體系發展的脈絡，在哈佛燕京圖書館作了點探源的努力。發現幾本他在新亞研究所時期，以「艾群」為筆名刊印的書，就可了然。經過證實，余先生說：「年輕時是沒什麼學力，雖賣文章吃飯，卻都寫自己相信的話，並不胡寫。」讀過那紙張都泛黃的舊書，益發珍視。

以《近代文明的新趨勢》一書而言，在六十多年前即為出版者稱譽：是以民主主義為主題，所寫的一部西洋近代史。在千頭萬緒的輝煌近代文明中，以新穎的史觀、敏銳的觀察、流暢的文筆，環繞著主題，把文藝復興以來的歷史社會發展的大趨勢，重新分期。上篇自1500年迄1848年，是以民主主義與專制主義鬥爭階段，指出在人文主

義精神的推動下，民主主義在文化、經濟、政治社會各方面的不朽燦爛成就。下篇自1848年迄1950年，是民主主義與極權主義鬥爭的階段，對唯物思潮、極權主義與極權制度的起源、成長與建立作了追本窮源、最徹底的清算與分析。結以十九世紀以來，在極權主義挑戰下，民主從舊形態到社會經濟各方面的發展。

余先生推衍，近代文明已具有世界的性質。無法拒絕挑戰，只有去了解。他由浩如煙海的史實理清脈絡，做了縱的敘述。另外，又寫成《民主革命論》則是橫的論列。他寫《文明論衡》多討論文化原理；寫《到思維之路》談中國成為歷史上思想戰爭，戰火最激烈的角落，學術界激盪著形形色色的思潮，結果，竟剷除了舊有的一切思想根基，摧毀西方學術界傳布過來的一切思想幼苗，帶來的並不是創建，而是教條，束縛了全中國人的智慧。當時他就以：精鍊又豐富的史料，不尚空論，尤以條理清晰，體系完整，毫無枯燥的弊病。樹立了他日後著述風格的雛形。

余先生初到美國劍橋哈佛，是1955年，錢先生推薦他為哈佛燕京訪問學者。得識年僅四十一歲，學術事業已如日中天的楊聯陞教授（1914-1990）。這位哈佛燕京講座教授，在1956年起就成為塑造他個人學術生命的另一位宗匠，除到密西根和中大兩年外，幾乎天天見面。

在1977年他舉家遷往康涅狄格州橘鄉，出任耶魯大學講座教授之前，有二十二年他生活的重心都在哈佛。求學、成家立業、不論他在碧山的家，或是更早在劍橋博物館街、博斯屯樓、神學街、哈佛燕京圖書館和東亞系館……都留有溫馨的記憶。1990年余先生對我說：「這是我的第二故鄉，老師故去，都不同了。」

在哈佛，我有幸見過他的業師：淵博謹嚴的楊聯陞先生。1955年，已是世界漢學界「第一流」兼「第一線」的學者。余先生每立一說，先請楊先生過目，必能從四面八方來攻其隙漏，使他養成論述盡可能自己先挑毛病，減少錯誤。

楊先生出身清華經濟系，但對史學的興趣已超乎經濟學，修過陳寅恪、陶希聖的課，歷任哈佛耶魯講師，1946年得哈佛博士，先任聯合國語文專家，稍後一直在哈佛任教直至退休，其中在法國得過獎，在法日港臺均客座講過學。他在中西學術地位上都是備受推崇之人，

胡適在1953年5月15日給他的信中即稱他是「最淵博的人」。

余先生回想剛到哈佛時還不清楚。1955年10月的一個晚上，他與楊先生的清華老同學，語言學家董同龢及邢慕寰先生等訪問學者，臨時闖進楊府拜訪楊先生，天南地北的談了幾個小時。第二次在費正清 J Fairbank家的下午茶會上，又經介紹，他告訴楊先生，已從錢穆先生的信中知道他專治中國社會經濟史，接下去竟問他專門研究些什麼問題。「像楊先生那樣已負盛名的學者，也許是第一次聽到。一個同行的後輩，向他提出這樣魯莽的問題。」楊先生涵養很好，微笑告訴余先生，在美講中國學問，範圍很難控制，因學生興趣，先生也就跟著擴大研究領域。

他說：「我這一問，不久便在哈佛傳為笑柄。其實我的問語是誠懇的，而且是出於對楊先生的敬重，那時既未讀過他的任何著作，如果用」久仰「一類遊辭來敷衍，豈不反而是對他不敬？」余先生一向講求平實，不喜渲染過火。

他綜述楊先生把一己才性，靈活運用在中國最好的博雅傳統上面，接近於王國維、陳寅格「訓詁治史」的道路。從小處著手，從大處著眼，觀微而知著。謹守證據考訂關口。楊先生，曾借傅斯年「誤認天上的浮雲為地平線上的樹林」的話，來形容西方漢學家的捕風捉影，故有意用中國研究傳統來矯正西方漢學的流弊。主張治史者如果在文獻層次上發生嚴重錯誤，則構造的歷史圖像無論採用什麼理論觀點，都只能是空中樓閣。他指出楊先生相信史學中有客觀事實，但並未成客觀主義者；堅持治史必須以實證為依歸，但也不是實證主義者，由於王陳二位影響，充分承認「同情的理解」「文學的想像」在史學研究中的重要作用。

余先生受益於楊先生的錘鍊，早於做研究生之前。1956年1月他寫〈東漢政權之建立與士族大姓之關係〉送呈指正，恰好是楊先生早年研究過的題目。楊先生的評論把余先生第一次帶進日本和西方漢學園地。到1986年1月余先生以《中國近世宗教倫理與商人精神》初稿呈老師批評，並請為作序。楊先生用大力氣病中寫出最後一篇論學文字〈原商賈〉。

楊先生自然知道余先生受錢穆先生的啟發極多，所以常常開玩笑地說余先生是「帶藝投師」。在研究生時代，任其自由發揮己見，從

不質疑他的預設，批評和建議僅限立論根據。余先生說：我想，這也是他出於對錢先生的一種尊重。

余先生特別說明：當時臺北中研院等學術界主流，對錢先生和新亞，確有一種牢不可破的成見。楊先生與中研院史語所關係深厚，在此壓力下，仍堅持哈佛燕京學社對新亞以公平的支援。錢先生亦嘗說楊先生才思卓越敏銳，而性情醇厚。

為寫《方以智晚節考》《紅樓夢的兩個世界》兩書，引起筆仗，余先生認真引經據典，逐一反駁對方，也沒有繼續打。他說：後來證據越來愈多，就沒什麼好爭，歷史最後講證據的，證據沒拿出，辯論沒有用的。東西都在，大家自己看。

後來余先生寫《陳寅恪的學術精神和晚年心境》在香港《明報月刊》發表後，一時引起眾多議論。後來1998年結集《陳寅恪晚年詩文釋證》用陳先生獨特的方法詮釋他晚年的詩文，楊先生曾加推許。余先生寫的〈陳寅恪先生論《再生緣》書後〉以陳先生病目失明、聽讀《再生緣》，有感作者陳端生「禪機蚤悟，俗累終牽，自況而傷時，以如此之人心世局，欲挽漢家十世之阨，實不勝其歷史文化之重負，因之而生痛苦感⋯⋯」，錢先生亦讚其：「不僅能發陳氏之內心，行文亦大有陳氏回環往復之情味。」陳寅恪晚年親自讀後也曾說：「作者知我。」

尤其喜出望外的是余先生對我見過或未見過的名家，都有長卷論述，極有深趣！

余先生自謙對詩、書、畫三種藝術的愛重，雖不在人後，卻對其中任何一門都沒有下過切實的功夫。他待張充和女士，既為錢穆先生同門先輩，又為耶魯十年同事，以與交誼深厚而為《張充和詩書畫選》作序。通篇論及上下古今哲思：

他從「以通馭專」「遊於藝」到「心與道合」「道通為一」申論。希望讀者或可在欣賞：早已將心體磨煉得晶瑩澄澈的張充和女士絕藝之餘，將她所體現的「中國藝術精神，儘量抉發出來窺見其深厚的文化泉源」的「初步觀察」，實在太謙遜了。

又他談錢鍾書先生：1978年10月-11月中下旬，美國科學院在張光直教授推動下，派了一個「美國漢代研究考察團」到大陸去作為期一月的訪古，余先生參加了，實際他被選為團長，副團長傅漢斯

（Hans H Frankel夫人即張充和）帶領。在北京時，他提議去拜訪俞平伯、錢鍾書兩位先生，傅漢思教授又提出了余冠英先生的名字。

中國社會科學院安排，他們便在一天上午，到三里河俞先生寓所，拜訪這三位先生。開門自報姓名的就是錢鍾書，默存先生，時年68歲，但望之如四、五十許。

在俞先生的客廳中進行交談，分成兩組：傅漢思主要是和余冠英談漢魏詩，他和俞、錢兩位則以《紅樓夢》為開場白。已記不清和默存先生談話的內容，但大致不出文學、哲學的範圍。當時的思想空氣雖略有鬆動，主客間都得拿捏著說話的分寸。

「好像開始不久便曾問默存先生還記得他的本家賓四先生嗎？」……他表情忽然變得很幽默，說他可能還是賓四師的「小長輩」──後來在臺北以此詢之賓四師，賓四師說完全不確，他和錢基博、鍾書父子通譜而不同支，無輩分可計「 但默存先生並不接著敘舊，我也知趣地轉變了話題。接著我好像便把話題移到《談藝錄》」。他連說那是「少作」、「不足觀」。

這時隔座的余冠英先生忽然插話，提到默存先生大著作正在印行中。默存先生又謙遜了一番，這是余先生第一次聽到《管錐編》的書名。「他告訴我新書還是用文言文。這樣可以養活毒素的傳播，他半真半假地說。原話已記不住，但意思確是如此。」

余先生再向他請教一個小問題：《談藝錄》提到靈源和尚與程伊川二簡，可與韓愈與天顚三書相映成趣。但書中沒有舉出二簡的出處，究竟見於何處？他又作滑稽狀，好像是在故意測驗他的記憶力似的。不過他然後認真地說，大概可以在元代《佛祖通載》上找得到。

因為話題轉上了韓愈，余先生順便告訴：韓愈的後代正在為白居易「退之服硫黃，一病訖不痊」詩打誹謗官司。並補充說，照陳寅恪《元白詩箋證稿》的考證，似確有其事。但是他不以為然，認為「退之」是衛中立的字。這是方崧卿辯證中的老說法，在清代又得到了錢大昕的支持。

默存先生不取陳的考證。後來在美國他又責備陳寅恪太Trivial（瑣碎、見小），即指《元白詩箋證稿》中考證楊貴妃是否以「處子入宮」那一節。「余先生才恍然他對陳寅恪的學問是有保留的。本想說，陳氏考辨是為了證實朱子『唐源流出於夷狄，故闈門失禮之事，

不以為異」的大議論，不能算Trivial。」余先生說「但那時他正在我家作客，這句話，我無論如何當眾說不出口。」

默存先生的博聞強記實在驚人。提及余先生耶魯同事英文作品，評論得頭頭是道。偶爾箭在弦上，也會流露出銳利的鋒芒，就像《談藝錄》中說Authlr Waley，「宜入群盲評古圖」那樣。但他始終出之於一種溫文儒雅的風度，謔而不虐。

1979年春中國社會科學院派代表團耶魯訪問。余先生與傅漢思先生等，到耶魯火車站去迎接。初見的費孝通、李欣等。暗暗領隊的趙復三副院長，其中唯一認識再晤的只有默存先生。正要向他行握手禮時，默存先生忽然很熱情地行「熊抱」禮。這大概是當時大陸行之已久的官式禮數。一時不免有點張惶失措，答禮一定不合標準。不過直覺告訴他，默存先生確是很誠摯的，這次用不著「敘舊」，他們真像是「舊交」了。

當天晚上，余先生和淑平夫人同受校方的委託，招待代表團全體在家中晚餐。連客人帶本校的教授和研究生等大概不下七、八十人。「這個自助餐是陳淑平費了三天功夫準備出來的。我們平時極少應酬，這樣的熱鬧在我們真是空前絕後的一次。」

晚上因為人多，分成好幾處吃自助餐，他們這一桌有默存先生和費孝通先生，大陸來的貴賓們談興很濃，大家都特別愛聽默存先生的「重咳落九天，隨風生珠玉」。

就余先生記憶所及：賓客們的話題很自然地集中在幾十年來親身經歷的滄桑，特別是知識份子之間彼此怎樣「無情、無義、無恥的傾軋和陷害」。

默存先生也說了不少動人的故事，都是名聞海內外的頭面人物。印象最深的是關於吳晗。大概是我問起吳晗一家的悲慘遭遇，有人說了些前因後果，但默存先生忽然看著費孝通先生說，「你記得嗎？吳晗在1957年反右時期整起別人來，不也一樣地無情得很嗎？」（大意）回話的神情和口氣明明表示出費先生正是當年受害者之一。費先生則以一絲苦笑默認。剎那間，大家都不開口了，沒有人願意再繼續追問。

在這次聚會中，發現了默存先生嫉惡如仇、激昂慷慨的另一面。像陶淵明一樣，他在寫〈歸園田居〉、〈飲酒〉之外，也寫〈咏荊

軻〉、〈讀山海經〉一類的詩。試讀他1989年的〈閱世〉：

閱世遷流兩鬢摧，塊然孤喟發群囂。
星星未熄焚餘火，寸寸難燃溺後灰。

對症亦知須藥換，出新何術得陳推。
不圖牘長支離叟，留命桑田又一回。

余先生說不敢箋釋他的詩，以免「矜誇創獲，鑿空索隱」之譏。讀者可自得之。

默存先生是坐余先生開的車回家的，所以一路上他們有機會聊天。僅僅隔了四、五個月，他覺得已能無所拘束，即興而談。

大陸學術界的冰層似乎已開始融化。外面流傳了很久的一個說法是他擔任了毛澤東的英文秘書。為此向他求證。錢先生告訴這完全是誤會。大陸曾有個英譯毛澤東選集的編委會，他是顧問之一，其實是掛名的，難得偶爾提供一點意見，如此而已。

也問他《宋詩選注》為什麼也會受到批判，其中不是引了〈在延安文藝座談會上的講話〉嗎？他沒有直接回答余先生問題，大概時間不夠，但主要恐怕是他不屑於提到當時的批判者。默存先生僅僅說了兩點：第一，他引〈講話〉中的一段其實只是常識；第二，關於各家的小傳介紹，是他很用心寫出來的。余先生告之胡適也說精彩。

當時隱約地意識到，他關於引用〈講話〉的解釋也許是暗示他的人生態度。1957年是「反右」的一年，他不能不引幾句「語錄」作擋箭牌。而他徵引的管道也實在輕描淡寫到了最大限度。他是一個純淨的讀書人，不但半點也沒有在政治上「向上爬」的雅興，而且避之唯恐不及。這一層是余先生在幾十年前便已看準了的，現在讀到他1955年〈重九日雨〉第二首的最後兩句，更深信不疑了。這兩句詩是：「筋力新來樓懶上，漫言高處不勝寒。」這是他的「詠懷詩」。

1979年別後，余先生便沒有再見過他了。不過還有點餘波，前後延續了一年多的光景。他依然嚴守著前一時代中國詩禮傳家的風範，十分講究禮數。回北京不久便用那一手遒美的行書寫來客氣的謝函。雖經年難得一親筆硯，余先生也只好勉強追隨。

　　這樣一來一往，跨越大洋的唱和，大約不下七、八次。他的墨蹟余先生都保存，但因遷居之故，一時索檢不得。但最使余先生感動的是在《管錐編》第一、二冊出版後，他以航郵寄賜，扉頁上還有親筆題識。不久，又收到他的《舊文四篇》和季康夫人所題贈的《春泥集》。受寵若驚之餘，余先生恭恭敬敬地寫了一首謝詩如下：

　　　　藝苑詞林第一緣，春泥長護管錐編。
　　　　淵通世竟尊嘉定，慧解人爭說照圖。

　　　　冷眼不饒名下士，深心曾託枕中天。
　　　　絹軒過後經秋雨，悵望齊州九點煙。

　　詩固不足道，但語語出自肺腑，決非世俗酬應之作。《管錐編》第三、第四冊問世，他又以同樣辦法寄贈，以成完璧。余先生復報之以〈讀《管錐編》三首〉：

　　　　臥隱林岩夢久寒，麻姑橋下水湍湍。
　　　　如今況是烟波盡，不許人間弄釣竿。

　　　　避席畏聞文字獄，糞生此語古今哀。
　　　　如何光武誇柔道，也為言辭滅族來。

　　　　桀紂王何一例看，誤將禍亂罪儒冠。
　　　　從來緣飾因多欲，巫蠱冤平國已殘。

　　他冷眼熱腸，生前所儲何止湯卿謀三副痛淚。《管錐編》雖若出言玄遠，但感慨世變之語，觸目皆是。余先生感嘆默存先生寄贈巨冊，都親筆校正，手迹尤足珍貴：「寒齋插架雖遍，但善本唯此一套。璽耗傳來，重摩茲編，人琴之感，寧有極耶！」
　　「默存先生已優入立言不朽之域域，像我這樣的文學門外漢，是不配說任何讚美的話的，所以我只好默而存之。我讀先生書，從歷史和文化的角度說，自然感受很深。」

　　余先生鄭重指出，默存先生是中國古典文化，在二十世紀最高的結晶之一。他逝世象徵中國古典文化和二十世紀同時終結。但歷史是沒有止境的。只要下一代學人肯像先生不斷地勤苦努力，二十一世紀，也許可以看到中國古典文化的再生和新生。

　　在默存先生過世十年後，余先生披露了一段小插曲，補記：在俞平伯先生寓所的第一次晤談中，不記得話題由何引起，默存先生忽然提到馬克思的一段婚外情，雖僅一二語匆匆帶過，神情頗帶幾分淘氣。這當然是指：在西方雖早成公開的祕密，馬克思與家中女傭Lenchen生了私生子的事，但在1978年的中國大陸，恐怕知道的人少之又少。余先生一方面佩服他的博覽，另一方面也不免有些詫異。

　　因中國文化的海外媒介楊聯陞先生，是余先生求學哈佛時的導師，楊胡論學談詩曾二十年，誼兼師友。余先生特別由《胡適日記全集》的字裡行間尋出多少思想上的解答，更格外鉤勒出胡適與原來的杜威粉絲、秘書助理、日後的杜威夫人洛維茨（Robert-Robby Lowitz）之間，一段胡適未曾透露的短暫情緣，在表妹曹珮聲－誠英、威廉斯－韋廉司、哈德門、陳衡哲等情人外，由史跡重塑考據出真切迴盪的戀史。

　　察覺胡適在1938夏一個半月間就和她吃茶、吃飯、久談、開車郊遊、看戲至九次之多。胡適這次是為救亡而來，《日記》中的人物無一不和爭取美國的支持與同情有關。他在紐約期間所接觸的美國人很多，而頻率之高則未有能比洛維茨者。

　　余先生說，胡適稱洛維茨為「小孩子」，而自稱「老頭子」，這是他們兩人之間的親密隱語，具有「緩和洛維茨的攻勢」極不尋常的涵義。自從4月14日她邀他吃茶開始……，五、六兩個月已達到了幾乎形影不離、時時「久談」。見《北京大學圖館藏胡適未刊書信日記》。

　　余先生試讀胡適在1941年的一首〈無題〉詩：「電報尾上他加了一個字，我看了百分高興。樹枝都像在跟著我發瘋。凍風吹來，我也不覺冷。風呵，妳儘管吹！枯葉呵，妳飛一個痛快！我要細細的想想他，因為他那個字是「愛」！」

　　分析其所收電報：「小孩子」的這個「電報尾上」則千真萬確地加上了一個「愛」字；此外在1938到1941這三年間胡適所收到的電報

之中，我們還沒有發現第二封是以「愛」字結尾的。〈無題〉詩也許與「小孩子」完全無關，但通過它，我們卻不難想像，胡適當時讀到這封電報時，一定也是「百分高興」，甚至「發瘋」。

洛維茨給胡適寫信，也打電報，但保存到今天的只有這一封了，而它的證據作用竟如此之大，我們不能不特別感謝北大圖書館這部《北京大學圖館藏胡適未刊書信日記》余先生道出證據價值貢獻是無比地重要。——據悉南伊大杜威檔案館藏有胡適致函。

7月12日月圓之夜赫貞江上第二回之相思，是他們兩人情感的高潮，但也是「月盈則虧」的始點。10月3日胡適以駐美大使的身分重回紐約，便不能再續其樂。

《日記》1941年1月11日條：得杜威先生信，又得洛維茨自己的信，都報告她的丈夫Grant之死耗，為之嘆嗟。這也是胡適在日記中最後一次提到洛維茨的名字。但《日記》有重要環節脫落。空白，即胡適心臟病住院共77天無日記。

他的護士哈德門從1938年12月6日開始看護他的病，建立了深厚的友誼，後來一直照顧了二十年，直到他1958年回臺北定居為止。《日記》1939年3月13日：「哈德門（Mrs. Virginia Davis Hartman）到美京，我請她在Wardman Park Hotel吃飯。她談羅比洛維茨事，頗耐尋味。」她當然知道胡適和洛維茨的關係，所以在談話中報告了洛維茨的近況。短暫情緣，已盡於此。

余先生也追溯胡適他對國家的危難，心中充滿著焦慮。終夜不能睡。可見戰爭失利給他多大煩悶和痛苦。1938年從1月24日到3月18日，他作了一次巡迴整個北美洲的演講之旅，此行共51天，演說56次。

余先生說洛維茨闖進了胡適的生活是有根據的，因為4月16日第一次暢談明明是洛維茨一方面發動的。他們之間最後發生了一種微妙情感，這是乘虛而入又無可否認的事實。是胡適在最脆弱、最煩躁、也最孤寂的時刻，偶然遇見一個聰明而又善解人洛維茨，未及設防的城市竟被她攻破。胡適即使不任大使，也會很快結束了它，即美國人所謂「不待發芽成長，便把它捏死了」他決不會在臨危授命的特殊情況下，鬧出舉世喧騰的笑話來。胡適不是「聖人」……他畢竟很有智慧，這件事由濃而淡，化解得了無痕跡。1946年12月，42歲的洛維

茨與87歲的杜威結婚，成為其續絃夫人。

　　這些，余先生都寫入《重尋胡適歷程——胡適生平與思想的再認識》。其中也讀到胡適的《英文信函》：《胡適全集》本第四十和四十一兩卷，發現第五節「出使美國（1937-1346）」中的一些推斷都可以得到證實。例如曾根據《日記》，斷定1945－1946年秋季他在哥倫比亞大學正式任教一學期，但《日記》極為簡略，不足以定案。現在讀了他在1945年5月28日、6月13給富路德（L. C. Goodrich）的兩封信，這個問題便完全解決了。從第一封信中，我們知道胡適的授課期間是從10月到第二年的1月，每星期講課兩次。從第二封信中，我們更知道哥大最後將他這四個月的講學待遇調整為四千美元。這都證明他所擔任的是一學期的專任教職。

　　不但如此，他考據出胡適在1942年9月大使卸任後的出處問題，《日記》中語焉不詳，只有從當時英文信件中，才能獲得比較清楚的記述。胡適在1942年9月24日給女友韋蓮司的信中說：

　　「我已經接到許多美國大學的邀請，包括康奈爾、哥倫比亞、哈佛、芝加哥、威斯康辛、巴恩斯基金會（Barnes 原注：羅素正在那裡任教）和其他。但是我已決定先休息一段時期，然後再考慮何去何從。」余先生引用《胡適全集》許多一手史料。

　　這時胡適的卸任消息才傳出十幾天，各大學已爭相聘請如此，可見當時美國學術界對這位「學者大使」的尊重之一斑。其中最值得一提的是芝加哥大學的重金禮聘案。他特別申謝芝大以美金一萬元的年薪聘請他前往任教的誠意，他說：「這比我的大使年俸還要高。」但是他為了全力撰寫未完成的《中國思想史》，已決定接受美國學術聯合會的「研究補助費」，因此不得不辭謝芝大的聘約。（見《全集》第四十一卷，頁350-352）「研究補助費」只有六千美元，遠不能與芝大的待遇相比。但在這一出處取捨之間，他的中心價值所在也充分顯露了出來：他始終是一位「學人」，把原創性的學術研究放在第一位，世俗的名位和金錢不在他的主要考慮之中。

　　余先生研究之後，所得到的一個最深刻的感想是：任何關於胡適生平與思想的深入研究，都不能完全依賴中文史料，英文文獻不可或缺，至少具有同等的重要性。

　　人文修養的融通，余先生結合歷史情境，細緻地研究日記……專

業之餘，而能知人論學左右逢源，另也寫出《未盡的才情：從顧頡剛日記看顧頡剛的內心世界》等書。

余先生的喜好，均與兩位老師同步，琴棋詩畫皆通。他同門學弟，一樣有才的陸惠風先生，也愛下圍棋，回憶東亞系舊址樓上是數學系，學生常下來找圍棋對手拚殺。林海峰到紐約去，沈君山託付余先生照顧，就來了余家，下一盤棋贏，不過他後來到林海峰家下一盤棋，又輸給了林海峰。與余先生同年畢業的學長趙如蘭教授，喜歡戲劇古琴，則記得他常搖頭晃腦地唱京戲。

除在哈佛論學之外，他與陳淑平夫人，也一同教養了兩個女兒，都早就完成學業。朋友們常談起余太太也學歷史，畢業於臺大，來美後攻習語言學，是教育家陳雪屏之女，曾任教衛斯理和耶魯大學。余先生曾說過：我的夢，就是大家平平安安，要做什麼就做什麼，想說什麼就說什麼。這樣的社會才是我的夢。美國給我最大的自由，生活在自由的世界……他人跟我的看法一樣，我並不特別高興，每個人都應有自己的看法和觀點。

他常和太太散步聊天，他笑說：我們是最好的朋友，尚友古人。別的朋友現在都離得比較遠，只能打打電話。過去喜歡下圍棋，還給《圍棋天地》寫寫文章，現在年紀大了，做學問之外，就不想再多傷自己的腦筋，只是看看別人下。每天的工作時間從三到十小時，或長或短，已成為生活習慣。因為他的工作和娛樂是結合在一起的。不需要在人前證明自己的存在，沒寂寞感。

他對中國人的事一向熱心關懷，也可為他常說的「文化是為生活而存在」下了最佳註腳。早年就與趙如蘭教授等都參加了大波士頓區中華文化協會；又聽哈佛前輩胡永春、譚秀涵夫婦說起余先生才思過人，協助胡太太翻譯MIT唐氏館的簡介，沒數分鐘，他就將一篇西化的文字，嫻熟地寫成文言，工整又對仗－唐驌千家族為紀念首位考取MIT的父親唐星海捐建唐氏中心；喜師友詩文唱和，一首七律：矯矯仙姿八十翁，名山業富德符充。才兼文史天人際，教寓溫柔敦厚中。孫況傳經開漢運，老聃浮海化胡風。儒林別有衡才論，未必曹公勝馬融。　就是祝賀洪業先生八十壽辰所作。洪先生自1946年即離開燕京文理科科長——教務長的職位，在哈佛講學告老，博聞強記誨人不倦，1980年去世。

　　余先生在哈佛與楊先生合教了九年中國制度史、通史等課，使他對制度本身有基本了解。他覺得：在歷史的進程中，思想是有積極的作用，中國有不少思想曾凝聚為政治社會制度，所以不了解制度也不能捕捉思想。他曾以德國歷史主義的蘭克（L. Ranke）學派為例，說明客觀歷史與主觀思想是分不開的。蘭克一面重視檔案研究、典章制度、語言考證；但另一方面也強調治史是為了掌握每個時代的主導精神。

　　這些都顯然足以和中國的史學傳統相通。余先生指出蘭克在英美史學界的形象局限於蘭克方法論層次，以致影響中國史學界如傅斯年先生等提倡的科學的史學，將主觀的思想因素全排除於客觀的歷史之外，事實上蘭克是主張史學家當努力企攀達到主客交融，恰如其分的境界。

　　余先生又以〈章實齋與柯靈烏的歷史思想〉一文，接引柯靈烏（R. G. Collingwood）的論史以人的思想為核心，與章學誠歷史思想的背後，隱藏著非常接近的史觀——即視人類以往的業績為一系列的行動所構成，包含了言與事兩面。

　　他們兩人的歷史思想之間，最突出的共同點便是對「史學自主」的強烈要求，他們的歷史理論又各有其全部史學發展史作為後盾。柯靈烏的理論基本上是對史學思想上孔德（A. Comte）所倡的實證論，和蘭克及蒙森（T. Mommsen）等領導的歷史主義兩派的反動和修正，所以他指出，史家最重要的本領就是能「設身處地重演古人的思境」，統一主客。而以一切歷史都是思想的歷史。

　　清代的經學考證，亦流於「見樹不見林」，所以章學誠要在中國史學源遠流長的自主性之下大聲疾呼。章學誠與柯靈烏兩人地懸萬里，時隔兩百年而運思竟能大端密合。

　　余先生對清代和宋代等思想史理論的研究，有公認的貢獻。他說明清儒以「尊德性」的精神來從事「道問學」。清代思想史的中心意義在於儒家智識主義的興起和發展，正是這道問學的精神。清儒面對並關切的問題，正是如何處理儒學中的知識傳統。他更以為今天「儒門淡薄收拾不住」關鍵不在心性修養，而在客觀認知精神如何挺立。只有向儒學的「道問學」的舊傳統中去尋求才有著落，還不是「接宋明理學講」的時候。

　　余先生讀到章學誠、戴震的論述，談中國學術界的問題涵義深刻，似乎現身說法，引他入門。研究歷史他感到客觀的實證和主觀的體會，均不可偏廢，必須出乎其外，又入乎其內，才能達到主客統一。出乎其外，即蘇東坡「不見廬山真面目，只緣身在此山中」；入乎其內，則是元遺山「畫圖臨出秦川景，親到長安有幾人」再說史學與時俱變，史學家由各不同角度來觀察，是「橫看成嶺側成峰」。廬山真貌即客觀存在於八方的觀賞之中。追溯他著作論到的康德、黑格爾、馬克思、湯恩比、傅柯等即然。

　　余先生由青年起立說，到中年著述即達高峰。1960年錢先生言其才性，為文似近歐陽，並「念弟深夜作文……弟求遠到盼能力戒，心之所愛，無話不及……」他至老仍寫作不懈，不用電腦、不上網，與他聯繫只能靠書信電話。甚至寫作有焚膏繼晷，幾十小時不眠的記錄，朋友都清楚他在討論時刻外，需待他返家晚餐小憩之後──十點的寫作時間才能請教：夜深人靜，比較好思考，文債、開會都太多，已盡量推辭，年紀大了不比年輕，像作生意，只有這麼多本錢，要定哪門生意，不能樣樣做。甚至以找書搬書當作運動，原不走路，後來才每天走個半小時，煙斗也戒絕。

　　煙斗原是余先生的標誌，但幾次與他相見，都未見抽煙斗，只記得他對一屋子人所說的話縈繞不去：「西方著作，跟思想史有關和有啟發性的書，都盡量閱讀不中斷，可以借鑒。我興趣廣──歷史是綜合的學問，涉及範圍不能不一路擴大，但我並沒有特別崇拜哪一派，虛心讀書，絕不能隨著西方的調子起舞。」

　　抽菸始於1949年。他說「一位老師上小班課，對學生很好，上課喚我們抽菸，這樣抽，是給我影響，抽菸很有味道。後都抽菸斗有一點不方便，要套要洗，我也抽紙菸，兩個都抽，現在都放棄了。」戒菸頭半年都不能寫東西，一個字都寫不出，因為他抽菸習慣跟思想習慣連在一起，沒有菸想不起來，怎麼寫都不知道，很奇怪，忍耐等著，知道這是時間問題，遲早會克服不要急。他笑笑說：「其實看到像我們這樣，有人說戒菸最容易，我戒過無數次，戒三個禮拜……這次為健康的關係，就不抽了。」

　　余先生著作等身歷年增多。尤其退休以後，沒有什麼非寫不可，但他卻以驚人速度出書，實令後輩讀者瞠目結舌，追趕不及。有如

2004年《朱熹的歷史世界》《宋明理學與政治文化》兩部磅礡的專題研究，總帶著尋找文化特色的問題，進入中國史研究的領域；再到《論天人之際：中國古代思想起源試探》……是余先生有關中國思想史與文化史的逆向追溯與重新思索思想文化史的分流，似貫穿了余先生幾十年的學術思想發展的心路歷程。

大作《論天人之際》是斷續十三年間深思熟慮醞釀寫成，在長期歷史觀察梳理中關注思考：天人合一的軌跡，呈現中國古代人文思想的起源與演變，恰同雅斯培（K. Jaspers）與韋伯（M. Weber）提出「軸心突破」分析人類文明發展共性的角度和普世現象有其相契，只有在其他特別是西方的古文化，對照之下以比較文化學的視野，來觀照中國軸心突破的文化特色，才能充分地顯現。

詳以中國的實證史料作闡述：「從中國先秦殷周之際，到周公制禮作樂，而後完成在孔子身上……思想完全是開放的，絕不限於少數精英，《大學》所謂『自天子以至於庶人，一是皆以修身為本』，即是明證。」因此，諸子百家都有「軸心突破」「自成獨特的文化體系」，「天人合一」觀念的演變，在宏觀上符合「軸心突破」現象，突破也經過一個長時段的歷史發展，延續不斷，最後歸結於文明精神狀態的提升，進入更高的哲學世界鄭培凱等位教授稱他：闡幽發微！

1980年代後期以來，余先生的研究轉向思想與社會史、政治史之間的互相聯繫，超越得失關切時代。1987年所著的《中國近世宗教倫理與商人精神》解釋十五世紀以來。「棄儒就賈」的普遍現象。這本書在日本影響尤大，1991年譯成日文出版，思想史權威日本學術院院士，京都大學島田虔次教授，寫了長跋介紹作者生平與業績。當年日本各大報如《讀賣》《每日》《日經》《產經》等都有書評介紹，頗引起史學界和社會學界的討論。

日本中央公論社，1992年出版《現代亞細亞論的名著》介紹了十七本名著，《商人精神》是第一篇。所以那些年余先生曾多次在日本京都，關西，東京，東北各大學演講。地位崇高，余英時教授當時即被日本日本學術院院士島田虔次尊稱為「二十世紀後五十年中國最傑出的歷史學家」。

余先生的撰述範圍，也下拓至二十世紀的思想史，尤以英文論

著，對整個中國思想史之發展，提出整體性、綜合性、總結性的看法。他真是後輩眼中博學多聞，又是創作力爆發的史家，作品深刻，三十多刷更有新版的名著《歷史與思想》，就是史學中罕見的暢銷書。

　　在四壁皆書的家中，他說：「想想多少千古未盡才，時間有限，生命是要自己去完成的。」

中國之美典與審美態度
──普林斯頓大學高友工教授

　　高友工教授與趙如蘭、余英時、陸惠風教授等前輩師友，都是同門，指導教授是漢學思想史巨擘楊聯陞教授。所以高先生也常乘開會之便，回到哈佛敘舊。

　　印象中，頭一回見他是在1986年12月6日，鄭培凱和杜維明教授號召的《九州學刊》創刊的年會於1990年後改稱中國文化研討會，我也加入召集主持了二十年。第一場就是哈佛的張光直教授講「文明的起源」；杜維明教授講「思想的基調」，再配合自普林斯頓大學回來的高先生講「美典的成形」，燕京圖書館吳文津館長擔任主席。在臺上唯獨見高先生身穿毛衣襯衫，衣著隨和舒適，親切地與1960年代，曾在哈佛大學任麥凱講座的邏輯學教授王浩，同台演講著他很感興趣、醞釀已久的思維──中國美典──自古就有的骨幹「抒情美典」。1993年冬，第八屆年會定「美學與審美態度」為主題，就是為了要請高先生回來主講美典。聆聽他漾著微笑的談話，真是受益無窮。

　　高先生是安東鳳城人，1929年出生在瀋陽。天津的廣東小學是他上的第一個小學，其後因為「父親在政界做過一點事，我小時候都在各處飄流」。被問到他老人家的姓名，他順著答：「我父親姓高……」他哈哈的自己笑了，「名字是惜冰，母親湯琮璜女士。」高惜冰先生曾留學羅維爾的麻省紡織工科大學，任紡織工程師，任瀋陽的東北大學工學院院長，察哈爾省政府委員，教育廳長等職務，後一直從事紡織工業。

　　父親的事業和遷徙的家庭，當然對他有著影響。小學他就進過五、六個，在重慶南開中學上了五年，畢業於北京育英中學。1947年考入北大法律系，念了一年，1948年就跟父母到了臺灣。而1949年春天，臺大就設了特別班收留大陸出來的大學生，說是插班，其實等於重新讀。音韻學專家董同龢先生教特別班大一國文，給他的衝擊最大，促使他轉到臺大中文系。

從他那一屆（1952年大學畢業）開始，男生要服兵役一年。他考上翻譯官，駐美軍顧問團兩年後，才申請留學哈佛。

1954年起留學哈佛期間，他跟隨楊聯陞先生學思想史、文化史，研究的是南北宋之間的方臘之亂。1960年離開哈佛，先到史丹福大學教了兩年中文，1962年博士論文交卷後，就到普林斯頓大學東亞系擔任教授，三十多年來是普大在中國古典文學、比較文學及理論批評方面的著名教授，也是文學史專家、哥倫比亞大學夏志清教授所說的普林斯頓大才子之一。1999年高先生自普大榮退。

他指導的學生遍布各名校，他說：「青出於藍，更勝於藍。」其中極為奪目的有曾任耶魯大學東亞系系主任的孫康宜教授，另外名詩人及編輯楊澤，密西根大學教授林順夫，現任教哈佛大學的李惠儀，臺北師大的周昭明教授等談起高先生都極感念。高先生是中西合璧難得的奇才，不但對中國古典文學無所不窺，對西方英美文學和比較文學方面的涉獵亦絲毫不遜。剛出版的學術新書，高先生便迫不及待兩三天讀畢，熱切地與人交換心得。常見他獨居一室，環壁皆書，靜坐勤讀不倦。他也不強迫學生，把他們當做朋友，常介紹所讀的新書給他們。孫康宜說：「在普大真是我學習生活最豐富的時光，高先生那種充滿生命力的教學方法對我的幫助很大，而且讓我大開眼界。他無形中培養了我對知識的大胃口。」又極愛表演藝術，尤其是舞蹈，他在哈佛研究所時就每天去上芭蕾課，還學瑪莎‧格蘭姆現代舞，而與舞蹈家明星江青及舞蹈評論家等長久結緣。興味極寬廣。

1978年，高先生在離臺二十四年後，首次返臺，發表論文好幾篇，討論文學研究的理論基礎和美學問題，方法與眾不同，而引得後任高教司司長的臺大余玉照教授宣稱：「高友工震盪！」高先生在1978年年底發表〈文學研究的理論基礎──試論知與言〉於《中外文學》，只要讀過這篇文章的人就可明白。他謙稱「那是有名的同事余玉照教授開的玩笑」是太客氣了！

高先生從文學研究能否算學術研究論起。這界說觸及知識論的核心問題，如知識的定義以及知識的表達。先問文學是指客觀的文學作品或主觀的美感經驗（創作或欣賞），再分析美感經驗，和美感經驗本身是不是「知」的活動等問題。

他由西洋分析哲學家雷柔（K. Lehrer），分析「知」為：技能之

知、經驗之知和現實之知三義。對照後兩個層次，批評以知識為現實之知的偏見，假定客觀現象之後必有絕對真理。各學派對能否掌握有著分歧看法，如極端的懷疑論者，仍抱「知其不可為而為之」的精神，希望至少能在這充滿懷疑不定的現象世界中，奠定一點確信無疑的真理。既不是個人獨得之祕，必要依仗傳達的媒介－語言，藉分析性的語言，代表現象界，表現「道」、「理」給他人，據此求「證明」。衡以學術標準，宗教也需要證明。「無言之教」、「無言之美」在這一層次的知識義上，只能做個人的玄想幻覺看。

語言的形成不外是約定俗成。日用語言的積重難返，偏於「俗成」這面；分析語言想廓清矛盾，加強「約定」方面。分析語言以命題為主幹，卻也削弱了語言的力量，故還要依賴不精密的日用語言，才能真正傳達。

這種局限使我們看到西洋哲學家，逐漸陷入這潭泥淖，而忘掉了哲學原有的使命——愛智。看語言分析學者，處理哲學問題，不能不使讀者覺得他們是近於詭辯；問題變得繁瑣，答案流於空洞。彷彿不惜創造了一套繁文縟節，以期維持觀念的清晰。結果作繭自縛，陷入自造的陷阱中無法自拔。

有人認為分析語言能壟斷一切，不藉語言而體現的經驗，就全剔除，而且把功用不同，而形成結構不同的兩種「知」的界限也一筆抹煞。

孤立地看經驗，是個人在某時某地的心理狀態，簡稱心象，是整個人和環境接觸而生的感應。心象的重現，絕不能原版複製，必有意無意地剪裁、調整，故屬創造。

「觀賞，反省」合為內向的觀照，而在現實界之外，創造一個想像界，作為觀照的對象，有新的感應——包孕了直覺對想像界的價值判斷。這判斷不能與感應分辨；這感應也無法與想像界的內容分辨，可視為一種領悟，不落言詮。似乎是吉光片羽，若即若離。這是「經驗之知」的全面。

為了創造想像界，最後的對象又為文學研究，就不能不注重語言轉向感性方向，用以表現心象；心象逐以一個觀念，或觀念的疊合交融成為表現中心，用為象徵語言，觀念為主，不再代表外在世界。邏輯關係與分析語言相較，亦淪為次要，大半的想像是無數觀念的結

合,不能割裂的心象,彷彿是座七寶樓臺,拆下來就不成片段,要利用在主觀的時空軸上兩個焦點:自我和現在過濾,正如透過三稜鏡的光,都變成此人此時主觀即時的經驗。

在這主觀、即時的想像界,綜合萬象的是一種「同一關係」。「同一關係」可以是自我此刻與現象世界的感應,亦可以是現象世界自有的感應,是種自我轉位,形成的同一心遊無礙的世界。

莊子惠子濠上之辯,有共同承認的命題:都相信經驗之知。歧見在惠子以「分析之知」不能了解經驗之知,而認為經驗之知,沒有傳達的可能。莊子分辨兩種知的階層不同,而以想像活動的「同一原則」體會到魚之樂。莊子在濠上的事實,已足夠說明他能知魚之樂。至於這「知」是由我見魚而樂,抑或由我之樂而及魚之樂,則毋須決定了。正因這「同一」關係所求為「同一」,是情境相通,還是物我相通則是次要的問題。有這「同一」關係才能從懷疑論中自拔,而在「經驗之知」的層次上交通。

在表現上,「分析語言」和「象徵語言」可完全相通,實際則全從解釋上決定,分界在功用層次:若分析語言是外向,追求外在客觀絕對的真理;象徵語言就是內向的,求創造內在主觀相對的想像世界。

這由外轉向內、不以求或外求為目的,則在「無所求」的想像創造中體現了一種理想,亦可稱之為生命之知,也許正可填補知識之知的繁瑣和空洞。這種知是否智慧,那就訴諸個人判斷,別人不能越俎代庖。

人生智慧,往往被原有的價值觀念所限制,有先天共同處,又因環境殊異而有更多差異。最大的共同處,是文化背景,是最能兼容並蓄的環境,可形成一環,最有深遠影響的價值。經驗的知,能被認為是智慧,正因體現了文化理想。

中國哲學家談人性,歐陸大師也熱中生命價值的思索,但分析哲學的雄厚勢力,因此談存在價值最精的海德格(M. Heidegger)也不能不力求分析方法以辨其經驗之知,在晚年著作中,似乎深感科技終要壓倒藝術哲學。暴露基礎之脆弱。

只有美感經驗,才能在觀念、結構、功用的層次上都符合所提的「經驗之知」的特性。人以萬物世界為對象,處處都有美感經驗。以

藝術為對象的美感經驗，不但具體體現一種有意的創造活動，也是群眾的公物。任何人都可自己來欣賞這創造的藝術品。求真美是創造的想像在內在觀照中體現。

藝術的媒介有不同，從造形藝術的線條色彩，音樂藝術的節奏旋律，到文學的詩歌小說，好像沒有共通特質，但大體說仍可找到（一）「代表現實」；（二）「象徵心象」的兩種傾向。

即使是「代表」式的現實，仍是在想像世界裡出現。從美感經驗的觀點來看，代表的現實仍需作感性的材料。故文學研究中處理的語言，可以是代表性或象徵性的；由於是文學作品的材料，所以都在美感經驗的實現，這個間架裡來處理。在理想的體現上，語言文字，可以直接表達無數的道德價值判斷。但直述的判斷，始終要居感性的體現之下。即使充滿道德教訓的作品中，盡可接受說教式的銘言，但只能為文學的材料，其所造成的整個藝術品，才可感動我們。

所以文學研究，無疑是歸諸學問，該用分析語言；文學批評，則是純粹的美感活動，能用感性觀念來把握這美感經驗和判斷。很多詩評家不採分析道路，望以一字詞語來象徵他們的經驗，是綜合的心理活動。這種分野，在學術界受到兩種批評：一是新批評派力主文學批評即文學研究，應用分析方法作批評；二是認為中國過去的文學批評，大部分是主觀、片段、直覺粗略的個人印象，而少客觀系統分析，全無價值。

新批評派，只是把作品從沒有意義的外在因素中分解開，而集中到比較能客觀觀察到的，讀者對作品的感應——理想的讀者，常是批評家自己，是客觀地分析主觀經驗。正如心理學的研究，以內省為主要材料，可是新批評，並不見得比中國過去的批評方法，更能忠實地反映出主觀美感經驗。他們在方法上無可厚非，其貢獻是以分析來剖解主觀經驗，在客觀作品中找到證據。

文學批評在今天，為何不能研究過去的批評和它作品對象有何因果關係呢？高教授表示，主觀的評語，也許暗中自有客觀標準，更深刻地透露出風尚趣味和理想，至少也可領悟一些意向，合起來看，正反映了文化的基調。了解之後，就能賦予新的意義，文學批評正如經驗之知，是不能立改趣味和修養，但潛移默化是可能的。正如傅瑞（N. Frye）說文學批評是種人文教育。我們吸收前人批評的智慧，若

古人先得，我心固然愉快，但若不能和古人同意，仍反覆詠味，忽然
領略深意，也許能立刻擴展了視野。有好奇心就該分析因果，但那是
文學研究，只限有興趣者。而文學批評，則是每個尊重人生價值者不
能避免的課題。高教授明示西洋傳統「知識論」的殘缺偏枯。

　　高教授以美感經驗的定義與結構，及經驗材料的意義與解釋，把
重心置於文學鑑賞的美感經驗上，勾畫出抒情美典的藍圖。一面，接
受了分析傳統的語言和方法，一方面也能兼容中西文化的美學範疇與
價值。

　　他引申徐復觀先生在〈中國藝術精神主體之呈現〉一文之旨，提
到或許我們能以藝術的美感經驗，來體會智慧的某一境界。陳義甚
高的智慧，能作到庶幾近乎的境界，即已經對傳統的「知識」做了
補充。

　　高先生以「經驗」同時具自我感與現時感，貯存呈現於意識層，
就是經驗材料。經驗中主體（自我）與客體，現時與過去的對立，即
近乎「體、性」和「表、體」之別，成為雙重層次結構。

　　文學研究，不可或缺的包含可客觀觀察的材料，如純粹的內容結
構分析，到作家背景、歷史考證、語文詮釋。但不要忽略了最重要的
美感經驗一環，就是讀者對作品本身的反應。而人文研究，是要建立
一個主觀經驗的客觀條件，和肯定相對價值的絕對地位。研究文藝，
正是描寫各想像世界建立的客觀條件。

　　美感經驗的感性外表下，往往有深潛的裡層，即是感性過程的知
性解釋。解釋，是個別感象的旁支別脈。彷彿在每個橫斷面的個別單
位，又各自形成了縱貫的解釋。所以我們毋寧想像一個美感的過程，
為一種駁雜而反覆的解釋過程，而此過程的逐漸發展、轉化，正是談
美的一個必要條件。

　　美感經驗絕緣獨立，又不能真正割斷與外界的關係，且經驗可視
為「刺激－感受－反應－判斷」的一系列因果關係。藝術媒介，始終
是外在因素或起點，只在內化後才是經驗。

　　美感雖由主觀的個人經驗決定，但並不否定美感的客觀存在。美
感經驗中的美感與快感最顯著的差異，是內心感應過程中必經的中介
因素，一種心境。高先生用結構學派文學理論家卡勒（J. Culler）的
話：「在意義徹悟的瞬間，形式呈現為整體，表層表現了深層。」這

是情景交融的境界，才是美感經驗中追求的目標。

中國歷史上，知性的理解與感性的存在，永遠形成難解的死結。在「存在」之中，知性語言不但無法把握此存在價值的真諦，即或能把握，一旦以語言表現，已失之。莊子思想「得意忘言」等，就提出在美感經驗中，求道德生命之體現。

此外，大曰經驗，小曰心境，都是美感的本體。美感經驗為價值之表現方式，因此道德理想，也可看成美的境界的實現。

真要了解美感經驗，得從解釋的方法和觀照的對象入手，探索如何把經驗的材料轉化組織為經驗的對象。材料解釋有四層次：直覺、等值、延續、外緣；所以形成四種感象：印象、通性、關係、表現。

創作者希望傳達的美感經驗，用藝術媒介直接存於記憶，重現時必摻入想像，二者的交互運用成為心境，歸返這內在經驗，形成美典，或稱審美態度、審美論。高先生為免混淆，仍用美典：不只是被動的審美態度，更重要的是包含創作者的假想、期待和態度理想。

他說：「不但每個人都有自己的美典，而且這個自我的美典還會因不斷的影響、不同的感受，而不斷的成長、變化甚至於改變。」同時，操作的美典不可能限於抒情美典。

在中國歷史上，抒情美典是最為上層文化所贊許，又對整個文化圈最具影響力。就歷史的發展推衍，可從先秦的音樂美典，通過漢魏六朝的文學、唐宋的詩歌美典、宋元的美術美典……，漸漸形成中國美典。

大體上，任何文化有上層的美典，也必須有低層的美典。中國經過幾千年歷史的演變，終於以中國文化型的抒情美典為主導，但其他美典或同時並存，或在某一集團、某一時期甚至成為主導美典。比如說功能性、快感性的實用美典。

抒情美典是種內向美典，根本支柱是內化和象意。因在抒情藝術出現前，人類可能早已有娛樂。明顯的是宗教、倫理和娛樂結合的音樂、美術、舞蹈等，就已經為人服務，並在文字出現後還繼續。但上層社會鼓勵了文字的使用，偏重推廣，保存他們重視的、以抒情美典支持的文化藝術，也逐漸與一般人的口語文化脫節。

文學史多少提供了抒情傳統的資料：由《詩經》、《楚辭》、漢樂府、古詩十九首，到律詩……，其體類的名詞為：古詩、近體小

令、長調、詠懷、遊仙、山水田園等；其意識形態的名詞為：骨氣、精神、虛靜、淵深、清拔、華美……，都應尋其全面橫斷，和時間縱貫的意義，在作品中顯其特色。

中國文學中所謂印象式的批評，就是要把握風格——兼及作家和體類的風格。作家的人格和時代的風氣，更邁入思想文化史的境域。〈文賦〉所說：「詩緣情而綺靡、賦體物而瀏亮」，即表達體類，一向不可與風格分離。

中國文化中人物要留名，立名傳名，若釋為名譽，有失其深度。至少在中國各階層中，這「名」都可能作為個人全體人格的表現，在不以宗教信仰為中心的文化傳統，名的觀念建立，是個精神不朽的寄託，就是說如心境之存在，為人生之價值，這心境，能在其他人的心境中繼續存在，則是藝術創作的一種理想，可與立功、立德相比擬。品題即是這樣的一個「名」，也與風格相通。批評中把風格與體製繫連，如劉勰〈文心雕龍。通變篇〉中「黃唐淳而質」到「宋初訛而新」的變化，是由體製開始，以時代風格作結。

理論上抒情傳統（尤其是抒情詩）是源於一套哲學基礎（如生活觀）發展出來的美典，可用對「言志」的解釋作為典型代表，廣義的以藝術媒介整體表現個人的心境與人格的美學理論。

中國詩的傳統由自然物境的描寫發展的「山水、田園」詩體，始終不能與自我心境的表現所生的「詠懷、言志」詩體分離。唐代律詩的出現正是這傳統發展的高潮。

聲律格式與修辭規則的發展是持續漸進，但律聯結構的典範化，律化的對仗不同於舊日，複沓式的對仗變成新美典。以初唐駱賓王所作：「寂寞心事晚，搖落歲時秋。共此傷年髮，相看惜去留。當歌應破涕，哀命返窮愁。」三聯皆對，詩人感情平衡呈現，像幅題為「感情」的抽象畫。

哀嘆衰老形貌、離別感傷等非依序出現，可能同時或一再發生，迫使動作輻湊為一，將內在世界規畫準確的設計呈現，抒情自我與現時主宰了整個詩的動作，首段具二元結構，造成一個複雜而勻稱的多層次雕塑。新結構需要新的閱讀方法。與通常的線性前進不同，注意力導向旁側，生側向反顧的活動，在封閉空間內形成一個循環。律詩這一典型——對某些人如王維來說——正在最圓滿境界，體現了生命

的智慧。

高先生1994年年底發表了戲曲美典和兼談崑劇的論文。他在讀曲之外，更上承王國維、趙景琛、錢南揚、葉德均、孫楷第、鄭騫諸前輩對中國戲曲做了一番研究。除視戲曲為文學之一脈，承繼唐詩宋詞之抒情傳統，下及於元曲外，並研究劇場演出的條件及效果。而對崑劇這個有四百年歷史，中國最古老的劇種的美典，他認為是在中國戲曲史由院本、雜劇、南戲的傳統下來的，延及海鹽、弋陽諸腔，以後又影響梆子、皮黃、大鼓彈詞這系列。

崑劇演出真正配合舞臺是以《浣紗記》首開其端。這是四百多年前的事。盛行時還大量搬演南戲，更擴大其影響；北曲的唱法則較統一。現因多種地方劇種取代之，兼受電影電視影響，已日薄西山。

高先生對戲曲的興趣是學術性地保存和探究。他說：戲曲美典是外向美典，根本支柱是外現和想像，可說除內向美典外，幾乎無所不及。就其外在目的可歸三類：快感、功能和美感的。由於人都有感受、求知、移情的快感，故層次曲折。

美感經驗除圓滿自足外，能進一步予人生命意義的領悟，概括說，所有藝術基層，都可能運用一種快感媒介來達其效果。個人只是一個在外觀照的描述者。介於或游移於內（省）向與外（投）向美典之間的文體，有西洋抒情小說、中國的大賦和本事詩等。任何文化可以沒有內向美典，但任何人存在就必有自足自娛的需要，社會是一群人共同生活交流的產物，因此只要有人、社團，就有外（投）向美典。上層階級並不完全脫離娛樂社會性的外向文化，但受內向文化控制。

表演傳統是過去的禮儀傳統演變而來。如《論語》中提到的儺，整體說是祭神祀祖的傳統，逐漸成為娛人娛己的娛樂。講經及傳奇小說的白話描述傳統也與禮儀傳統並行，歌舞百戲和講唱說話是可充分交流。任二北《唐戲弄》中科白戲未發展，而趨向了「歌演戲」，大部分文化都有這種歌舞兼重的戲劇。胡忌的《崑劇發展史》就演出史而言，很重要。

對戲曲演出言，明清傳奇，特別是崑山腔的演出，才是研究重點，主要因這是可以保存的最古老劇種。在不斷變化中，因崑劇的保守性，使得現在的演出仍保存很多舊傳統。

　　元雜劇如《關大王獨赴單刀會》之〈訓子〉〈刀會〉是否北曲崑唱？他認為以之等同北曲就太大膽。《琵琶記》則是上溯南戲產品，據為己有。《牡丹亭》、《長生殿》、《桃花扇》等明末已僅取折子戲精采者演之，是演出美典中最必要的先決條件。外現和感受所呈現的百戲，和想像代表所呈現的講唱，融合在戲曲傳統之中，才有完整的美典出現。

　　高先生以看曾永義和洪惟助教授指導下，所出的十七卷崑曲錄影為例：《金雀記》在《集成曲譜·金集》有〈覓花〉、〈醉園〉三、四齣，現錄〈庵會〉、〈喬醋〉，撇開前齣及終場，只〈喬醋〉一折就是生動緊湊的生旦喜劇性獨幕劇。

　　戲中小生潘岳上場後的「太師引」一段一板三眼的唱，讀到出家情人寄詩勾起舊情，夫人程遠迎上場對唱，大體上是散板的「賺」，全場主曲「江頭金桂」，穿插生的界白，以其一對定情金雀點破潘岳「旁枝覓小星」的「虧心短行」。〈喬醋〉仍是「喬」，還是假戲真做，層層進逼，潘生捉襟見肘下跪了結。

　　在藝術上，折子戲所選，不一定是全劇樞紐，但一定呈現生旦淨丑中的突出特色，這特色就歸納作唱念做打。《玉簪記》的〈追別〉現名〈秋江〉，似因川劇改編，再度轟動。前面的〈琴挑〉生旦交互唱出，心理上極其複雜的男女情欲之爭；追船合唱〈小桃紅〉、〈醉遲歸〉，還不能不在對口動作外，顧及江浪搖盪波濤中的船隻起伏動作。他最喜歡杜麗娘臨死前低唱〈離魂〉中的「集賢賓」，堪稱《牡丹亭》絕唱。

　　他當時想像如果能約江蘇崑劇團和北崑，與上崑、浙崑兩團演出，對有興趣比較者，更有助益。又「彷彿是小孩在節日熱盼禮物的心情」，他也希望看《九蓮燈》、《一捧雪》的幾折戲，當年更盼號稱崑曲閨門旦第一人的華文漪，也能錄她幾齣戲。基於對朋友和戲曲的熱忱投入，高先生退休前即居紐約城裡往返普大。念及哈佛時的老友張光直、梅祖麟、趙如蘭，他笑談舊事……。

　　他與康奈爾大學，我們也認識的名教授梅祖麟合著的《唐詩的魅力》李世耀的中譯本，早於1989年，在上海古籍出版社印行。梅祖麟教授是高教授的好友、同學同屋，也是其學說之闡述者。在新世紀，高先生的大作《中國美典與文學研究論集》也在兩岸分別出版：臺北

由國立臺灣大學出版中心，2004出版；北京簡體字版：《美典：中國文學研究論集》由生活・讀書・新知三聯書店2008出版。

　　對他自己的文章被翻譯或被發表，他多不看，謙抑的說：「我的文章根本很少人看，譯者費力細看，已很榮幸。」返臺大任教的劉翔飛譯〈律詩的美典〉，他是滿意的。談起他這位好學生的早逝，真有白髮人送黑髮人的深沉傷痛。

　　「您一路順利，有沒有過挫折？」他笑說：「這個妳問錯人了！因為我實在是很幸運！也許我是個很迂的人，別人認為對我是挫折，甚至丟人的事，我自己都還不知道。」「是通達吧？」「倒不像通達之人真正看穿了……」「是文學的力量？」「我自己覺得文學這個東西我根本不懂，實在是有點愚蠢，都沒有放在心上，就自然解脫了，妳大概不相信我，真的確如此。」

　　這正是我們難測又難學得的高妙！

　　高教授於2016年10月29日安眠中恬靜永別。11月16日至18日，普林斯頓校旗在東派恩樓East Pyne降半旗3天，以示悼念敬意。又於2017年3月11日在普林斯頓大學瓊斯樓Jones Hall舉行了高友工教授紀念會。華裔榮光！

改變現代文學史生態譜系
——感時憂國的中國小說史家夏志清教授

　　能常親炙夏先生通訊往還，還是因王德威教授，從中引介，相互
觀照。1990年，夏先生終於把王德威請去哥倫比亞大學做他的繼任接
班人，他說是維繫了三十年前王際真教授識拔他自己的優良傳統。

　　讀其書深得我心而景仰的夏先生，從八〇年後期，與他結識後，
榮幸地蒙其知遇不棄，魚雁過從，常由他口述或書信指點許多不傳之
秘。他不拘輩分，待我們晚輩如知友。每回捧讀他那筆跡纖秀小小長
長，細緻的來信，總有幾個字要經推敲，才能了然，可是字字珠璣的
信，知無不言，言無不盡，更不忘溢美鼓勵，還曾主動要為我寫書
序。文字和感情並茂，多采動人，常成我晦暗生命中的一線天光，實
在捨不得不求甚解，只能留著通話或相見時再求教誨。泰斗名師在電
話中，更會款切的說：妳等一等，我去拿來看看……想像他老人家，
在我和兒女無數次登堂入室，雅致舒適的客廳，高書架上，或是檔案
櫃中，有條不紊翻出資料，再來指點江山。1995秋後陸續據張愛玲
尋覓手跡故居和發表〈張愛玲與哈佛〉〈張愛玲履歷表〉等文，就得
他一句口授再來信，之後他更說得熱熱鬧鬧，滿腹經綸，真教人心服
口服。

　　我寫成巨擘篇章的〈現代文學的悲憫情結夏志清教授〉，收於
首著之哈佛系列中，早就得他指點。1995秋張愛玲仙去後，夏先生
送我珍貴的張愛玲履歷表，又心傳指點寫〈張愛玲在哈佛〉等文，
1996.4.15日後分別刊於聯合報和中央報，是中文世界首發，還是比司
馬新——鄭緒雷（Stephen Cheng）的《張愛玲與賴雅》（原著為英
文，由徐斯和司馬新中譯，1996夏天後首版）要早一點。我抒展詮釋
張愛玲哈佛研究和手跡簽名書，據評論是能補白張愛玲在哈佛女校瑞
克利夫學院和美國的後半生事跡。拙作諸篇已為哈佛史勒辛格圖書
館諾斯 J. Knowles 太太邀去歸檔。

　　夏教授是張愛玲最敬重的同輩之一，張愛玲去世不久，感激夏先
生，立即允許我應用他全部資料信件，在那前後他已發表了大部分張

愛玲書信於聯合文學雜誌，後又將部份122封原件捐贈南加大張愛玲研究中心。

他諧謔成性，自己承認在社交場合愛說笑話，說過「我本無心說笑話，誰知笑話逼人來」和他寫文章的嚴肅態度大不相同。聚首的場合，他先來個洋式相擁，再酣暢地茶酒談讌，老聽他機巧敏捷、近乎玩世的中外幽默——相關的不相關的，隨他腦筋速轉拈來，全像連珠炮似地蹦了出來。

聲調或高或低、抑揚頓挫，講得急了還會複述四遍，並有幾許忐忑不安，開懷暢言，外加手拍指描，真叫大家敬畏有加。相熟之後，自會把他不加遮攔的笑話，當作百無禁忌的戲謔，他毫不矯揉做作，躍動的童趣妙招，和嘻笑怒罵總也引得滿座欣悅，融融樂樂。問過他怎麼會變為今日的性情？他說：我一向在朋友間就是會瘋的啦。同學都知道。

不與人說起文學的正經話題時，就總是如此地率意漫談，但研討文學則是另一番不同的風貌。海外中國近代文學首度成為獨立研究的個體，非要從1961年3月耶魯大學出版發售他的《中國現代小說史》說起，此書一出，就在國際漢學界，拓出一片天地，從此得以光耀異域，半世紀多有著根深蒂固的影響，與他後來的精心傑作《中國古典小說》等書，無不奉為圭臬。

夏家祖籍蘇州，江蘇吳縣人，祖父和大伯早逝，祖母孫氏守寡撫養三個子女，二伯在上海開當舖，姑母嫁尤姓，他父親夏大棟（柱庭）先生排行三，曾入薩鎮冰辦的商船學堂，讀了三年，進浦東銀行做事，所以他生在黃浦江對岸的浦東，隔江對岸就是十里洋場上海——1921年2月18日（農曆正月11日）生，4歲時才與母兄返蘇州。

對於這從三國以降就英彥如林，名家輩出，又有水鄉塔橋園林之勝的蘇州，他「並無好感」：街窄，早晨收水肥，臭氣沖天，一般居民懶洋洋的，舊屋無電燈設備，靠幾盞洋油燈暗黝黝的……冬天又冷，以手爐腳爐取暖，令他心中老大不願意。

母子三人，先住桃花塢母親何韻芝女士娘家老宅，父親在上海交通銀行工作，週末返家。他讀桃塢中學附小，只收男孩，6年級下學期遷廟堂巷夏家，轉學到蘇州中學附小，兼收少數女孩，他見壞男孩欺侮女孩，就開始俠骨柔腸起來。上課兩周，一二八戰事發生，父親

接他母子住銀行宿舍,停學半年,在上海看戲看電影,當然也看些書報,9歲起他已讀了《三國演義》四遍,李涵秋的《廣陵潮》《施公案》和林琴南的翻譯小說等,就是在上海為消遣而看的。其後與母親回蘇州上純一初中。

高一讀滬江大學附中一學期。因父親已去南京任職保險業,又做中央飯店經理,他也轉學至南京青年會中學,念了一年半。對剛建都的京城感覺舒服寬大,一派新氣象。1937年七七事變時父親將全家送回上海法租界,自己到大後方。回憶父親老實而從商,被派到貴州,仰光等地,也不會走單幫的門道,始終很窮,開車子的人都發財。銀行經理並非小職員,生活拮据,倒是令人意外。夏老說:小經理是幫人做事,又不是董事長。

哥哥夏濟安是長子,同父親衝突多些。夏濟安日記提及父親吃喝嫖賭,使母親不快,所以他在出版序言裡,非作辯不可。他認為哥哥不免苛評了。父親吃飯穿著並不講究,商界陪人到堂子吃花酒是正常,麻將常打亦是社交,不能怪他。母親守在上海、蘇州,培育兒女,實在艱苦。但接近勝利父親返鄉,除1946年到臺灣一陣,未再離開,父母感情在晚年,確很深厚。

濟安先生交遊廣,莫逆之交宋淇、張芝聯等都是書香世家,原讀燕京清華。因華北不安寧而借讀光華大學。「我比較乖!一向不愛動,在大學除同系同學外很少交際,但也不吃虧,正好多了時間讀書。」大學他曾心儀聖約翰的劉金川等位。寫情文並茂的長信去,被劉退回。後陳子善教授找到了劉金川在紐約的地址,兩家在餐館,輪流做東,直到2006年劉金川因乳腺癌過世。由於對文學的敏感度,自滬江大學畢業時,已大量閱讀了中國文學名著。

他由滬江英文系1942年畢業。父親覺得憑他的英文可在保險公司,做英文秘書,不過他從未學過商用英文,在公司待了兩天就不幹了。後在街上巧遇同學,邀他到光耀中學,代課教一門高中英文,教了不到兩學期,深感百物飛漲,零用錢都不夠,媽媽就鼓勵他去考海關,勝利前曾在外灘江海關工作了一年,他哥哥1943年11月亦離滬到內地,1945年任教西南聯大,他則一直在上海陪伴母親妹妹。

戰後1945年,父親商船學堂老同學、後娶夏家別房小姐的姻親徐祖藩,被任為臺北航務管理局局長,即把賦閑在家的夏先生,帶到

臺北，做了十個月航務專員，其實他對所職司的事務一竅不通，在辦公室無聊得很，只好常讀書，最糟的是學會了抽煙，讀書時還會接連抽，抽了四十多年，想著可怕，担心貽害終生，直到八〇年代初才戒。那時不講究抽煙違反健康的道理，宿舍又無書桌，只好上街亂跑，或在蚊帳裡看書。倒也讀了《湯姆瓊斯》《白鯨記》柯立基的《文藝生涯》等二十多種。

他隨長兄夏濟安1946年9月底，由滬乘船至北大任教，住教師紅樓宿舍，致力於當代英美批評、德文……寫了布雷克（W. Blake）的論文等。

胡適校長上任，紐約企業鉅子李國欽，給北大文理法三個留美獎學金，講師助教均可參選。哥哥非聯大嫡裔，他又靠其兄面子進北大，人事上一無關係。能有此出國機會，兩人當然不肯放棄，各需交英文論文和當場考英文作文〈出國留洋兩回事〉一篇。他因研究布雷克論文脫穎而出。英國的大批評家燕卜孫（William Empson），那年重返北大，在外文系任客座詩人，會同文科各系審閱，對此文大為賞識；認為遠比其他參與競選的論文高明。決選出沒有炫赫的人事，以88高分問鼎的夏先生，但曾引起多位講師聯袂抗議。宋淇於文字中提過這軒然風波，傳聞：此獎為一洋場惡少僥倖取去，正說明他中選全憑真才實學，榮獲李氏獎學金。

他在《雞窗集》《中國現代小說史》自述：「胡校長雖然也討厭我是教會學校出身，做事倒很公平，沒有否決評選委員會的決定」；「胡校長不贊成我去耶魯哈佛攻讀博士學位，不熱心給我寫推薦信。」我曾一一追問此事，他說：「胡適似乎不大喜歡我，不大親，一開始就不對勁，他對教會學校有極大偏見，而且耶魯哈佛英文系很難讀畢業，因而不推薦吧。」而後，出國手續延宕，1947年11月末他終於抵歐伯林（Oberlin）學院住了一週，並往附近墾吟（Kenyon）學院聽了名詩人、新批評派的鼻祖藍森兩週的課，（泰德、布魯克斯、華倫等位都是他門生）藍森看了他布雷克和多恩（J. Donne）兩篇論文，對他也很賞識，把他推薦給剛任教耶魯的學生布魯克斯，經藍森和燕卜蓀二位名詩評家力薦，藍森駕車送他到火車站，春天就到耶魯攻讀英文碩士和博士。

1951年12月他獲得耶魯英文系博士，早半年就開始協助政治系饒

大衛（David N Rowe）編寫英文*China: An Area Manual*（《中國：地區導覽》）手冊一年，負責文學,思想，大眾傳播等篇章，發現有關中國的書籍實在很少，50年代後期，《時代週刊》刊印一個中國特集，封面是毛。報導的上海，北京等風土人情，都根據夏教授撰寫，有些字句都不改，讓他笑得人翻馬仰，從來沒有看這雜誌這麼得意的，但因意識形態，美政府並未正式納用這手冊，這試印本《中國手冊》一共只印了350部，各大圖書館都不易分到，資料實在太稀有。

　　他見中國現代文學史竟無一部像樣的書，因此即向洛克斐勒基金會申請，得到三年獎助費，在耶魯以英文系研究員名義，有魄力地撰寫《中國現代小說史》。在冷戰年代，資料侷限的條件下，1955年他離開耶魯，去密西根大學客座，一個人代中國文學思想兩位教授任教，之前大體完成鉅作，1956到1957年在德州奧斯丁教一所大學Tillotson College擔任英文文學教授；1957到1961年任教波茨坦Potsdam紐約州立大學，擔任英國文學、文學教授；於1958之後《中國現代小說史》有所補充，1961年耶魯大學出版；奠定他漢學界評論家的聲望。同年他應邀去匹茨堡接柳無忌教授缺，中國中心教書兼管行政。因王際真教授早讀到樣書賞識他，1962年他被聘為哥倫比亞大學長俸教授。1991年「五四」，夏先生自任教二十九年的哥倫比亞大學，東亞語言文學系榮退，在他和王德威發揚光大用心經營之下，哥大已成為西方漢學研究重鎮。

　　《中國現代小說史》一出書，奠定學者評論家的地位，王際真教授又非常賞識，曾問他怎不逕去哥大？「遲去一年，以便拿到終身職，否則我去哥大，系裡沒有真朋友，年紀又大了，會吃虧」其實他那時候才40出頭，春秋正盛。不過他澹泊又愛讀書，雖然在壓力稍解，成長俸之後，讀書研究仍每至夜深，陸續發表中英著作：《中國現代小說史》外，另有英文專書《中國古典小說》（*The Classic Chinese Novel*）《夏志清論評中國文學》（*C.T. Hsia on Chinese Literature*）代表作，蜚聲中外。以及《愛情、社會、小說》、《文學的前途》、《人的文學》、《新文學的傳統》《夏志清文學論評集》等文學評論集，《雞窗集》《歲除的哀傷》《夏濟安日記》《談文藝憶師友：夏志清自選集》《張愛玲給我的信件》等散文。極具洞察膽識的夏先生，反思前期的研究：在點評當中忽視了蕭紅、路翎與端木蕻良等，把古今

作品亂批一通，筆尖上不帶一點感情。晚年他平易隨和，有時重讀自己嚴肅的評論，會說「真覺得不像我寫的」。他的著作如散文也非常出色，具知性感性交融的特色，是知識性抒情散文典範，深刻動人，尤其他精選的早歲自述：憶童年往事，青春夢戀，還有與哥哥濟安的手足情深，講授自己喜歡的電影戲劇，均讀來耐人尋味，我曾忝與他入選《世紀華人學者散文》——書名《世界華人學者散文大系》，不僅對學術專家，即使是對中國或文學有興趣的每一位讀者，都會被吸引。

　　1989年，我邀請他來哈佛附近酒店，與於梨華、鄭洪、崔志潔伉儷等歡敘開會，隆重演講主題就在：文學史學中的悲憫情結。他強調翻閱歷代后妃正史，即看清中國史中的荒謬殘酷。

　　古典詩詞又多歌頌不關人生痛癢，不著邊際美化後的哀怨。連最關心民間疾苦的杜甫詠懷漢明妃，也不能免俗。明知王昭君和番後貴為王妃，生兒育女壽命很長，偏要寫她「一去紫台連朔漠，獨留青塚向黃昏」；白居易《長恨歌》前半強調：「三千寵愛在一身」，也就把「六宮粉黛無顏色」那些不夠幸運、寂寞終生的後宮佳麗。無愛情、無生命的慘劇，一筆帶過；而最應得到同情的，則是那些給閹割了的太監，非但無人為其命運嘆息，還不時地遭口誅筆伐。

　　夏先生一生，反轉他中年時令人驚訝的頻繁羅曼史，時為中國女子不平，會宅心仁厚地指出：從漢到清，除少數女性在文學藝術上留名青史，否則就要做對丈夫忠、父母孝的英勇行為，才能博得讚嘆。最遲自宋，都市女人都纏足，是對女性的又一椿損傷。明清女性可憐的處境，都精彩地展現在小說彈詞之中。瀏覽各代方志所記的烈婦事略，就會找到更多慘無人道的證據，綽綽有餘支持魯迅所指控「中國是吃人的社會」。

　　對舊小說：從最早讀《三國演義》中劉安殺妻，刈肉以饗避難的劉備談起，其間不乏令人不舒服的有關女性情節；《金瓶梅》把那非人的社會家庭生活，描寫得透徹，但作者思想混亂，對這非人的社會，卻非常欣賞。《鏡花緣》雖體察到傳統改革的需要，但不予以抗議，諸如此類，都該批判。他曾細讀數遍《紅樓夢》，不得不嘆服曹雪芹寫出中國最偉大的小說《紅樓夢》，但讀來也非常痛心：他倒同意王文興的看法：大觀園實在是多少小姐、丫環的集中營，一點自由

也沒有，活著有什麼樂趣？且不提好多女子下場何等悲慘。即如賈寶玉一年難得兩三回回上街逛逛，這算什麼生活？」他欣賞賈寶玉待男女平等，但覺得寶玉終究對不起死去的黛玉、晴雯及活著的寶釵、襲人，出家只算自尋寂滅。夏先生說，到二十世紀初，才碰到些在專制下，真為民請命之人道主義小說家，對劉鶚《老殘遊記》及吳沃堯的《二十年目睹之怪現象》最為欣賞。

夏先生在剖析種種褊狹之後，他肯定胡適、魯迅、周作人三位為五四「三巨人」，特別重視周作人所提倡的的《人的文學》，認定這就是新文學的傳統，他有一篇文章：〈現代中國文學感時憂國的精神〉，是治現代文學史的必讀之作。他說：英文標題Obsession with China的涵義：感時憂國之外，是強調作家們被種種不平，落後非人的現象佔據心頭，保持一腔魂牽夢縈的關懷，覺得不把這些事實寫下來，就未盡作家之職責，遂以嚴肅人道主義的寫實，伸向更廣大複雜的人性人生境界。這些作品，可當作動人的生命來看待。

他評論作家和文學作品時，著眼的不是技巧象徵神話等表面細節，而是作品深處的重視文學和人性的感時憂國和悲天憫人的人道精神——宋淇曾如此論他。夏先生對我解析：「我寫《中國現代小說史》，不可能對每本重要的小說作詳細的評析。主要評斷作家和作品間的高低，要有概括性的全面了解，踏實治學，加上有魄力的判斷。批評可長可短，像我評張愛玲《秧歌》可算是新批評，評老舍幾部小說和《中國古典小說》中評《三國》，《水滸》諸章，都是。」

布魯克斯（Cleanth Brooks）是他的受業師，布氏評英詩高低，是很有創見的，當然他對評析詩、小說的文字意象結構等特別拿手。夏先生認為耶魯大學的確是「新批評」的大本營。但耶魯大學英文系有深厚的傳統，並不以「新批評」標榜，此說套在夏先生的批評上亦頗恰當。發現與鑒賞傑作才是要務。

錢鍾書當年，就從北大圖書館，借閱過《中國現代小說史》評論此書：「文筆之雅，識力之定，迥異點鬼簿、戶口冊之倫，足以開拓心胸，澡雪精神，不特名世，亦必傳世。」推崇其鬼斧神工。錢、夏之交誼，畢生只不過會面三次。早年見過；第二次1979年錢訪哥大；再就是1983年，夏先生趁韓國開會應錢先生邀去過大陸一回到復旦大學，就再也沒有去過。夏先生能得狂放霸氣的錢先生相重，純是「義

氣相投，文氣相通，同氣相述」。

　　王德威說的好：「夏先生在《中國現代小說史》中廣泛揉合了新批評及李維斯F. R. Leavis強調文學與人生直接關聯的理論，還有些比較文學的方法。在六〇年代有引進各家，兼容並蓄之新貢獻。……他的方法學，因此促使我們：重新思考文學跨國語境與個別特色間的張力。」《中國現代小說史》之後，現代中國文學的研究日新又新，方法上也是五花八門，從鴛鴦蝴蝶到新感覺主義，從晚清「被壓抑的現代性」到世紀末的；「後現代性」，不一而足。二十一世紀已經開始，現代中國文學的研究也綠樹成蔭，較以往任何一個時候都更成為一門顯學。

　　當夏先生被詢以：「您的批評，歸類為那種批評？」他會不假思索的回答：「批評只有好的批評和壞的批評！」聯想到他與顏元叔、唐德剛、普實克（J. Prusek）等均有過大筆戰，仔細詢問，他卻淡然笑笑說：「都不是我開頭的，他們要挑釁嘛！」

　　高齡85歲時的夏志清教授，2006年王德威提名，半夜賀喜，終於以92%的最高得票率獲至高榮譽當選為中研院院士。他除了擁有滿天下桃李，自己說「未曾得過兩岸任何好處」。他最後一次抵台，是1991年參加中央日報舉辦的「臺灣初期小說座談會」，發表討論琦君作品風格的文章……近年中研院士會議也因心臟不好，一直未能成行。

　　《中國現代小說史》是不容錯過的學術經典，1961年3月耶魯大學英文頭版，10年後耶魯大學再版發行，1999年印地安娜大學買下版權，推出第三版，中譯部份：1979年香港友聯出版社首印；同年臺灣傳記文學出版社也印──都是由劉紹銘教授等中譯版本，1991年臺灣傳記文學出版社重排上市，2001香港中文大學出版社，因應市面需求，以友聯版重印出版。2005年輾轉由上海復旦大學正式出版簡體字刪節版。

　　夏志清教授學貫東西的文學史研究，撰述下筆紮實，記得他說：「中譯本──香港版、臺灣版，早在書出後，出版很快，就在1979年，如今幾十年，早有多少翻印版本。簡體字節本，刪掉……這個是不好的。這本書，頭版寫到1957年，後來寫結語，延長到文化大革命，結語刪去，整個拿掉，加上普實克那篇，這沒什麼道理……」他

對大作抽出改掉不少敏感內容，仍有切膚之痛。但此書和《張愛玲給我的信件》暢銷，二度震撼引起空前高潮，讓他一再被關注，成為轟動矚目的對象，應稍慰其心。他告訴我：「現在到處都在談論我，紅得一塌糊塗，哈！哈！」多少人登門訪談，開著玩笑，說得激動，不免勞累致病，尚豪氣干雲用墨如潑，壯語肆意，傲然稱不朽。

　　這位在大陸曾被稱反共學者的夏教授，可說是踽踽獨行的現代文學導師，前後隔絕四十四年，到2005年奠基之作《中國現代小說史》終於得在中國大陸堂堂面世，書一推出，力撼山河！

　　李歐梵教授說：「半個世紀以來，美國學界的中國現代文學教科書，只有志清先生的《中國現代小說史》一本。」王德威教授析論《中國現代小說史》體製恢宏，見解獨到……，所展現的批評視野，使夏先生得以躋身當年歐美著名評家之列，而毫不遜色。國際漢學界歷四十年而長盛不衰的《中國現代小說史》，更重要的是，在夏書出版問世五十年後的今天，此書仍與當代的批評議題息息相關。由於像《中國現代小說史》這樣的評述，使我們對中國文學現代化的看法，有了典範性的改變；後之來者必須在充份吸收，辯駁夏氏的觀點後，才能推陳出新，另創不同的典範。

　　我常常思考：要不是最初掌舵的夏先生在書中，毫不媚俗對張愛玲，沈從文，錢鍾書，張天翼，吳組湘等的嶄新定位，那不見得會有後來在創作上和研究上他們的書迷──尤其張愛玲，沈從文，錢鍾書……的眾多書迷；更引發數代作者對之臨摹創寫，整個改變了中國現代文學的生態譜系。

　　夏先生念的是英國文學，因為他同時也對美國文學的發展，保持敏銳的觸覺，以鑽研中國文學史揚名，開天闢地的英文《中國現代小說史》先行圈點小說，鉤沉稽古「濯去舊見，以來新意」嚴謹論證，鎔接匯通中西。活泛了國內外研究中國現代文學者的視野。

　　「我一生不忮不求，不善週旋，滑稽得很，不喜歡見人，有毛病。但與小輩往來，我都好開心，最怕有事去求人，覺得不好意思。很吃不開的，太太講我只幫年輕人的忙，人家一上場，都去拍上面，我都不……」在美的前輩作家或學界的文學教授，幾乎找不出幾位與夏先生毫無師友關係的。曾聽過多少名家和學者如李歐梵、劉紹銘、白先勇、王德威……津津樂道：這輩子，受他的恩澤……他愛才提攜

超越門派，並常為他人著想，卻忌惡如仇，自有他善惡喜厭的標準。不合者他會罵：「某某太壞，罵罵也不要緊，對不？」言語之間性情畢現。

最稀罕夏教授對待尚未功成名就之我輩，早在激流中成為浮木，幻化為最有力之援手。幾年盛會眾人對他致敬，如1991年哥大榮退，諸多中外名學者，均由各處趕去參加：包含他在耶魯寫過兩封情書，沒有得到回音，丁玲專家梅光迪千金，梅儀慈教授。他非常開心。我等亦特別前去致敬，深感其人至德。

新世紀以來，他榮譽無數，2001年他與琦君等得到世華作家協會大獎；與倡導通過立法把春節，定為紐約市公定假日的市議員高頓，同得全美中華文化協會頒2002年中華文化獎。

2005年10月28日，29日王德威等位特由哈佛回到哥大，精心策劃了「夏濟安、夏志清昆仲與中國文學」學術研討會，幾十位中外友人，包括韓南、孫康宜、耿德華、齊皎瀚、林培瑞、朱家昆、奚密、梅家玲、張鳳、陳平原、李渝、陳國球、徐鋼、王斑、宋安迪、韓嵩文、宋明煒、宋偉杰、白瑞克、王曉玨、何素楠、孔海立、陳菱琪、李峰、田玲、羅鵬、魏若冰、石敬遠等位等都有論文發表，李歐梵、劉紹銘、柯慶明等教授請人代讀論文，他闔家與眾多貴賓歡敘，在哥倫比亞大學教授會館，他演講致詞口口聲聲說：「其實，德威是因為心裡歉疚，身在曹營心在漢，他覺得對不起我，因為他從哥大跳槽又回哈佛大學去，才舉辦這個大會……」自是舉座捧腹絕倒。10月28日我演講了《夏濟安、夏志清昆仲與張愛玲》，還得以結識他熱忱的弟子齊皎瀚 Jonathan Chaves等位教授和他親切的妹妹夏玉瑛女士、其子夏焦明諸位家人。我們並與幾十位中外友人或執弟子禮之學者──徒子徒孫，門生故舊、再傳或私淑弟子歡敘！

關鍵性的2009春，他以堅強意志力，88歲高齡在大病一場後，化吉康復，體力漸衰。深秋感恩節得以親探，病後敏銳如昔的夏先生，跟我訴苦：「幾度出入加護病房，插管……機器呼吸……我還有好多事情要做，怎麼可以隨便倒下！」現代中國文學史，在西方的開山祖夏志清教授，奇跡似地回到人間。經年忙累得馬不停蹄的夏師母王洞，也說得輕巧，曾十數年長時間晝夜侍奉母病失智老人的我，極能

體會她的辛勞，致上誠心的祝福！

夏志清教授2011年喜逢90歲華誕。2010秋，預先暖壽歡慶。哥倫比亞大學前東亞系主任保羅・安德若（Paul Anderer）教授、大使等位在曼哈頓中城希爾頓飯店摩根宴會廳，共同祝賀中國文學史的一代宗師夏志清大壽，馬英九總統敬贈「績學雅範」大紅條幅，文建會以「博學於聞」賀壽；中央研究院副院長王汎森親將院士敬頒證章，門生故舊尤以三位華髮的夏門洋弟子：華大的講座教授何谷理教授（Robert Hegel）、喬治華盛頓大學的齊皎瀚教授（Jonathan Chaves）、康乃爾大學的耿德華教授（Edward Gunn）親臨致辭，敬業薪傳的意義最明顯。王德威教授費心主籌，編輯出《中國現代小說的史與學》臺北聯經版，作為大壽的獻禮，前後道賀的我們皆得有手澤的珍本書和禮品，歡欣欽敬！

1969年與夏教授成婚的夏師母，王洞女士，殷勤睿智地為他照應內外和我們數代小朋友皆親。記得他倆原住西115街415號5樓，1991年「五四」榮退後不久，改遷到更寬敞的哥大公寓，曾與攻讀哥大人工智慧博士的我兒啟遠居所，僅數步之遙，兩代密切登堂探望，歡洽一如往常，益加熟稔。最驚人的是廳堂一牆牆的書，他倆總是灑脫自如，毋須服裝筆挺，正襟以待，夏先生可穿襯衫背心，飛揚躍蹈，話題或緊緊相叩，思想或爆發火花，啟動心中連結的生命經驗，一室笑聲反覆迴蕩。

難忘他說話常深露笑窩，那象徵老福的戽斗下巴，益顯天真可愛。一口蘇滬腔調說起退休後他校稿，寫序和祝辭，最後在太太協助下出版了《張愛玲給我的信件》；還有《夏志清夏濟安書信集》是兩兄弟之間612封至誠的通信，原也希望親自注釋校正好出版，但未親自實現。後靠夏師母及王德威努力不懈，請季進率領蘇州大學同學，輸入電腦，並簡要註解，陸續分五大卷，由臺北聯經、大陸活字文化策畫，浙江人民出版社、香港中文大學出版社三地出版。

夏老剛退休時，想想也得享受人生。年紀大了計劃太多沒意思。每日依然讀書，興趣極廣，尤其對歐美老電影如數家珍。患心臟病後，更留心散步，法國餐館吃頓飯，健康時常興沖沖看卡波拉Capra 30年代初之老片，一次看兩部。連場好戲，有時看得熱淚盈眶，令他回味無窮。

　　談起他平生失意之處就在兒女，兒子夭折，小女兒不健全。與太太王洞辛苦過來，傷心事愴然不堪述。而又力祛悽然之色自道：「總比哥哥好，他五十不到就過世了。」這位感時憂國的中國小說史家說：「活著總是好！」

　　錢穆有句話：知恥即貴，不憂即富。夏志清教授的富貴山高水長，他2009大病後的晚年又能以靈動的生命力堅持四年，雖在2013年12月29日傍晚與世長辭，但智慧無盡長在吾心！

融匯古今卓然有成
——開拓古詩詞現代觀的葉嘉瑩教授

　　多年前在臺，就曾在電視畫面中看到一位穿著雅緻旗袍，氣宇高華，一口京片子的老師，講解「古詩十九首」之一：「行行重行行，與君生別離……」之句。她把那一逝不返、有去無還的離別哀怨，和驚覺歲月無常、年華老去，所有相待的期望，都將落空的驚懼傷痛；還有當悲苦挫傷之時，若能強自勉力，即使失敗，也令人尊敬的奮發，說得叫人不得不再思古老詩詞中蘊涵的真諦。她就是葉嘉瑩教授。

　　接著才聽說，她在臺大中文系開課，談詩論詞時，聽講者近悅遠來，由各校各系趕到，多得坐不下，只好擁擠在門旁窗邊的盛況。在那個青春年代，她的《迦陵談詞》等書曾風靡無數學子。我赴美的行囊中，就有好幾本她的著作。終於在哈佛，我得葉老師為這當時閱讀了二十餘載的書親筆題字。

　　葉教授1945年輔仁大學國文系畢業，曾在北京的佑貞、志成、華光三所女中和臺灣的彰化、光華和二女中任教，1954到1966年任教臺灣大學中文系，1966到1967年為密西根州立大學客座教授，1967到1968年任哈佛大學客座教授，1968到1969年依約返臺輔大淡大。等，1969到1990年任加拿大英屬哥倫比亞大學UBC亞洲研究系終身教授。其間嘗客座臺灣的清華及美國的哈佛大學等，並於1990年當選加拿大皇家學會院士（Fellow of The Royal Society of Canada），在中國文學這一行中她是首位。榮退後，1992年曾受邀為耶魯第一任伍德華（Wood Worths）講座訪問教授和2001年哥倫比亞大學講座訪問教授。新世紀2001年，2008年也曾光臨哈佛演講。

　　自1979年後，她多次前往大陸講學，曾應邀在北大、北師大、北師院、南開、天津師範、南京師大、南京大學、復旦、華東師大、川大、雲南、黑龍江、哈爾濱師大、遼寧師大等校，並受聘為客座或名譽教授，還在百家講壇、鳳凰大講堂等廣電媒體演講……其實葉教授早已成為在華夏歐美影響力無遠弗屆研講詩詞的學者專家。

　　她在教研方面雖有過人的成就，但她的人生道路卻是歷經憂患

和劫難，身為女性，更是艱辛。葉教授是滿族書香世家出身，祖先是葉赫地區（在今日東北吉林伊通附近）的納蘭氏，與清代詞人寫《飲水詞》的納蘭成（性）德氏同一氏族。從曾祖入關，滿人多因姓氏太長，以名為氏，曾祖諱聯魁，是滿清二品武官。祖父諱中興，是滿清的翻譯進士，曾任職工部。曾祖購置的大四合院，正門上方原懸有黑底金字「進士第」匾額，位在北京西單牌樓西邊，地點就在民族飯店斜對面穿過巷子就是，地名叫察院胡同，她家大門兩側有石獅，內外均有門洞。不過這所宅子現在已被拆遷改建成大樓了。

她父親一輩已進入民國時代，簡化葉赫納蘭為葉姓，諱廷元，畢業於北大英文系，一度因介紹西方航空知識，在航空所工作，後在上海航空公司任人事科科長。一直在滬，到她初二，七七事變後，父親隨國府遷撤後方，曾與家中不通音訊有八年之久。

母親李立方，師範學校任教，天性忠厚柔順，對親友和睦熱心，這方面她頗具乃母之風。父母重視孩子教育，4歲啟蒙「認字號」，父親書法好，親寫口塊字，以硃砂筆在四角依每字不同詞性，畫出平上去入個別讀音，畫幾個圈就得讀出幾個音，嚴格規定她以文言文寫信；一面又希望她學好英文，故後來入教會篤志小學。

她學齡時，父母並未送她進一般小學讀書，而由曾在上海顧維鈞家中做過家庭教師的姨母，來教她和大弟（小她8歲的小弟尚未出生），分別讀《論語》和《三字經》……另又有舊學根柢極深的伯父（諱廷義）教讀唐詩等，並在10歲左右，愛寫詩的伯父就引導她寫了七言絕句〈詠月〉。

她伯父很保守，辛亥後即未出來工作，自學研究成為頗有名望的儒醫葉大夫。兄弟兩房住在那座有三進的寧靜四合院。伯父曾有兒女夭折，最後只堂兄長成，伯父有心也將醫學、滿文傳授他們。但她10歲時考入篤志五年級念了一年，就跟同學姊姊，以同等學力考上市立第二女中，功課不少，故醫學、滿文的學習未能繼續。

「我是關在大門裡長大的」別家女孩會的跳繩子、打秋千，她全不會，不像堂兄和弟弟較愛到外面跑，伯父喜歡她的好學，常解說詩作聯句給她聽，母親還買一套開明書局的詞學小叢書，獎勵她跳級考上中學。

因為缺乏其他生活體驗，她家庭院中的景物，就成了她年少時寫

詩的主要題材。她憶述老家大院：門洞迎面有磨磚影壁牆，上刻「水心堂葉」四字，大門內右側有門房、馬房。外院的左側為南房，右側上階入垂花門，有石臺木影壁，由臺側下內院，就是伯父母住的北房，東廂是看病的脈房，西廂就是她家住的，窗下有個花圃，還移來一叢竹子，她曾寫有一首七絕：

> 記得年時花滿庭，枝梢時見度流螢，
> 而今花落螢飛盡，忍向西風獨自青。

大陸學者鄧雲鄉，大半世紀前為其母送藥方，請葉教授伯父改方子，曾去過那「瀰漫著詩詞意境」的庭院，為文推想這院子對她成為女詞家之影響一定很大。她的確也承認對這座孕育她的知識生命和感情生命的大四合院，有萬縷千絲的心魂聯繫，她曾經夢想將之改建為有現代設備的書院式詩詞研究所。

1924年生的葉教授，13歲因「七七」事變，父遷後方斷絕消息，只與母弟依伯父同住。17歲才考進大學不久，母又手術病逝火車，開始了她的哀傷困阨。那時正值日據時期，平日只能吃混合麵，團和了切條，下水煮來拌醬裹腹一就是老舍《四世同堂》寫的；原來她母親積蓄父親薪水，建造了理想的四所小四合院，也被日軍徵占做宿舍了。在國儻家難中，她並未陷於頹喪，中學、大學都始終考第一，為同學欽佩，還拿獎學金。

當時北大被占，燕京關閉，1941年她考上輔仁國文系，大一國文是戴君仁先生教的，對她在作文課能寫「反覆慨嘆，神似永叔」的文言文，很是賞識；尤其大二從顧隨（羨季）先生讀唐宋詩詞，悉心筆記，深受鼓勵影響。經過顛沛流離四十餘年後，終將珍存的顧先生文稿及筆記，交其女兒顧之京，收集為《顧隨文集》出版。

她認為顧先生幼承家學，對古典詩詞有深厚素養，尤長於詞曲，再畢業於北大英文系，兼融中外，對詩歌有極敏銳之感受，與深刻之理解，講課時旁徵博引，出入古今名著理論，興會淋漓，觸緒發揮皆具妙義，給她非常豐富的啟迪和昭示，她雖自幼誦讀古典詩歌，卻未聽過這樣生動深入的講解，仿如一隻被困在暗室之內的飛蠅，驀見門窗之開啟，始脫然得睹明朗之天光，辨萬物之形態。

　　師生亦時有唱和。一次，顧先生把她幾首詩詞，拿到《新生報》發表，問她有筆名否，那會心適讀《楞嚴經》中有鳥名迦陵頻伽，其仙音遍十方界，而「迦陵」音與嘉瑩相近，遂取為筆名沿用迄今。與清代詞人陳維崧（號迦陵）倒無關聯。

　　顧先生對她曾有厚望，在送她的詩中寫：「食茶已久漸芳甘，世味如禪徹底參。廿載上堂如夢囈，幾人傳法現優曇。分明已見鵬起北，衰朽敢言吾道南。此際泠然御風去，日明雲暗過江潭。」在信中顧先生寫道：「凡所有法，足下已盡得之……，不佞之望於足下者，在於不佞法外，別有開發，能自建樹，成為南岳下之馬祖，而不願足下成為孔門之曾參也……。」這殷切的期勉，終於支撐她在歷經逆境，能堅忍竭力再度出發。

　　輔大時期的葉教授是修長害羞，留著披肩鬢髮的才女，男同學的信從來不回，好些同班都沒講過話，「我的家教很嚴，一個男朋友都沒交過，這方面太貧乏了。」她談起：「我先生是中國大學教育系畢業，祖籍安徽，在北京生長，抗戰勝利時從後方回來，先聽他的堂姊提到我。他堂姊是我中學英文老師，特別喜歡我這考第一的學生，他妹妹與我同級不同班，他找同事的女友、也是我的輔仁同學，安排認識見面。我先蒙在鼓裡，後來他又拐彎抹角地常跟他朋友的弟弟、也是我弟弟的同學來我家裡，找我弟弟打乒乓球，經過幾年待我很好；後來他要在姊姊姊夫引薦下，到海軍擔任文化教員，臨去南京前訂婚，1948年春我南下在上海結婚。」這年底由南京居所隨夫撤臺。

　　抵臺先住左營，來年春，葉教授到彰化女中教書，8月長女言言出生，每逢假日，先生則由左營來與她母女團聚。卻不料那年12月25日清晨，天只矇矇亮，她宿舍就被敲開翻查，先生趙鍾蓀竟因思想問題連坐被捕。

　　1950年6月，彰女校長也因白色恐怖被關，她和其他老師共六位亦被牽連受累，她說：我不懂政治，又從不談論政治，更沒有任何政治牽涉。就因當時風聲鶴唳，她帶著個不滿週歲的奶娃也被關，幸無罪證不久被釋。但丟了教職，宿舍被沒收，無家可歸。為解先生危厄，她寄人籬下。在左營眷區，屋子狹窄，夜晚僅能待親戚全家均睡下，才方便在走廊打個地鋪。白日冒暑抱女兒奔波打聽，每到親戚老小午睡時分，還得把不能離手的女兒帶到屋外，免得吵人，在炎亮的

太陽下尋找樹蔭踱步。捱過一段極鬱悶的日子。

　　然後勉強在堂兄介紹下，才找到臺南私立光華女中教書過活。看孩子的女工請假，她就只能讓女兒到教室坐著畫畫，回家用小煤油爐燒飯，她不敢對任何人說自己的遭遇，怕再連累失業無以為生，強韌的潛力和著往肚裡流的淚水，三年之間，她孤身攜女，面對眾多疑惑的眼光，等到先生釋回，來學校宿舍重相見，屋外學生圍一大圈，猜測她先生鬧了感情問題，她都無法解釋，磨難中她寫過一首極悲苦的詩：

> 轉蓬辭故土，離亂斷鄉根。
> 已嘆身無托，翻驚禍有門。
> 覆盆天莫問，落井世誰援。
> 剩撫懷中女，深宵忍淚吞。

　　這時期的生活，是很多人並不知道的，因為她很少向人訴說。她一生做學生時，老師喜歡，做老師時，學生喜歡。在彰女教書雖短暫，大家反應極好，同事調臺北二女中欲引薦她來，她再申請先生同教，一切順遂，舉家在臺北歡聚，峰迴路轉。

　　他們在物資局的父親宿舍住下，在臺大中文系見到輔仁兩位老師戴君仁和許世瑛。許先生雖未教過她，但曾住她祖居外院，聽過她高聲誦讀詩文。兩位老師對她青少年讀書時代光燦的生命，留下深刻印象，當下明瞭她為餬口舌耕歷艱危不能為外人道的不幸，都可惜她的才華空廢，就推介她到臺大兼教一班僑生，次年起改為專任。她欲辭二女中教職，復因王亞權校長要求請她把所教兩班送到畢業，接著許先生任淡江中文系主任，戴先生任輔仁復校後中文系主任，都堅持邀請到這位好教授，開授詩、詞、曲選各課，後來臺大國文也免教，改開杜甫詩專書課程，許先生又讓她接替教育電臺廣播的大學國文。待教育電視臺開播，就在電視上講「古詩十九首」。

　　兼課雖沉重，她對兩位老師的寬厚提攜，及顧隨老師介紹的臺靜農先生、鄭騫先生等都感激不忘。記得鄭先生熱誠推薦她到教育部的詩詞講座，講授詞的研賞，並發表了第一篇〈說靜安詞《浣溪沙》一首〉的文稿，引起了當時學界的注意。北來以前她又生下小女兒言慧。她身體屢弱且患有過敏性氣喘，精力全耗在教學之中，

卻以驚人的毅力獲得有口皆碑的盛名，西方漢學家德國的馬漢茂（H. Martin）、法國侯思孟（D. Holzman）、美國哈佛的海陶瑋（J. Hightower），均與她誼兼師友。

葉教授很重視吟詠，曾為文強調。我就親聆哈佛大學趙如蘭教授課上播放葉教授吟詠的〈郊遊野柳偶成四絕〉有：「豈是人間夢覺遲，水痕沙漬盡堪思。分明海底當前見，變谷生桑信有之。」等句，就是六〇年代初她的詩作。另外，在哈佛語言實驗室，還有十卷她吟詠的錄音以供教學。

由於教學業績，1966年臺大錢思亮校長選派她到密西根州立大學去做交換教授，她同許多教授都到美領館，美國委託正在臺北做陶淵明研究的海陶瑋教授做面試，臺灣負責人則是劉崇鋐教授。談後別人都離去劉氏祕書前來留請晚餐，與海陶瑋諸位繼續談話，餐後將她送返，海氏卻即刻折回向劉崇鋐教授表示哈佛東亞系要聘她。

盛情難卻，她想臺大有不少教授想來美，或可另擇別的教授去密州，她與錢校長商議，他不同意，向海陶瑋問可否另請他人，海氏亦不肯，只得暑假早兩個月先到哈佛研究合作，九月開學再赴密西根履踐承諾。第二年再來哈佛做客座教授教詩詞，兩個女兒就跟來上學。次年海陶瑋希望她就此留哈佛教書，不回臺大，那時她先生也來了，希望留在美國，但她為了守信不違約，仍獨自返臺大等教完一年，相約再來。

因網絡上資料有時存在相當大的錯誤，所以我特別留神考證這一段，感謝幾位葉教授的弟子2013年6月5日傳來信函：

> 有關葉嘉瑩老師1968年自美返台教書一事，經查證，她確實於1968年至1969年在臺灣大學、輔仁大學、淡江大學任教，講授詩選、詞曲選、杜甫詩等課程，上課人數極多，廣受學生肯定及尊崇。
>
> 　特此奉告。並祝　文安
> 　　　　　國立臺灣大學中文系教授　齊益壽
> 　　　　私立（臺灣）輔仁大學中文系教授　包根弟
> 　　　　　私立淡江大學中文系教授　施淑　同啟

　　翌年她陪同老父以應聘名義，再申請赴美，卻因美領館認為她有移民傾向應該辦移民遭取消簽證。海陶瑋教授多方請託，先建議她到加拿大美領館簽證再入美境，卻不料須送返臺北簽證，困境重重，進退兩難。恰巧英屬哥倫比亞大學亞洲研究系一老教授因病要人代課，海陶瑋即向熟識的系主任蒲立本力薦，在走投無路的狀況下，她只得留在溫哥華查生字備講稿，開始用英文教起「中國文學翻譯」的課程。

　　苦撐一年，她感慨：「鵬飛誰與話雲程，失所今悲匍匐行。」她先為接先生女兒赴加團圓，經歷加移民官對女性的歧視——以夫、女不算女性所負擔的家屬來刁難，設法交涉才得允准，既有沉重的英文教學負擔，而且上有高年老父，下有上大學和中學的女兒，臺大此時已不續聘，逼不得已，只有於四十多歲的中年在異國奮鬥，而在英屬哥倫比亞大學先後開過多門課程：中國文學史簡介，中國歷代古文選讀，中國歷代詩選讀，唐宋詞選讀，博士論文專題討論等等，終於榮膺永久聘書和其他舉足輕重的榮譽。

　　度過這段「初心已負原難白，獨木危傾強自支」的難關，從1970年開始，她每年返哈佛與海陶瑋教授合作研究，常在燕京圖書館內由清晨到黃昏辛勤讀寫，論王國維、吳文英、常州詞派……，一篇篇精湛有力的論著，在《哈佛燕京學報》英文發表。當時還因臺大文史各系的校友龔忠武等影響，她更留神故鄉大陸的書籍和消息，又參加各地開會。1970年冬她參加貞女島的會議，曾與周策縱、吉川幸次郎諸位漢學家論學吟詩唱和，吉川先生有「曹姑應有東征賦，我欲賞音鍾子期」句，後數年她果然應九州大學岡村繁教授之邀，赴日講學。

　　1971年父親病逝加國，無根思鄉之情更切，雖遍遊歐洲英法德義奧瑞各國亦難排遣，1974年她終於重返故鄉，探望兩個留在北京的弟弟。在門巷依稀的故居，與擔任中學老師的大弟夫婦、小學老師的小弟夫婦重聚，話舊感慨三十年辛酸。他們因是「臺屬」，文革時曾受衝擊，她說：「我們家在臺灣先生被關；在故鄉弟弟被關！」真是分隔兩地中國人的悲劇。

　　坎坷的生命在1976年復臨風浪，那年3月24日大女兒言言和女婿永廷竟因車禍同時罹難。她呼天腸斷日日哭之，陸續成詩「哭母髫年滿戰塵，哭爺剩作轉蓬身。誰知百劫餘生日，更哭明珠掌上珍。」之

句，學生親朋都為她落淚擔憂，真是她詩中所說：「平生幾度有顏開，風雨逼人一世來。」

　　有沒有藉宗教力量平撫心情？她表示從前家中並無特殊信仰，小時只讀儒家詩書，孔子的「敬鬼神而遠之、未能事人焉能事鬼、未知生焉知死」的觀念，深深影響了她，感到現世做人是很重要的。在輔大學詩詞時，讀嚴羽《滄浪詩話》喜用禪宗妙悟闡明詩道亦妙悟，因常讀佛書，還與知友往廣濟寺，聽老和尚講《妙法蓮華經》，1988年夏佛教協會會長趙樸初先生，巧於同寺以素齋折柬相邀，適值她生辰，根觸前塵，因成〈瑤華〉一闋：

　　　當年此剎，妙法初聆，有夢塵仍記。
　　　風鈴微動，細聽取，花落菩提真諦。
　　　相招一束，喚遼鶴，歸來前地。
　　　回首處，紅衣凋盡，點檢青房餘幾。
　　　因思葉葉生時，有多少田田，綽約臨水。
　　　猶存翠蓋，臕貯得，月夜一盤清淚。
　　　西風幾度，已換了，微塵人世。
　　　忽聞道，九品蓮開，頓覺癡魂驚起。

　　據繆鉞教授言此詞撫今思昔，感念人生，融合佛家哲理，取境幽美，用筆宕折，層層脫換，潛氣內轉，而卒歸於渾化，則深有得於周、姜、吳、王之妙。其早年填詞婉約幽秀，中年之詞豪宕激越，而近年又嬗變至此，可見她數十年用力精勤、日進不已，詞體更開新境。

　　在禪佛之外，她曾在大學畢業後的月夜，跟一位遠房姑姑聽基督教春節布道大會；在臺聽輔仁校友龔士榮神父講天主教義，都有感動，道理相通，宇宙間是有種種神的境界，她相信，所有宗教或是古典詩詞都能給人智慧，「五十而知天命」，都能使人開悟。

　　古代詩人常因理想而遭打擊迫害，如蘇東坡因黨爭下獄，九死一生被貶黃州，而筆下慷慨縱橫：「大江東去，浪淘盡，千古風流人物」遠謫南海，仍為民謀福。歐陽修、陶淵明也是，她舉例說：「我一生命運多舛，歷經許多挫折苦難，至今還活得很好，可以說是古典

詩詞給我的精神力量，多讀自能學習這種堅韌的痛苦承受力，能持守，還能轉化提升生命品質。」

1979年她與先生、小女兒重新再到大陸探親。在火車上見到剛擺脫文革的年輕人捧讀新出版的《唐詩三百首》的熱情，打動了她血緣根生的情感。經過申請，自1979年起，她不辭勞頓每年用假期返大陸講學，已教過二十多所大學。

臺灣方面，在開放之前，她因返鄉被斷絕了往來。直到1988年，當年她栽培的學生，二十年間全成為臺大、清華各校和中研院各系所的重要教授，對她的敬愛聯繫始終不斷，從那時起，已多次邀請她做系列講學和開國際學術會議。

就整個西方文化來看，她認為東方文化在西方只是點綴。中國青年若把自己的根鏟除，只一味極端的模仿西方不會更好。特別是文學藝術傳統，失去自己民族特色，對整世界文化言，等於我們的文化消失。

在海外以漢學為專業，藉古典詩詞講授使中國文化被西方認識，增進理解，當然有其意義，但真正中國詩詞的傳承，還是要在自己國家。她在〈還鄉絕句〉中寫有：

構廈多材豈待論，誰知散木有鄉根，
書生報國成何計，難忘詩騷屈杜魂。

第一次返大陸講學原只安排北大，但她與顧隨老師之友、也是輔仁師長輩的李霽野先生有通訊，李先生年輕時即與魯迅、臺靜農諸位先生成立「未名社」，也去臺大教過短短一段，與她見過，後來回南開大學做外文系系主任，也請她去，之後南京大學亦邀她，所以就依次在三校短期講學；1981年到1982年中，正逢休假，她又去南開一學期，北師大和川大各半學期。

在成都，她於1981年4月下旬，應邀前往草堂，參加社甫研究學會第一屆年會，得識年輕時她就欽仰的《詩詞散論》作者繆鉞（彥威）教授；繆先生也讀了她1980年新出版的《迦陵論詞叢稿》，讚佩她論溫、韋、馮、二李、吳文英、王沂孫等人，論《人間詞話》之境界說，諸文皆自創新義，論證精邃深微。繆先生是哈佛燕京講座教授

楊聯陞夫人的長兄，當時年近八十，剛動過白內障手術，行動皆賴孫兒扶持，每日邀她談講詩詞，還不顧目疾，為她書贈詩詞多幅，有「相逢傾蓋許知音」句。會後她參觀過江油李白故居，欲返加國去辭行時，見繆先生已伏案展紙寫信約她合作寫書。

她深為感激這種知賞，先擬定合作計畫並和詩稱謝。1982年春夏，她再到川大講學三個月，繆先生自始至終都聽講，課前課後，交換意見切磋文稿，議定體例融匯文學批評史中各體式，成為新嘗試。分別選定詞人，以韻文論詞絕句綜括要旨，再以散文介紹詞體特質，論評詞人賞析詞作。望透過以敦煌曲子詞為始，五代兩宋到晚清詞人的個別評賞，而提供通篇的史觀，雖不算寫詞學史，也注意到縱向的繼承和橫向的影響。繆先生取郭璞詩句「靈谿可潛盤」，定名為《靈谿詞說》，後出續編，改《詞學古今談》，經四年撰寫，列中加文化交流科研項目之一，並獲社科院及加拿大社會人文科學研究理事會贊助。

北京中華詩詞學會，在1987年禮聘她為顧問，還與國際文化交流中心聯合於1987和1988兩年，先後請她在北京國家教委禮堂主講「唐宋詞系列講座」和「從中西詩論的結合談中國古典詩詞之欣賞」。繆鉞教授說她博覽古今，融貫中西，含英咀華，冥心孤往，以深沉之思，發新創之見，評論詩歌，獨造精微，自成體系。著作有：《杜甫秋興八首集說》、《迦陵談詩》、《迦陵談詞》、《王國維及其文學批評》、《迦陵論詞叢稿》、《迦陵論詩叢稿》、《中國古典詩歌評論集》、《迦陵談詩二集》、《唐宋詞名家論集》、《唐宋名家詞賞析四冊》、《中國詞學現代觀》、《靈谿詞說》、《詞學古今談》、《詩馨篇》、《唐宋詞十七講》、《唐五代名家詞選講》、《迦陵學詩筆記：顧羨季先生詩詞講記》、《風景舊曾諳：葉嘉瑩說詩談詞》、《獨陪明月看荷花：葉嘉瑩詩詞選譯》、《清詞叢論》由大塊文化出版《葉嘉瑩作品集》《葉嘉瑩文集套書》《葉嘉瑩說唐宋詞套書》《駝庵傳詩錄》等多套；2014年春再由大塊和三聯書局兩岸出版口述自傳：《紅蕖留夢：葉嘉瑩談詩憶往》張候萍撰寫。

她自己曾簡述研讀態度和寫作方式之轉變：從主觀到客觀，從感性到知性，從欣賞到理論，從為己到為人。對詩歌的評賞以感性為主，結合三種知性傾向：（一）傳記的，對作者的認識；（二）史觀

的，對文學史的認知；（三）現代的，對西方現代理論的認知。她的性格一向有兩點特色：主誠和認真。

她不敢人云亦云地作欺人自欺之言，一定要誠實地寫出自己真正感受，可能也因此，使她無意中探觸到了在詩歌中，這種感發素質的重要性，及感發之生命，在本質方面的細緻差別；又為認真的緣故，不敢馬虎偷懶，一定把所得感受的因緣經過，甚至心靈意念的活動線索，都明白交代。她談現代觀，首先就需要給「現代的」Modern一個明確的義界。在歐美文學批評的特殊用語中，這個辭並不專指近代或當代，是指十九世紀末到二十世紀之中，發展形成的一種寫作風氣，受佛洛伊德（Freud）與容格（C. Jung）心理學、存在主義哲學等的影響，內容重視意識流等，表現重視象徵、聯想暗示等。

在文學批評方面，葉教授也很熟悉，以藍森（C. Ranson）、泰德（A. Tate）、華倫（R.P. Warren）、布魯克斯（C. Brooks）諸人為主的「新批評」學派。這一學派反對傳統以文類、情節及人物生平衡量文藝，主張以細密方法，對文學作品本身做客觀的研析，可發現其包容的內在價值和意義。其源流可溯及李查茲（I. Richards）的《文學批評原理》、燕卜蓀（W. Empson）的《多義七式》，及艾略特（T.S. Eliot）、龐德（E. Prund）之著作。

不過她引用現代西方理論，賞析中國古典詩詞，卻未曾喧賓奪主，「而是欲使之為我所用，成為我在表達自己之情思意念時，一種便於使用的方式。」

在六〇年代寫〈一組易懂而難解的好詩〉，她即提出古詩十九首的多義性與感情的基型；〈論杜甫七律之演進〉談到杜甫〈秋興〉諸詩之句法突破傳統，意象超越現實，〈燕臺四首〉著重詩歌之意象與用字之感性分析，並將李商隱的詩與卡夫卡（F. Kafka）的小說相比較；〈從比較現代的觀點看幾首中國舊詩〉中提出意象、架構、質地三者做為賞析詩歌的標準；〈幾首詠花的詩〉稱述兩首〈落花〉詩之偏重感覺與超越現實的成就；〈由《人間詞話》談到詩歌的欣賞〉，提出欣賞者之聯想自由；〈李義山《海上謠》〉文中以意象與神話可能提示的象喻為解說詩歌的依據，這些都與歐美的現代理論有相合之處，當時像她這樣用現代觀來評析古典詩詞者，還極為少見。

但是，她和後來專用現代觀評析古典詩歌者卻有很多不同。她深

受傳統教育；她的寫作以自己要表達的情思意念為主，並無先入為主的理論在心。對其與中國傳統不合者提出異議，如她依然堅持作者之為人與生平，對詩歌的創作和欣賞有極為重要的關係，而提出泯除作者個性及作者原意謬論之不肯苟同。因中西詩歌的範疇和寫作之傳統原就不同，西方詩歌兼指史詩與戲劇，與中國詩詞的言志抒情不一樣。

葉先生論詞尤其獨到，將詞分為三種類型：歌辭之詞，以晚唐五代北宋諸家為主；詩化之詞，以蘇軾、辛棄疾為代表；賦化之詞，從周邦彥開始，以南宋姜夔、吳文英、王沂孫等為代表，自成一個詞學體系，突破過去「婉約派」、「豪放派」的二分法。

她在專書和論文中多次探討，對她啟迪影響的王國維先生，覺得靜安先生在中國文學批評史上，是第一個嘗試採納以西方適用的新觀念、融合納入中國舊傳統文學的精神生命的先進人物，使《人間詞話》取得了超越的成就。

但《人間詞話》受體式之限，模糊了系統性。所以她就將其缺乏體系的一些散漫概念，加以組織和理論化地拓展：境界之產生全賴感覺之體驗，與西方哲學中現象學派，重視意識對客體之經驗，極為相近。現象學家興起於十九世紀末歐洲，胡塞爾（E.Husserl）、海德格（M. Heidegger）、沙特（J. P. Sartre）、梅洛龐蒂（M. Merleau-Ponty）諸人之說，都與此派有影響及關係，而王國維之長，則正在於自己博學深思，直悟義理，而竟與西學暗合。

她又曾以詮釋學來說詞，詮釋學原為推尋聖經意義之學。但任何詮釋都有限制偏差，往往並不能正確地得到作者本意，詮釋所說往往是自作品獲得的衍義。若與中國詞學相較，則如常州詞派張惠言評溫庭筠〈菩薩蠻〉：「照花前後鏡，花面交相映」為《離騷》初服之意，以比興寄託說詞，她認為便可視為詮釋者的衍義，而不必然是作者的本義。據符號學先驅索緒爾之說，表意符號語言，可歸納為語序軸和聯想軸，說話和受話人雙方須具一致的語言符碼。就中國文化傳統之聯想，《離騷》中多以美人喻為君子，其喻示的是君子不遇者的高潔，所以溫詞中的美人，可使張惠言想到《離騷》的託意。

注重「意識批評」理論，她說明愈是偉大的作者，表現於作品中的意識愈有固定樣式，如杜甫在詩篇中流露的，是他終生忠愛纏綿的

志意，看見花開寫「花近高樓傷客心，萬方多難此登臨」；登岳陽樓則「戎馬關山北，憑軒涕泗流」。像屈原、陶淵明，甚至詞中的蘇、辛都各有意識形態的一種特殊的樣式。

她又引用接受美學家姚斯（H. Jauss）等的立論，認為作品本身只是藝術成品而不是美學對象，是讀者賦予它生命，而且可能比原來更多的生命。文本提供讀者「可能的潛在力」。例舉《人間詞話》一則，南唐中主詞：「菡萏香消翠葉殘，西風愁起綠波間」，因全句所有名詞，給人的象徵都是高貴芬芳的，而用「消」和「殘」兩個動詞來敘述，給王國維引生了眾芳無穢、美人遲暮之感。

結合女性主義文論，葉教授解析中國最早的文人詞集《花間集》中，男性作者以女性口吻寫詞，無意中表現出的「雙性人格」。「花間詞」的美就源於這種男性心靈中的女性化婉約纖柔；語言的跳躍性、感性化，邏輯上的不連貫性，正是女性主義批評所提的女性語言特點。她借利普金L. Lipking的說法：棄婦在古今中外詩歌傳統中是常見的形象，男子有時也要表達他的失志被棄，只好通過棄婦形象，以女性敘寫來達到這種均衡「雙重意蘊」的特點。使《花間》在詞史上意義重要。

她以〈拆碎七寶樓臺〉論述吳文英《夢窗稿》，類似艾略特、福格納（W. Faulkner）倒錯時空的筆法。又有感性修辭，質實之中見空靈，表面典麗奧博，精神感情超越飛騰；並平議王沂孫「碧山詞」的詠物，在鋪陳用字之工切，意象托喻之豐美，都相當可觀，而且線索分明、結構細密，可為入門階陛。議論一出，兩家所受之詆毀誤解，均獲平反，當時耶魯東亞系系主任孫康宜，推崇葉教授的詞論觀點和方法東西合璧，沾溉及滿天下桃李，最具代表性。

葉先生在1994年，已屆不踰矩的古稀之年，甚至直到九十高齡，任何人見了她都不免驚呼：好年輕！無論臺大、北大聽過她講課的學生，除能憶起他們蓬勃人滿的講堂，也對她清麗的容顏和典雅的衣著難以忘懷，不覺想到她有首由髮型談起的詩：「前日如尾長，昨日如雲亂。今日髻高梳。三日三改變，遊戲在人間。裝束如演變。豈意相識人，見我多驚嘆，本真在一心，外此皆虛玩。佛相三十二，一一無非幻。若向幻中尋，相逢徒覿面。」誦悟玩味，含意深沉。

經由歲月，漸能細體她的個性確如繆先生所言「外和內介」。看

她日常平和內斂，有晉人輕衣緩帶之風，若遇有所請，內鑠的熱誠立即回應，知無不言，言無不盡，親切地講得精詳透徹、聲韻悠揚。甚至當我們問及健身法，也熱心傳授。熱忱安排車乘將我們由清華大學演講後接到南開講座並親領天津旅遊。

她自嘆平素拘謹，怯於表達自我感情，對臺大故去師友如許世瑛、戴君仁、臺靜農、鄭騫及視她如姊的葉慶炳教授都深為感愧。臺靜農系主任曾將她匆忙送審的零散文稿，剪編成整齊小冊，親書篇目，後還裱贈親書聯語，其實她因非臺老及門弟子，頗懷自遠之意，偶有事才去臺老處，一次臺老還逕到後院剪了一抱鮮花給她。離開二十年再回去講學，以〈鵬飛〉小詩「北海南溟俱往事，一枝聊此寄餘生」做開場白，表示當年不得已回來教一年，又再度羈留海外的苦衷；當她離臺前往辭行，不意臺老竟將詩句寫成條幅贈她檢選。之後臺老病逝，她說：「我終於未在他生前，親口告訴他，我對他為我所做的事，有著何種衷心的感謝」，又說「以先生之豪邁，必不在意我之是否言謝，而以先生之敏銳，則我雖不言謝，也必能感知我的謝意。」自謂對他們都有「死生親故負恩深」之感。聽她講這些往事，我也委實感動於前輩先生們的師友之誼，更格外感激她在我書寫和演講後即刻和長久給予的疏放鼓勵。

1990年她當選加拿大皇家學會院士，是在中國文學領域中以卓越建樹，獲此殊榮的首位華裔，見她榮退後仍來哈佛研究寫作，馬不停蹄地奔赴各國講學，如從1993年就答應南開大學任中國文學比較研究所所長，每年往返中加講學……更能意會她文章中所說的「唯有自己有充沛之生命的人，才能體察到洋溢於其他對象中的生命，唯有自己能自內心深處煥發出光采來的人，才能欣賞到其他心靈中的光采。」

葉嘉瑩教授孜孜勤奮，燭照大家，朝野崇仰。2008年起決定留在敬視葉教授為「鎮校之寶」的南開大學養老。2013年決意定居南開儘量不再往返中加。這位桃李滿天下聲望宏大的漢學家葉嘉瑩教授，在2013年當選央視舉辦的第二屆中華之光──傳播中華文化年度人物！

2013年11月28日起，對葉教授有一連串致敬活動：由臺灣大學中文系、國家圖書館特藏文獻組，和趨勢基金會執行長陳怡蓁合作主辦的：為慶祝葉嘉瑩教授九十大壽的壽讌和「手稿著作暨影像展」，我

個人也很榮幸也應邀全程參與，並欣然從命面對國家圖書館數百人開幕記者會登台講：「葉嘉瑩教授在哈佛大學」和葉教授親自主講的講座活動——白先勇、陳若曦、席慕蓉座談及大塊文化出版公司郝明義董事長主持的《葉嘉瑩作品集》的新書發表會等，緊接著2014年春5月10日起則由南開大學主辦「慶祝葉嘉瑩教授九十華誕暨中華詩教國際學術研討會」，並於2015年10月17日，在南開大學96年校慶日，慶賀為葉嘉瑩教授建在南開的專館，及賓館「迦陵學舍」堂堂落成正式啟用。

　　葉嘉瑩教授的蓬勃生命益增光輝璀璨。

文學的聲音——古典文學與生命情懷
——孫康宜教授

　　哈佛和耶魯大學兩所常春藤盟校，百年之前就有華裔學者的足跡。容閎在1854年成為耶魯首位華人畢業生；戈鯤化1879年應聘哈佛為首位華人中文教師，證明哈佛和耶魯大學和中國關係深厚源遠流長。留美的先河既開，在這百年中，多少知識菁英如潮般來了又去，中美文化交流以此為嚆矢。耶魯哈佛兩校華裔學者的聯繫，也與日俱增。

　　耶魯與哈佛學者常來常往，出身耶魯的鄭培凱1986年創《九州學刊》（後稱《九州學林》）請曾任教耶魯的余英時、張光直等位為顧問，每年深秋定期在哈佛由杜維明和鄭培凱教授召集我等共同主辦年會切磋砥礪，就不同的文史哲專題整合學科，對中國文化加以探討。這個後來稱中國文化研討會的年會，在1988年輪趙如蘭教授召集，就請來耶魯的張充和及在耶魯十六年再回哈佛的張光直太太李卉兩位演唱崑曲並演講；而且在1992年之後，又陸續請到和孫康宜、鄭愁予等耶魯名家，另外神學院尚有兩校合辦的「中國文化、猶太教與基督教研討會」。

　　當年對這位在耶魯頭角崢嶸的女教授孫康宜，雖然心儀已久，與她小姑同事，始終未有機會見面。還是從張系國、潘芷秋兄嫂的大女兒薇薇，1987年進了耶魯，才由他們透過鄭愁予輾轉介紹認識，並成知交。

　　孫康宜Chang, Kang-i Sun教授，高雄女中名列前茅保送自選的臺灣東海大學外文系，1966年畢業，在臺大外文研究所專攻美國文學兩年，1968年赴美深造並成家，1971年在羅特格斯Rutgers大學獲得圖書館學碩士，1972年陪夫婿張欽次博士任教南達科塔州立大學，她又讀英國文學碩士，1976年普大東亞研究碩士，1978年獲普林斯頓大學博士學位。主修中國古典文學，兼及比較文學理論批評等。

　　康宜教授剛畢業時曾客座塔芙茲大學。接著擔任普林斯頓大學葛斯德Gest東方圖書館館長——這是胡適曾擔任的職務。一年後1982年

任教於耶魯大學東亞語文系，1986年升副教授，1990年升正教授。現任耶魯大學Malcolm G.Chace'56東亞語言文學講座教授。2015年榮膺美國人文藝術與科學院院士，及2016年第31屆中央研究院院士。1991-1997年，出任六年耶魯東亞語言與文學系主任。

孫康宜教授是耶魯歷史上第一位華裔女性系主任，也是常春藤盟校百年來的首位。她專注於中國古典文學、比較詩學、比較文化評論、文化理論、美國性別研究等等。

康宜教授的主要著作有：《抒情與描寫：六朝詩概論》增訂版《晚唐迄北宋詞體演進與詞人風格》（又名《詞與文類研究》）《陳子龍柳如是詩詞情緣》原皆英文專著後中譯，《我看美國精神》《文學經典的挑戰》《遊學集》《文學的聲音》《耶魯性別與文化》《古典與現代的女性闡釋》，《耶魯潛學集》增訂版，《把苦難收入行囊》（又名《走出白色恐怖》，擴大版《耶魯潛學集》）。此外還有中文論文數十篇、散文一百多篇。與宇文所安教授一起主編《劍橋中國文學史》中英文版。英文專著和論文多種、編纂英文版《明清女作家》及《中國歷代女作家選集：詩歌與評論》等。

孫教授的身世境遇，十分曲折，孫家祖籍是天津。到了民國，他祖父已是非常西化，在1920年代，就擔任天津英租界的英文翻譯，所以她父親裕光（保羅）教授，從小就跟英國人學會了不帶中國腔調的英文。

1930年代後期，她父親得了留日獎學金，在早稻田大學，主修政治經濟學。她母親陳玉真女士跟著大舅陳本江也在日本留學。大舅與父親是早稻田大學同學，後來父母親的婚姻就等於大舅做的媒。她籍貫臺灣的母親和內地人的父親克服重重阻礙，輾轉跋涉經過日、韓，回到天津結了婚。

1944年孫康宜教授出生。抗日戰爭正熾，社會和經濟都很消頹，父親孫裕光先生與張光直先生的父親張我軍先生同是留日的好友，這時也同在北京大學教書。（張我軍先生比孫先生年長十七歲，是北大教授，主授日本明治文學。孫先生則為北大講師。）兩家背景相仿：張光直教授父親是臺灣人，母親是北京人；孫教授母親是臺灣人，父親是天津人，在北京長大。兩家因而過從甚密，且又住得很近，因此常常見面。「我們家住北新華街，現在北京音樂廳的對面，以前是

中央電影院，很有意思，張我軍先生很愛看電影，總是先到我們家再一起去看電影，看完了又來我家吃東西聊天。」1946年，嚴重的通貨膨脹讓北大發不出薪水，兩家決定南下，由上海乘船到臺灣，「張我軍先生就一路幫著抱我和大弟，抱到臺灣，當時我才兩歲。」

不料到臺灣之後，她從6歲到16歲的年代，卻由於白色恐怖的緣故，受了不少苦。但慶幸的是，她說：我始終沒有對這個世界產生敵意或幻滅感。

原來抵臺後，臺大也無法提供薪水，張我軍只好開茶葉店維生，孫裕光則成為基隆港務局總務科長。1947年2月28日的暴動中，聽說超過三萬人喪生，因為她父母親的籍貫，所以當臺灣人殺外省人的時候，他們要躲起來，當外省人殺臺灣人的時候，他們還要躲起來。

1949年，國民政府撤退臺灣。不久臺灣的一些左翼知識分子逃到鹿窟山上，組織當地鄉民，即所謂的「鹿窟事件」。其領袖就是孫康宜的大舅陳本江。她說：「我的大舅是1953年被抓的。當時國民黨把它稱為鹿窟武裝案，其實是保密局人士的誇大之詞。」

之前，1950年，保密局來人將她父親帶走，讓他說出陳本江的下落。而她父親並不知情，但仍被判了十年監禁。「這幾乎已經是最輕的處罰了，我父親在監獄裡經常看到，許多人被拉出去之後，接著就是一陣槍響⋯⋯」

6歲的年紀是很小的，而她的兩個弟弟間隔2歲，還更為稚幼。但家中的劇變讓她突然成長。「6歲以前的事，都不記得；6歲以後的事差不多都記得，可見那個危機令我改變，我變得非常孤獨。幾乎得了失語症。」當時很多小孩不敢跟她講話，大人也怕牽連，所以她很少開口。在這段年幼、又覺得人生走投無路的時刻，她以自覺的態度，開始篤信基督教，啃讀聖經，培養「愛敵人」的心懷意志，到現在她仍然虔誠信仰。

回憶她從8歲開始，到考進高雄女中後的六年時光，似乎為了逃離心裡的憂傷，閱讀了大量的翻譯小說如《戰爭與和平》《小婦人》，及莎士比亞的劇本等。當然她最愛讀那些書中的情節人物，在遍嘗艱辛之後，苦盡甘來終致成功。對她生命的啟發很大。

在那種梗斷蓬飄的苦境，幸有她母親偉大堅忍，教養子女的同時，並在林園鄉下教裁縫，開班授徒勉力維生，促使她姊弟三人成績

優異，靠獎學金一路完成教育。使家中負擔盡量減少。她感謝在教育上他們姊弟始終未受任何壓抑，兩位弟弟都是功成名就的電腦工程師。

小學三年級時，她遇到恩師藍順仕先生，後任大寮國小教務主任。「那時我9歲，而他自己只是24歲的青年——在幼年的我看來他已經很老！」他發現這總考第一的好學生，放學時別人都焦急要快點回家，她還在教室書桌坐著自己讀書。在那時孩子不回家也沒什麼，沒人會問。但老師卻問她父母在做什麼，一聽到：爸爸在做什麼？她就流淚了。經過家庭訪問，明瞭她和弟弟幾乎連睡覺寫字的地方都沒有，就開始完全沒有目的的照顧她姊弟，像個父親一樣，還免費替他們補習，把數學等功課的基礎打得很好。後來娶了太太也對他們好，所以她一家至今都以恩人之禮相待。

到小學快畢業只剩三個月時，發現在高雄縣讀書的學生，不能考省立的高雄女中這個名校。她媽媽急著跟她的姨父母說，姨父母立刻叫她轉去表兄妹都念的高雄油廠代用國校（極有人情味的，1992年她還被頒傑出校友獎）。姨父張綠水先生，也是她後來的公公，曾在苦難中帶給她不斷的精神和物質上的幫助，令她終生難忘。尤其是她很年輕，24歲，就嫁給表哥張欽次博士。他對她體貼入微，心地又善良，協助她漸漸克服了心中的黑暗意象，這是她能變為樂觀積極的重要因素。

多年之後，他們一家人移民到了美國。1979年中美剛建交一年，她和父親都回去探親，才知道留在大陸的爺爺、叔叔、和姑姑都曾被批鬥，爺爺孫勵生則在1953年，因長子在台，又失去工作，最後投河自殺，連遺體都沒找到……「我們家在兩岸都受害，這是一大諷刺！」

後張光直教授的自傳《蕃薯人的故事》給了她許多啟示。於是沉默多年的康宜姐，2003年應我們好友敦促，終於寫書出版了《走出白色恐怖》，增訂版（加她大舅與呂赫若事跡等）也在2012春在北京三聯書店出版，並將出韓譯本和捷克譯本。近年，她高年的雙親已於加州相繼逝去。

她的先生張欽次博士（普林斯頓土木工程博士）對她的事業很支持。「我的每一本書都是他一字字打出來的，當然他的論文也是我一

字字打出來的。」如今，女兒詠慈，也有了女兒，都是她的最愛。

後來，她為尋中國文學的根，在1973年秋季，她又從英文系轉到了普林斯頓大學東亞系，同時選修比較文學的課程。由於強烈的尋根欲望，她在普林斯頓大學讀博士期間，幾乎完成了學校規定的雙倍學分。她在東亞系的指導老師是高友工教授，老師中還有蒲安迪（Andrew H. Plaks）教授等，牟復禮（Frederick Mote）教授專攻元明史，都是功底深厚的著名漢學家。另外，還有比較文學系的Ralph Freedman和Earl Miner兩位教授，他們一個教德國浪漫主義，一個教英國文學與日本文學，給了她許多抒情文學方面的知識。

她第一部著作就是博士論文，*The Evolution of Chinese Tz'u Poetry: From Late T'ang to Northern Sung*，普林斯頓大學出版社，1980年出版。中文版《晚唐迄北宋詞體演進與詞人風格》由李奭學先生翻譯，1994年在臺灣出版，後來在大陸北京大學出版社出版時改為《詞與文類研究》。這部書的研究思路和方法受當時北美流行的文體學研究的影響。第二本著作是《抒情與描寫：六朝詩概論》，這是她1980年代的代表性成果，英文名*Six Dynasties Poetry*，1986年由普林斯頓大學出版社出版，再由大陸鍾振振教授翻譯，2001、2002年分別在兩岸出版，她嶄新的闡釋方法使這書受到高度關注。

《陳子龍柳如是詩詞情緣》是她第三本著作，也是她在1991年完成的英文力著。問世之後，極短期內就引起許多讚賞和關切，有李奭學1992年的中譯本，由臺北允晨出版公司刊印出書。北京大學2012年出版該書的修訂版，書名為：《情與忠：陳子龍、柳如是詩詞因緣》李奭學譯。孫教授這本書以晚明艷情和忠國意識為中心要旨：一往情深是生命意義之所在；也是生命瑕疵的救贖樑柱。此一情觀重如磐石，特殊脫俗，也是內心忠貞的反映。換言之，心中佳人乃艷情之激勵，也是愛國之憑藉。嬋娟大可謂「情」與「忠」的仲介。柳如是成為故國的象徵，陳子龍推衍早年情詞感受，激發成力撼山河，感天動地的憂國詞作，強化了忠君愛國的修辭力量。陳晚期的愛國詩，更掀露中國人的悲劇觀：天地不全，人必須沉著面對命運的悲歌，義無反顧。在情與忠之間，掌握分寸，這種辯證性的最後抉擇，往往摧心瀝血。胸中無畏，露才揚己又是晚明士人理想的女性形象，也深合時代氛圍。柳如是所代表的是當時才妓的典範。孫教授特別注意到，對陳

柳而言，生命的意義和經驗的流通，有賴無止境的追尋。而詩詞也正是這種追尋的文學體現。

孫教授最擅長以西方的新觀點如女性主義等，來研究詩詞，她覺得漢學研究裡最大的成就是兩個。其中一個是性別研究，這是革命性的，以前漢學裡沒有，如果1990年代以來，沒有性別研究，漢學不是這樣的走向。第二個是文學史，由她第三本著作之後的發展，就可看出她的貢獻：新的研究領域或材料，從而得出新的研究結論，成果有目共睹！

此外，她對中國文化中情觀的專題分析；例如對《樂府補題》中象徵與託喻的分析；對龔自珍《己亥雜詩》中情詩的解析；對蘇州詩史傳統的代表性人物金天翮的探尋等，也都是開創性的研究。

孫教授曾與魏愛蓮（Ellen Widmer）合編《明清女作家》（Writing Women in Late Imperial China），1977，共收了美國十三位學者的作品，側重婦女寫作的問題。1999年又與蘇源熙（Haun Saussy）合編了一部龐大的選集《中國歷代女作家選集：詩歌與評論》這本巨著囊括了美加六十三位漢學家的翻譯，龐大合作計畫，錄譯自西元前一年，漢代的班捷妤而蔡琰、左芬、鮑令暉、武則天、上官婉兒、薛濤、魚玄機、花蕊夫人、李清照、朱淑真、管道昇、王微、卞賽、徐燦、柳如是，直到秋瑾等二十世紀初的古典詩歌女詩人作品，共收錄一百三十位。並輯譯由班昭、鍾嶸、房玄齡、歐陽修、葉紹袁、袁枚、章學誠等位詩詞論著，六十篇女性文學創作的傳統理論和評論，男女評論家各半。這本選集中的材料多半是她1980年代以來花了不少精力時間和財力，才終於收集起來的。此一創舉，兼具保存、批評和翻譯介紹的功能，以廣闊的視野將歷代中國婦女在社會、文學、藝術上的形象完整呈現。1993年還由她與魏愛蓮召集和倡議，在耶魯召開了首次的明清婦女文學國際會議。此次大會對漢學和性別研究學科的建立，均具有非常重要的意義。

她說：「因為編著《中國歷代女作家選集》，無形中使我對此與文學史的關聯，發生了很大的興趣。」重新找到中國古代婦女的聲音，同時讓美國的漢學家們走進世界性的女性作品「經典化」行列，她特意找了一半以上的男性學者，來共同參與，有過這許多年的研究，她發現世界上沒有一個國家，比傳統中國產生更多的女詩人。

　　因傳統西方所謂的「女作家」，在觀念上通常都是指「女性小說家」如珍・奧斯汀（J Austen）、夏綠蒂・白朗黛（C Bronte）與喬治・艾略特（G Eliot）等人。詩人被視為「神聖的天命」，女人不具神職人員的資格，所以沒有機會展露抒情詩才。名批評家吉爾伯特（S. Gilbert）和古芭（S. Gubar）指出「女詩人」是個「自相矛盾的名詞」。希臘「詩人」本屬陽性字，會寫詩的女性，被認為精神有問題，生命也不幸，合寫《閣樓上的瘋女人》來分析這種現象。侯夢絲（M. Homans）也以英國傳統為例，提出類似之見，說男人總把女人看成靜靜的聽眾，而非創造力勃發的詩人。

　　反觀中國可不一樣，著名的女性小說家雖要下逮二十世紀才有，但各種選集登載了不盡其數的女詩人作品，自蔡琰、薛濤、李清照、朱淑真等首開風氣以來，柳如是與其他明清女詩人，便把詩詞創作推到歷史的頂峰，據胡文楷考證，僅只明清兩代就有三千五百位女詩人，而且她們的總集、選集及專著共有三千多種，數目之多可謂驚人。

　　在很大程度上，中國婦女詩歌——尤以明清時代的繁榮，乃是由於文人對女性文學的關注，故女性社會地位雖不高，文學地位卻不可抹煞。

　　總之，晚明女詩人的成就尤為突出，如陸卿子、沈宜修、葉小鸞、徐燦等都是佼佼者。她們的文學作品，頗見重於當時學者；《四庫全書總目提要》有：「閨秀著作，明人喜為編輯」。實際上，不論是閨秀詩人或是名妓，均得到時人支持。冒愈昌曾輯「秦淮四姬詩」包括馬守貞、趙彩姬、朱無瑕、鄭妥諸名妓之作。周之標更竭盡畢生之力，勤搜當時婦女別集，編《女中七才子蘭咳集》。又支如璿在《女中七才子蘭咳二集》序：「予謂女子之文章，則月之皎極生華矣。」男士知賞婦女之才氣可見一斑。

　　因明清之際，婦女識字率激增，更加強才女自信。葉小鸞父親葉紹袁提出女子「三不朽」的觀念，認為自古因德出名的女子多，因才出名者太少，鼓勵女子詩才發展。有趣的是，前代只有口傳的「女子無才便是德」之句，當時亦出現於文人書中。文人雅士如上述諸人及趙世傑、葛徵奇等起而改之。他們都嚮往女子詩才，認為「才可妨德」是不正確的，反論「才可致德」的道理。

　　十八世紀末，袁枚和他的女弟子蔚成閨秀詩人的發言人，名正言

順承繼了明末清初的才女地位，亦有才子才女輩出、男女酬唱情況。但袁枚女弟子的信心太過，神采飛揚地參與詩社活動，以致大儒章學誠寫了篇〈婦學〉打擊當代才女。其實章氏並不反對女子寫詩，僅反對沽名釣譽的態度。

不論章學誠的話是否合理——今日看來有些強辭奪理，最令人驚奇的是：當時肯定他的女性比例大過男性。不少女子因怕才學敗壞了嘉名令譽，寫了詩詞又把詩詞燒毀，如黃宗羲夫人葉寶玲等。幸有更多女性選擇另一條路，出版集子；史實擺在眼前，明清女詩人選集有三千本之多。

孫教授研究心得的結論是：不是明清男士忽視女性作品，而是近代二十世紀以來的男女學者，普遍無視傳統女詩人的地位，尤其嚴重的是在中國文學史的著作中，對明清時代女詩人出版詩集前所未有的盛況，一字不提，不但低估女詩人的成就，並且給予中國文學史錯誤的導向，令讀者對傳統詩詞的真面目有了誤解。她一面關注西方性別理論的進展和前沿成果；一面又關注中國古代婦女創作的文本，尤其各層婦女的發表、男女作家的關係以及女性道德權力等話題。

在〈九十年代的美國女權主義〉一文中，她曾特別對美國女權主義理論發展做了扼要的梳理：七十年代以前的女權主義是傳統女權主義，要求兩性平等；七十年代及八十年代的女權主義發展為激進女權主義，強調兩性之間的差異，專注於父權的顛覆及解構，九十年代則已經轉為不同派別的婦女之間的互相排斥與爭論——所謂大血拼（internecinewar）一詞指的就是這女性與女性之間的抗衡與挑戰。

到1990年代，「女權主義」一詞已成為許多女性想要消解的對象。由於多年來許多激進的女權主義者採取許多極端的抗拒方式，無形中使得「女權主義」被理解成「怨恨男人」的主義；或變成「女性納粹主義」，既恐怖又危險。

因此，許多女性不願再認同。自稱為「女權主義」者的沙茉思（Christina Hoff Sommers），甚至批評控制女權主義的學院派，女性權威是破壞女權主義形象的罪魁——就在於她們永遠把壓迫者和被壓迫者對立起來，永遠把自己看成被男人壓迫的對象，並反過來企圖壓迫男人。

1990年代以來，許多非學院派婦女都嚮往七十年代前的「傳統女

權主義」，以爭取自由平等及提高意識為主，重點放在人文主義的個人覺醒上，以為強分性別差異是錯誤。

　　孫教授以為，攻擊學院派女權主義最為激烈而徹底的人是已經轟動歐美文壇及大眾文化界的佩格利亞（Camille Paglia）。她的《性形象》Sexual Personae（1990）和《尤物與淫婦》（Vamps & Tramps, 1994）均以挑釁式文字，推翻學院派女性主義多年來所建立的理論架構，佩格利亞在美國文化界影響之巨、涉及之遠，可謂空前。她在《性形象》一書中指出，女權主義的「致命癥結」——其實也是十九世紀以來西洋文化的根本問題——就是對文化與自然的價值判斷之倒置：女權主義的問題在於盲目地繼承盧梭的「自然學說」，藉以抵抗那代表「社會墮落」的男性；可是，女權主義者在攻擊父權制時，忽略事實：那就是「父權制」其實是人類文明的共同產物。一味地攻擊父權等於是放棄文明，把自己放逐回到草昧之中。正如《紐約時報書評》的撰筆人斯坦娜（Wendy Steiner）所說：「佩格利亞的《尤物與淫婦》一書正代表了美國對激進女權主義的霸道之全面反叛」。

　　總而言之，1990年代以來，美國的女權主義已經從七十年代及八十年代偏於抗拒父權的「單元化」進入了容納各種各樣女權主義的「多元化」時代。這就是美國人已經用英文的複數形式Feminisms來指女權主義的原因。

　　關於女性的道德力量，她在〈傳統女性道德權力的反思〉以及〈道德女子典範姜允中——王德威教授的母親〉等文章中，具體討論婦女才德與權力的內在聯繫。在權力問題上，她說比較認同當代著名評論家福柯（Michel Foucault）的「權力多向論」，就是人的權力無所不在，在某處失去了權力，會在另一處重建權力的優勢。中國古代文學及文化來說，中國傳統女性所擁有的道德力量，就是福柯所說的「權力多向論」中的權力，即「道德權力」，它是中國傳統女性在逆境中對自身高潔忠貞的肯定，從而獲得「自我崇高」的超越和權力感。除了德行，女子如果能夠在她人生的有限性中，用感人的文字寫下她心靈的崇高，那更能獲得不朽的文學和道德權威，所以，傳統和明清時代的女作家，甚至利用才德並重的觀念來提高她們的文學地位。根據美漢學家蘇珊曼的考證，當時的女作家是通過男性學者們對她們才德的肯定，而獲得新的道德力量，正與孫教授的觀點不謀而合。

　　康宜教授著作等身，為北美傑出的漢學家，曾獲美國人文學科多種榮譽獎金並應邀擔任國際大會主講。尤其重要的是，她與哈佛的宇文所安（Stephen Owen）教授一起主編寫成極有挑戰性，擲地有聲的《劍橋中國文學史》英文版，已於2010年面世，中文繁簡版各兩冊也在兩岸2013年6月之後堂堂推出。她說：這部文學史主要是向西方人介紹中國文學。實現了她多年的願望，重寫文學史。

　　這文學史的特色是：改正按文類劃分思維方式片面的殘缺；是以文化潮流的描述為主；堅持盡量用第一手史料文本；更正傳統的文學退化論；深入淺出，使普通讀者也能欣賞；還考慮到印刷文化、接受史、性別等多方面的因素。

　　她說「我要求每章的作者：答應我，不要把女性作者放在最後。要求實事求是，就放她們在應該出現的地方。且將文學文化看作是一個有機的整體，不僅要包括批評，文學研究成就、文學社團和選集編纂，也要保持敘述的連貫性，又要涵概多樣豐厚的文學方向。」

　　連她一共有十七位作者合力寫這部中國文學史：柯馬丁（Martin Kern）、宇文所安（Stephen Owen）、康達維（David Knechtges）、林順夫（Shuen-fu Lin）、王德威（David D. Wang）；李惠儀（Wai-yee Li）、奚密（Michelle Yeh）、艾朗諾（Ronald Egan）、傅君勱（Michael Fuller）、奚如谷（Stephen West）、呂立亭（Tina Lu）等教授，還有北大培養出來的田曉菲和商偉，以及石靜遠（Jing Tsu）和賀麥曉（Michelle Hockx）個別撰寫些篇章。中文版由北京三聯和臺灣的聯經出版社分別出版。

　　此外，近年孫教授不斷以各種嶄新的觀點探討了許多新的課題，也出版的不少學術文章：如〈重寫明初文學：從高壓到盛世〉，〈中晚明之交文學新探〉〈臺閣體、復古派和蘇州文學的關係與比較〉，〈文章憎命達：再議瞿佑及其〈剪燈新話〉的遭遇〉，〈典範詩人王士禎〉，她還撰寫了《曲人鴻爪》是一本張充和口述：現當代崑曲名家以曲會友盛事散文集，其中帶其丹青墨韻精華的插圖；編《古色今香：張充和題字選集》或朋友建中所編康宜教授與施蟄存先生交遊通信的《從北山樓到潛學齋》；徐文編的《從捕鯨船上一路走來──孫康宜先生精品文選》、《孫康宜文集》五卷等不勝枚舉，都拓寬了比較文學的研究。在繁重的研究外，她又開設了多門課：包

括耶魯大學部的《中國詩與詩學》以及兩門有關中國文學的研究生課，每年更新。

2014年耶魯東亞系及東亞研究中心聯合為康宜教授慶祝七秩大壽，眾多門生如蘇源熙（H. Saussy）、王敖、王璦玲、錢南秀、嚴志雄諸位，分別專題演講或獻詩朗誦。我們更要恭賀她又相繼當選美國人文藝術及科學院AAAS院士，中研院士及東海大學傑出校友，喜慶連綿！

我訝異開心地還常讀到康宜姐情理相容的散文創作集子，和觀影的討論如〈純真年代〉〈冬天〉〈長日將盡〉〈影子大地〉以及白先勇教授的〈最後的貴族〉〈白先勇如何揭開曹雪芹的面具〉等。也常細琢描繪耶魯常春藤盟校生活，洞穿人世的體悟。她這些年看透稍縱即逝的功名利祿，認定虔心寫作是終極關懷。

究竟如何分身「有」術的？她話說當年不論有課沒課颱風下雨，都會將年幼的女兒送到校或保母那兒，公務分派處理好，就回家伏案寫作，獨處是絕對必要的。

問她是否創作舊體詩，她說：「很少！」不過1994年春，難忘她應邀到哈佛費正清中心演講，我特意穿著很喜歡的綠色衫裙，去會康宜姊巧配的一身紫。辭別後她寄了首詩來，原來她留宿在哈佛教授俱樂部毗鄰的丹娜·帕默（D. Palmer）館二號房間，驚睹1770年的古鏡和殖民時期的各種舊物。翌晨，又漫步詹姆士故居。她就把這些訪哈佛時出人意料的故事，用常寫的英文體式寫成小詩，又譯成中文刊在《明報月刊》。這首古鏡詩如下：

> 佇立古鏡前，浮想生痴夢。
> 繡襦腰身小，長裙拖地重。
> 縱目窗外望，欲覓舊時境。
> 似見詹家子，采擷步幽徑。

康宜教授不僅在提起老師高友工和其他師友如余英時、張充和、鄭愁予夫婦及史景遷、牟復禮等諸位，常無分軒輊地感激敬重，更與中美學生成為詩文唱和的好朋友。她謙和柔美而又愛才，曾說：「在成長的過程中，我很不喜歡常是男性幫助我，而女性陷害我。我

要講求女性的關係，也挺能欣賞女性的美——心靈和外在的美都欣賞。在這方面我因自己受過這樣的害，不願意重蹈覆轍，對有潛力的女性就非常照顧，對有潛力的男性也一樣。」我感知這就是承膺符合她所說的耶魯精神——詩的精神，那種對「人的言辭」之尊重和信仰，而煥發出的真情。

老男人現代化
——創辦女性人雜誌的陳幼石教授

　　八〇年代的晨間，大夏天，我正在哈佛燕京圖書館閱覽室一隅讀書，瞥見鄰座一位神氣的女士，皮膚白皙，抿緊小口，個高身材勻稱，中分的長髮，在背後紮成束，穿著簡便的襯衫牛仔褲，她正由背式書包中拿出書本，筆記，和一張有著大照片的報導，斗大的字寫著：「趙如蘭求真」，全然吸引了我的眼光。她就是常返哈佛找資料的陳幼石教授，《女性人》刊物的創辦人。

　　陳幼石教授於1957年念完臺大外文系後赴美。先在史密斯學院攻讀，1960年得耶魯英文系碩士，1960到1963年在哈佛念研究所，先念比較文學系，再到東亞系，1963年遷居又回耶魯，1967年得耶魯東亞系博士。1969到1972年任教於布朗大學，1972到1977年任教亨特學院，1979到1983年任教紐約州立大學奧本尼校區，1987到1994年任教於加拿大阿伯塔大學，1994年起轉任明尼蘇達大學教授，2000年榮退。

　　陳幼石教授是眾譽的女中豪傑。1935年出生，浙江臨海人，祖父母一直在家鄉從沒出來。自幼生長在上海，母親對她影響很深——母親原名李佩琇，後改名為李澤民，友朋學生均稱她為「李先生」。她回想：「我媽媽就是天不怕地不怕的，很不符合專為造『亞當樂園』而規範出來的模範傳統婦女。」

　　她母親自己在1920年代，到美國念大學，主修化學，後來做過點新聞事業，鋼琴彈得很好，參加過演奏會，「也帶回來一套十分奇異的行事處世方式」。

　　「我想母親可以算是中國傳統裡『不聽話』女人中最『不聽話』的一個代表了。她絕不是家庭主婦型的。不會做飯，不會縫紉。我也從來不記得她什麼時候把我攬在懷裡親熱過。」

　　在她記憶中，母親唯一做過的兩次西點，都有近乎荒謬劇的成果。一次是做蛋糕，在鋁鍋裡打雞蛋，結果出來的蛋糕是淺綠的，但他們兄妹四人，仍得把那只淺綠蛋糕吃下去；一次做西式燒餅，結果

她的棋友老劉一咬把假牙都嗑掉了。在那新舊轉變的過程中，這樣的母親實很難加以範疇。

自她有記憶，母親年復一年的在外面奔波。一趟又一趟的做生意，從來也不知賺過一塊錢沒有，一輩子想做許多事。家中時時是高朋滿座，飯一開兩桌，可是沒有本錢。第一那時社會沒有婦女空間，再又不會委曲求全，個性耿直。但小孩在她心目中個個是準天才，可教是毫無疑問的。上什麼學校，跳幾級班，請什麼家庭教師，是她最注重的。她不管他們是男是女，在求知和技能訓練上，一律平等對待。

陳幼石教授回顧當年，母親種種並不合「賢良」規範的育兒方式，日浸一日，無形中造成了她日後在對知識和平等的追求時，那種不管天高地厚、勇往直前的猛勁。相形之下做過交通部長、上海市長的父親對她則無甚大影響。

她回憶，當時，不可能知道求知和平等待遇，是社會上極其珍貴的權利和自由，還以為是眾人皆備的天賦人權。不明性別有差，權利、自由亦皆有差的自我意識，到她念書和出國進修的年月才滋長成十分奇特的『竅』：我自以為一切自己想做的事，只要去做，一定都會做得成。她中學功課並不好，努力進了臺大外文系，才成績特優，出人頭地。其餘兄妹亦然。

同學都抄背筆記，她沒有上課聽講的成套筆記，就寫不出一樣的東西，小聰明大約是有一點，老師都以為她有新點子，我有什麼辦法，拿了高分考第一，並不由於認真用功。臺大從事教育的老師，都很可愛，像英千里、傅從德、臺靜農……。

對她最有影響的，還是同學。她與沈君山先生同在臺大橋牌社。本來社中沒有女橋友，她非要加入。另外只有一位是沈君山的女朋友。女生做橋友有時要幫男生去買豆干、夾麵包。在臺大她打橋牌的興致好大，經常一清早七點三刻騎車到兵工署去看打橋牌。

住臺大宿舍，與李又寧教授……為同寢室室友，因會跟教官吵架，當了室長。她又愛運動，與蘇玉珍等同學一齊是臺大女子籃球校隊員。乒乓也打得好，在紐英倫1970年「乒乓外交」時期，她曾穿著旗袍打乒乓，風靡全場。

她解釋：那時穿著旗袍高跟鞋做接待工作，臨時要打球，又不能

回去換，只好把高跟鞋一脫，一身旗袍下場，居然也拿了女子冠軍。男子冠軍有球拍做獎品，女子沒有，給她鬧了半天，就只好用幾只乒乓充數。

當初在耶魯她就專注在小說，跟李田意教授研究老舍，後來李教授走了，她轉到哈佛三年。那時的哈佛，是古典文學的陣營。教授覺得在十八世紀之後，中國根本沒有文學，也從未有人開現代文學的課程。「我跟海陶瑋教授上課，他不喜歡現代文學，指導我研究唐宋古文，再轉回耶魯時也說是要我念古典文學，才給博士學位。我就無所謂，念給他看，自己對現代小說的興趣，慢慢追尋。」唐宋古文一念，將問題展開思索後，她發現，古典和現代文學中描述的政權鬥爭前後如出一轍，文學和政權之間不可分解。

她最得意在哈佛，受到方志彤先生的訓練，注重對典籍材料的求證及行文時的用詞選字等基本功的磨練。

到1988年才對女性研究發生興趣；早在六〇年代，她就覺得茅盾的小說常常前言不搭後語，怪怪的不調和，有的角色莫名其妙死去；有的書沒有尾巴，引起她許多問題和困擾，就去研究。不能完全掌握的書本，對她有魅力。

要做教授就必須做研究，「我寫的書，功效性很大。」在她研究茅盾的過程中，發現別的茅盾研究多用片面、二手的材料，套些流行廣泛的觀點，重新組合，並未做到追根究柢基礎研究的層次。這是因為從事研究的學者多已掌有文壇地位，現狀的維持對他們有百利。「我根本不考慮有利、無利。」

她在1986年出版了英文的《茅盾早期小說中的隱喻和寫實》（印地安那大學印行）；1988年出英文的《古文中的意象與形象》（史丹福大學印行）；1983年出《韓柳歐蘇古文論》；1993年茅盾《蝕》三部曲的歷史分析》。

她1988年與李昂等位著手籌劃《女性人》。1989年2月，這份文化社會刊物創刊出版，原則是半年一期，宗旨——從女性「人」的觀點去探討，並重議中外文化及社會傳統中，一些基本價值觀念。她手書的發刊詞開宗明義，提出：女性人不僅是女人或女性。按名詞的組成，最末位的是主位詞，所以女性人最主位的是人，性是天賦，男／女是偶然得成，三者相當一組價值層次定位，將為《女性人》作理

論、文化、思想問題探討價值定位的指標。

其中心目標：批判中國社會文化傳統中，對女人的先科學和先知識性的貶斷，而從獨立的、「人」的立場，將這文化心態、理論基點及表達語言予以介紹、詮釋、分析和議評。目的是引起一切有志於建設有真正概遍性的、和平的、公道的和民主的社會的人士，在思想和實踐層次上重論傳統文化領域，各視角上反知性的盲點。

學術訓練要獨立思考，剖析社會某些機構如何運用截然不同的行止規範及言辭，來剝奪他人不同意的權益。她說：我不是政客不算社會運動家，只覺得這沒道理，很不情願，所以用學術工具，來暴露因久無壓力，不必再議決、再考察的話語中的前設前提。

「不一定是男性，女性壓榨女性也很多，這些女性腦袋瓜已經被男人洗腦、規範好了，有那一套在支配，她們受制在那圈圈裡，聲音自然相同。」在她〈鳥籠和殖民地〉文中分析：「在易卜生（H. Ibsen）和魯迅的筆下，這使女性不能成『人』的過程，被比喻為把一隻從自由的天地中捕捉來的鳥，關在『籠』——家內，單取其歌唱悅耳、跳躍活潑的技能來自娛觀賞。」

在今天，儘管女性的自我覺醒已經是一股世界性的歷史潮流，卻常難逃脫做鳥的命運。在女生學業完成、事業開端時，她就發現社會上存在著一條極其嚴格的界線，制約著她們自我的認識和發展，在職業上如此，在生活上更如此。

事業與家庭不能兩全的困擾，促使她步向這困境的造因展開全面性的探討。過程、紀錄就匯集在身上，成了現代化社會中，女性人自我定位的文化社會運動史的例案。不容諱言的，要求自我定位，首先影響到的是：那已習慣在傳統社會中進行著唯我完善的、已燒鑄成型的人們。在修齊治平的結構中，從來就沒有替女性人保留過什麼空間，故大家的奮鬥，無不遭受各式男女的摒斥和敵視。

她說：今日的家庭依然執舊地把婦女羈縻在自然人層次上，繼續著千年前的家務責任，根本不講平等自由人權。易卜生的《傀儡家庭》，寫透典型家庭中丈夫們一般性的人格虛偽，和對妻子的隨意愚弄，在當初，曾喚醒過不少不甘為傀儡的女性，但到上世紀末，家庭之為「鳥籠」這隱喻，已經在一些思想較為先進的女性中凸顯出了它的局限性。《女性人》第四期有文明示：有的尖端文化評論家，已經

習於將家庭之於婦女，和殖民地之於土人相提並論。若家是籠，出籠可能還會走進自由世界，但家若是殖民地，那土人是否有走出殖民地的遷移權，首先是大問題（看香港）。有權移進自由世界，但在那兒是否可平等工作生活呢（看美國黑人）？都值得探究。

她把《女性人》創刊號的主題，定為「暫緩革命」的原因，是翻譯了瑪吉利・沃夫（M. Wolf）的《暫緩革命》──研討當代中國婦女，並未得到起初革命時的允諾。革命曾標榜：把婦女從壓迫中解放出來是革命的部分內涵。革命的旗幟中有工農、有婦女，可是當工農翻了身掌權，婦女的革命還得慢慢來。同時，一副雙份的擔子又刻不容緩的照實壓下，「女工、公社成員、女科學家和女技術人員，必須努力工作、學習；她們同時必須把相當一部分時間放在家務和小孩身上。」直截了當等同婦女與勞動，正是鼓勵要顧惜她們賢妻良母的角色。

工作不講勞動分配、升遷機會和報酬比例的必要性和合理性者，愈會產生剝削，雖說婦女「撐起了半邊天」，有點思想的女性人，就可判斷這是假象。「半邊天」有說是橫的分：家裡廚房內的半邊是女性的；之外的客廳還是男性的，這不就只是玩弄語言遊戲，或只以少數象徵性的例子，來蒙蔽史實，維持利益的立場。這不只在中國各地，實是放諸四海皆準。

《女性人》第一期出來，就好些顧問讚嘆：李政道教授期望像女媧補天，放出不滅的閃電，使男女兩個半邊天平等；李歐梵教授稱其既屬女性，又基於人的共性；張光直教授希望：能協助中國在基本價值觀念上做些困難又痛苦的選擇，推動進入二十一世紀；趙如蘭教授盼其多樣創新；葉嘉瑩教授飽嘗無數女性的酸辛，讀了她的文稿，對她勇者與辯士的精神覺得甚為感動和暢快；聶華苓女士更預祝《女性人》的成功象徵中國人未來之希望。

第二期主導文章是格蘿茲（E. Grosz）的〈銘文和肉體示意圖〉，由陳教授翻譯。文中探究「人身銘文」這一個代喻，並不源自當代的理論家如傅柯或李歐塔（J. Lyotard）。早在尼采作品中便已有這代喻的先示；卡夫卡的短篇小說《行刑場》更是這代喻的一個怵目驚心的托陳。他們擬設社會上形態化了的權力，特別是懲罰系統和道德系統如何運用暴力的、殘酷的，但是得到社會認可的方法，通過制

度化了的殘忍酷刑，在人的肉體上留下種種記號。

　　《行刑場》的故事，描寫一個犯人不知道他犯了什麼罪、他將受什麼刑罰。囚犯被綑綁在顫動的床上，任由字樣設計器指定銘刻的「罪」，再由一層活動刺針，把違反的罪戒一針針反覆刺寫上肉體，棉花床單還會把身子翻轉，以便刺書新鮮的皮肉，也吸血以備第二輪刺書，經六小時才漸能解讀刺文傷口，再六小時，已經被刺了個透裡透，要押進墳墓了。

　　她分析：很多對女人肉身的措施，都有同樣的意義，從心理層次上來銘刻肉體，或以裝飾性、儀節性，各樣「自願」地在生活方式、行為習慣上為己身體打記號，如髮型、衣飾、束腰、束腹、胸圍、化粧、扎耳洞、纏小腳、大門不准邁、言語不得多、毫無私有財產等，都是對肉體精神、行動言語空間的侵犯。女性從來不明瞭為什麼會這樣，等到曉得，這制度已經把她們的生命完全侵蝕掉了。「妳看女性說話總是卑躬屈膝，用男人這種『邏輯不連貫』說法，這都是他們用暴力製造出來的效果。」

　　女性問題，不能談什麼邏輯，要通過身體感受來尺度，為什麼女性身體的處理，要跟男人不同呢？拿人口問題來說，她問很多生物學家，所有生物界要節制繁殖，都是絕育雄性，為何男人的性欲不必控制，男體這麼神聖不可侵犯？到了人何以專門殘傷女性？

　　第三期《女性人》是「墮胎專號」，主要觀點來自作家李昂。陳教授評論美國1973年宣布墮胎合法，這個最高法院的決案，震撼各界，也動搖了西方文明的傳統基石之一：女性有權決定生殖與否。所以在議決之前，爆發了空前的大論戰，西方人士多年來囂囂不已的人道、人權其價值基礎、價值結構，及背後隱藏的意識形態，都受到無情的暴露。她介紹這劃時代的案子：

　　像剝繭抽絲地看到，織入美國憲法的人文考慮有多少層次；在南方小鎮，一無所有一個餐廳女侍，想採取正當步驟做安全人工流產，牽動全國職業行當中的菁英人士關注又全身投入，中國能嗎？

　　當年在中國墮胎是強制施行，根本不容女性選擇，東西雙方在墮胎法案的立場，替大家說明了一點：通常很容易誤以為的人權和人道的核心差異：人道──由別人為你作的決定；而人權，則是自己為自己作的決定，其間折衝很明顯。

第四期的主題是「誰控制我的身體」。傳統都是男性設定所有的思想語言行為模式，妳只能得到他要妳得到的答案。譬如傅柯在文章裡——特別《性意識史》中，隱指著兩性的界分和知識誘於兩性的不同特徵，都是權力的效果，暗示在權力的運施之外，除了「肉體、器官、身體上的部位，功能、解剖—生理、感覺別無他物」。在已架構好的社會價值中，問問題常會掉進陷阱，「所以，我要知道誰控制我的身體，要是我做的事不是為我的身體服務，那給我再好的名稱、太上娘娘的地位，都是虛偽，更別問道德與否，因那是已列的前提。」女性幾千年來，在家同樣從事體力勞動，就不能以酬勞工資來計算，必須接受「道德」這張空頭支票？現在，要兌現。

1991年9月雜誌第五期終於出刊，切心的人都等得焦急，她以「老男人能現代化嗎？」為標題，引起好多「老男人」——中堅知識菁英的側目。她說：倡議現代化的人這麼多，老男人也該現代化，免得老是給女性社會壓力，把女性思考出來的出發點弄亂，能掌穩出發點，自己就能控制發展過程，與事實結合。

在第三、第四兩期，陳教授繼續推出她翻譯的《暫緩革命》第十章和第四章，討論大陸的計畫生育——家與國的對立及鄉間的勞動婦女，尤見辛酸。聽說：「本來一向是男人做重活，女人做輕活，今天做體力勞動的婦女多過男人，所以重活輕活，都由女人做，男人只不過從旁監督而已。」

她又譯介本哈比（S. Berhaib）的論文〈概括性的和具體性的「非己」〉，介紹哈佛兩位教授寇伯格（L. Kohlberg）和吉利根（C. Gilligan）之爭論。寇伯格研究建立有關道德思考發展，有階段理論：「前約定層」；「約定層」，「後約定層」。吉利根在人類認知和道德心理發展過程所做的研究，以托出孔恩（T. Kuhn）《科學革命的結構》一書而知名。但她在孔恩的研究模式論點中，找出和資料的不契之處，於是思辯拓展。這樣，原來寇伯格的「道德發展論文」也不能不修正。寇伯格的轉變，肯定受了當代哲學對社會科學方法學所作的基礎性討論的影響，接受了哈伯瑪斯（J. Habermas）對階段理論的地位釐清，稱是對正義思考及其發生演變的一個「合理的再建構」。

而寇伯格和吉利根的論辯，整個焦點集中在寇所描述的道德發展，隱含極深性別偏見，只用男性案例，完全忽略了女性，又沒有像

吉利根考慮到道德不必然日趨完善，道德判斷進入成人階段，可能有向後退縮的現象。婦女的道德判斷，吉利根說較注重事情前後聯繫，人世間關係上細節和情節的組合，傾向就——某一個非己者的觀點論事——具體性的非己，與男性喜歡用的概括性的非己不同。

她在師友當中，燒菜、開車都和她的說話一樣的知名，常在自己家或朋友家大顯手藝，酒足飯飽再辯鬧到深夜，滿足大家的胃口和精神。聽她曾開車南征北討橫越北美，坐著她的車去赴劍橋新語會，掠過她三十年前的家，她還指指碧山半坡說：退休就搬回來住。結果為與兒孫相近歡聚，反而搬到較遠的城，而後西部遠行漸遠。

1991年深秋，「趙如蘭教授榮退學術大會」，她是發起人之一；次年再在中國文化研討會年會「女性主義對儒家傳統之反思」的專題裡首論，主講「《女誡》取向的歷史模版」。她別出心裁地採取傅柯的考古學實踐，而非文化學實踐做研究方法。因很多制度、生活、文化，假如以「考古」手法發掘層面，可以透視當時的情景，而避免後代的人對它選擇性的思考後，變成思想史。她說中國歷史在很多方面，制度史其實都是思想史。思想史的意義，被思考的人——對儒家傳統有貢獻的男性們在思考，把制度變成思想，出入很多。

她以《史記》《後漢書》《老子》《孫子兵法》的材料證實《女誡》經過後代思想，跟班昭在105至106年寫成當時的形象是如何不符合。《女誡》跟身為漢代政府一員的班昭，對問題的行事原則比較有關，而跟後代希望女人怎麼做人，關係少一點。

因做翻譯漢代文獻，發現漢和帝、安帝即位都不過十幾歲，另個嬰兒皇帝才不過百日，均為母后掌權，是女權政治。我說：歷朝都有這種時期，她說：為何歷史家不講，而造出男權至上的假象，把宋明皇帝之集權，超越千年時空來解釋前朝？真是疑點重重。」

對現代文學，她感覺男性評論家，把張愛玲的日常生活層面傳奇化了，表象看來是將張的地位抬高，實則將女性架空；她認為所有男性都只同情沒有自衛能力的女性，不受苦的就不同情，這是虐待狂的另一種。這也許就是她的老朋友張系國來信告知的「她把《殺豬傳奇》拿去開刀」後的結果。

陳教授說：「我現在已經不太講『喜歡』這種感情主導很重的詞了，早喜歡的書，已化為思想的一部分了，用超越一點的詞——最

有切體感的中文作品，是李昂的作品！思想性非常強，而且她能掌握……」話到口邊：「我要好好寫一篇評論，李昂的作品沒有一篇不好！」我不免憶及1998年與張系國、李昂，紐約參加美華人學術聯誼會演講，並廣播現場叩應Call in對談「性、愛和政治」之熱鬧。

哈佛李歐梵教授也都和葛浩文一樣，稱讚《迷園》。但她要解析看他們為什麼說好？陳教授說：「他們對這些有力的基礎性作品，找到成套的話語模式，他們對李昂的反應可以說跟對我的反應沒什麼兩樣，是同樣的套術：怕、尊敬、佩服，反正都拒以千里之外，讓妳轉移陣地，或切斷妳的話流，或改變妳的範疇……，要特別注意，他們都很會用。」寫論文時，她在屋中拉根線，貼上資料，踱來踱往思考都看得見，令杜維明教授等客人見者稱奇。

古典文學中，她對魏晉的文學最有切體感。思潮在那裡不必文飾、轉彎，語言層次也不同凡響。另外對她而言，後現代思想最重要的一點是，站在女人的觀點去觀察世界文明。這是破裂傳統世界觀的有效武器，應該吸收體會，否則單講這種流行，就像講裙子長短，那麼後現代說來不過是知識分子時裝性的思想裝飾。

「我寫東西不多，不亂寫文章，每篇都是隨時可以站起來抗禦的，所以寫得慢，能寫以前沒有提出過的現象；不過，有關自己寫的文章和書，寫完就不經心地忘得毫無影子，好像不是自己的。」一回我找到她自己都沒有的，二十年前的文字，她也自嘲起來。

「遇到挫折，您怎麼自處？」她精神抖擻說：「這個很有意思，一定要講。首先是水淹金山，取自傳說中的白娘娘，法海和尚有天兵天將，白娘娘為了要許仙，完全不自量力以蝦兵蟹將水淹金山，她根本不管，」到對手有本事壓她在雷峰塔下。要壓就得花時間造塔、捉拿，現代知識分子，很會保護自己和運用時間，所以永遠都能淹成，女性做的事，不像政治學上的手腕和目的有差別，她做的事情，就是她的目的，這中間沒有破綻。

第二個例子，她當時讀索忍尼辛（A. Solzhenitsyn）寫的《橡樹和小牛》，讚不絕口說：「一人獨鬥權威，對手是那些蘇聯特務或被收買者，常給叫進去，那想要問的問題，他都已經想好答案，對手一問，就抽出張紙來照文宣讀，弄得對方草木皆兵。這一招實在是高明，知道憑對手這幾招，只能問這等問題，對手只知問題，可是不知

我的答案，最後只能狡辯過場，問題解體。」師友間流傳著她在鄭愁予家爭論到夜深；又以犀利的辯才舌戰張系國、李歐梵、沈君山等聯手的群雄，都能不敗的故事，可見其戰鬥力。

她常拿蘇聯特務情報集團，有其雄大的軍事暴力後盾來自勵，她說：「我碰到一些問題，不過是個人挫折層次，如果都克服不了，那麼將來女性怎能解放男人？怎能做主席？市長？特務頭頭？要爭取女性獨立自由前進，在今日世界就得有準備，任何挫折都要應付，不能倒退，或完全妥協。但要成事總須部分妥協。重要的是如何能在挫折中運用智慧，及從以前受過挫折的經驗中，設法擬造一個不被完全吃掉的對策，最好是在部分被吃時，造成對手的極度不消化，叫他以後不再來吃妳！」

大家都承認陳幼石教授的思路難以學習，她迂迴關照、衝鋒陷陣，既是運籌帷幄的大將，又是開疆拓土的勇士，屢挫屢奮，她的精神益復堅強開闊。

創作小說《南京不哭》《紅塵裡的黑尊》
──高能物理專家鄭洪教授

　　《南京不哭》《紅塵裡的黑尊》這兩本小說已仔細讀過許多次，作者是鄭洪。聽學術界同事談論，麻省理工學院MIT的鄭洪教授，被提名過諾貝爾獎，又當選了中研院院士，而且還是當時院士中最年輕的一位，那仍是幾十年前，我們尚未由康乃爾轉任哈佛大學。來到劍橋，匆匆忙忙過了幾年，首次見面，是個深秋，我們夫婦應邀參與他的老友沈君山的座談會，鄭洪先生是主持人。那時刻，據他所述，正如沈君山說的，他是「科學界的老兵，文壇的後進」。

　　在1986年耗費心血於尖端科學之餘，他居然以下筆如神的秉賦，在由臺返美的飛機上，振筆疾書寫成三萬字的小說《聽歌的一夜》，投到頗為風行的《皇冠》，匿起本名不好意思，以姓名中第一個字母，筆名陳衡面世。頭一回發表，即刊為推薦小說，我們曾在藝文小集討論。

　　每有文學家來，時能見到鄭教授，或與出版界的太太相偕在座。熟稔他們生活的忙碌和不周旋後，益顯歡聚時光的珍貴。

　　鄭洪太太崔志潔畢業於哈佛。婚後，她就因鄭洪先生喜歡文學，而開了：劍橋出版社（Cheng & Tsui Co.），專出版東亞語言文學類的書。現已是美國漢學界有名的出版機構，重要學者如夏志清教授等皆與其有書緣。

　　他們夫妻平日辛勤於事業，亦無家累後顧之憂。除開假日小憩吃吃館子和到各地開會外，全心投入工作。鄭洪喜歡運動，由建中到MIT一直嗜打的籃球，中年也停了，現在只做吐納游泳，但是對於心愛的詩畫，仍不忘情。端看他倆家中的陳設，即透露出主人的雅趣。

　　1989年底，鄭洪在感恩節前通宵熬夜，稍睡起來，眼睛竟然看不見，太太急送名醫，經過很精密的視網膜剝離修補手術，也是他生平第一回手術，靜養兩個月，才算康復。人在病中，種種的思慮都不斷湧現，百感交集有話要說，既不能用眼做別的事，於是下筆如神、行雲流水的創作功力又見發揮，閉目寫成大字小說稿近十萬言。初名

《坐看雲起時》，後改為《紅塵裡的黑尊》。

　　兩個月澎湃洶湧的靈感，令人難以置信！他倒平穩柔和地表示：「到我這年紀，積了一輩子想要說的話，當然寫得快。稿子我總再三再四修改，前一晚寫好的稿，晨起看看不妥就改，改了又改，最後原稿紙上可能只剩下一句是第一回寫的。」看那手稿，有剪、有貼，還有修改液塗寫，滿目瘡痍的原句實剩無幾。

　　不僅他對自我期許之嚴，令人敬服，更難得的是，他還以泱泱的風範向朋友汲取意見。

　　我讀完他的手稿，也就覺得那：以賭場隱喻人生百態，大膽描寫性、愛、死亡，深刻細膩，呈現人性競技場的現實面，確是心聲流露。由於其中人物多少與《聽歌的一夜》雷同，首先向他詢及角色的來龍去脈，再表明賭局太長，對一般讀者易生隔閡。他即坦言，這些正是前輩於梨華和張系國的意見，他會修正。對於小說原名過於抽象的問題，他也從善如流，改為《紅塵裡的黑尊》。這本書1993年由臺北《聯合文學》出版社出版。

　　他對彭玉麟的詠梅花詩畫神往心儀。1991年春天，他在一次電話聯絡中突說：「剛在蘇富比買到一幅彭玉麟的墨梅，正想託妳找資料研究哪！」緣於少年神往彭玉麟的廉潔和真情，又絕不要用道聽塗說的方式來寫……我深感不容易，因正史所載彭玉麟必多軍功，絕少觸及這種浪漫故事，唯有姑且一試。經過一夕尋索，只尋得一本載有彭玉麟〈亂寫梅花十萬枝〉等詩百首，李宗鄴著的《彭玉麟梅花文學之研究》，翌晨他來到哈佛燕京圖書館，在正噴灑著水的青草地和石獅子前，把書取走，隔日還書就攜來十分在行的考據〈彭郎與梅花〉一篇發表中副，驚人！除獨具慧眼收藏古畫，還兼及古董如前清的水月觀音等。

　　鄭洪教授的家鄉是廣東茂名，因1937年生在廣州，只在抗戰時去過一次廣東。那回從曲江以最原始的交通工具，乘船坐轎，走了差不多兩個月才到。那年他才5歲，卻能清晰記得家人在大太陽中，抬了一隻剛殺的豬去祭掃祖父母的墓，也拜謁祖宗祠堂。他小學住在廣州沙面，北伐時號稱鐵軍的軍長張發奎，就住隔鄰，常看他們在大花園裡用牛肉餵狼狗。他說：「我家住一幢洋式樓房二樓，三樓住著李漢魂省長（抗戰時），廚房是通的，我常上樓去找他女兒談天。」

　　他老早就講過：建中畢業後，參加最後一屆高中生留學考試，取得資格後，為籌齊保證金，延一年，就先進入免試保送以第一志願錄取的臺大電機系就讀。要不是如此，大家很容易聯想他也是名門貴胄公子。他謙稱：我父親鄭豐先生，可能是家族中唯一讀大學的，而且是半工半讀地念完中山大學。雖做過廣東建設廳長、立法委員，來臺即辭。出國所需的兩千四百元保證金，對薪水階級的公務員對，絕非戔戔小數。母親馬錦文女士又未上班，尤其還有一兄一弟和三個妹妹。一年半後第二年春天，還靠榮獲獎學金奧克拉荷馬大學的同學，湊數借錢才成行。

　　暑假一面等申請名校轉學，一面到舉目無親的紐約打工，憶起在髒亂的傭工介紹所行列中，「手上握一個號碼牌，緊緊握著，就像握著的是人生希望……」。

　　那時他才十幾歲，做過餐館的洗碗工、跑堂等，省吃儉用地把滿腔辛酸往肚裡吞！直到插班加州理工學院之後的暑假，才在IBM公司，找到研究性的打工，做到讀研究所那年，豁然開解了一個「磁共振」的研究題目，還意外地成為他的博士論文，使他22歲就拿了博士。

　　這篇論文的範疇，正屬外子黃紹光的專門。鄭洪先生曾經禮貌周全地寫了封信一起寄來給紹光，對他精簡高超的論文和那筆頓挫蒼勁的字，喜愛書法的紹光讚不絕口。1961年起他仍在加州理工學院做了兩年超博士，接著又到普林斯頓一年、哈佛一年，1965年到麻省理工學院數學系開始任教。早年他從事楊－米爾斯場論研究，近年來關注暗物質粒子的研究。1967-1971年與吳大峻合作研究「弱相互作用中的宇稱不守恆問題」

　　他早慧聰穎，經過漫長近六十年的教授研究生活，他悟出一以貫之的「內功心法」——要注意始創性，一定不要模仿。他師從號稱愛因斯坦的繼承人蓋爾曼（Murry Gell-Mann），1969年諾貝爾獎獲得者做「S方陣和雷克極點」，廢寢忘食做博士後研究三年，成績等於零竟整個垮掉。從此他最反對跟風，一定放下崇拜，深切思考，才有所創見。

　　在哈佛物理系做超博士那年，他在餐會中碰到年老行動不大靈活的諾貝爾獎得主范弗勒（J. Van Vleck）教授，不擅交談地先互換了姓

名，范弗勒接著就問他：「你是不是做磁共振的那位鄭？」他差點忘記自己還有那麼一篇化繁複為簡單的傑作，引得諾貝爾大師都刮目相看。他論文幾百篇到研究「廣義相對論量子化」，篇篇都非專家不能懂，到達這種高能物理的絕頂之境，難怪早就被提名諾貝爾獎。

我們在七○年代後期，就聽說過鄭洪與吳大峻教授合作研究「高能粒子散射」，成為諾貝爾獎的被提名人。那年的諾貝爾獎委員會，也因此辯論很激烈，耽擱了好多小時才宣布，遺憾難免，高處不勝寒。不過秉持理想，不輕易出手，必然會有創造性。

鄭教授與吳大峻教授的合作打破物理學界公認的「質子橫截面為常數」的觀念。鄭吳理論在1973年被實驗證明，《紐約時報》以頭版頭條報道。楊振寧在《今日物理學》中稱道鄭吳理論「最後可能和宇稱不守恒同樣重要」。費曼（Richard Feynman）也以其為高能物理研究的基礎，但卻無註明鄭吳理論的引用違背常規。

他應邀返加州理工學院作講演後，費曼雙手握住我的右手恭賀，並邀到他家討論，但論文卻無註資料之運用。

如此成就，還有失意低落的時刻？「個人之事早已看淡，科學界的不公，我個人覺得還滿大的，總覺得自己沒有充分被同行承認，也許大家都會有這種感觸？」說得也是，哪行哪業真有公平的天地？也許王倬、朱經武、吳茂昆、周芷、姜傳康等位，亦有同感。哪行又沒有費曼這類人？

自幼就有數理的天分吧？「我開竅很晚，小學時算術七十分，作文六十分，其餘功課都慘不忍睹……」鄭洪搖身一變自嘲調侃，儼然成了幽默大師，說：「我從來沒有考過第二名，都是考二十多名。」令人忍俊不住，又不動聲色地繼續講，他五年級靈光一閃地被選去參加算術比賽，然後就一直到建中高一才得進好班……，詼諧到底。

他小學跟母親下鄉度暑假，缺少玩伴，與哥哥鄭平兩人翻出章回小說，他看《薛仁貴征東》，哥哥看《薛丁山征西》，還彆扭地不肯交換。這本書就把他帶進文學的門檻。從此，鄭洪經常閱讀小說，從老舍、茅盾、巴金到還珠樓主等，《紅樓夢》看了好多遍，但是作文仍不算好，同學裡最好的是王正中-中研院院士。直到高一王樹楷老師，把他的一篇〈《基度山恩仇記》讀後感〉打了九十分，前所未有的高分，激起他舞文弄墨的興趣，非但投稿頻繁，甚至還想上中文

系，可是「退稿真快，大部分都被退了，寫作生涯的不順利」，另加風潮打造，他仍選擇了數理。

從不後悔？「不後悔！我中學就與一般同學的興趣不太一樣，喜歡做做數學、背背詩詞，這些事對我而言，很自然。」他仍很享受他的數理研究，往往一個方程式，就花上兩個星期來推演。又感嘆職業作家過活很困難，缺乏鼓勵。

高中就愛念詩，也發表了白話詩，有幾年他還寫了舊詩詞，我把常常暑假來哈佛研究的葉嘉瑩教授特意介紹給他，大家都找機會相聚，向葉教授學詩詞，葉教授更在改過鄭洪的詩詞之後，私下對我說：「不必我多改，他是真的有天分。」有一年冬，他遞來〈感懷〉一首：

> 飄泊中年信可哀，時逢歲暮轉低徊。
> 高樓莫上登臨弱，對酒休歌陌上梅。
> 又是眠殘夜未殘，床頭默坐雨潺潺。
> 少時夢醒情如蜜，不似今時意興闌。

他的無師自通、能作詩填詞，真是令人咋然稱奇。

問起他父母或是雍容親和的賢內助，還有在抗日前後任《大晚報》、《時事新報》等副刊主編的著名外交家，岳父崔萬秋，對他科學和文學抉擇上的影響。「沒有，倒是太太配合了我。研究科學是由於生活所需，寫作詩文是有如春蠶，有絲要吐，不吐不快。」看他遊刃有餘地在科學與文學之間，皆有斬獲。

他對大文豪泰戈爾或是熟朋友於梨華把學理工的描繪成硬手硬腳的機器人，都要抗議：「不要浮面的不了解我們，好像我們不會有感覺、痛苦和壓力，其實我有好幾位同學都因苦悶而致發瘋。」直接聯想到《紅塵裡的黑尊》有類似角色，話題朝向出書之後的反應。

對號入座？「那當然不會沒有，有人寫信來說好像都是他的事，也有男性女性朋友說，你我年紀差好多，這些想法你不可能有，性格也不同，你怎麼會把我的感受反應全寫出來了？你知我怎麼這麼深？」可見他善於立在所創人物之立場，去想像描繪。

忍不住問起他與太太的相識經過。「我在普林斯頓做博士後研

究，太太在哈佛大學部尚未畢業，到紐約去玩就認識了。」

直追到哈佛來？他倒靦腆起來：「也不是，」在普大沒有女朋友？「沒有！妳是想問有沒有殷明秋啊！」大家都笑了，對啊！人人都看那位女主角殷明秋寫得呼之欲出情意宛然，恐怕是真有其人吧？他說：「我是用了許多人做模特兒。」文學史的考證，當然是會與小說家的隱私，形成相當張力。

對於死亡一節，他筆觸深入，流露出內心的栖惶，絲絲入扣地也與他生命的軌跡吻合。1989年重陽前後，他父親猝然中風，然後無救去世。「全然沒有預警，好難接受，親人之中第一次，也許是太純了！」

倉卒奔臺，曾有感寫成〈念奴嬌〉一詞：

> 劍橋風烈，又金楓淒麗，重陽時節。
> 瀲灩日斜河光冷，客裡單衣寒怯。
> 異國飄蹤，天涯浪跡，廿載輕離別。
> 長磨霜刃，寂寥待與誰說？
> 若問生死枯榮，此身應似，皎皎天邊月。
> 今夜星稀雲不渡，曉來光銷影絕。
> 料得明朝，人間重見，新月無窮竭。
> 恍然驚問，新添多少白髮。

葉嘉瑩教授亦稍改，由吳大猷先生幫他寫下來，如今裱掛家中。細品其筆鋒盡處，實是憂傷積成塊壘。

死亡不再是聽來的故事，從「死亡對他是最無法接受的恐怖！時間還在繼續進行！」到「時間的變遷並不全是一個負面的程序，假如他對人生種種徹底的體驗過，而對一切人和事都無愧於心時，死亡有什麼可怕呢？」鄭洪以種種的角度審視死亡和時間。

1993年近夏，我邀他及臺益堅教授及寧強等學者，與於梨華、朱小燕、趙淑敏、吳玲瑤等名作家同臺演說兩場。他選了不同的題材，分別在哈佛和康州談。在康州那場他說起魯迅的小說〈傷逝〉，體會出男主角並非因封建困頓而拋棄女主角，他們的愛是慢慢因時間和環境而發生了變化，只好走上那條路，很真實不造作。比《狂人日

記》、《阿Q正傳》含有憂國意識來得感性，境界比較高。他能洞見
這種愛隨著時空轉變，而煥發或劫毀的不同面貌，也涵攝在他的小說
之中，難怪常寫愛情的朱小燕有緣誇他擅寫女性情感。

　　在他小說刊登在《聯合文學》和海外的《世界日報》之時，恰
好遇到廖輝英到北美作協紐英倫分會哈佛演講。當日雖是鄭洪回臺開
院士會的前一天，他仍到場。之後他們分別傳來在回臺的機上巧遇。
廖輝英讀了《紅塵裡的黑尊》之後說：「男士與女士寫的的確不一
樣。」

　　不少中研院的院士也和其他讀者有同感，迫不及待欲讀後事發
展。他們在臺北的院士會議會場議論紛紛，所以楊振寧院士建議他每
人送一本，期待出書又一年多，大家不免心焦，出書後陳省身院士已
看了不只一遍，楊振寧院士盛讚之餘還要看他別的作品。劉兆玄校
長，是化學家從過政，還是停寫轉仕，筆名上官鼎的武俠小說作家，
看了則對他說：「你的論文我都看不懂，這篇我看懂了。」

　　長居美國的鄭洪，他對成長的鄉土情有獨鍾，委實感人。他不僅
關懷科學，也關懷我們的文學在世界的水平，以及自我風格的養成，
更深切關注觸及廣大的社會和歷史，依然醉心文學創作。

　　回溯1995年他在MIT英文廣島戰爭學術研討會上的觸動，當他聽
到研討結果是「日本受傷害最深」時，內心火熱的愛國情懷如潮水般
湧動起來，決定要把當場反應的中國所受苦難迅捷刻劃，頗費周章，
1999年等到他難得學術年休，回南京住三個月四出采風，也傾聽災難
親歷者的沉痛記憶，屠城往事，體會深痛一揮而就。既而反覆雕章鏤
句，增刪多次，十年成書英文小說*Nanjing Never Cries*《南京不哭》380
頁，在2016年麻省理工學院出版社破格出版了這首部文學作品，震憾
了知識界。舊金山中國工程師協會在2017年3月11日，慶祝美洲中工
會成立一百周年年會中特頒科技人文獎予以表揚。

　　中文版由鳳凰出版集團，譯林2017年出版，相較於才寫了兩個月
的《紅塵裡的黑尊》那本夏志清教授都讚好看的小說，這本耗時頗長
的作品，自然是洗練的名著。

　　《南京不哭》男女主角的塑造和次要角色之演繹，魏特琳、拉
貝、張伯駒等人物的遞嬗化身，移情投射的意象，都非常靈動。他
說：歷史可以寬恕，但一定要銘記。

　　他屢次應邀三地演講開會北大南大等，研究諮詢，不免感慨經費的偏頗。聽說交通建設，動輒五千億，學術機構如中研院內卻需為預算，爭得厲害。我明白意指1993年所發生的「超導磁鐵超級對撞機」SSC事件。媒體曾熱鬧地宣傳為院士大戰，三位諾貝爾獎得主和三十多院士參與爭論。我們都不免憂慮所呼籲的「科技建國」如何達成？

　　鄭先生表示：文學是人生的縮影。這話或許已經講得多了，感覺麻木。好比他也賭過無數次──悟出一定要有限制，要研究或然率技巧，不能只靠運氣，贏得一時。跟人生實在很像，光靠牌法是不夠的，一定要靠自己把持，否則牌局千變萬化，逆轉時輸了失去信心，我們幾十年辛苦的發達了，誠敬之心一解，萬一風暴來時，能夠擔待倖免嗎？

　　人生如賭，鄭洪教授書寫真實的人生和史跡，以《南京不哭》《紅塵裡的黑尊》等書傳達出來的信息和椎心的憂懼，發人深省。

中國文化與史學意識
──鄭培凱教授的詩與史

　　1986年臘月，紐約佩斯（Pace）大學歷史系鄭培凱與哈佛杜維明教授一同組織了全天的第一屆《九州學刊》年會，這個首次在北美舉行的中文學術研討會，環繞著「中國傳統與現代」的議題，從早到晚進行了三場演講座談，在哈佛社區激起了多重漣漪。這才聽說，常回哈佛的的鄭教授，就是作品常出現在中港臺主要報章刊物的詩人作家程步奎，這個筆名已用了好多年。

　　看他灑脫又年輕，喜中式衣衫，卻邀集了熟識的師友杜先生及趙如蘭、張光直、夏志清、余英時、高友工、葉嘉瑩、費景漢、許倬雲、王浩、高英茂、孔復禮、史景遷、孫康宜、陸惠風、巫鴻、張隆溪和王德威諸位教授，又任顧問或編輯，又專題演說，真令人對中國文化燃起了一線蓬勃的希望。

　　他自己登場的講話「中國文化意識中的情色問題」亦生動有趣，翌年又聽他講「宋元明清婦女節烈事跡與文化環境」，更加佩服他的才學。因許多共同的師友和理想，便義不容辭的幫忙：改稱中國文化研討會後，我曾大力襄助召集主持，直至我們從韓國演講回來的2009年，我們在2010前一共舉辦了24屆出色的大會。

　　鄭培凱教授，1969年畢業於臺灣大學外文系，副修歷史。服役後1970年負笈美國，主修中國與歐洲思想史，獲夏威夷大學歷史學碩士、再獲耶魯獎學金，又擔任Yale Prize Fellow，耶魯大學歷史學博士。自1978年起，先任教於衛斯理安Wesleyan大學、1979-1981年紐約州立大學SUNY at Albany，1981年在哈佛費正清中心博士後研究一年，1982年任於耶魯大學、臺灣大學、新竹清華等大學等，1983-1998年任教紐約佩斯大學，1987年-1991年兼社會科學部及歷史系主任，1998創立香港城市大學中國文化中心，擔任主任及教授，推展多元互動的中國文化教學。兼任香港藝術發展局顧問、康樂及文化事務署博物館專家顧問、香港非物質文化遺產諮詢委員會主席、港台文化合作委員會委員、嶺南大學通識教育諮詢委員會主席、浙江大學中國文化客座

教授、復旦大學文史研究院學術委員會員、逢甲大學特約講座教授，
2013-14東亞文化交流學會會長。榮退再擔任團結基金的香港中華學
社創社社長，2016年獲頒香港政府榮譽勛章。

著作所涉學術範圍甚廣，以文化意識史、文化審美、經典翻譯
及文化變遷與交流為主。著有《湯顯祖：戲夢人生與文化求索》《在
紐約看電影：電影與中國文化變遷》《色‧戒的世界》《真理愈辯愈
昏》《吹笛到天明》《流觴曲水的感懷》《高尚的快樂》《茶道的開
始——茶經》《茶餘酒後金瓶梅》《行腳八方》《迷死人的故事》
《雅言與俗語》《游于藝——跨文化美食》《品味的記憶》《在乎山
水之間》《多元文化與審美情趣》《歷史人物與文化變遷》《文化審
美與藝術鑒賞》《口傳心授與文化傳承：非物質文化遺產：文獻，現
狀與討論》《文苑奇葩湯顯祖》《裊晴絲吹來閒庭院》《逐波泛海：
十六十七世紀中國陶瓷外銷與物質文明擴散》等三十餘種。主編《中
國歷代茶書匯編（校注本）》、*The Search for Modern China: A Documentary
Collection*《史景遷作品系列》與太太鄢秀合編。《近代海外漢學名著
譯叢（百種）》等。

屢次介紹他也是名詩人時，總見他有謙讓姿態，或說：「不是詩
人，是寫詩的人。」據他說，在他心底給詩人這頂桂冠極其崇高的地
位，感到自己還不符合心目中認可的詩人形象，因此更正，似就卸脫
了「不朽盛事」與俱的責任重擔，可隨心所欲繼續作詩，不怕褻瀆了
屈原、荷馬以來的殿堂。

這些年他的詩集以筆名出版，從1982年起先後出了《程步奎詩
抄》《新英格蘭詩草》《也許要落雨》《天安門的獨白》《從何說
起》等，並譯有《聶魯達愛情詩選》《情詩二十一》等詩集三種、翻
譯小說兩種等。一本本的著作付印出版，他也覺得硬是不肯承擔詩人
之名，就未免矯情。仍說：「看來生活在社會裡，做詩人不難，要做
個恰如其分的人坦然寫詩，讓自己恬淡自得卻難。」

對他而言，做詩人著實不難。經常他總想通過創作想像的追求，
發掘自己：聽到午後的田野隨著和煦的暖風吟哦，就想那一莖莖麥
穗，是都有著獨特的個性——為了譜寫田園風味的樂章，經歷了多少
晨昏風雨，頂著早春漸融的冰霜，掙扎出厚實的黃土大地。他不是對
自然或季節變遷迷戀，而是總感到人事滄桑也有近似之處，遂抑遏不

住歷史的聯想，開始構築真幻交織的想像世界。

問詩人氣質，是由父母所傳？他從容道來：古人考科舉要填三代履歷，我連祖父母名諱都說不上來。說來好像是難為情的事，反過來說，也突出反映了中國人在近代的境遇，特別是因戰亂到臺灣成長的一代，實在說不清有沒有深植土壤的家庭樹。

他父親鄭旭東先生，從來沒有告訴他祖輩或父親自己的經歷。他所知的點點滴滴，都是從母親或親戚那兒聽到的一鱗半爪：他們祖居山東日照三莊，又名勰莊，是《文心雕龍》作者劉勰的故居，他因感到於己無關，連考證的興趣亦無。

他覺得自己無情，是因從小生活在流亡的氣氛中，熟悉的是臺灣的一山一水，沒見過山東家鄉的一草一木。父親曾寫回憶錄。

他有三位堂哥來臺灣，兩位在文教界，年紀都比他父親大，已過世多年。一是在國立編譯館任編纂的鄭毅庵，一是在建國中學教物理的鄭培澤。他小時常去建中單身教師宿舍看堂哥，順便到植物園及新建的科學館玩玩。鄭培澤看過他家族譜，山東日照的鄭家，與歷史上盛稱的高密鄭或滎陽鄭，沒什麼直接關係。是明清之際，從福建沿著海路遷到山東的，或許是鄭芝龍一家。他出國後，就會想：原來是和海盜一家呢，那麼，遷到臺灣，倒是歸了鄭成功一宗。

從母親那得知他祖父過世得早，家產不殷實，但在祖母及幾位伯父的經營下，才變成了小地主。發家的期間，大概在1920到1940年間，產業雖然不甚多，但絕對是富足有餘。父親到青島上德國教會中學，當與這段發家的經歷有關。抗戰勝利之後，國共內戰在山東地區鬥爭慘烈，日照三莊鄭家，幾乎全部在社會變革之中遭遇犧牲。

1993夏天，父親由臺第一次回鄉，只找到了他的一個姪子，已六十多歲，終身未曾婚娶。他妹妹陪著父親在三莊，居然找到了祖居與父親的小學，逗留了兩個小時就離開了。從此父親再也不說回大陸，山東如何。他說：「我想他是重新打了個主意，在心理上離開了山東，卻認他鄉是故鄉了。」

鄭教授母親尹淑貞女士是山東廣饒人，家中是世代顯赫的大地主，青州首富。外祖父是長房嫡系單傳，只有一子一女。因此母親雖出身於傳統封建的禮教家庭，卻從小受到父母鍾愛，沒有遭到封建制度的摧殘。嫁給他父親，是通過相親的自由結婚，在抗戰勝利之後，

正值父親事業如日中天之際，在當時算是門當戶對了。他父親從大後方回到山東，從事實業管理，是典型的「官僚資本家」，任黃海水產公司總經理，可說是壟斷黃海水域資源的新貴。「從家庭背景看，我們家怎麼也算不上書香世家，倒是舊制度的中堅，向資本主義轉化的新興權貴。」

他生在1948年青島，未滿一歲即隨父母遷居臺北。很幸運的母親因他這個福氣的麻煩奶娃兒，而未上沉船太平輪，揀回了命。由於遷臺僅帶了少量資產，他家就一直在沒落貴族與普通經濟家庭之間打轉。「而我的成長過程，就是看到失勢的山東權貴在臺灣的沒落，以及在長輩們誇耀當年如何風光之際，感到自己身處的世代隔絕」。

他母親教他從小讀書，想來是傳統的「書中自有這、自有那」黃金屋和顏如玉觀念的影響。他說：「我倒是不太辜負她的期望，因為我從小喜歡書中的世界，總覺得比身邊日漸霉朽的氣氛要有活力多了。」詩中，他對倚門望兒歸、抑鬱淺笑的母親，有著鮮明的刻劃。他有兩位妹妹，一個弟弟。

回憶小時沒有多少書，除幾本古典著作及一套藝文印書館翻印的《資治通鑑》及《續通鑑》，都是母親買給他的青少年讀物。螢橋小學畢業後，就讀成功中學期間，即習作現代詩，對法國象徵派詩歌興趣特濃。

在他膾炙人口著稱的「迴文詩」他寫：「我為你寫詩，在昏黃的燈下。回想起那一年還在上初中，每個夜晚，當家人睡下之後，我總輕悄悄開門出去，看星星睡了沒有。只要天好，滿天的星子都向我眨眼，而我總是固執地站在巷弄裡，從南天數到北辰。我在星圖上找你，卻不知道你的光度與方位……。」詩人似乎自述早熟：讀古詩十九首，學會用海碗喝酒，飲十五、六歲的悲哀，體會老杜的蒼涼。

1965年他考入臺大外文系，在讀書時代，他熱衷於前衛性實驗劇場，專注英美現代詩，對艾略特（T. Eliot）、奧登（W. Auden）、龐德（E. Ponds）尤為頂禮，整天翻著字典，一句一字地研讀，大談新詩：橫的移植。

在臺大他隨英千里讀英國浪漫詩，朱立民讀十九世紀美國詩，並從葉嘉瑩習中國古典詩歌。創作方面，則受教於認識的周夢蝶及余光中尤多。1965年臺大海洋詩社舉辦首次詩歌朗誦會，遍邀臺北地區著

名現代詩人鄭愁予等出席，是現代詩在大學校園朗誦之創舉，此後蔚為風氣，厥為一功。

　　赴美攻讀史學之後，他的耶魯博士論文最主要的指導老師是史景遷Jonathan Spence，余英時教授等位，他前後有一段時間詩創作甚少，進入了自由天地，唯暇時讀書自娛，讀的是五四以來的文學，魯迅、茅盾、巴金、老舍、張天翼他之前通通沒有讀過。「我沒事就有系統地看，完全漫無目的，就像一塊海綿一樣吸。」在史學天地之中，他的興趣也廣：「我的研究方向，比以前明確得多，研究的重點方向在明代至現代，中國文化中跟藝術、文學有關的創作想像思維，與思想史、文化史、藝術史、文學史都有關。我的個性喜歡設法具體地解決困惑。」就拿他寫〈明末清初的繪畫與中國思想文化〉論文說，他對高居翰（J. Cahill）在1982年出版的《氣勢撼人》有精闢的論評。

　　鄭教授述介高居翰書中努力開拓中國繪畫史新局面之設想，並針對其論點具體提出商榷，如舉張宏之作〈句曲松風〉一畫，高氏以其畫風為自然主義傾向。鄭教授分析張宏表達「高致於尺幅間」，畫意隱居松林谿壑，人物完全融入大自然成一和諧之整體，正是呈現道教聖地和隱逸山林之意，這一畫風並不是只著眼大自然景貌，表現純自然主義傾向的格調，而與中國文化思想有關。而且經過畫家主觀想像加工，把低緩的丘陵拔高成險峻陡峭的山峰，高入雲霄，尤烘托出聖地虛無飄渺的神祕宗教氣氛。

　　且以萬曆年間的木刻版畫，及元明繪畫大師的作品為實例，如李嵩的〈西湖圖〉等探討中國本土繪畫技法，不但有透視觀念，有平遠、高遠、深遠之「三遠法」，也有寫實鳥瞰式的描寫園林勝景。鄭培凱教授認為高居翰推論西洋版畫，直接影響中國畫風的轉變，是犯了「臆必固我」的毛病。

　　他直指明末清初繪畫的撼人氣勢，反映了時代精神。這一時期的畫，主要不同於宋畫之處，是在風格的摸索上，表現自然有其特殊的理解，是種有意識的自我探索，也是對個人生存在社會中意義的探索，認真且迫切。人人探索方向不同，自出機杼，表現出個人主義或適性主義的畫風色彩。

　　不論是張宏對大自然的觀察入微，還是董其昌繼承前人的創造性

仿古；不論是吳彬、趙左以仙山幻境模擬現世以外的世界，還是陳洪綬以變形人物呈現明末知識分子的游離心境；不論是弘仁以嶔奇孤冷刻畫黃山的峻峭，還是龔賢以撲朔迷離顯示夢幻與現實的交疊；不論是王原祁集諸法之大成，以構築美好的新世界，還是道濟打破一切成法，以自創的章法塗繪絢爛的藝術世界，我們可以看到，這一切探索都是自覺的必要，發自畫家內心深處。

這使我們必須意識到思想史上陽明心學的發展，到後來成為自我探索的局面，非復儒家正統所能束縛。又社會經濟的發展出現了陸楫的「消費經濟」觀，乃戰國〈侈靡篇〉以來趨近社會享樂主義精神和消費經濟學說。還有文藝美學中強調個性解法、重視個人情感、反對社會傳統道德束縛，在在都顯示明清之際，中國社會文化結構，有著「震撼人心」的轉型，令畫風遞變。他這篇論文，在藝術史方面影響頗大，被好多大學的研究生課程做為指定教材。

他本來是研究十六世紀前後的文化史，轉而專注湯顯祖及明末清初戲劇與文化藝術思維。他在哈佛做過系列「湯顯祖與晚明文化」的研究，早已輯集出版，甚受重視。

此書獨特地把湯顯祖放在晚明文化變動的大脈絡中探討。從湯顯祖與趙邦清的交誼，探索湯顯祖的政治改良思想，及其劇作中反映的社會處境。因湯趙之結識，正值湯顯祖宦途蹉跎，歷經貶謫之際，趙邦清治滕縣的政績，使顯祖反省了自己治理遂昌的經驗，思考如何真能澤被於民。湯對趙之欽仰，反映了迫切希望社會得以改良的心情。趙任宦吏部，後遭貶斥，使湯顯祖聯繫到自己受罷斥的經驗，再次了解官場中蠅營狗苟及傾軋鬥爭的齷齪，加深了他避世心態。

鄭教授強調這是湯顯祖創作生命最蓬勃的階段。在遂昌縣令任內寫《牡丹亭》，到棄官回鄉完成，回鄉又寫《南柯記》。繼遭罷斥，再寫成《邯鄲記》，在文學上表達了人生如夢的體會。至於夢醒後，是否活在另一個夢中，則非所知。湯顯祖將天下士雖有濟世理想，但在溷濁的人間世卻動輒得咎；雖有出世之想，但總難忘情的矛盾複雜心境，表現得淋漓盡致。湯關切人類處境的情懷至老猶在，可為其劇中對現實理想、想像、虛幻各層次真幻問題再三探討的註腳。

鄭教授對於女性問題的重視，也絕不僅止於家庭。他研究中國婦女纏足，大約是從晚唐或五代開始，到元代逐漸普遍。宋朝社會甚至

將此視為一種新的性別定義，到十九世紀中國婦女約有百分之五十至八十的人纏足，但滿族、苗族和客家族的婦女不纏足的。在地域上有差別，四川、福建、湖南等省婦女纏足情形較少，北方陝西、河南就非常多。直到明清婦女也才注重自我表達。

他還介紹錢單士厘，這第一位寫國外遊記的中國女子和她的兩本作品：《癸卯旅行記》與《歸潛記》。其夫婿錢恂是清末的外交官，錢玄同的長兄，也是光復會的祕密會員。她的兒子錢稻孫是著名的翻譯家，侄子錢三強是著名的科學家。不過，他點明錢女士的經歷與睿識並不需依附家人的成就。這真是又延伸了他對女性研究的尊重。

鄭教授在廣泛的研究興趣之外，為促進海內外對中國文化整合文史學科研究之交流，創才《九州學刊》現稱《九州學林》。刊名取自龔自珍〈乙亥雜詩〉：「九州生氣恃風雷，萬馬齊喑究可哀。我勸天公重抖擻，不拘一格降人材。」前五年獲香港中華文化促進中心及美國群芳東亞研究中心資助，刊出專業文字，但每期出刊每期賠累，仍不曾中輟。唯海外聯絡印刷發行諸多困難，故1991年他將業務移到臺灣，委託皇冠出版社代理，俾紓解作業，使刊物順利推出。後由於上海的王元化及朱維錚兩位的建議，合併暫時停刊的《九州學刊》與《學術集林》，仍由鄭培凱繼續主編《九州學林》期刊。

更值得一提的是，他與杜先生召集我等一起協助的中國文化研討會年會。二十多年來的盛況，從研討「中國傳統與現代」、「中國文明的起源與文化的發展」、「表演藝術與中國社會」、「中國藝術」、「中國文學」、「中國音樂、語言與現代文學——趙如蘭教授榮退學術研討會」、「婦女與中國文化」、「中國文化與審美態度」、「中國文化中的生死觀」、「中國電影面面觀」、「中國文化的區域特性」、「書，讀書，讀書人——吳文津館長榮退學術研討會」、「中國人的離散」、「現代意識與文明對話」、「紀念史華慈教授學術研討會」、「全球化：文化資源與漢語網絡」、「考古學與中國文明的再發現——紀念張光直教授學術研討會」、「新世紀的文明對話」、「現代性與本土化」、「鄭和下西洋 1405-1433——歷史與文化的涵義」、「中國文學與文化」、「中國文化與世界文化遺產」、「全球語境下的華文文學」、「文化空間與族裔認同」、「島與大陸的對話——二十一世紀的華語文學」、所談的主題及特邀來的

方家。皆吸引了美東各州學者齊集一堂,開放地交流。

他愛讀魯迅,認為在中國近代文化劇變之時,魯迅做為新舊更替的代表,以其敏銳的心靈觸角,對自己內心深處的挖掘及對周邊環境的剖析,反映新型知識分子對中國文化的轉型、創新與重建的真誠省思。他在臺講學,以「魯迅心中的黑暗閘門」、「從吶喊到徬徨」、「不再有社戲憧憬的故鄉」、「祥林嫂死後的魂靈問題」、「娜拉走後,唯有傷逝」、「魯迅想做怎樣的戰士?」六個主題,一方面探索文化變遷所引發的知識分子自我批判,另方面則著眼魯迅在白話文創作上的偉大藝術成就,展現魯迅在近代文化中的承先啟後地位。

問他順遂的生命中有挫折嗎?如何克服?他說:「有啊!怎麼會沒有呢?」他加長了聲音回答:「成長時有父母幫很多忙。真正擔起挫折,是赴美之後,不過回想起來都算小的。」他剛開始教書,正遇上東方學不景氣。找了事,紐約州大又有鬥爭,後來他就離開。「也並不當它多了不起的挫折,中國歷史這時對我有很大的意義,想到我們上一代經歷的挫折,是他們完全都不能控制的,在心理上等於做了個比較參考,那就覺得沒什麼了,於是人心開朗毋需分析。」

不斷寫作有助紓解挫折吧?「對!寫過些感覺黯然的詩,的確寫詩有紓解作用。」

寫意的生活常現他的詩文之中。讀詩,到美國筆會替中國詩人舒婷等翻譯談話,聽音樂、歌劇,春天去布魯克林植物園賞櫻。尤其喜好觀影看戲,當年在紐約生活的環境,使他有條件看了很多表演藝術的呈現形式,影像的東西,不管是視覺藝術也好,表演藝術也好,繪畫書法也好,他頗能用文字落筆把那個感覺記錄下來,發表了不少有關《在紐約看電影:電影與中國文化變遷》的文章,亦結集成書。想像的空間領域,在歷史上很重要。探討歷史上不同的想像空間,是他最大的興趣。也可以說文化發展不止是政治、軍事、經濟、社會結構,還有文學、思想,更有涉及視感與音感的生活體會。

他和白先勇教授合作推動崑曲發展,鄭教授著重討論崑曲的文化意義與涉及開創或復興中國文化前景的問題。提出藝術展現的問題,實際的投入討論大小規模演出,對傳承基本功等的重要性。「戲曲研究,不應該僅是:從文獻到文獻的。」

他曾進行的大計劃,是崑曲的口傳心授計劃。鄭教授每三個月請

一位崑曲這行最有成就的表演藝術家，差不多是七十歲左右的名家。這些人都有口述歷史或者是回憶錄，再讓他講清楚，表演藝術的展現。要每位天生資質都不一樣之人講：一招一式是怎麼獨特展現藝術體會和傳承的，演戲要看人，戲以人傳。以這第一手的實證資料來重新探索口傳心授，談論保護、發展、創新，就不再說得模糊，甚至不著邊際了。目的就在記錄其相關的唱腔及身段，以了解藝術在想像的空間的一些細微的歷史變化，就是文化的傳承。「這個探索，多少可以解決我一直在思考的想像空間歷史性的問題。」

近年他常想：一個人只能活一輩子啊！活著的意思到底是什麼？父母給的環境，有時順著走，有時逆著走，尋找認同的過程，回頭看，並不每一步都對，襟抱著的是很強的理想主義，比起來這個年紀做點事，實在比年輕時的想法少——年輕人是比較好。談著近老的他，始終恪守奮力前行的方向。

詩讀著只是消遣，不再費心揣摩。隨興而讀，讀得最多，居然是中國古詩。《詩經》、《楚辭》、杜詩、陶詩他都覺得有奧援作用。又讀西班牙詩，譯拉丁美洲詩、聶魯達詩作幾種，涉獵當代希臘詩等，覺得詩不再是高不可攀的藝術頂峰，不再是只能頂禮膜拜，已成為他日常生活的一部分。我尤其喜愛過年時，他必寫首意趣盎然的詩向朋友賀年。

回顧1998年度開始，他接受香港城市大學張信剛校長的聘請，擔任該校新創的中國文化中心主任直到2015年榮退。無論退休與否，都希望把對文化的闡釋，具體落實到大學的教學上。一方面發揚傳統的優秀文化質素，另方面也希望藉著創新，對中國文化發展方向有所建樹。

鄭教授歷年快馬加鞭開設課程，比如為不說中文的學生開英文的中國文化課，越來越人滿叫座。曾設計監督該校的三百種以上的文化課程，和舉辦藝展，還製作主持香港電台「文化超現代」，又留神研究「香港大學教育中的中國文化課程」，開始上網教學，藝術示範，文化田野考查，輔導等教學模式，常有兩岸大學敦請他為特約講座。

近年來，他接受邀約擔任臺灣教育部學術審議委員會，中央研究院《中央研究院近代史研究所集刊》，漢學研究中心《漢學研究》，清華出版社《清華學報》等特邀審查員；他是少數著名文化學者被中

國藝術研究院，邀請為編委的海外專家編《崑曲藝術大典》《京劇藝術大典》；並擔任復旦大學及廣西師範大學出版社；白先勇青春版牡丹亭；李安電影《色·戒》等的學術顧問。

鄭教授對書法情有獨鍾，茶和陶瓷的研究亦卓然有成。尤其受到中日韓各國全面重視非常，2016年前後，他除在京滬杭撫州中港韓開過八次書法個展，多次聯展，也應邀携新書《賞心樂事誰家院》在上海書展亮相。

由於他對中國文化的理解，採開放創新的態度研究，方法也不墨守成規，融合各種學科，甚至融入詩人的想像，以探索古人的心靈世界，他說的好：「一生只有一個追求，是想了解我作為中國人，這些文化情懷怎麼來的。我對人、對世界有關懷，而且從小就希望人人都生活得美好、生活得幸福。我又不是聖賢，我這個關懷是哪裡來的？我相信是我從小耳儒目染，與中國傳統文化有關。這也說明中國文化裡有絕對優秀的東西，需要重新發掘認識與弘揚」。

鄭培凱教授潛心孤詣談詩論史總為人賞識，一腔熱忱而有大成，正如城大中國文化中心，氣派的門口所掛朱熹的對聯：「舊學商量加邃密，新知涵養轉深沉」。

欲識乾坤造化心
——劍橋新語社創辦人陸惠風教授

　　1983年秋，時任哈佛東亞系副教授的陸惠風先生，邀約了趙如蘭教授和哈佛、MIT的教授學者們，共同創立了「劍橋新語社」。到2005年為止，這二十二年來，不覺已在學期中每月末的星期五晚間，舉辦過幾百次文史哲研討粥會。

　　哈佛的師友杜維明，張光直，胡永春，鄭培凱，張龍溪，葉揚，柯慶明，我等都參與，1989年後，通常由我預先電話聯絡，當天趙教授和我，再至哈佛燕京門口，開車引領主講和聽眾到卞家或陸家，寒暄之後，進入研討預定的文史哲主題，研討到用過大家都讚賞的紅粥白粥方歇。2000年後，多由我借用哈佛燕京聚會廳。

　　若輪到去坐落在劍橋隔鄰，愛寧屯（Arlington）的陸家，先要在慈悲湖（Spy Pond）畔的院落停妥車，拾級而上，轉進門入客廳，一望而去落地窗外湖光水色，在主題研討之前，難免就會聽得眾人對這幢設計新穎的地中海式現代建築讚不絕口。

　　在這座靜謐的書香天地中的男女主人已然轉行營商。陸惠風先生常常自謙是個平凡的普通人，只想為心靈開一扇窗，並引徐志摩詩句「互放的光亮」做為與友談天互為增明的寫照，其實他最擅博古論今，輕巧的話語中，又有銳不可當之嚴峻，是「劍橋新語」的靈魂人物，還陶然忘機淡泊名利，成功地追尋自由，益發不平凡。

　　陸先生，1967年香港中文大學，新亞書院歷史系畢業，越兩年研究院畢業，學風受錢穆先生影響，同時師事全漢昇、嚴耕望、牟潤孫諸先生，研究經濟制度史和思想史，申請留學前並創辦《平民月刊》雜誌，後偕妻子（新亞同學）童和君赴日，學習日文。1971年，夫妻同入哈佛東亞系深造。

　　他隨楊聯陞、費正清（J. Fairbank）、史華慈（B. Schwartz）、柏庚斯（Dwight H.Perkins）、魯索斯基（H. Rosovsky）等史學和經濟學名師求學，陸先生1977年獲博士。由於他的成績出類拔萃，被哈佛東亞系不依慣例直接留下來任教了八年。開有國史專題、中國政治制度

史、明清社會經濟史、中國通史等課程。楊聯陞先生有時憂鬱症發，常是他去代課，別人以為他苦，他卻樂而忘倦，並說因此學問上得益不少。

他認為自己是香港人，雖然他原籍上海之郊青浦。1943年生於上海的他，6歲時隨雙親移居香港。祖上是官宦地主，族譜所載，任官者不少，其他家族成員為地方紳士、地主，收入由土地而來。

他祖父陸廷楨先生為清末進士，1895年左右，光緒年間，在河南商城任過知縣，任官清廉，常要修書請家中寄一些錢給他。地方人士感念他的廉直，還捐有萬人寶蓋（傘）為誌。他父親陸項蓀先生曾在章太炎辦的學堂求學，能通日文，一度任職上海輪船公司。讀書人喜歡的作詩、下圍棋、吹洞簫、唱戲，他都行。陸先生說：「革命那一代如果說有犧牲者的話，他就是其一！」

陸先生的母親周勤珍女士是嘉善人，他明瞭那區文風不錯，出過思想家。「江南貧富人家有時心理上並不那麼懸殊，我媽媽待佃戶下人都很親切，他們常會搖隻船來，送東西給我們吃；她有時說，家中的年輕女傭是她的過房女兒。我家未給清算，主要是這些人覺得一向待他們好，而在半夜三更跑上來說開會討論了，擔心男士會首當其衝，叫大少爺先走！」

1950年後，陸家遷至香港，一度困難狼狽。他母親個性很強，也得靠朋友讓一幢房子給他們住。父親帶了點錢勉可維持，對年幼六歲的他，影響不大，感覺還住在山明水秀的地方。他在兄弟姊妹七人中排行第六，後頭還有位妹妹。

「在香港，我母親反而本領很大，做一點小生意。」家中每月給孩子一些用度，陸先生從中學後就做家教，賺零花錢，剛學到的知識，他就拿去教別人，獨立能幹，最喜歡買書，直到現在他書房收藏的中外書籍，也很令人驚嘆！

「父親心理上飄泊，生活仍是滿舒服的，我也有點像他，他不擔憂……。」1950年代他父親跟新亞書院的錢穆、唐君毅等老師有來往，與兩路局局長經濟專家陳伯莊先生頗熟，有時下圍棋聊天，主要是在港的文化人很多，大家都沒啥事做。

動亂之中，一家人都不通廣東話，又以為避避風頭，短住即可回鄉。錢沒帶多，倒帶兩箱書消遣。「家中常有逃難客人短住，他們背

景都很好，生活過得頗講究，我家就住過一位在上海做過法官律師的先生，國學底子非常好。」陸先生在那亞熱帶的黃昏乘涼時，常聽他們坐談文化、國事，為後來的研究種下遠因。

他的一年級是在鑽石山——錢穆先生住家附近，廟裡所設的佛教小學上的，二年級之後就上基督教小學，在伯特利中學畢業，「我上新亞書院是很自然的。」他有著深刻的記憶。

陳伯莊先生的妹妹陳蘭萍是位教員，牽著他的手到哲學系唐君毅先生的辦公室對唐先生說：「這是陸公的兒子。」——唐先生看他歷史分數最高，就把他放在歷史系。陸先生在陳伯莊先生送給他父親的一套兩路局雜誌中，接觸到西方歷史和經濟史的思想和制度。

約莫小學五年級，他開始讀《紅樓夢》、《水滸》、《聊齋》等小說，囫圇吞下也有消化之處，還珠樓主、王度廬等小說也看。中學後看英文小說，始終對小說有興趣。

陸教授也雅好詩文。1990年趙如蘭教授當選中研院院士，他以：「俗韻天聲李杜詩，憑君為我解情癡，春風翰苑花開盛，天下伯牙謝子期」賀之。有一次，我家同葉嘉瑩、柯慶明、張淑香教授赴尹遠程醫生、鄭兆沅伉儷在紐英倫的別墅白山遊覽，他亦有「昨夜繁星降百草，偷聽濁世紫簫禪，人間幾度同今夕，細語更深未肯眠」為記。

老友們應邀出席為趙如蘭教授慶祝了90大壽——（2013年她91歲仙去）

陸惠風先生特別寫了首詩賀壽並感懷：

你默默地隱居在康橋　你靜靜的忍受著寂寞
九十歲慈祥的奶奶　多少人崇拜的偶像
在這櫻花桃李盛開的四月　我們又吵吵鬧鬧聚在你家
要慶祝你轟轟烈烈的一生　都記得你豪爽率直的性格
細聽這音樂一般動人的語言
想起你語言一般清淺的歌聲
今晚聽見你們姐妹的合唱彷彿又回到人生的四月
雖然大家的歌聲都帶點沙啞　但滿含著多少年的溫情
因你而發展的學問像滿樹的花香
飄揚在你的師生朋友執教的校園

今天是你九十大壽
我們祝你生日快樂！

　　他讀歷史最先念四史，又細讀錢先生的書，中大同學都羨慕，獎學金獲得者的職責是月會校歌唱畢，請學者演講時，擔任司儀。常常就是錢先生主講，他同在臺上仔細聽講，深受影響，也養成上臺不怕的臺風。

　　陸先生在新亞鋒頭甚勁，是辯論比賽冠軍，香港作家岑逸飛就說他「能言善辯，早為同學津津樂道，編雜誌他是約稿對象」。當時他寫過思想性的批評、短篇小說、歷史，甚至武俠小說，原本無意發表，丟在抽屜裡，或以「袁無意」等等，這樣的筆名不張揚。他研究學問本感覺不一定要多立文字，故發表不多。認真的寫作，還是這幾年我介紹他兩岸和美國幾位積極拉稿的主編、發行人等，才被敦請出來寫專文，不再惜墨如金。他的文化時事評論雜文，很受歡迎好評。

　　雖然他自己避諱錢穆和唐君毅二位先生是他父親的朋友，只旁聽他們談話講課，兩位對他卻十分關心，唐先生很留意他的成績，錢先生更令他覺得特別受到重視，但他謙虛地說：「我想對所有好學生，錢先生都讓人有這樣的感覺吧！」

　　錢先生曾題朱熹的「半畝方塘一鑑開，天光雲影共徘徊，問渠那得清如許，為有源頭活水來」來讚許他。又為他結婚題錄「聞道西園春色深，急穿芒屩去登臨，千葩萬蕊爭紅紫，誰識乾坤造化心」來為他倆誌喜。兩幅字均始終懸於他家樓下書房。

　　歷史系除嚴耕望、牟潤孫先生外，年輕的孫國棟、唐端正、孫述宇都是他的老師。陳荊和先生教他東南亞史，陶震宇先生教日本史，推薦他到日本亞細亞大學，參加交換計畫學通日文。

　　全漢昇先生是他第一位入室受業師，治學深而嚴密，對他很有寄望，哈佛經濟史大師柏庚斯到港，陸先生即被選派去招呼與其見面。考古學大師張光直去港，也是陸先生陪，「記得他走路好快，幾乎趕不上」。錢先生主張每天看報，嚴耕望先生對陸先生臨別贈言每天讀書，始終成為他一生信守的事。

　　他自謂性格帶有多面矛盾，若用明朱希真的〈西江月〉：「日日深杯酒滿，朝朝小圃花開，自歌自舞自開懷，且喜無拘無礙，青史

幾番春夢，紅塵多少奇才，不須計較與安排，領取而今現在。」來形容陸先生的逍遙，他認為太浪漫了點。他喜用百丈清規「一日不作，一日不食」表達自己不曾荒廢生命。每日工作或旅行之外，必讀半天書，絕不以江南逸少的出世，看半朝花，聽鳥囀新簧的生活為滿足。單就錢先生認為：對天下有責任之人應當看報一事，他說：「我常看的報種類很多，英、日、中各類報刊都不放鬆。」

　　有好一陣他把自己隱匿在書堆之中，「劍橋俠隱」之名不脛而走。可是他的博學口才俠情，總是吸引周遭的朋友向他求教。紹光任會長與我請他在大波士頓區中華文化協會談宗教信仰與民主精神的歷史淵源，就是他不斷被請到僑社演講的開端。

　　他既談宗教又談政治，大大突破了一般將兩者截然劃分的說法，他說：「這是不懂美式忌諱。」先分中國宗教觀為二：入世及出世。入世的即一種政治神學，如大一統觀念，已成無可置疑的深層思想──日本學者丸山真男所稱，亦容格（C. Jung）提出的集體良知，是種時代精神，千年而下，有同一內涵。

　　儒家實際也是近乎宗教的入世神學，道家老莊思想則介乎出世入世兩者之間。出世的宗教如佛教、基督教，都具拯救、樂土和統治者不能不容忍的人群組合形式，客觀的提供了權力制衡，成為逼向實現民主的一個條件。

　　陸先生指宗教與民主具有同一根源：平等、重視個人生存與尊嚴。中國文化的危機是五四以來的民主追求，知識分子只向外求，不向內尋，沒有在歷史背景下，建立對理想社會的信仰──出乎宗教性的內化，是中國民主化過程中所必要的條件。反宗教，片面強調理性與科學，往往淪為庸俗化合理主義，對民主更沒有系統的內化。

　　當時他強調，在這世紀末，又是千年之中的最後幾年，是該做些深沉的回顧：自法國啟蒙思潮開始轉折，在中國是五四起，社會主義政權實現，對神學和宗教精神的全盤否定，是百年文明史當中相當嚴重的誤差，二十世紀，對宗教精神的領會已然貧乏甚至曲解，但宗教仍是社會普遍的要求和渴望。

　　干預雖令宗教衰微，但仍「慧命相續不絕如縷」，在宗教精神的實踐方面，基督、天主和回教、佛教已漸轉為融通。譬如佛學界，在歐美學者已做了許多經典翻譯考證的貢獻，但是義理方面的交流，則

比較少見。像海德格（M. Heidegger）讀到鈴木大拙的禪學著作，就一針見血地說：「如果我的了解正確的話，這書的內容就是我一生想要寫的。」很有震盪作用。

又如1989年1月在高雄佛光山舉辦的《六祖壇經》研討會，佛學界與佛教界的對話就相當表面化，能涵蓋兩域者少之又少。他僅指出藍吉富教授（佛教史名家）的〈《壇經》與西藏佛學相似之處〉一文是少數兩面均可領受感謝的文章。此外，日人柳田聖山提出《壇經》為後人組合的見解已不算太新，仍屬考證範圍。

他說各大宗教原教旨主義（Fundamentalism）應運而生，是為了對抗世界思潮不斷「世俗化」的趨勢，原教旨主義是指某宗教文化的繼承者，為了保存個人與社會的本身自性（Identity）與此榮辱共存的宗教精神所設計的原教條和內涵。

原教旨主義必然包含依據原宗教的信仰與教義，和引申出來的行為準則、生活規範，並具有復古與創新的雙重性格，常以激情犧牲的姿態與民族主義結合極端仇外、排斥異端的群體心理，又有專權獨斷、極具吸引力的領袖。極端發展，就成全盤政教合一。

深切的危機感——精神或社會經濟的，是產生原教旨主義的第一要素；二是傳統文化的斷裂現象；三，更重要的是對傳統文化中，原有宗教基本精神極其強烈的懷舊感，是原動力。對中國言，因三缺其一，故不會在本國文化產生原教旨主義，但因三有其二，故成為外來原教旨主義傳播成長之沃土。在美國，原教旨主義的發展，還像在中國只是星星之火尚未燎原，但已蠢蠢欲動，想把勢力延伸到政黨選舉——共和黨。

中國在現代化的過渡中，極需宗教力量貢獻催化，但應避免原教旨主義者的錯誤。在政教分離的原則下，宗教對中國和其他人類社會的深刻影響，實難一以蔽之，若把活的宗教精神誤解，則剝奪了中國社會健康發展必須的一股力量。宗教對世界文化的動向亦息息相關。

他洞察在歷史的演進過程中，人性的基本定義也在不斷修訂。過去人對於知識、財富、欲望、權力都曾經有過「原罪性的內疚感」，得之唯恐天譴，今日則處之泰然。原罪性內疚感的解除，可說是一種對人性、對自我的淨化過程。與此過程同時，思想家、聖人也不斷的提出與修訂道德、民主、平等、自由、幸福等觀念的內涵。

今天的世界公民已經認為，教育與醫藥保健是民權中不可或缺的部分。今後對進步是否也需修訂為「齊步的進步」或「相應的進步」，才是真正的進步。少數人飛躍性的進步，是否意味著大多數人的倒退，已經不僅是語意學上的問題了。如何在不攔阻少數人進步的前提下，使大多數人相應的跟進，是社會主義與市場經濟雙軌制社會的重要課題。

大乘佛學中，所謂全人類整體的救恩才是菩薩乘的救恩，所指正是此意。了解佛教和各國宗教發展的趨勢，陸先生認為已成了今日世界公民的責任。

細看世界思潮，從依附於神學的哲學，轉向獨立學術思想的哲學，大方向之中，宗教精神必往寬容大度，人和萬物的地位（相對神的下降）會漸提高。新世紀宗教家最忙碌的工程，會是拆解地獄，也就像大乘佛教的拯救，是一竹竿把人和萬物全引渡到彼岸。

陸先生甚愛動物，笑說：「若要尋一派純真不虛偽，我大概比不上我的貓！」他贊同保護動物。

研究和熟讀聖經、佛經，也去過天主教會演講的陸先生並不信教，但是他對關懷全盤環境和「柳暗花明十萬戶，敲門處處有人應」揭櫫十萬八千法門的大乘佛學思想，持樂觀態度。

除思想史外，如前所述他對經濟制度史下過大工夫；在哈佛，楊聯陞先生則給他在典章制度和思想的深重影響。他曾在1986年冬《九州學刊》年會─後來的中國文化研討會，就中國文化的幾個側面一組，與趙如蘭、鄭培凱各講一題，他講「典章制度與心物調和論」。藉典章制度的研究，說明歷史研究，不能偏於一種先設的方法和取向，認為歷史是人物時間交織的產物，分析歷史可從心推到物，或從物到心；物後有心，心後有物，連成一片不可或分。然而，歷史研究在大陸仍稍強調唯物，港臺則充斥英雄創造歷史的故事，史學界普遍重史料蒐集整理，系統的分析方法論、史論仍嫌不足。他舉了明代嘉靖萬曆年史例，說明制度的變化，涉及政治經濟、思想文化各層，就提供了較客觀的歷史理解。

對於宗教中主要課題之一──生死，陸先生也有強烈關懷。由於業師楊聯陞及父母的先後辭世，他不免更深思死亡的意義。他由生死之不可分，再問過去的生是否已死？一直在生是一直在死嗎？「死

後是永生的開始」，是法國大革命啟蒙運動最後辯論中，羅伯斯比Robespierre所提。與羅伯斯比意見相左的一方，則認為死是「永恆的睡眠」。

「死亡的意義究竟為何？」他先舉《說苑・辯物篇》子貢問孔子：「死人有知無知也？」子曰：「吾欲言死者有知也，恐孝子順孫妨生以送死；欲言無知，恐不孝子孫棄而不葬也。賜欲知死人有知將無知也，死，徐知之，猶未晚也。」

再談各種類近死的經驗。一是重病或親人的近死經驗。二是性命相連之人的死。三是男女欲仙欲死的情熱，實有交付生命之感。四是事業由高峰落到低點。五是親近的事物或作品的毀滅。六是文化由旺盛到衰亡。這些是私人之死。

再說模擬之死：有如圍棋、戲劇、閱讀，聽講之死；宗教之死：上帝之死、出家受戒，受洗修道等與死認同的行動，與罪等同之死，死作獎勵，作復仇，作保護，作完成……。

他關懷極廣，從霍金（S. Hawking）超人論點說到心理學家海恩斯坦（Herrnstein）的書《智商與階級結構》，再引《朝日新聞》堀江義人報導中國之進步和大乘佛學可以在〈生命之書的修訂〉主題下曲折呈現。

已過不逾矩之年的陸教授，看來依然年輕。陸先生對圍棋有研究，但他誠實的說他的棋力極普通，興趣陪客而已。他愛的是飄雪的冬日午後，在窗明几淨的安靜書齋中，與知友泡杯好茶對弈時，聽那棋子「得」的一聲落在盤上的唯美經驗，遠比變幻多端地掌握時空以少勝多享受。他也愛好聽唱京戲崑曲及老歌等，品賞書畫，還可撫一首古琴曲，拉一段二胡，練練洞簫管笛尺八……。

他講求詩樣的生活和美的實踐，記得有年大雪午後，他攜來中國樂器為我們解說禪宗空觀。用比喻說中國這個禪宗荒落大院，可從登臨牆頭高處俯覽，或跨越頹牆登堂入室取其珍寶，說空的觀念正是心靈知識，取之不竭。第一層次是色空、物空、法空、不真空、非空非有——諸般色相有如雪落枝頭「千樹萬樹梨花開」霎時即空。二是言空、性空、法空——莊子所說「得意忘言得魚忘筌」之空。三是心空、理空——心如虛空涵容萬法，空是種活活潑潑的能力，亦老子云「當其有得之利，當其無得其用」。陸先生以吹奏洞簫嗚咽，拉二胡

幽怨來說明無格則音程無限，「我這頑皮的人，常打破規矩！」誠然，打破規矩，就能無限。四是終極追求──空、寂、靜的境界，正是宋朝不知名比丘尼悟道詩所寫：「竟日尋春不見春，芒鞋踏破嶺頭雲，歸來笑拈梅花嗅，春在枝頭已十分。」

他又編曹溪老僧故事，言傳微妙奧義：「話說土霸數人，在山村酒店，聽得老僧煽動村民不懼，欲往教訓，抵山中，但聽老僧兀自言語：『風雪之夜，我若不把你摟在懷裡，今晚可能過不了，你是這樣溫暖，慰藉了我寂寞的毛孔身心，恨不得把你整個吃到肚中。』引得土霸衝入扭住一看，原來老僧懷抱酒罈持勺欲飲，即以水酒分斟，尷尬的土霸飲談後，定神屋中空無一物，水酒亦非水非酒。令人得其三昧，『曹源一滴水』的滋味盡在不言，直指人心。」

陸先生贊成必先有一定的廣博，再求專精。也像他學長余英時先生一樣提出《莊子》「鷦鷯巢於深林，不過一枝；偃鼠飲河，不過滿腹」來表求知之限。但他的為學之道卻不只望如波平無染的止水，而盼能多飲幾道汩汩自來的清流。

生愛死與生死智慧
——探索生命哲學的傅偉勳教授

　　在哈佛不時聽到杜維明先生在堂上講起：專擅禪佛學的傅偉勳先生初論的「文化中國」，以及在文化心理結構上，進行「第六個現代化」等種種說法時，就很留神。1992年前後，杜先生在香港《九十年代》、臺灣《中國論壇》、大陸《讀書》、美國《世界日報》和漢學刊物DAEDALUS，將傅先生強調用來溝通兩岸三地的「文化中國」概念，再擴大意義，把從事研究、報導傳播與中國有關事物的「外人」統統納入，使之變成一個全球社群的論說，引起了好多中外反應，隨即展開熱烈的討論。

　　接著，杜先生在哈佛開了三次文化中國研討會，會上總是提傅先生。尤其是1992年夏秋之交那場會，學者如林毓生、勞思光、李歐梵、趙如蘭、王元化、李澤厚、劉再復、蕭捷夫，汪暉，我等，在哈佛教授俱樂部與會，傅先生未出現。杜先生在會議開場說傅先生正在做淋巴癌治療，實在令人人震驚，不免都為他的健康憂心。

　　1993年入夏，讀報見傅先生新著《死亡的尊嚴與生命的尊嚴》出版，眼睛一亮。果然轟動，未及月旬，旋即再版。由媒體報導和他親自演講，活絡了死亡學的人生研究教育，引起一波波的共鳴和反思。

　　在杜維明、鄭培凱、陸惠風三位的支持下，我如願以償，1994年中國文化研討大會，就以中國文化中的生死觀為主題，並請傅偉勳及杜鄭陸等位講演。

　　稍早那年秋天，在康州會場三一書院——由杜先生贊助，周劍岐、程建平和我主持的會議上，首次見到傅先生。傅先生略比相片清瘦，一頭爍亮的白髮，長長的鬢腳，仙風道骨，帶黑框眼鏡著黑西裝。俟他開口，鏗鏘有力的聲音，立將他生氣勃勃的個性全然顯示。睿智的話語，幽默的秉賦，叫大家著迷。

　　第二夜研討移師哈佛，議題設計就圍繞著他和杜維明、陸惠風、梁燕城、紀剛幾位的拿手：生之尊嚴與死之奧祕。再從中國精神危機談到罪與罰——心性的探討，天情與空性——終極真理的位格性，宗

教融合對二十一世紀人類和中國文化的貢獻等。在月黑風高的深秋夜，出乎意料的來了好多第二天一早要工作上學的聽眾，把哈佛燕京大禮堂擠得走道都坐滿了人。這是繼1989年杜維明等二位的滿堂采之後，文哲演講十二年來僅見的第三次爆滿，魅力驚人！

　　傅先生是新竹人，和比他小三屆的新竹中學校友李遠哲一樣，說話帶著新竹腔。臺大哲學系畢業，再於夏威夷大學、柏克萊加大深造。1962年獲夏大碩士，1963年返臺大哲學系任教三年半，學生後均為各大學中堅。1966年再度攜眷赴伊利諾大學香檳——娥班娜（Champaign Urbanna）總校區，攻得哲學博士，於1969年在俄州雅典的俄亥俄大學（Ohio Univ. Athens）哲學系任教，1971年轉任天普（Temple）大學教授，遷費城，主持佛學與東亞思想博士班研究，並兼中研院文哲所研究講座迄1996秋。

　　他著作很勤，有《西洋哲學史》（十多版）、《從西方哲學到禪佛教》、《批判的繼承與創造的發展》、《從創造的詮釋學到大乘佛學》（獲嘉新水泥文化基金會最佳學術著作獎）、《中國哲學指導》、《死亡的尊嚴與生命的尊嚴》、《學問的生命與生命的學問》（獲圖書著作金鼎獎）、《道元》、《佛教思想的現代探索》等中英文專著，編述的中英專書亦已十冊，並任中外四家出版社叢書主編，提攜作者達三百人左右。

　　傅先生1933年10月7日生於日治的新竹，祖籍福建泉州。父親傅順南先生婚後，在竹市開順生堂西藥房。只受過小學教育的父親，苦練出一筆字，常代抄司法文件。傅先生說：父親的世俗智慧從他所發明的幾樣西藥可見一斑。自強胃病散，在臺光復前算是數一數二的胃病名藥，而他專為性病特製的「快樂金丹」與「天天樂」，據說也是「仙丹」。憑著聰明，在日治時做到臺灣地區物資統制會社的高級職員，經常遊歷日本及南京、上海；外加對女性的魅力，全不顧家。性格強烈又有生命韌性的母親陳查某，生十四個兒女，夭折五個。他一個妹妹生不久即逝，弟弟送給別人，他成為男孩中排行老五，最小的一個。

　　母親一手撫養近十個子女，親身照顧藥店生意。記性好到背光所有藥名，以記憶取代賬簿，精力充沛。父親後與一年輕寡婦同居，乾脆棄家不歸。直至戰後，老年罹患半身不遂，他四哥接到臺北照顧，

也請母親來，兩人大吵兩天，母離去隱居新竹郊外佛寺。

據他四哥說：母親年屆古稀，性格變得柔和慈善。她自動接父親到佛寺，親為看護，並自己預言年內將去世，果然不到一年狹心症突發，先電告他大姊，幾分鐘內即告別人間。兩週後，他四哥才告訴遠在美東費城之郊的他，令他在書房竟夜為母親所代表的老一代臺灣女性的苦命暗自痛泣。

「還好淨土信仰給她精神慰藉！」他並憶起母親在每位手足出生，就會請人看相備好命書為畢生紀念。1961年他首次留美，大姊給他看寫著「遠離兄弟拋家鄉」的命書，驚訝中當時他並不信其靈驗，兩年後回臺大執教，1966年再赴伊利諾大學，到1996年，長達三十年，父母大姊之逝他都遠在美。命書預言他遭遇的此生氣命，真是準確不過，足資感嘆！

戰後，臺省籍新一代中，以第一志願考進臺大哲學系者，他大概算最早的一個，在美漢學界早年亦數他唯一。他說：「如果不是命運的捉弄或安排，我也不可能學哲學。」小學先上新竹第四國民學校，就對「生命的學問」關注最熱切。記得三年級有位陳老師，問他們：「世上有什麼是磨損不掉的？」他們小孩子懂什麼？老師答：「就是這顆心！」他體會到生命會盡，錢會花光，只有心是永遠也用不完的，趁早訓練，愈用愈好，是每人都有的王牌。他心性坦誠又機靈，哥大名家狄百瑞教授，曾形容他像無導向飛彈。

五年級遇美軍轟炸新竹的日本神風特攻隊，看鄰居商店老闆和他老母支離破碎的肢體，加上自幼聽母親描寫佛教地獄的可怕鏡頭，深夜常做惡夢。年幼時母親忙藥店生意，一時忘了他在樓上，曾從二樓跌到一樓兩次，死去活來。又小學時，大雨天掉進池塘深水差點溺死，瀕險經驗徒增對死亡的迷惑與恐懼。

戰後念新興國校，開始改學中文，自修日文，捧讀百科全書、文學全集等，養成他對文學（及古典音樂）的嗜好。進新竹中學，也一向是模範生，據住此近郊他的老師劉幼峰先生和劉太太都當過傅先生的導師，說：「他是我們教過的最聰明的學生！」傅先生調侃地跟我說：「小時候大約是聰明又不大有出路，常頑皮耍寶，直到前幾年才收斂點。」

竹中有許多內地老師，歷史老師姓趙，大筆在黑板一揮寫

「趙……」，他這班長就冒出一句：「跟阿Q同姓！」老先生氣極問什麼意思，半秒鐘急智的他話鋒一轉：「我意思是說天下第一姓！」老師多拿他沒辦法。他率性淳真，常說：「我能使大家都很快樂！」

從國校老師自動教背誦國父遺囑！熟唱軍歌！興高采烈地夢想回歸祖國後的幸福美景，到接收的國軍浩浩盪盪進入新竹市東門一帶的黃昏時刻，他們小學生紛紛與國軍將士手牽著手，齊唱進行曲，歡呼祖國萬歲的情景，而後竟有「二二八」，他家突遭青天霹靂。

他當時正在竹中高一，臺大機械系的二哥被憲兵隊逮捕，罪名說是參加共產黨。不久三哥也被捕，三哥是臺中農學院——中興大學前身的學生，罪名是去南部為二哥選購無線電設備。經過一年多累積下精神痛苦，加上母親誤信，白送有關單位不少金錢，家道自此中落。二哥與引他入黨之教員後來同被槍決於水源地。二嫂從晚報閱悉此一不幸時，二哥已被火化，才與母親匆忙趕去帶回骨灰。母親原有黑髮全變白髮。

竹中有名的辛志平校長，特別叫他去安慰。二哥的不幸已依國法處理，要照樣好好念書，創傷自然影響了他，始終第一的成績下跌。高二補考化學，高三補考物理，差點沒法畢業。三哥判五年徒刑送火燒島。

意外傾家蕩產，觸發他遠離兄弟拋家鄉的奇怪動機，準備放棄學業，報考海軍軍官學校。由於右眼視力差零點二而淘汰，不得已求其次考進臺大哲學系。

高中偶讀日本近現代哲學之父西田幾多郎數本哲學原著的影響，決意超克「島國根性」之限，天天「以今日之我克昨日之我」——梁啟超語，是他主修哲學的一大動機。再讀到牟宗三先生〈哲學智慧的開發〉——收在《生命的學問》一書，所說的哲學氣質，深深打動少年的心，堅固了終身以哲學探索為己任的決心。

他父親聽到：你畢業後想在新竹擺八卦桌，以算命謀生？像多半人，他父親也誤以命相家為哲學家。那時本省同胞幾無例外，鼓勵子女做醫生工程師、律師，考文科已寥寥無幾，想做哲學家的更等於瘋狂。

因報考臺大的旅費無著，只好出售大姊出嫁留下的老風琴，湊三百臺幣，坐火車北上，開始追求思想生活。「從臺大哲學系到研究所

畢業，我一直是清寒學生，靠幾種微薄獎學金與家教賺來外快維持六年。」

外在生活雖如此貧苦，精神上他可說是十分愉快：「那時的我是道道地地的理想主義者，腦子裡充滿的是文學藝術的幻想與哲學宗教的玄思。」也始終在文學與哲學間徘徊不定，哲學雖是主修，自覺喜歡的似乎是文學。

在臺大為他紮根的兩位教授是方東美和王叔岷。「方師講課極富哲學靈感，有如天馬行空，又有啟發英才的魔力，是善於曠觀宇宙人生的美感哲學家，論詩境、藝術，論『乾坤一場戲，生命一悲劇』，學到的是盧山頂峰展望諸子百家的哲學胸襟。」給他眼花撩亂的百條哲學理路，令他逐漸意識到必須跳過宏觀的哲學玩賞，早選專長。

他跟以校勘學著名的王叔岷先生，上過《莊子》、《淮南子》、《孟子》、《史記》。從那嚴謹細密的考證訓詁作風，真正學到攻治中國哲學，義理與考據缺一不可；也一直喜歡閱讀清代乾嘉學派至當代有關訓詁考證的國學論著。

王先生對他這位中文成績最高的學生，相當期待地說：「你懂得很多，此後好好用功，有一天你會超過胡適之先生。」傅先生認為超過與否，今天對他已不重要。他受莊子影響，對世俗評價早無興趣，但如此的鼓勵，對他極有鞭策作用。

進臺大後，自動跳過臺灣人意識形態，打開胸襟廣交外省同學。系中高他一班的劉述先，帶他去見牟宗三、徐復觀先生，也常帶他去同窗楊漢之家大吃湖南家鄉味。他說：「述先有如老大哥，賺點稿費就請吃消夜，頗有『千金散盡還復來』之慨，我喜歡外省菜，愛好辣……，就由述先這位吃飯老師指導……。」

畢業，考研究所第二年，他從市中心的家教，搬到臺大第九宿舍，與劉先生同寢室。1958年得碩士，南下受軍訓。在臺大選定德國觀念論—康德（I. Kant）與黑格爾（G. Hegel），到現代德國實存哲學—雅斯培（K. Jaspers）與海德格（M. Heidegger），留美專攻自己頭痛的日常語言分析，進而治分析—後設倫理學。

在臺大和研究所，他都以雅斯培鑽研做論文—還定實存—存在主義，乃因發現自己個性中理性—哲學探索；與感性—人文音樂感受，相生又相剋，甚至感性常勝過理性而難馴。他攻讀哲學的實

際動機是在了解、克服自己，只能接觸與文學（音樂）感受較有關聯的哲學作品。

留美後，一百八十度轉向英美分析哲學，是哲學知性自我強逼使然，故意違背原有性向，「確實驗證了張載變化氣質之理」。他在伊利諾大學的博士論文以《現代倫理自律論》為題。他又副修現代語言學。那時美國分析科學哲學，幾乎都是維根斯坦（L. Wittgenstein）等人的天下。他自認讀哲學若無分析能力不成，就投入硬繃繃地不同層次的語境脈絡、語意邏輯澄清等訓練。選過喬姆斯基（A. N. Chomsky）新派語言學，對那分辨的表面結構與深層結構極感興趣。又由海德格、加達默爾（H. Gadamer）、狄爾泰（W. Dilthey）、德里達（J. Derrida）等思維吸取，並從大學時王叔岷先生所學之校勘訓詁，和宋明理學到新儒家所強調的考據義理之辨，乃至大乘佛學中未成規模的方法論探討，構想出1974年公開的「創造的詮釋學」。

「創造的詮釋學」是應用傅先生常強調的「層面分析法」，分辨實謂、意謂、蘊謂、當謂、必謂（創謂）五大辯證層次。專對哲學原典詮釋研究而構想的，屬一般方法論，站在傳統主義保守立場與反傳統主義的冒進立場之間採取中道，繼往開來。亦可擴延到文藝鑑賞批評、哲學史、思想史研究。他也同意哈伯瑪斯（J. Habermas）的溝通觀念，在社會演進─尤其通過現代化往後現代的今日多元社會的必要性。

傅教授認為：在中外哲學及宗教思想史上的獨創性思想家，多曾以創造的詮釋學家身分，經歷嚴格的思維磨鍊，西方從亞里斯多德以降，中國的莊子、孟子、慧能、朱熹、王陽明到開拓新儒家理路的熊十力、牟宗三等亦然。

因恩師陳榮捷教授力薦，1971年他轉任賓州天普大學宗教系，主持佛學與東西思想研究所。除由教學而沉潛的印度哲學，他也未嘗忘卻西方哲學殊勝的思維工夫及方法論，用以強化東方思想的學問性、學術性，經常引進問題探索法、層面分析法、脈絡──語境分析法、語言解構、詮釋等各國思潮，並構思自己的一套詮釋學和思維方法論，另外專注（超）形上學、生死學、美學等在比較哲學上的課題，也開始關心涉及哲學宗教、心理學、精神醫學、文化人類學的科際整合。曾開過「佛學、心理分析與實存分析」一般學府未有的新課，講

授達十七年，教學相長，成績斐然。

綜觀能像他兼治儒釋道三家的中外學者不多，他分析「整全的多層遠近觀」是儒釋道三家形上學的一大優點。就生死智慧言，子曰：朝聞道，夕死可矣及憂道不憂貧，表示儒家的終極關懷：了悟人生是任務，在不斷貫徹人生使命的短暫生命歷程中獲致解脫。

「未知生，焉知死」深一層說，是一體的兩面。以「吾十有五而志於學，三十而立，四十而不惑」，到「五十而知天命」算孔子學思歷程自述中，最有宗教深度，最為吃緊的告白，天命之年是整個人生的轉捩點。

孟子深化宗教超越性的天命，同時內在化了「天命即正命」的理趣，建立人性本善良知良能之說，為儒家道德鋪下哲學心性論基礎。「君子有終身之憂」及捨生取義的宗教性奠基，就是生死觀的終極理據。到張載等北宋理學家更開並談生死之端，逐建立新儒家生死學的思維趨勢，明代王陽明心學盡力最大。

陽明首次為儒家生死智慧的真常心性論標出致良知，是37歲謫居貴州龍場之時，「忽中夜大悟格物致知之旨。」又云：「人於生死念頭……，見得破，透得過，此心全體方是流行無礙，方是盡性至命之學。」顯然深受禪宗影響。

到其愛用禪語的弟子王龍溪更說，「先師良知兩字，是從萬死一生中提揑出來。」儒家道德實踐與涵養工夫的真正考驗是在生死交關的極限情境。本體即工夫，工夫即本體，有如禪宗慧能所講的頓悟頓修或本證妙修，頗有契接相通之處。

大乘佛學在乎幫助眾生永離生死苦海，終極意義在通過真常心性肯定與覺醒「生死即涅槃」、「平常心是道」；認同終極存在，不外一切如如的真空妙有，具現化於日常世界的「一色一香無非中道」──天臺、「事事圓融無礙」──華嚴、「日日是好日」──禪宗都是聖諦。

道家生死觀，基於自然無為天道，由老子的「各歸其根」到莊子始於無可奈何把握生死命運的悲愴淒涼，再體悟生死不過是天地元氣之聚散，自然而來去。

他闡釋莊子哲理高妙深奧，其物化論、化機論，齊物論，是莊子以真人之無心突破道家形上學，一切形上學與神學的思辨猜測，悟

出：無無之後，齊一死生、善惡、美醜、大小、夢覺等絕對主體性意義之理。

中國禪宗承接此一理路，再以明心見性的悟覺工夫，予以實踐性的深化，到日本曹洞宗的道元禪，更以「有時之而今」，貫徹莊子齊物與慧能本證妙修的頓悟之旨，終於集中日禪道「生命的學問」之大成。

他體會這種深意說：「在我的禪道辭典尋不到埋怨、後悔、浪費這三個字語。」將海德格時間性實存論「向死存在」的時點，一律顯現為永恆的現在，永恆與時間在每一生命時點始終交叉融合，將海氏未完成的課題，步步解決。

所以當傅先生在1992年1月15日決定入院開刀檢查是否得了淋巴癌之清晨，五點鐘帶一包裹，在寒凍，冰點之下的氣溫，孤獨的步行五十分鐘，勇赴難關，堅忍苦楚，故意試探自己的毅力，也正是想以此機會，試試靠知解參禪的心性體認。

他最不喜打擾別人，又向來報喜不報憂，有大困難既不告訴人，也不請他人幫忙。術後兩天，坐計程車回家，數天昏沉，熟睡。「生平從未睡得如此舒服甜蜜，無憂無慮，無相無念，有如涅槃解脫，如果這樣的甜蜜是死亡的滋味，我倒覺得死不值得我們恐懼。」

春假回來，醫師告以斷定淋巴癌並蔓延到上胸，要做放射線電療，除去脾臟，要他有心理準備和保持希望。

此時他已在暑期教過「死亡與死亡過程」的課十年，自信夠應付死亡挑戰。告訴醫生已有鍾惠民總編輯，盼他為讀者寫有關死亡教育的書，忽然覺得應該答允，乘此生死體驗機緣寫來，醫生為其勇敢稱奇。

5月1日再動手術之後，他更覺得已克服小時候怕死的神經質傾向。回想高二時的「小哲學家」靈感，跟同學瞎吼：死後虛無一片大黑暗，不覺好笑又內疚。幾次由單槓摔下，幾乎半死，開始忌諱生命冒險；預官時乘美軍舊機的風險，令他產生怕坐飛機的危懼心理，直到天命之年。這些大小的近死經驗，加上生來很強烈的生命感受，自然觸發他環繞死亡或生死問題，日益關注生死學、生死智慧探索。而真正面臨生死交關的大難，他憶及「人生是一種使命」，感到應珍惜餘生，好好寫出《死亡的尊嚴與生命的尊嚴》。他認為自己這本書，

有些章節只點到為止。不過他已收集資料，完成大綱的下幾本書是：《現代生死學與生死智慧》、《生愛死——從死亡學到生命學》。三本合起來，戲稱「生死學三部曲」。

他於1980年代初構思「生命十大層面與價值取向」模型。現代生死學必須強調，生命最高三層——終極真實、終極關懷、實存主體，及其價值取向，對於下面七層——人倫道德、審美經驗、知性探索、歷史文化、政治社會、心理活動與身體活動來說，有其宗教性或高度精神性的優位。即望能超越生死。

一旦肯定超世俗的宗教性或高度精神性之後，就可建立健全有益的生死觀，培養生死智慧，接受我們的人生為一種高層次的課題或使命。而後徹底轉化我們的人格氣質，重新回到世間，從事具有人生意義的日常工作，創造真善美種種文化價值。

他說如用大乘佛學的「二諦中道」理念說明，則可說，站在「一切法空」、「中道實相」等勝義諦立場，一切既不可得亦不可說，於此不可思議的解脫境地無所謂死後世界。然而站在泰半人類所執守的世俗諦立場，不能不說死後世界的奧祕，確是一項生死學的課題，他並不因自己毫不在乎死後命運，而漠視大眾對奧祕的關懷。在研究生死學第二階段之後，關心的是如何從他所著強調的「個體死亡學」轉到「共命死亡學」。基於新時代的集體共命慧，研究面對死的挑戰，表現愛的關懷、理想希望在臺實現，他提早退休應臺灣佛光大學——南華管理學院之邀，主持研究所課程。惜乎未完成……

說到現代人都得承認無論如何奮鬥，也不完全會成功，所以在儒家最好少談聖人，君子已可；佛教則少談成佛，能做菩薩已經了不起，生活的表現才最重要，老標示高高的境界根本無用。多少次他說：「我這輩子遺憾未走上最愛的文學音樂之路，也不曾禪定調息，不是聖人！」說笑也講得很大聲，元氣淋漓。

他閱讀各國文學著作，比較中外，認為中國文學能挖到靈魂深處的尚不多；音樂他最推崇獨特性（文藝亦然），以伯牙子期知音的故事，談無言拍合，以心傳心的知賞。

他以《學問的生命與生命的學問》獲得1994年圖書著作金鼎獎至高榮譽，他的感想是期望於十年後，古稀高齡重寫一次畢生的學思歷程，書名「生命體驗與學問探索——我的人生經歷」。進一步學思奮

勉之後望能仿孔子口吻說：「吾七十而豁然貫通，問心無愧，死亦無憾無懼。」

　　大家關心他的病體，當時覺得應是已經控制了。他不敢自吹自擂說必能長壽，但自覺已破生死，既已摯愛過這美好的人生，也隨時能安然告別這美好的人生，他覺得真實人生才真正開始、一系列的著述有待完成，有哲學、佛學、思想和小說。

　　傅教授再次腫瘤手術，引發黴菌感染，昏迷近月未醒來，1996年10月15日凌晨辭世於加州聖地牙哥。

《未央歌》歌未央・中國藝術史
——鹿橋・吳訥孫教授

　　1997年感恩節前一週，哈佛燕京圖書館第二任吳文津館長問我，下週一妳不休假吧？鹿橋想要跟妳見見——真沒料到蟄居聖鹿邑的他，會由天外飛來，還指明要看我。惝惝然欣躍，初見優雅，呈上我的《哈佛心影錄》相贈；請題字在跟我走天涯的《未央歌》精裝本上，他喜樂洋溢地以深藍紋墨水筆寫在綠皮書內「束髮受教為君子孺朋而不黨更不吞聲哭　的野老鹿橋　1997題為張鳳女士」。翌年他為我的散文集《哈佛哈佛》以墨寶題字，特依哈佛疊聲重層意象，以花式飛白體書之，並用章，最高印有董作賓為他所刻的陰文「鹿」字章，加筆名及原名章，赤墨套色，以求吉祥。人云罕見！2006年再有福緣，受托負將他送紀剛醫生的墨寶送藏，交送周欣平館長的柏克萊加大的東亞圖書館。

　　他和我的緣聚實由《滾滾遼河》的紀剛醫生贈手稿給燕京圖書館珍藏中介。他明瞭後說「我還不知道有妳這樣的人物，我們可說是相見恨晚」，特別是他要我書寫之餘並做聯絡，籌劃他手稿哈佛燕京圖書館珍藏之事，我並預請他哈佛演講。

　　返米蘇里後，他遭遇寫作回臺，舊疾復發，決議喬遷，眼睛開刀，售屋清理，層出不窮的忙碌，直到定居哈佛醫學院比鄰傍女而居，不得已演講之事病後成空。曾急切來電來信說：我不是能跟多人來往的人，只能挑著，這次能與妳開心談幾回，再想認識紹光，演講還緩緩，我老了（仍未言病癌）！到處演講是別人想像的我，我做不了，但是我希望你明白我確實不愛多出門、見生人和開會。不高興怎麼也做不來。我定要把這話說明，才能專注做別的。」1997那年他客居女兒家過節，一周內就約我見了幾次，確是位：「天才雅士，謹言慎行，言出於口，文發於筆，都是一字千鈞的」，這是白馬社他的摯友唐德剛教授所說的鹿橋，真是君子孺。

　　我們時相往還，他寄過1945年在耶魯新海紋，湖地街28號白瑞弟家，剛完成《未央歌》後七章時的複製相片，眼神灼灼，英姿凜凜。

那時他以每星期五美元，租一間臥房，房東一家三口，先生愛爾蘭人，太太是法裔，又一小男孩，年輕的他與他們很處得來，天天開夜車，他們也不嫌費電，竟容忍他這不良習慣，後變本加厲，開通夜也給方便鼓勵。直到後來，他生活失調，體重銳減。他們才擔心起來，買個磅秤，要他每天稱一下體重，天氣晴好時，指導他去遊附近風景。著急他一人在外，不知珍攝。他1994年還往訪舊居，房子仍在，但是那一帶老宅拆了不少。

他1942年西南聯大外文系畢業，就任助教一年，接著受軍訓。他除《未央歌》前十章在1944重慶山洞寫就的那幾個月「閒暇」，本名吳訥孫的吳先生，一生都很勤奮超凡。後來飛越喜馬拉雅駝峰航線由印度，繞澳洲海路赴耶魯大學留學。

在耶魯以論文《董其昌傳記時代與山水畫》1954年得博士後，他考取最難的聯合國即席傳譯：口譯，應考三百餘人，僅鹿橋等五人上榜，捧了金飯碗，待遇比教授還高。他名震東西，是聖路易華盛頓大學麻林可德優異校座講座教授，曾任藝術考古系系主任，任教過舊金山州大，和耶魯，得過新海紋文學獎和日本蘆屋市書法獎，當代之寶獎等，榮任耶魯摩斯學者，古根翰和傅爾布萊特講座學者，也是京都大學和清華大學研究學者，東京大學客座教授。

《未央歌》小說1959年先在香港自印1100本，1967年後在臺灣商務出版，風靡學院代代相傳迄今已突破七十刷，常被選為最有影響力的書，大陸繁體橫排版也在2008黃山書社出版，之後立刻排上深圳讀書月期間出爐的「2008年十大好書榜；1974年出給9歲到99歲的孩子看的《人子》也二十多刷；1975年出版少作《懺情書》又十幾刷；1998年《市廛居》剛出一週就再刷；英文著作《中印建築-人的城，神的山，不朽之境》有日譯等；1963年出版，又被譯為義大利文，德文，在文學界和學術界不脛而走，1984年榮休後更忙，1987美國公視臺PBS「當代活的瑰寶」曾播出三位藝術家，僅有他一位華裔，談他鑽研的藝術書法，其餘為鋼琴和舞蹈皆外籍人士。1998年華大與聖路易美術館聯合成立「吳訥孫亞洲藝術及文化紀念講座」，還被美中西區華人學術聯誼會頒了傑出華人先鋒獎。

他陸續寄贈著作與卅餘年的報刊評論，也給我看各類文獻相片：于延陵乙園靜聽鳴泉；「伍寶笙」北京農大的祝宗嶺教授（和手

書）；又「蘭燕梅」；當然還有「宴取中」摯友李達海部長等。他感情充沛，但朋而不黨，深居簡出常問我耶魯舊友近況：問余英時，張光直，夏志清，鄭愁予，陳幼石，梅祖麟諸位，對年輕的孫康宜，鄭培凱等位他較易張冠李戴，數次要我印寄王德威對他「不寫政治的風快」等評，極為看重。

他心性好生愛物，近文藝，歸自然，建築，還涉足音樂，園藝，旅行，影戲等等。他來信常署鹿橋或橋，極愛太太兒女溢於言表，太太卅年來患類風濕性關節炎，在著書立說時間緊迫中，他仍親自照顧，兩老相依相伴須臾不離。有時我打電話，他會誤聽為女兒，由太太糾正，兩老也疼我們小輩如兒女。

1999年6月11到13日特為拜望二老於鹿橋親手書寫滿壁易經、名聞遐邇的居處「讀易齋」，我應允聖路易作協分會會長李笠和謝惠生博士等位的邀請，前去美中西區華人學術聯誼會演講，並喜得登堂入室歡敘。

唐德剛教授與鹿橋等位創辦白馬社令我們嚮往非常。唐先生說過「他是位天才和雅士，也可說是個怪傑吧」，常談世事緊促，警告人自省，生活不當糜費，依然逸趣橫生。他在耶魯時，結了婚而沒有新房。他和他那聽話的新娘，決定自己動手，在他單身時低價買的山地，來蓋他一座小房子。兩人餐風宿露搬磚瓦，蓋了六年，終於蓋成了。還引清流，運巨石，建樂臺，桌椅佈置極有規模，極盛時期有七百餘人的「曲水流觴」詩畫文會，就在延陵乙園。

千禧年鹿橋透露搬來哈佛，未言病發，年底他又因眼病，匆匆來波城開刀，這黃斑性眼睛老化症，他另隻眼也患過早就不行了，只剩下這左眼睛。昭婷研究病情，預定好醫生，及時搶救才保全眼睛。搬第二次家的計劃只得暫停。冬季養復得不錯。擔心他重聽，我常大聲與他電話談文論藝：話聊齋，怪談等中日文學名著。

2001春4月他與太太短聚米州，積極在聖鹿邑賣房整理遷居，我也為著應邀去北大，社科院，復旦，南京，華師等大學演講而忙錄，初夏回哈佛，就逢廖炳惠，陳子善兩位教授熟友來短暫訪問哈佛，分別請他們演講後，答應領他們去拜望大隱於市的兩老。配合陳子善去會相知的洛城詩人張錯，還改約一次，終於在7月23日下午兩點我們叩門，他開了門之後，又擔心紹光停車未至，堅持跟我站在門外等

著，家門口有棵楓樹早早的紅了上沿，紹光寒暄後即為我與他攝下一楨合影：最後的合影，再入寓中與太太茶話：談到陸國民為譜的散民舞曲；黃舒駿給他創作的「未央歌」；在我的慫恿下，他微帶腼腆為我們歌唱了一段主題「凱旋曲」，還瀟灑地單手比畫高低節拍，合影錄像談笑到辭出，他說到這次大搬家的辛苦，幾十紙箱堆積車庫，他瘦了好多磅，臨行關照勿再告訴別人，免得再有訪客。

　　記得在哈佛與鹿橋先生傾談，就因他問「妳們女作家怎麼多像張愛玲，有說不出的憂鬱？」而與他這可親的前輩析辯張愛玲受虐的淒涼身世。鹿橋與張愛玲曾同在1939年9月上海《西風》雜誌第37期紀念創刊三周年的「現金百元懸賞徵文」活動中獲獎。18歲的大一女生張愛玲，寫了約1200字的《天才夢》散文獲第三名名譽獎（名譽獎前面還有十名，也就是第十三名），文中名句「生命是一襲華美的袍，爬滿了蚤子」就出自這才華初萌的處女作。《西風》結集出版的得獎徵文就用她的題目《天才夢》，她在五十五年間多次解說，還斤斤計較首獎的字數超出，舊事重提的還有水晶、陳子善等位。

　　陳子善教授說他2001年去美國曾經拜訪鹿橋，就是我倆開車載他和廖炳惠去的這次，那時節，鹿橋因病剛搬到哈佛，知道他波士頓住處者，屈指可數。

　　鹿橋先生，祖籍福州，1919年6月9日，出生北京，祖父吳弼昌為清朝縣官，父親吳藹宸，母親楊魯璵，他家1927年遷於天津，他曾讀天津公學，南開中學保送燕京大學。休學一年徒步旅行神州大地。

　　1939年鹿橋剛大二，對文學發生很大興趣，作品很得師長和同學，特別是女同學的讚揚傳觀，又可笑的應了高班男同學陸智常的挑戰（他徒步旅行夥伴陸智周之兄）。鹿橋以陸智常找來的三個印花貼徵文，在呈貢與昆明分寄出三篇徵文：兩份是舊信代文，他憑新寫的《我的妻子》獲得第八名，刊出和《天才夢》出版時都為《結婚第一年》的名字。作家水晶誤為他得首獎，首獎實是作者水沫的《我的亡妻》。鹿橋曾寫〈委屈、冤枉，追慰一代才女張愛玲〉一文解釋這事。

　　此外，他與張在人世間的軌跡相逢，是1971年11月11日鹿橋應名家高居翰（James Cahill）之邀演講繪畫史，在柏克萊加大熱鬧非凡演講後，收拾幻燈片之際，一位身長著灰衣者，自我介紹說：我是某某

夫人。鹿橋未聽清，也不像認識。說時遲，那時快，兩人之間鑽出一個姪兒欲談轉系事，不過十秒鐘，灰色身影已轉身走了。後來讀到張愛玲用的外國名字（就是Mrs. Ferdinand Reyher吧），鹿橋確信那天飄然走了的是張愛玲，雖說她表裡如一呼應字裡行間所述之疏離。

確如鹿橋推斷，張愛玲自己掌握了見與不見的原則。年輕時她更在意衣著裝扮的，首訪不見先有胡蘭成；後來不見數度叩訪的有水晶，王禎和等位，她主動去看生人：是去回訪胡蘭成，然後就愛得打開了心門。1973秋鹿橋教授客座東京大學。情急的胡蘭成要鹿橋寫一封信給愛玲，想要與她再通消息，旅次中鹿橋回房寫就：自述1971年沒想到是她來談話，真是可惜，並道歉。信由胡蘭成寄出。「誰知道呢？也許那信尚在人間。」胡蘭成自己寫過信去給愛玲，或請過炎櫻寫信，到1976年後也請朱西寧幫他去信，不過全如張愛玲曾主動去見的吳教授——鹿橋的去信一般，石沈大海。

那當兒自己逢母病，侍病心慌忘忑，他所有的傳奇，特別是超過七十版的必讀經典《未央歌》的情真與他光燦的青春樂觀精神，時傳片紙隻字，皆能渡我浮沈。

我們與廖炳惠、陳子善往訪未料其病魔早已暗伏，他默然就醫。忙到九一一攻擊事件後我打電話去，吳太太仍不怎麼說，只道好。

耶誕前掛念去電，剛辦好張光直教授紀念會，也為他與張家舊誼深厚，想跟他要一篇文字，放進紀念文集，不料他已病勢沉沉！吳太太說：「從春夏起早重病了好久，正做化療和放射性療法，他1996患大腸癌治癒。沒想到幾年後，就復發又擴散到肺肝，可惜他的書寫不完了。我說：別記掛那個……」。

惦念他的病卻因自己微燒擔心傳染，先請紹光代送一籃果點健康食物去問候，近午時分去電，他睡醒在樓下，接到電話，怕他聽不清，我努力大聲說話，報上名字，他說很高興我能跟他談談，說掉了50磅，都不認得了，女兒女婿犧牲一切來照顧他，問起病情，他超脫地說：「不要害怕！我都活了82，這麼大歲數，不擔心了。那些醫生，才四、五十歲像我的兒女一樣，每天換種療法，說我怎麼嚴重，我覺得不錯嘛，也沒什麼疼，我看得很開。就有些事沒精神做了……」反被他連連安慰，我只能倉惶地「是啊，看得開好！多休養！要吃維他命！春天您養好，我再來幫您。」「我也鬧不清，每天

慕蓮給我什麼就吃，有一大把！」溫言婉語應對著他從容徹破生死之言，又怕驚擾他靜養，匆忙結束了我與他的最後談話。

農曆年賀歲，吳太太說：他不再化療，因幾個器官都有癌細胞，一時不容易見效，聽從朋友吃蔬菜湯，有人從臺灣寄來，現體力較好，兒女輪流回來，幫他們做好多事，尤其女兒天天來，都累病了。那時他每天五分之三都昏睡，有時會說胡話，有時講從前的事。掛心探望未果，又忙亂了一陣，曾請帶信去給他的老友們。

到3月19這天彷彿心中有靈，一直忐忑著，晚上9點去電居然無人應，只有答錄機，去電昭婷處也沒人，就敏感不對。第二晚再電，不到十分鐘，吳太太回電說，吳先生病重住院了十天，昨晨7：42分，在她與兒女繞床送老，平靜無憾已經過了！我訝然半晌答不上話！

一切都來不及！春天都還差一天才到，他都等不到了。他過世當天大雪冰雨！波士頓一連串暖冬之後，居然漫天白茫，如淚灑落。

他撒手西歸，又不著一塵，乘風而去，如驚翔白鷺不著半點泥水。吳太太傷心：「這兩天我迷糊地想了好多！」那是當然！她怎能不憶往事前塵呢？記得他倆對我提過，不論在南開、西南聯大，他興趣廣博，愛玩，愛徒步旅行；常引領去看廣袤大地，上泰山，下徽浙；擅歌詠玩排球，毫不糜費；打工則廣播拍戲；尤其在耶魯讀研究所時，他女朋友多戀愛多且灑脫，還會開飛機。有了執照就帶李抱忱的表妹、長他四歲在衛斯理研究植物的薛慕蓮上天翱翔。大家都說他們不可能，直到慕蓮女士抉定離職告別，取道芝加哥回國，他才靈犀猛醒去電，她接後：「我丟了啥？」他說「我啊！」才把這天定的良緣追回。胡蘭成的一句話，倒是說得準確：鹿橋到處風光映照，而唯獨愛他的太太，對世間女子不談戀愛。

一樁樁往事剔透，我垂淚沉痛追思，真捨不得這在過眼寒涼中修來的溫暖福氣！淚尚未乾，殷殷照料他的夫人，也在2004年5月11日相隨而去。心傷！

他是太樂觀，常笑說在中西文化的漩渦裡，還有人垂著長長的頭髮，帶著蒼白的臉色。哀怨的眼光中有說不出的憂情。每問他終身深思的千古文化的大問題，他邊傾心作答又邊邀攬我們接續努力，如此，多少青年一生受用不盡。

鹿橋教授歌影方歇，而《未央歌》歌未央！

近代戲劇和表演藝術還本歸原
——臺益堅教授

　　臺益堅教授在師大附中、臺大外文系時，就一直活躍於話劇的演出和製作，後獲南伊利諾大學博士——專攻戲劇，1968年任教匹茲堡大學，到1975年轉任衛斯理學院，1981年轉任塔芙茲大學，1989年到波士頓大學，自1991年秋他擔任麻省理工學院人文社會學院教授，為MIT創設中國語文課程，十分成功。

　　臺教授恂恂溫厚，頗能令人想起他極有清望的父親臺靜農教授——前臺大文學院院長、中文系系主任。提起柯慶明教授送來《臺靜農先生紀念文集》裡的事蹟，他提示，父親成年後亦只路過的家鄉安徽霍丘縣葉家集，他並未去過。先祖由商致富，祖父畢業於天津法政學堂，曾任法院院長是明瞭的。1932年出生在北京的他，關於父親參加過的「明天社」，與魯迅、李霽野等建立密切友誼的「未名社」、「左聯」等事並不清楚。

　　臺靜農先生與五四後的著名文人皆有往還。1927年曾受北大研究所國學門的導師劉半農，與西北科學考察團負責的瑞典考古學家斯文赫定之託致書魯迅，請求同意提名其為諾貝爾文學獎候選人。魯迅不為所動，由廣州答書，「還欠努力……倘這事成功而從此不再動筆，對不起人；倘再寫，也許變了翰林文字，一無可觀了。還是照舊的沒有名譽而窮之為好罷。」還有臺老初入杏壇，在中法、輔仁、北平、廈門、山東、齊魯等大學任教，極不安定，又因政治牽連而三度繫獄，最長被拘半年，經蔡元培等呼籲奔走才得釋出。對這些事，他說：「這些他都不講，後來聽母親說起過，其實他有許多令我們驚訝的事。可能只有李霽野他們才知道。」臺教授年齡很小就離家住校，到念附中、臺大才與家人再聚。

　　臺教授倒是記得抗戰時一家的菜根生活：「父親根本入不敷出，不能養我們。後有詩追念母親于韻閑女士當時的辛苦：『相看兒女催人老，柴米商量累汝多。』」剛入川，由川大的葉石蓀幫忙，住入白沙鄧姓別墅，房間多，漂亮又空著。不久，就有李何林、曹靖華兩家北

京朋友來投奔，人多複雜，主要與曹家處不來，父親怒而移家黑石山。」臺益堅教授和妹妹在家，常往山裡挖菌和野菜，有時下水田拾田螺，捉黃鱔，打油背米則要步行二十里到白沙鎮來回。一年未能入學。

臺靜農先生當時在遷址白沙的國立編譯館謀得一職，半月才回黑石山的「半山草堂」，提著幾兩白乾，在家想寫字就以紅土漿為墨，過著隱士生活。臺益堅那時不足十歲，印象中父親攜回商務版的教科書，以一課〈荔枝〉的古文為其啟蒙，首句是：荔枝生巴峽間……。他愛讀一篇白話〈燐火〉描寫夜行人遙看燐火越遠越亮越閃爍。父親辭世他寫下「現在父親去了，我心中也燃起了一朵燐火，越遠、越亮、越閃爍了。」來懷念老人家，「但本質上他是極內向的。除了在其詩句、小說和書法中，他很少表露個人的情感。」

1940年白沙國立女子師範學院成立，臺老擔任國文系教授乃至主任。戰後一年，又應同事魏建功之邀，渡海來臺。在當時這亦是他們一家得以離川的第一個機會。1947年臺大中文系招考新生及二年級轉學生葉慶炳等。之後葉先生成為第一屆獨一無二的畢業生。臺老任教中文系二十七年，曾任中文系系主任二十年，開明溫藹地在校在家春風化雨，熱誠啟迪英才數代，對於中國文學的貢獻深遠。

臺益堅教授約莫十歲時，就像姊姊純懿般住校就讀。「其實也就是國難期間的收容所。」尚有一妹純行，一弟益公。勝利後又獨留重慶念清華中學，時局吃緊才赴臺同家人住溫州街臺大宿舍。他偶憶與妹妹同在中學時，跟父親在門前狹路不期而遇：他看一眼，我看一眼，就那樣沒什麼話講地擦身而過，兄妹倆會心一笑，父親待子女親情是隱於不言中，他很少在家，在家也待在另一邊的書房客廳，招待他的朋友學生，如果我們朋友來，他一定過來，對待他們就如學生一樣自在而熱誠。問比待子女親近？「的確如此！他的學生來，我們很少參與，除非他叫我去介紹喝杯酒！」

「您那時常演戲？」「對！長大後選了父親不敢做的事，上臺演戲，他連看都不敢看，我母親每場都看，他從來不來看，不來的原因，也不知道。」對您念外文系有意見嗎？「有啊！他不贊成我念文，希望我念工，附中時按數學成績分組，我在理工組，但我選擇外文。」談話間穿插著呵呵的笑。

　　臺大中文系已退休的樂蘅軍教授記得臺老學生早就看過一張大照片，是臺益堅大三演《新紅樓夢》「新寶玉」的劇照。臺老邊給學生看兒子的英姿，還邊嘆「我就不行！」就是誇臺益堅有膽量上臺演出。「他是完全不表達！」臺教授感嘆，顯出對父親的縈念。

　　若有機會從頭再來選一遍，會不會步父親的後塵？「那是很有可能，我愛文學藝術，是因在家，書架上書很多，我也試過寫新詩散文，投過《公論報》。」還因介紹和後寫《劍河倒影》等享有盛名的散文大家陳之藩教授，合寫一陣引薦西洋文學作家作品的文字，刊在當時流行雜誌《中學生》上。

　　對父親被文評家認為「從內容到風格，皆師法魯迅」的小說《地之子》、《建塔者》等，當年在抽屜裡看過。臺老以書法馳名。他的倪書字體，書畫名家江兆申、蔣勳諸位看來是「蟠虯老健」、「提頓險峻」、「彷彿受到極大阻壓的線條，反彈出一種驚人的張力」。臺益堅說，川中父親就寫倪元璐的字。倪是明末遺民，宗倪書的另因是張大千世伯曾送倪書雙鉤本及真蹟等。有五件倪元璐珍品在1990年暑假臺教授返臺侍疾，就遵父命贈與故宮博物院。臺老過後他再捐父親法書六件，餘潤得沾天下，兩代用心傳為美談。

　　後輩皆知臺老不善理財，事實上也無財可理。臺教授直截了當的說：「完全沒有！但他過得最好的日子是最後十年」老先生自奉簡樸，招呼學生絡繹不絕，恩義有加，常聽得哈哈哈的笑聲洋溢在溫州街18巷內。這應是最豐盈之財寶。

　　偶為臺教授傳稿，瞥見他手稿的字也是一筆一畫都認真而從容。必是耳濡目染，家學淵源吧。他嘿嘿一笑：「不，不！我是最不創作的，太太說我，不喜歡一個人做事，才選了戲劇；想特別參加演出，是感覺戲有掩飾，等於套了一層——你不是你自己，站在臺上比較無拘，而且戲劇是個集體參與創作的東西，個人創作也許將來吧……」太太朱蓉，是匹茲堡大學藝術史博士，曾主持中華藝文苑，向外推介中國藝術文化。發展空間藝術，設置藝廊，每年展出六個畫展，成美東定期而有計畫地介紹中國現代美術的根據地，兼及中文、音樂、舞蹈，並主持演講、電視等。

　　請臺教授講西方戲劇傳統，他侃侃而談：經過科學思想工業革命，促成各行各業突飛猛進地改變，如達爾文發表進化論，尼采宣稱

上帝之死，文學、戲劇、藝術亦必然有了新的要求，與京戲類似的帝王將相角色，也就是歐西古典、浪漫主義中的貴族英雄，被真實普通的人物取代，時空也轉向此時此地。

十九世紀中，左拉（Zola）深受法國文學史家泰因Taine影響，並極力推崇巴爾札克Balzac和寫實主義在小說界的輝煌成績，挺身而出成為自然主義代言人。在文藝理論著作中，寫實主義與自然主義交替互用。嚴格說寫實主義內涵較廣，自然主義是其中與自然科學最具關聯的一支。基本哲學是人沒有自由意志選擇，命定受遺傳及環境的支配。發揮這觀念具代表性的有易卜生（Ibsen）《群鬼》，霍普特曼（Haupt-Mann）的《日出以前》及史特林堡（Strindberg）《朱麗小姐》。

寫實主義成藝壇的主流，占據西方劇場達半世紀之久，佛洛伊德的心理學問世後，寫實主義再延伸入新層面。寫實主義戲劇多針對社會問題，擇其最有意義的時刻，加以渲染，呈提出來，望觀眾得到理性的了解。故新上場的多是在現實掙扎的小民，如高爾基（Gorky）《底層》，柯克蘭（Kirkland）《煙草路》，金思理（Kingsley）《死巷》都是典型之作。

但是科學儘管進步，人的苦難並不能完全解除，對科技的信心到底短暫，依舊擺脫不了悲劇的人生觀。據亞里斯多德（Aristotle）的《詩學》：戲劇是行動的模擬，悲劇英雄是超然較完美的人物，以優美詩的語言表達，以戲劇效果看，正如俗話說：爬得高、跌得重，自然感人之程度也更深。

自十九世紀以來，戲劇反映中產階級乃至普通人等，人事變遷無常，千古風流的個人英雄已經沒落，既無令人可歌詠之事蹟，又無磅礴之氣志，詩的語言也就默然無聲，自舞臺隱退。現代評論家傅瑞（Frye）謂劇作主角與常人無異，語言就變成散文；人物成為詼諧，觀眾則感優越。

這並不表示悲劇不存在，寫實主義悲劇是小人物之繁重苦難和複雜感情，只是在他們的堅決奮鬥中，同樣顯示了人格的尊嚴與精神的崇高。像威廉斯（T.Williams）名劇《慾望街車》中，布蘭琪（Blanche）是被損侮的女性形象，可是她絕不放棄她所追尋的美好幻夢，終入瘋人院。米勒（A. Miller）的《推銷員之死》，威禮

（Willy）是受傷害的代表，不解也不甘心接受現實改變，自殺對他並非逃避解脫，卻保存了完整的夢想。

　　自科技提高，父傳子繼的傳統生活式微，人對生命改觀，在精神領域中迷失茫然，個人的貢獻與功能已無足輕重。人的天地成為不同的「立體空間」──高樓、公寓、汽車、電視、電話，科學的昌明反而導致疏離感。

　　疏離反映在戲劇中，寫實主義形式即不敷使用，原強調客觀觀察與科學分析，但人是感情的動物，往往是主觀的，其間有難解的矛盾。近幾十年劇作家對生命的真諦，也惶惑不安與恐懼。人生到底是什麼？正是他們表現的問題，他們絕不試圖提任何答案。如卡夫卡（Kafka）在《筆記》中比喻：人類似乎陷在隧道內出事的火車中，除了進口與出口的那點時隱時現的光，一切都是未知的。

　　新派劇作家如貝克特（Beckett）、尤乃斯可（Ionesco）、品特（Pinter）、金內（Genet），都專注強調造成各危機的情況，及各角色多元性的內在生命。內容則表現各種似是而非、矛盾混沌和不完整──人生也許什麼都不是。無怪德布瓦（de Beauvoir）說：「出生與死亡之間只有荒誕。」──影射前鋒派戲劇之通性即艾思林（Esslin）稱的荒誕戲。

　　荒誕主義劇作中，人是無能為力亦無自由選擇的餘地，基本是消極的；不像存在主義的沙特在《無路可走》中，呈現個人必須採取行動方能解脫，地獄無非是與他人彼此傾軋於一室而無法超昇的情況而已。

　　荒誕劇表現的往往是既非悲亦非喜的糅合感覺，像卓別林在默片中塑造的小人物，傳統悲喜劇分類已不適用。百年前齊克果（Kierkegaard）即說過：在極端的感情經驗中，人的悲歡如果延伸到無限遠，就相聚一點無可區分。

　　這悲喜交集，正是荒誕戲預期的觀眾反應。觀眾可笑其不合情理、不連貫、無意義，但這些浮面現實表象底層是有深意的，機械的掩飾的笑也失去了意義。艾思林說：「荒誕戲的目的不在敘述故事，而是表達一種詩的意象。」以《等待果陀》一劇說，並不構成情節故事，卻反映出貝克特的直覺──在人的生存中並未真正發生過什麼。全劇錯綜複雜，由許多次要的意象和主題所構成，好像交織於樂曲中

的各種主題。這跟一般結構劇中的直線發展不同，卻能在觀眾的心目中，對一個基本的靜止情況產生完整複雜的印象。

以艾爾比（Albee）的名劇《美國夢》為例，人物全無姓名，描述其機械性刻板生活。在紐約商埠，完全失去生存價值和意義，人只是僅具人形的物而已。故路易士（Lewis）論之：「《美國夢》是以美國家庭為題的一幅極富狂想性的漫畫：人物都是非人化的典型。」臺教授說，正是科學所造成的現實真相！

荒誕主義其實仍是寫實主義的延續，表演技術也有不少改變。寫實主義以呈現感官真實印象為原則，把全盤實況搬上舞臺。以傳統劇場方法演技之斯氏體系為最重要。斯坦尼斯拉夫斯基（Stanislavsky）是俄國著名編導，影響很大，曾在紐約史特斯堡（Strasberg）也創辦一小型訓練所——Actors studio。馬龍白蘭度、瑪麗蓮夢露等人都去上過課，方法就是斯氏體系。他們的口號是：「演員必須活生生地把自己蛻變成角色！」分析劇本的主題，主要、次要角色都經箭頭圖解——大箭頭下有許多小箭頭，方向一樣，跟著目的由內向外，發諸真情地去表演，達成貫穿動作。

而中國京劇是從外入內的。臺教授回憶十多年前返臺看父親，張大千世伯邀他們到摩耶精舍等著聯袂去看一場好戲，見到大師揮毫正寫垂楊，復以餘墨勾了幾筆魚的水墨影子，小輩的他不禁讚出口來。大師用四川話說：「我才畫了幾筆啊，你看到囉……你看不到哩！」偶然讀到中國畫界常引用的一句話：「繪水繪其聲，繪花繪其馨」，中國演出者就是要找到那沒看見的、沒聽見、沒嗅見的。

張大千對京劇素有興趣，支助名角又買票捧場，但告訴臺教授不喜歡話劇。因為「明明是假戲，他就要真做。」臺教授認為戲就不能當真，京劇一開場就會說白，好比：「我（拍胸）！今天演霸王！」根本不是霸王，只是做給你看，我想像的霸王是這麼唱的，這麼「別姬」的。看來比實際歲數年輕的臺教授，演講有演戲的架式，相當瀟灑自如。

歐洲在十八世紀，翻譯了元曲的傳奇劇。由於語言的隔閡、文化的陌生、對文言唱詞的刪略，造成當時的法國文豪伏爾泰Voltaire對其無法了解而排斥。伏爾泰認為中國文化在其他方面成就高深，然而在戲劇領域裡，只停留在它的嬰兒幼稚時期。伏氏曾將元曲《趙氏孤

兒》重編為面目全非的《中國孤兒》，在巴黎搬上舞臺。1860年，京戲第一次到歐洲演出後，再遭不公平的評論：「發音從肺部掙扎吐出，以為是遭遇慘殺發出的痛苦尖叫！」「高到刺耳以至無以忍受的程度，尖銳的聲音讓人想到受傷的貓！」

臺教授說他對中國戲劇發生興趣，還是赴美專攻西方戲劇之後，返臺探望父母時，才發現京戲裡的無盡寶藏，回頭去鑽研的，近年他也教中國戲劇，由學生反應，不大能接受的，主要就是唱法。

為何京戲要用這種唱法？他與父親及戲曲理論家曾永義教授都談過，但無從發現記載，他自己的看法是：說故事在中國是早於戲劇的，從宋元話本開始，說故事人需要技巧地假想，牽涉的角色有老生、小生、老旦、花旦、青衣……須由自己臨時即興的聲音表演出來。若能合理，再推論到後世戲劇的扮演唱腔，或有男扮女，或有女扮男的假聲唱法。

「五四」以來，中國現代話劇表演全受西方寫實主義影響。包含最先驅的留日學生、弘一法師李叔同等所創的「春柳劇社」，接下來的曹禺、夏衍、郭沫若，接近點有張駿祥——袁俊、姚克、洪深——還修過哈佛有名的英文四七，由名家貝克（Baker）教授的課，在卡伯利劇場附屬戲劇學校和他校學習表演，前二位均是耶魯戲劇寫作出身，受寫實主義影響。

在1930年代的俄國，鑑於社會人心論調灰色，日丹諾夫（Zhdanov）最早提出社會主義寫實的框架。周揚因研究蘇俄文藝而帶進：用社會主義的內容，寫實主義的方法。郭沫若等亦由浪漫主義而改變跟進。影響所及，大陸戲劇到了六〇年代一轉以往所推崇的斯氏體系，閉門造車的生產出樣板戲傳統。樣板戲雜糅東西流派，又誇張民族形式。像《紅色娘子軍》芭蕾舞的動作止於腰下，上身全是京戲動作，芭蕾的手動作太軟，不具革命煽動力；《白毛女》改寫數次，刪除破壞「正面英雄」形象的受侮情節等。另《沙家浜》也是一例。

另外，中國也由於梅蘭芳在1930年代先後到美、俄演出，做工高妙，肯定影響了歐西大師如布萊希特（Brecht）、麥耶霍（Meyerhold）等。1935年梅蘭芳在莫斯科演了《汾河灣》《刺虎》《霸王別姬》，觀眾之中正好有斯坦尼斯拉夫斯基、布萊希特、麥耶霍、克雷

（Craig）等歐陸的專家。布萊希特看他卸裝，改穿西服答問時舉手投足便成角色，就對西方演員研究準備許久才能轉變成角色的演法產生疑問，1936年即推出「疏離」劇場，重新詮釋戲劇的主客觀互動意義。

龐可（Pronko）在《東西劇場》中，提出如1930年代得普立茲獎的名劇《吾鄉小鎮》，場次、角色的安排，不用布景、帷幕等，很有中國戲劇特色。該劇作者威爾德（Wilder）的父親即駐港外交官，也去過上海。他從小可能受到中國劇場浸潤，寫出此劇，在美國戲劇中是個里程碑。

西方的表演方法多元。演員可以選擇角色力求完全融入的斯氏體系；也可以選擇將自身由舞臺及觀眾抽離的布萊希特方法。中國當代的戲劇，在向西方學習了幾十年後，又轉回頭，向自己傳統學習。新作，像《車站》、《中國夢》等，都有傳統的影子，這是中國戲劇還本歸原的一刻。臺教授與太太朱蓉曾編導《清宮祕史》和《雷雨》等劇，以英語堂堂推出公演，他都演出要角。

大家對麻省理工學院MIT，這奪目的理工學院能設中文組，都非常矚望。開創中文組的臺教授說，他們的教育方針：必須使學生對社會責任，及個人將來豐富而完美的生活，有充分的準備。各專業訓練目標固極重要，當今之世，科技問題與社會問題已不可分野，人文社會科學亦是專業教育所必須具備的。沒有適當的文化背景，科技專業人員，就不夠資格在本行內領導，所以理工學院學生依規定必修八門文科。

但美國經濟不景氣，各大校均收支不能平衡，也大量減少開支，MIT人文社會科學院院長及副院長曾兩度赴遠東，與企業界成功校友會談，盼能鼎力相助，使中國語言和文學正式列為文學院的常年課程，以循日文組先例。

臺教授亦有牢騷：對美國中文這行，看透看淡，沒有啥太大的期望。回顧要不是碩士念完那年，私下想進耶魯念戲劇博士，到耶魯遠東語文學院應徵，教了兩年中文，「踏出了錯誤的第一步」，實在不該入這行的。看他真是花開也好，花飛也好，豁達不爭。感嘆臺教授因罹患肺癌，竟於2004年2月9日溘然長往。

黃金歲月
——航太結構動力學專家卞學鐄教授

　　中央研究院，2002年新選院士中，最年長的是84歲的卞學鐄教授。卞學鐄教授在美國麻省理工學院任教近四十年，他是國際工程力學和航太工程方面備受讚譽的權威。

　　他太太是語言音樂學名家，趙元任教授的千金趙如蘭，哈佛大學頭一個中國女教授，1990年當選中央研究院首位人文及社會科學組的女院士，專精於音樂史和說唱文藝。女兒卞昭波（Canta）任職于華府衛生社會福利部。

　　卞、趙兩位教授，可以說是哈佛麻省理工學院等校華人學者的大家長，受潤常沾。他們府上，是我們和海外華人學者們無拘無束晤面暢敘的場所。

　　卞先生出身天津仕宦望族，祖籍江蘇常州鄉間，曾尋根故里。卞氏中一支於乾隆時北遷，經營藥材等貿易，亦教育世家。祖父卞燕昌，由拔貢出身，任內閣中書，旋調民政部員外郎。外祖父嚴修，字範孫，以翰林院編修，出任貴州學政，後任右侍郎主掌學部，是天津南開中學（1903）和南開大學（1919）的創辦人。

　　父親卞肇新在南開中學畢業後，1913年曾赴英國倫敦求學，母親嚴智蠲攜其姐陪讀。歐戰爆發，卞肇新攜眷遷美，畢業於紐約大學商學系，返國任職商界、銀行業。卞學鐄，生在1919年1月18號，當時他父親正在上海漢冶萍公司做事。出生那天，接生的醫生還未趕來他就出了娘胎，醫生一到，看嬰兒氣還沒轉過來，沒有哭，就拍打幾下屁股，救活了小生命，為感念這位黃大夫，在家譜同輩排行「學」字後，和家族排名金字偏旁邊，加了個「黃」字，取名：學鐄，英文名：Theodore，也是跟著醫生的弟弟名字取的。

　　卞先生成長於天津，父親任中央銀行天津分行經理，母親在女青年會任董事長，家族繁盛，上有七位兄姐，下有三位弟弟及表親多人。在南開中學時與胡永春、鹿橋（吳納孫年歲稍輕）等人同班，他們個個俊朗又高人一等，長身玉立。尤其卞先生劍眉星目，發黑豐

厚，堪稱美少年！年過八旬時，善自珍攝，並常練大雁功，身形卓立如昔。因與趙元任心性相通而成趙門女婿。

1936年他中學畢業後入清華大學工學院，因抗日戰爭，隨校遷長沙、昆明。1940年得西南聯大航空工程系學士學位，後續獲清華大學畢業證書。曾進雲南省壘允鎮的中央飛機製造廠任技術員，1942年轉到成都滑翔機製造廠任工程師，1943至1944年間赴麻省理工學院航空系深造碩士。

趙元任太太楊步偉醫生，在官費留學和日本帝大實習時，就認得卜先生外祖父嚴範孫先生和幾位舅舅，他隨表哥嚴仁賡後北大經濟學教授，自1943年秋就經常出入劍橋行人街27號的趙家。當時的趙家一如後來的卜家，是學者活動的中心。他與趙教授、楊聯陞，周一良和後來的二妹夫黃培雲教授和二妹新那等，都做趙元任先生的中文助教，為美國陸軍特殊訓練計劃，教大兵們學中文，協助中國；又一同參加哈（佛）麻（省理工學院）合唱團，在哈佛大學主修音樂、活躍亮麗的趙教授是指揮。在眾多傑出的青年追求者當中，唯卜先生得趙家父母和待字閨中的大小姐青睞，雀屏中選為趙家東床快婿，似因岳婿二人之心性相近相通，兼有沉穩、開闊的胸襟，為免生枝節，入伍前兩人談了一夜，不待10月底退役，就先訂親。

剛畢業，卜先生到紐約州水牛城克蒂斯飛機公司，做了四個月應力分析（震動與顫動）工作。1945年初夏自請參加美國海軍陸戰隊四、五個月，8月14日戰爭勝利，於秋天10月3日休假時回哈佛大學結婚。

當時婚禮在歷史系洪康伯教授（Arthur N. Holcombe）家中舉行，其夫人為波士頓地區中華賑濟聯合會主席，熱心中華事務，與趙元任夫婦相熟，父親精心安排喜帖和婚宴程序，母親負責婚宴酒食，大宴賓客85人，由劍橋市府布克秘書（Frederick Burke）主持證婚，楊聯陞先生任司儀，依中國禮節行禮，卜教授說當天趙教授身穿二妹做的大紅金邊旗袍，他自己因由軍中返回，著戎裝。二位風采自不在話下。洪康伯教授家族捐珍貴照片給燕京圖書館，曾特別展出。

卜先生1946年回麻省理工學院攻博士。張其昀先生本邀卜先生任教於浙江大學，因正要完成學位而延緩歸國。1948年畢業後任資深研究工程師，1952年他回母校MIT任助理教授而歷經副教授直至教授，

三、四十年來作育英才，桃李滿園。他創建雜交應力有限元法，發展雜交／混合元學派等，在理論與應用雙方面都有先驅性的建樹，而天下知名，曾在美國45所大學和中港台日韓英德加等十數國之70所以上的大學，發表演說或擔任顧問教授。

卞教授曾獲馮卡門紀念獎（1974），美航太學會結構動力學和材料獎（1975），並當選美國國家工程院院士（1988）及北京航空航天大學（1990）和上海工業大學（1991）之榮譽博士，榮耀無數。有三本著述與編著及140多篇論文。

六十多年前他就開始發表重要的結構動力學論文如《簡單懸臂梁中的結構阻尼》（1951）等幾十篇。當他在美伊利諾州伊萬斯頓的「結構動態穩定性國際會議」時，初遇蘇聯名學者巴羅廷，對方衝口呼出：哦！結構阻尼卞！為一時佳話，各國同行循其成果。續加研究，開拓出該學科領域迄今的康莊大道。

雖聲名遠播，他依然是謙恭恬淡，人不知而不慍。原本話不多的他，絕少談自己投注的勤力和卓著的碩果，只說是深受麻省理工學院數學拜森納教授（Eric Beissner）和他的導師畢斯匹林赫夫教授（Ray Bisplinghoff）的啟蒙薰陶，奠立寬厚的根底，在結構分析和動力學相應等方面積累了相當的經驗。

教育研究講學之餘暇，卞教授愛書，睡前常喜歡閱讀中國近代史一類的書，藏書極多，從中國的經、史、子、集，到科技文化各類書籍豐富多彩；還喜歡工藝，親手製作原木書架給太太及他典藏家傳的古書，一樓滿牆。最令人感動的是他不忘贊許並參與太太同我們小輩的活動：每逢月末周五夜，劍橋新語社的紅白粥會，常由我聯絡領著主講人及一伙學者到圖書館他倆接回家（或到哈佛燕京聚會廳）歡敘。陸惠風先生最淵博又擅言辭議論，而卞、趙教授預備點心，平易慈祥地聽大家天馬行空的談興。除我們之外，他的師友及同學胡永春夫婦、杜維明、李歐梵、張光直、李卉仉儷、羅慎儀一家，梁雷等人都對卞先生的敏銳的記性和豁達素養，稱道不已。他正像一位永遠在那兒支持鼓勵兒女的好爸爸。

卞學鐄教授的黃金歲月能與我們的生命脈絡交織，真是我等福氣！卞先生於2009年6月20日以90歲高齡仙逝！

第一位華裔美國東亞圖書館館長
——哈佛燕京圖書館首任館長裘開明

　　裘開明先生1898-1977，生於1898年3月11日浙江鎮海，字闇輝，故鄉地近寧波，家經商僅小本經營，啟蒙於秀才出身的大姨父所辦的村塾，念三字經、千字文、百家姓、千家詩、四書五經，及長到漢口中華圖書公司前身文明書局做學徒一年半，書局由他姨父友人擔任經理，他自此識得書趣和體驗經商。

　　1911年辛亥革命狂飆武昌之際，留給他鮮明的印象，接踵而至就學湘雅書院——長沙聖公會學校（Changsha Mission School-ST. James Middle School），始習西學，同學中會聚曾國藩，左宗棠家族子弟，1915獲獎學金讀文華中學，1918年旋獲獎學金至湖北武昌文華大學就學，文華大學由聖公會所創，與聖約翰大學相同，但由英國國教會辦學，所以裘先生青年即受教於牛津、劍橋、普林斯頓、麥凱（Mc Gill）等大學名校畢業的老師，課業包含英法德文、歷史、數學等。

　　每週假期赴商務印書館相關的涵芬樓作圖書實習。時涵芬樓由張元濟，高夢旦——藏書家鄭振鐸之岳父——主持，大量印就多種善本書摹本。1910年文華圖書館創辦文華公書林（Boone Library），1920年衍生之文華圖書館學（專）科學校的成立，是中國圖書館專科的發軔，在導師韋棣華女士（Mary Elizabeth Wood）指導下，裘先生成為第一屆六位學生之一（僅三人完成學業）。

　　1925年，文華大學改稱華中大學。1927年，華中大學暫時停辦，圖書科單獨成校，韋棣華任校長。1929年後經教育部立案，成立私立武昌文華圖書館學專科學校。1931年5月韋棣華逝世，由沈祖榮任校長，經費來自中美庚款補助和公私贊助。學制為二年。1938年因抗日戰爭遷至四川璧山。1940年開始招收高中畢業生入校，開辦二年制的檔案管理科。1946年遷回武昌。1947年改為三年制，設圖書館學專科及檔案管理科。1953年併入武漢大學，成為武漢大學圖書館學專修科。

　　1922年他念完文華大學，因韋棣華老師和圖書館先驅沈祖榮之

薦，受聘於星加坡華僑陳嘉庚創辦的廈門大學，就任首位廈大圖書館館長，在廈門極致滲透的日本影響下，他學日文，得識文學人物陳衍，魯迅，林語堂等，和歐洲漢學家艾鍔風（Gustav Ecke），戴米微（Paul Demiieville）諸位，也為採書因緣，由廣雅書局經理徐信符處，學得中國目錄學版本學方面的傳統。

1923──1925年間，因韋棣華女士與弟子余日章博士等的呼籲建議，中華教育文化基金會，將部分的美國庚子賠款，運用於在華，介紹現代圖書館：於是融合後的國立北平圖書館在1931年6月25日開幕；南方又早有江南圖書館──1910和江蘇省立圖書館──1913，國立中央國學圖書館──1927，皆有學者如柳詒徵等位主事，漸次發展。

1924秋廈門大學送他赴美，進入當年的紐約公共圖書館圖書館學院訓練──後為哥倫比亞大學圖書館學院──深造，適應美國生活後，往麻州劍橋拜望他在文華的德文老師穆勒教授（James Muller）。此行奠定他嚮往哈佛的求學心向。1925-1927年果真申請赴哈佛大學研究所，攻讀經濟碩士，自願無酬義務每周為威德納圖書館輔佐工作幾小時，以獲取編目經驗[註1]。

仰仗戈鯤化開講中文課，哈佛有了中文書的種子根源，他預備的約4500冊。外加哈佛早有不少渴望亞洲思想藝術的教授如伍茲等（J. H. Woods）等，1904年哈佛大學開啟了首門有關近代遠東的課，由Robert P. Blake教授「1842年以來的遠東歷史」。

1914年依託兩位東京帝大的教授服部宇之吉（Hattori Unokichi）和姉崎正治（Anesaki Masaharu）的講學研究而收藏到的日文書也有1600冊左右。這些書籍的籌劃，先由哈佛大學圖書館主任，當時開設東亞課程的柯立芝（C. Coolidge）統管。

1921年趙元任先生，為與夫人楊步偉醫師同步進修或工作，受哈佛大學哲學系系主任伍茲（James H Woods）聘為講師，申請到霍爾（C Hall）基金，講授哲學和中國語文課，到1923年為接受清華四大導師之聘，繞道歐洲考察進修一年，轉薦也是哈佛畢業的梅光迪續任，一直到1936年回國，擔任文浙江大學文學院院長──除1927年短暫回國，擔任中央大學文學院院長一年。

兩位曾為哈佛也收集了中文書，但無序無人經營。

　　1927年一月柯立芝請在廈門有主管圖書館經驗的裘先生（先生1927年二月得經濟碩士）開始披荊斬棘地規劃中日圖書安排管理，稱哈佛學院圖書館中日文書籍總管。

　　1928年1月4日哈佛燕京學社正式成立。北京方面也同時成立管理委員會，並決定在哈佛大學創立『哈佛燕京學社漢和圖書館』，接收了哈佛所藏的中日文書，就請正進行整理工作，也開始研讀農業經濟博士（1933年獲得博士與宋子文同學）的經濟研究所學者裘先生，擔任館長。任期從1928-1965年。

　　他是第一位受聘為美國東亞圖書館館長的中國人。到目前為止，也是任期最長的一位，38年。北美東亞圖書館的事業自裘先生才有了起點，在圖書分類學，編目學，版本目錄學，皆有兼采東西前所未有之創見，1965年退休。

　　創立「哈佛燕京學社和漢圖書館」，主因哈佛燕京學社，由1886發明以電解提煉鋁土，創辦美國鋁業公司的化學家，查爾斯‧馬丁‧霍爾（Charles Martin Hall）的捐贈，部分遺產，資助美基督教會在亞洲主辦高等教育事業和特別是中國文化的學術研究上面(註2)。

　　哈佛燕京學社在麻塞諸塞州註冊，1928年1月4日正式成立揭牌。這個財團基金會經營績業業蒸蒸日上。

　　哈佛大學幾經周折，基金申請及與北大聯合執行研究的設計內容，因防止壁畫剝下運回事件敗興暫停，與燕京大學密切並不偶然，以其早與霍爾基金有申請歷史，終獲成功(註3)。且在中國選出執行的六個教會大學。

　　哈佛燕京學社，為一獨立行政財務，而設在哈佛的信託基金會。立刻展開中美雙方互遣學者的研究方案，後因戰而止，1954年重新再起，大半世紀發榮興盛，項目成膏腴之地。(註4)

　　燕京也同建立管理委員會－北平辦事處，（亦說尚有學術委員會等），據校方記載有洪業-煨蓮為主任委員，顧頡剛，容庚-希白，陳垣等，1928年燕大負責人之一吳廷芳曾兼管燕大的哈佛燕京學社，以其經費成立國學研究所，艾德敷（Dwright W. Edwards）寫《燕京大學》，據稱哈佛燕京學社並無明文，僅留北平辦事處執行幹事，首任執行幹事為博晨光（Lucius C. Porter）──美裔文理科科長等，洪業繼任，梅貽寶校長後兼任，1946聶崇歧代，1947年由陳觀勝專責處理。

除辦事處外，尚有引得編纂處[注5]，洪業－煨蓮為主任。

1930之後通過在燕大文理科科長洪業（相當教務長，總務長，輔導委員會主席，文理法研宗五院院長之總和），和哈佛燕京圖書館駐北平採訪處主任顧廷龍等位先生，在京如琉璃廠等購善本書；1940後又輾轉在東京及美國本土等訪購中日古籍秘版善本書，二戰結束，托人代購書於日本坊肆及書商。在當時哈佛燕京學社單為訪求方志就籌集了六萬美金，財力之雄厚，無以倫比，也無心插柳地保存了無數漢籍。

而且1934-56年，哈佛燕京學社由法國漢學名家伯希和（Paul Pelliot），推荐了他的學生俄裔世族葉理綏，日文漢名英利世夫（Serge Elisseeff）擔任主任及新成立的東亞系系主任。

1930年裘先生得中央研究院社會科學研究獎金，回國一年在陶教授的湖北農業經濟調查計劃中，完成他大部分的博士論文。

乘返京之便，裘先生順道略覽歐蘇的東方收藏，如大英博物館等，並考查北大，清華圖書館，可惜發現兩校均無統一編目，且多未編目，亦無叢書分析片……感慨與洞見促其推陳出新。

在燕京大學洪業先生信托裘先生，用在哈佛大學的漢和圖書分類方法，汰舊換新重編中文書，西文書仍依杜威分類法編。返美前裘先生籌措，由燕京大學圖書館田洪都館長合作採購書籍，凡燕大買書即為哈佛燕京圖書館也買一份：1928-30年燕京大學代哈佛大學購書收（手）據，哈佛燕京圖書館就收藏了一袋，於善本書室的保險櫃中；並一同編印目錄卡，策划了精詳的合作計劃。1936冬獲得洛克菲勒基金贊助，再次回京刊印目錄卡分年分冊，統印12195張卡50套。促成1940年代後，各館卡片合作的項目。一年半中他為館務滯留中國，在寧滬正逢「八一三」戰事，幾乎喪生，1938夏才返哈佛大學。

裘先生依柯立芝所言：勿庸擔心缺少美國圖書管理訓練，照他在中國做法進行編書，他兼采《四庫全書》延長為九類分類和張之洞提督四川學政時，寫的《書目答問》，跟隨孫星衍，繆荃孫先生和杜威等的腳步，並特以Wade-Giles system；Hepburn system-中日兩種譯法，書號取作者名四角號碼，在1928年又首創羅馬字編目卡，加寫中日文的方法，以便排列檢索，改進了國會圖書館及耶魯圖書館等仍以筆劃來排卡要領。

　　裘先生所創漢和圖書分類法，在馮漢驥教授和于震寰（鏡宇先生兩位的協助整理下，於1943年由華府美國學術團體聯合會下的遠東學會出版──亞洲學會AAS前身。我們哈佛燕京圖書編目組，運用此方法編目五十八年，我們編目主管賴永祥先生亦想加以研究發展，同僑中資深編目朱寶樑先生，和擔任任公共服務及電子資源部主管楊麗瑄等位，皆曾沿用裘氏編目法給書編號，直到1996年，編目組決定，改為全國通用的國會圖書館，圖書編目制度，我們自此改編。並從賴先生的繼任，由國會圖書館請來的林國強博士幾度研習。

　　據賴先生考察：燕大圖書館等7個亞洲館，美國15個東亞圖書館，另外加拿大，英德荷澳等約25個東亞圖書館，1931年起，亦逐步采用裘氏編目法，以謀定於一尊。雖然大多館近年皆改編國會號，但藏書都保留此法所編之號，裘先生縱於1977年11月13日過世，裘氏編目法歷久而令人懷念。

　　當各大圖書館創立東亞圖書館時，大抵求教於裘先生或送專家到哈佛燕京圖書館來見習，如1930年協助哥倫比亞大學發展館藏，協助史丹佛大學編目，1947年柏克萊加大東亞圖書館，明尼蘇達大學1965創立東亞圖書館，他都是圖書館顧問，特別指導，且對館際合作的互動，都直接間接作了不少啟發。

　　現已退休的鄭保羅先生，1965年在明尼蘇達大學曾受指點，後來曾主持康乃爾大學華森專藏文庫（東方圖書），他說：裘先生見面總循循善誘，愛護後輩，耐性地教導業務知識，傳授書志學問等，並常以通訊或抽暇親返明尼蘇達大學，指導檢討圖書館發展計劃。鄭先生念念不忘他的幾句話：「圖書館是為學人服務的。」「不要單顧自己的圖書館，要盡力促進館際合作。」「圖書館的發展並非一天的事，要有毅力，苦幹才成。」裘先生對每個讀者，不論是教授或是學生都一視同仁，竭力為他們服務，解決問題，以身教言教導引同仁敬業樂群的精神。

　　中日漢學泰斗費正清與賴世和，將著述敬獻給裘先生，還緬懷創始之艱辛篳路藍縷：裘先生毫不計較校方定奪的藏書地點，先在威德納總館98號小間，整理中文文庫；再遷博斯屯樓（BOYLSTON）地下室的「哈佛燕京學社漢和圖書館」，可以說是無人願收的封塵失修死角，館內使用只有在潛水艇上才用的鐵質旋轉樓梯，落差極大地連接

閱覽室和書庫，他卻喜孜孜的忙上忙下，精神得很，更是迅即有效率地在1958年搬到現址。

後主持普林斯頓葛斯德圖書館的童世綱（James S K Tung）館長，1946年協助裘先生在哈佛工作了三年半，感動他的自奉儉而待人寬，紙總用兩面，惜紙惜物，工作每周達六十小時，無論晴雨，夜以繼日，毫不倦怠，公正又嚴明，學者引為典範。

1969夏天，東亞圖書館協會，邀請他由香港回到芝加哥大學作幾周講學，由聯邦政府資助，在芝大舉辦東亞圖書館學暑期講習班，芝大錢存訓館長回憶：裘先生以七十一歲高齡，非但編制中文圖書系統講義：包含採訪，分類，編目，排檢等系統的專門作業，還日日連講三小時，外加會後談天，煥發過人，以不讓人空手而回，服務實踐圖書館的精神，深受大家歡迎。

哈佛畢業，後印第安納大學講座教授的鄧嗣禹，在洛杉磯加大任教的陳觀勝教授，都深感若非是他，歷史記憶都會不一樣；吳文津館長說與裘先生共事過的童世綱，恒慕義（Arthur W. Hummel）和富路特（L.C Goodrich）寫明清名人傳記的哥大房兆楹，杜聯喆夫婦，和燕京大學圖書館田洪都，歸國去北京圖書館的鄧衍林，北大任教的陳鴻舜等位，均能在海內外事業鼎盛，正烘托出卓越的指引者裘先生一身學養，融匯中西。無愧哈佛燕京學社董事會之稱譽：融貫東西傳統精華的典型學者！

1965年他交棒給第二任吳文津館長後，又奠立了明尼蘇達州立大學東亞圖書館的基礎，1966再應香港中文大學之聘，就任該校首屆圖書館長，籌設大學圖書館，事必躬親，拓展書藏，惜因健康關係，終於1970年返波士頓休養，還出掌哈佛燕京圖書館善本書主任，直至辭世，才交由戴廉先生，後交原任職上海圖書館之沈津先生到2011退休，由王繫女士繼管事務。裘先生連同副館長于鏡宇（震寰）和馮漢驥，及編目等陸秀、任簡、黃星輝、劉楷賢、賴永祥等位，當年樂業，雖退未休，為漢學研究學問服務的歲月悠長，他到最後仍為善本書目操心。

1940-1941東亞語言系開創，年代不明確，1937年很不妥善地隸屬閃族語言歷史系[注6]。1972年後才稱東亞語言文明系。

其他如歷史系、藝術系、法學院、神學院、政府學院、教育學院、

醫學院、公衛學院等各院系學生學者，鑽研東亞學問研究者，宛如一盞盞的燈，紛紛逐次點亮，漸與哈佛東亞系，要作等量齊觀[注7]。

　　裘開明館長是美國東亞圖書館的開山祖，第一位專業中國館長，是對西方漢學默默耕耘貢獻的先驅人物。吳館長後，哈佛燕京圖書館第三任館長鄭炯文1998年上任以來，承襲開放藏書，以多元方式將珍本書回饋漢學；並極有遠見的議定專家，編寫哈佛燕京圖書館學術叢刊等，如請程煥文館長編撰有關裘館長的選集，年譜，和評傳等等。2003年10月17-18日，哈佛燕京圖書館在鄭炯文館長主導下歡慶了75周年。2008年10月31日，鄭炯文館長再度主導歡慶80周年；並召開裘開明館長學術研討會，緬懷其成就！

　　至今全美有86個東方圖書館，且方興未艾，每個館內除館長外還有多位圖書館專業人員，和輔助人員，影響向度所及，披靡漢學85年左右，綿延無窮。[注8]

注1：*Harvard Journal of Asiatic Studies 1964-1965*，7-15頁。

注2：見哈佛燕京學社檔案，麻州州政府所頒發成立證書。

注3：《洪業傳》，臺北聯經1992年版，142-147頁。

注4：中國名人在哈佛留學研究者，據北京大學歷史系張寄謙，姜文閔及作者等考查「A」；見HYI Archives: *Minutes of the Trustees Meeting, 1928-1992*；張寄謙。〈哈佛燕京學社〉〈〈燕大文史資料〉〉第六輯「A」北京：北京大學出版社，1992年3月。38-60頁《近代史研究》「A」北京：中國社會科學出版社。1990年5月9號，P149-173。

注5：參《燕大三年》燕大學生自治會編1948年版，15頁，周建平先生文。

注6：1998.03.24東亞系系主任包弼德教授來信。*Harvard Journal of Asiatic Studies 1936-1957*。

注7：感謝哈佛燕京第二任吳文津館長和第三任鄭炯文館長及各院系及本館檔案資料。

注8：2003年10月17-18日，哈佛燕京圖書館舉辦多元活動，歡慶75周年。2008年10月31日，鄭炯文館長再度主導歡慶80周年並紀念裘開明館長。

哈佛大學1879年首聘中文教師
——戈鯤化赴美教學第一人

　　中美百年文化交流的先聲，多以耶魯1854年畢業生容閎為依歸，他在1909年出版的英文本的《西學東漸記》[註1]可謂留學生文學的另類開山祖。而未能意識到美國知識界向我們求教也已長達130多年，1879年哈佛曾首聘中文教師戈鯤化先生，當為中美交流的另一序幕。

　　哈佛大學在美國是最先創立，最負盛名的學院，1636年成立，當時清教徒才登陸普利茅斯16年，依次約60年後才有威廉瑪麗－維吉尼亞大學的首所學院，成立於1693年，耶魯成立於1701年，賓西凡尼亞大學成立於1740年，哥倫比亞大學於1754年成立。

　　哈佛是在伊利奧（C .Eliot）校長1869－1909任內，他上任後，傳統的學院轉型為現代大學，始分文理，法，商，醫學院，學生和教職員都多了三至五倍，校務蒸蒸日上，尤其校內不少教授都醉心東方思想藝術，外加與華通商傳教者驟增，外交關係則是另項考慮因素。

　　波士頓一位曾任外交領事也是商人的鼐德（Francis P Knight）於1877年2月22日向伊利奧校長寫信，以先見之明，提醒美國在中國的商業外交傳教需求，正不斷增長，英國牛津、倫敦大學、法國的法蘭西學院和東方現代語言學院、俄國喀山大學，德國柏林、荷蘭的萊登大學已先開課。及常春藤盟校最常競爭的耶魯大學，都在1876年就試派衛三畏（Samual Wells Williams）開中文課，因無人選課而作罷。[註2]

　　哈佛應速設中文課，校長覆信立表校董贊賞，又經商會支持，3月10日後，由杜德維（Edward Bangs Drew）主辦募款，迪賽爾（G.B. Dixcell）等反覆努力很快就捐得8750元，到年底12月7日，已有了一萬元基金稍不足三年經費，但有鼐德以財產擔保，即敦請教師。

　　千挑萬選，終於尋得1835出生的飽學之士戈鯤化。他是新安郡徽州休寧人（今安徽歙縣），曾供職清朝黃開榜湘軍參軍幕府，與太平軍作戰，時任文書約六年，雖不通英文依賴譯員，再到駐上海美國領館，做繕文抄寫翻譯及教員；後遷居寧波有十五年，始終任職英國駐寧領館，也教英法人士學中文，跟他學過中文的駐寧稅務司杜德維，

大力推荐戈鯤化給校長。

　　強調戈鯤化由於長期與外國人共事，開明又有評議改進之論，熟稔外人心態習俗，遠較其餘高深學者析理清楚，人又機智幽默，並可能在留美教學期間，編寫有助中美外交的著作，期以導引益發友好的關係。

　　杜德維還為哈佛校長替這首位華人教師，作了非正式的課程規劃，以備參考：教課以南京話——南方官話為准，戈鯤化計劃選用威妥瑪（T.Wade）1867年編的課本《語言自邇集》作教材，這書雖是以京片子發音寫的，但他熟練地可將發音調整無甚困難，召生開課以三、四人小班制為主，若人數多再加開班。

　　每回我到哈佛校史檔案部，戴上館員送來的白棉手套，小心翼翼地靜讀這些依編年序次排列的檔案和手稿時，心存感激緬懷他們130多年前探勘中國文化的執意懇切，不厭其煩地通訊安排，集資記錄，甄選簽約……。杜德維，鼐德與伊利奧校長及戈鯤化名下留下了厚厚實實的一匣見證（*Harvard Archives Harvard Depository HUA 1494*），1879年，戈鯤化來哈佛大學這年最厚——（部份文字原引用《哈佛燕京圖書館》《戈鯤化》，經張鳳在1988年3月29日起陸續發表於中文《聯合報》、《世界日報》等媒體後集於拙作，多人引用，也多竊用不說明出處。註3）

　　頂教人悸動的是那墨色依然鮮明的中英合同，由當時東三省奉天營口東北九十里的牛莊領事鼐德代表，用中英對照寫著：

　　　立合同議據：大美國駐箚牛莊領事官鼐德代哈佛書院山長等與寓居寧波之大清知府銜候選同知戈鯤化議定條款開列於後合同：

　　　一、哈佛書院山長等言定，延請戈鯤化在書院教習官話，三年為期，自壹千八百七十九年九月初一起至壹千八百八十二年八月三十一止，每月束修洋錢貳百元正。

　　　二、哈佛書院山長等言定，戈鯤化攜帶一妻二子住上等艙位，載至幹姆白理嗞城，又帶一僕住於下艙。路間除沽酒之外，所有一切船錢，房錢，車錢及應用行李等費，均有書院給發，俟參年滿後仍照此式送回上海。

三、戈鯤化如參年之內病故，應將其妻子僕人，全數送回
　　上海，一切盤川戈姓不須花費。

四、山長言定，畫押之時先支壹月束修貳百元，以此合同
　　作為收錢之據。一到幹姆白理嘎再支束修貳百元。自
　　開館日起至一年後即壹千八百八十年九月初一按月扣
　　除壹百元，連接四個月除清。

五、戈鯤化言定，哈佛書院課程，學生多寡，教法章程均
　　候山長主裁。

六、每月束修貳百元，作戈鯤化一切花費，此外各項雜用
　　概不得向山長另支。

七、合同內如果英漢文義字句有意見不符處，言定以英文
　　為主。

　　今將合同繕就英漢文合璧壹式參紙在大美國駐滬總領事
衙門當堂畫押蓋印各執壹紙存照。壹千捌百柒十玖年伍月貳
十六日。

　　讀著讀著正奇怪戈先生怎麼重男輕女，難道女兒只能住下艙或者
活活生離留在家鄉？再翻閱下去，果然尋出在這五頁淡灰藍橫條的合
同之外，又另夾半頁信紙大小的補頁，上書中文在左：

　　茲再議定：又加參女住上等艙位，又加一僕婦住下艙。
其章程與第二款同，惟參年後，仍照現在所搭捷徑之船送回
上海。
　　又照

　　　　　　　　壹千捌百柒拾玖年陸月二十六日。

　　與那三頁中文配合橫寫英文在右，一樣用無名指甲大小的楷書，
工整地在一邊直行以毛筆書寫，兩人簽名處皆蓋有美國上海領事館的
鋼印，英文較占頁，故多兩頁，僅繼續橫寫英文，留白一半。此一合
約，紙質雖有三道摺痕，卻完好如初，比信紙長寬各加一寸，也厚一
倍，比起同一檔案中，其他紙頁的碎落剝蝕，絲毫不顯百年滄桑。的

確,想要流傳久遠的東西,最重要的還是品質。

依約他與妻兒及一女佣和一位翻譯CHIN TIN-SING,乘葛蘭芬勒號Glenfinlas,先到紐約再接到麻州劍橋——Cambridge就是合同中的幹姆白理噠城,路上花了三週,7月15由上海起程,8月8日抵哈佛大學,只經過23天的航行,還比預期的50天早了點兒,所以為他一家準備的屋子——劍橋街717號,尚未安頓,伊利奧校長也不在劍橋,他們由哈佛大學圖書館館長席博理(John Langdon Sibley)接待,註4先住在賈維思地,對面的醫院樓宇,又遷梅蓀街十號,都離哈佛園不遠。註5

這位由東方來的清朝官員,即成各報爭相刊載的轟動熱潮,當時美國東半部華人,據估在1870年不過400人;之後十年間也不過3000人,尤其沒有見過高深又有學問的仕紳,哈佛請了在紐約,新港都有分店的華倫Warran照相館,為他一家照了八張相,三張相戈先生均著朝服,想必是符合他大清知府銜候選同知身份的,皮衣露襯白皮毛的邊,看得出足以抵得住美國東北的風寒,還挂著串朝珠;第四張是由他右側後方角度照的,清瘦的他背後垂著細長及腰的辮子,明晰可見;第五張穿長袍短馬挂,換戴瓜皮帽,右手持褶扇;另三張拍他的兩男三女,其中兩張幾乎相同,兩個兒子分別14歲和12歲,衣著似父親,三個女兒掛子都滾大襟,寬寬長長的圓領,最小的兩女孩約五歲和兩歲都戴金鎖片,兩歲那個總不定,照出來一片模糊。

相片登在幾家報紙*The Daily Graphic*,*Harvard Register*,*Boston Book Bulletin*,*Boston Daily Advertiser*都加了炫人耳目的報導:對這位45歲溫文爾雅舉止巍然的教師,懷著無限企盼,把他所教的官話,詳介說明是官方使用,也普及在商用,特別是寧滬以北的港口如天津,之罘註6,牛莊——通行,但在福州、廣州、廈門、汕頭、臺灣則是聽不懂的。戈鯤化在1879年10月22日正式開課,教材是篇小說。

他在哈佛的開館授徒,不限本校大學部學生(哈佛大學向耶魯及歐洲有漢學研究的大學都有招生,包含來自中國的留美學生),任何有興趣由第一手質料了解中國的學者,或者希望從事外交,海關,商業,傳教事業者,只要交費$150美元就可選修。

他每周上課五天,每日一小時,在課堂穿官服,要求學生尊師重道,並自學3小時。居家依中國規矩住於樓上,高過傭人所居住的起居室;他勤學英語,有時邊散步邊練習,也利用假期走訪紐約和耶魯

大學的衛三畏等，有時為教授們如劉恩等特別開詩文講授；有時泰然大方的應邀到教授俱樂部赴宴和帕坡惹斯（PAPYRUS）俱樂部朗誦演講，參加杜德維等演講會，1880年哈佛大學畢業典禮中，他是矚目的校長上賓，受到歡迎和教人目光集中的程度，頗讓我們深感驕傲。不幸他在合同即將屆滿的1882年，開學不久2月14日就因重感冒和肺炎不治去世，校方雖有校長親往探病，並請懷門（M. Wyman）閔納（F. Minot）醫生主治，並有幾位醫學院學生照料，仍藥石罔效。

　　2月16日伊利奧校長為戈先生在校內亞培頓（Appleton）教堂追思，典禮之後，他的木棺套著銅質棺柩，循序跟著校長和他白衣戴孝的長子戈忠－伯甫PohFu－1867年生，祭奠之後，暫厝棺木於家中，等運返鄉。（二千美元遺產管理者為其遺孀戈葉氏KoYas，和二兒子恕－仲甫Joonh Ja，1872年生、幼子戈惠－叔甫Shu Ju約1880年底在哈佛大學所生，14個月後夭折，和女兒Wan Law，Wan Jing，Wan Yu均未詳載，亦無可考）。

　　出席者有容閎和使館官吏，和鼐特，杜德維，胡波Hooper（校董）和劉恩教授以及無數悲傷的師生，由神學院牧師埃佛特（Everet）教授主祭，隨後3月15日由杜德維護送遺眷及老小遺體返回上海歸葬。

　　報端亦連日追憶，戈鯤化雖以小班教學，又當時學中文者少，最多只教了五位學生，但成績可觀，他的洋學生已能在中國立業。包含1880年的一位中國小留學生，19歲的丁崇吉，哈佛首位中國留學生。一年就奉召回國，先入海軍後從商。[註7]

　　據他的好友本傑明‧R‧卡迪斯回憶：「當我邀請他一齊出席紙莎草俱樂部，他如約而至抵達我家同去，在會場他輕快靈活，談笑風生地應酬寒暄，行止端莊地坐在首席，晚餐用畢，主席介紹他出場，他禮貌起身致意，以英語簡短自我介紹，說得很流利純正，幾乎一字不差。接著用中文朗誦寫在手稿上的詩，然後入坐，整個過程從容不迫，安詳自如，深深撼動了全場每一位，熱烈鼓掌再次要他……他重新起身，背誦了一首自己創作的詩，復深深鞠躬，表達謝意後才告辭而離去。

　　波士頓每日廣告報這樣品評戈先生：「一個純潔、正直的心靈，一副熱心腸，還有與人交往時迷人的微笑。……戈鯤化將永遠留在我

們的記憶中」。

伊利奧校長會同幾位教授如拉丁文名教授劉恩──也是其親近的學生，華理士，杜德維等聯名在5月13日的Boston Daily Advertiser呼籲募款成立基金會，經營基金約四、伍仟元，對他妻兒撫恤教育，每月匯三佰美元供居家及兒子讀教會學校等，於是全家，返回由康州而紐約、舊金山而橫濱，返回上海（席博理說寧波[註8]）定居，其子孫現多在滬，生活並不寬裕。

幾度析點他的檔案，看到他在1880年出生僅14個月，剛要回國時因虛弱而夭折的幼子戈惠的相片和小小棺材的裝運單，看到船票賬單打折後費212.5美元；醫生處方收費單據；還有杜德維運棺處理的收據──實在也夠令我在寂靜的閱覽室中，沉鬱噙淚，俯仰唏噓，悲嘆不已。

蒼天無語，惜乎他在美除了薄薄的50頁自譯詩詞教材《華質英文》，主要是他1880教學所用，後贈與劉恩教授，劉恩教授太太1953年捐贈。戈鯤化未出國前，雖然他具有大清知府銜候選同知，但可能是捐官，也未上任，只於領館工作，或因與地方官員有了矛盾，而期外來走避鋒頭，他1860年曾「遭庚申毗陵烽燧之變，篋中藏稿盡遭劫燼」他仍著有：《人壽堂詩鈔》兩冊。原清光緒四年（1878年）印，附有：《人壽集》。人壽集為撰者40歲生日自述，原作者與友人唱和之作，為光緒三年刊本，1冊。重製微卷藏於哈佛燕京圖書館善本室。[註9]

赴美教學第一人──華美文學先驅！戈鯤化在美的著作《華質英文》[註10]是最早的一本雙語對照介紹中國詩詞的教材。以作者15首中文詩，附英文對譯，及對詩文的註解。完美借重中國詩詞形式，展現文化理念。選入第一首詩是〈先慈奉旨入祀節烈祠〉。戈鯤化的母親在1860年太平天國攻陷常州時殉節，咸豐帝褒揚，入祀節烈祠，呈現出傳統表彰。例言提到用典在文學中，是文化理念的結晶。教學中頻繁用友誼、家庭倫理等典故的闡釋，言語與文化意識齊齊傳播。

縱使著作難訪，我們不易設身處地去感受，他堂而皇之穿著清官朝服昂首闊步走在哈佛園中時，心中有無歷史使命的負擔？但一定能移情想像：他病臥酷寒的異國，命在旦夕，拋下言語不通的妻兒子女，該是多麼的悲滄！戈鯤化的相片從開始就懸掛在哈佛漢和圖書

館，而後又哈佛燕京圖書館的入門大廳前，是幾十年來隆重奪目的華
裔榮光。

他的際遇和這張哈佛百年檔案中，絕無僅有的中文合同，比起
其他華工契約，規定要扣路費，每月7美元到16美元，工作從天明
起，到日暮止，更甭提西部華工所受的私刑慘案屠殺，無疑是天壤
之別。

四海為家，難能隨遇而安，在離散中總有犧牲，文化也在流徙中
傳揚。在哈佛所開的中文課雖暫偃旗息鼓，但實為趙元任，楊聯陞，
趙如蘭諸位在哈佛的教學開出先河，1879年為此準備的中文書也就成
為哈佛燕京圖書館的種子書本。如今，外國人學中文者號稱有三千
萬，美國較大一點的中學都開講中文和中國文化，文化交鋒實是前人
種樹之蔭。

註1：My life in China and America by Yung Wing, rno Press 1909。容閎英文作品。

註2：Ko, Kun-hua,1838-1882. Paper of Kun-hua Ko,1881 000604303, 見 Harvard Archives Harvard Depository HUG1494, "General folder", Harvard Archives Harvard Depository HUG1494.3, Verses, 1880. Harvard Archives Harvard Depository HUG1494.4, "Chinese poem, 1881".哈佛校史檔案。

註3：本文曾於1988年3月29日和1993年5月24日先刊發於臺北和美國《聯合報》及聯合報系統的《世界日報》2000年5月7日，《聯合報》2001年7月19日等媒體。
以及馬小鶴先生，張忠達先生與張鳳等位哈佛燕京圖書館同仁，2000年所建立的哈佛燕京學社中文網頁。又在多年前，就兩岸詳細刊出：原刊於2003年11月臺灣國家圖書館《漢學研究通訊》23頁-34頁繁體版，2004年第3期《文史哲》59頁-69頁簡體版文章。本文也曾刊於2004廣西師大出版的拙作《哈佛緣》71頁-88頁，又《一頭栽進哈佛》26頁-47頁，臺北九歌繁體版2006；和近作《哈佛問學錄──與哈佛大學教授對話30年》255-261頁。其中珍貴資料，多是出自張鳳哈佛系列書書籍，並在復旦大學與白先勇、王安憶，南大劉俊，臺北單德興，福建劉登翰，北京吳冰，暨南蒲若茜等位教授同開會議，演講過論文形式，選編入上海譯文出版社2006出版的《問譜系：中美文化視野下的華美文學研究》77頁-85頁。是在哈佛35年循序積累的研究。

註4：Sibley, John Langdon, Sibley's private journal, 1846-1882.

註5：在哈佛女校雷克立夫學院旁連通布拉圖街Brattle St和公園街 Garden St

註6：指山東福山縣。明代設烽墩防海，又名煙台。

註7：見高宗魯Kao Tsung-lu教授《中國留美幼童書信集》，鄧嗣禹Teng Ssu-yu 教授部分文獻《哈佛大學中國留學生簡史》。

註8：Sibley, John Langdon, Sibley's private journal in Clifford Kenyon Shipton, Librarian, 2002. Harvard University Archives HUG 1791. 81, Offprint from Harvard Library bulletin v.9 no. 2, Spring,1955, p. 236-261

註9：《人壽堂詩鈔》，Ren shou tang shi chao, Fu: Ren shou ji.
附：人壽集.
Harvard-Yenching Rare Book T 5531 5022.2 "2 v. in 1case".
Notes: Blockprint.
Double leaves, oriental style, in case.
Ren shou ji wei zhuan zhe 40 sheng ri zi shu yuan zuo ji chang he zhi zuo, Guangxu 3 nian kan ben, 1 ce.

註10：Ge，Kunhua, 1838-1882, Verses... presented to Mr. George H. Lane, April 1880.
Gift of Mrs. Gardner Lane, 1953.
16 cubic feet（2 pamphlet binders，1 volume）
History notes：Ko taught Chinese at Harvard.
Summary：Consists of general folder and manuscripts of Chinese poems.
Distinctive title：Chinese poem to Professor G. H. Lane，1881.
Other title：Papers of Kun-hua Ko，1880-1882.
Notes：Gift of Mrs. Gardner Lane，1953.
Cite as：Kun-hua Ko Papers，Harvard University Archives.
Notes：Records relating to instruction in Chinese.
Ko，Kun-hua，1838-1882.
Lane，George Martin，1823-1897.

HOLLIS Number：000604303 《華質英文》
*Hua zhi ying wen / Zhonghua Ge Yanyuan tai shou zhu.
華質英文 / 中華戈彥員太守著.
Chinese verse and prose
Notes：Hectograph.
Added title page in English：Chinese verse and prose by Yen-Yun K.H. Ko，Sub-Prefect and by Imperial promotion Prefect by brevet，China. With English translation. 1881 Textbooks for foreign speakers -- English.
後來再見於曾任南京大學人文學院副院長張宏生教授的資料。

哈佛大學理科諾貝爾獎得主的啟示
——李遠哲教授等位

李遠哲‧賀許拔‧李普康‧布拉克‧布倫伯根‧柯理‧恩斯特‧卡普拉‧霍夫曼

　　哈佛教授俱樂部二樓的餐廳，餐具餐桌燈光，全是講究情調的柔和溫馨，一般只預留給各系開宴運用，此刻嘉賓都低語輕笑，細緻幽雅一如往常的用餐。酒剛斟上，透過端在手上的施華洛世奇，名貴水晶高腳杯看起來，一切都有點恍惚迷離。1976因硼烷化合物結構研究而得諾貝爾化學獎的威廉‧李普康教授，舉杯過來，碰！我再轉向外子近鄰的寬頰教授夫婦示意，啜飲了一小口。

　　中國第一位諾貝爾化學獎得主李遠哲，也是臺灣籍第一位諾貝爾獎得主，是原任柏克萊加大化學系教授。他同時也曾是：哈佛化學系的顧問，並有其他許多職稱和頭銜，卻在得獎之後，排除繁多的榮譽及邀請，回到他關懷的故鄉。先於1991年秋，在臺大開授分子動力學課程，供研究生以上的學者選讀聽講，隔三年再返臺於1994年春就任中央研究院院長。雖然李教授一向謙虛地表示得獎的意義並不那麼大，又聽說他不願以特殊個案申請較高的待遇，但以全球學術界對諾貝爾獎的重視，能在臺灣科學發展四十年，第一次請回諾貝爾獎得主做長期的工作，其中的意義，自不同尋常。

　　李教授生於1936年，新竹人。新竹師範附小、新竹中學畢業後，於1955年保送臺大化工系。1956年轉化學系，1959年畢業後入清華原子科學研究所，1961年獲碩士學位，服兵役後於1962年赴柏克萊加大攻化學博士學位，1965年畢業，留校做博士後研究。1967年春至1968年夏曾到哈佛化學系跟（D.Herschbach）教授研究分子束化學反應，並因他的儀器創造奠定1986年合得諾貝爾獎的基礎。1968至1973年，任教於芝加哥大學；1973至1993年冬，為柏克萊加州大學化學系教授。李教授還獲選美國國家科學院院士，全美化學學會迪拜（P. Debye）物理化學獎。

他是外子紹光臺大化學系學長，對我們也像化學前輩陳長謙教授一樣鼓勵，衷心感謝。

李教授早在獲獎之時，就有發人深省的話：個人得獎並不重要，得獎只是讓一些尖端科學家有機會向社會交代：他盡力的課題和方向。現代科研實是社會整體之貢獻。

「從前，也常有許多國家的人來邀請我協助推動物理化學，九成我都可以答應，縱然辛苦一點，心中是愉快的。得獎之後，我就是做得比以前多好多，也只能應允邀請中的百分之二十而已，其餘的我都無法接受。每天在辦公室接電話寫信，百分之八十的時間我都在跟人抱歉，就像本來考A＋的九十分學生，現在變成考二十分，還有些人不明白以為我神氣了，其實答應這兩成我都恐怕精神不濟，不能勝任。」他說起邀請頻仍，常常只能睡三五小時，透支生命。

「太太在我得獎兩個月後就說：『還掉好了！你為什麼要到處去演講？既痛苦又做不好，本來在實驗室裡，你是認真又有成就的科學家……』她很不開心，這點對我來說，不見得好。」眾所周知，李太太吳錦麗女士，青梅竹馬的是他小學同學，照顧家人不遺餘力。她的憂心不是沒道理，科學家不見得能凡事都懂。

李教授為興趣日夜鑽研，也是享受：「我讀醫學院的小兒子看我不大能配合他們的作息，便說『爸爸我願意很努力，但是同時也要享受人生！』他還不了解這個道理。」

許多人老早都注意到他對父母很孝順。每次回臺，一定趕到新竹老家探親，父親過世後，更在12月13日母親蔡配女士壽辰之時帶領全家回去慶賀。他認為父母都是忙碌的老師，他們八個孩子「從小便在嚴格的家教裡學到勤儉上進與敬業的美德，雖然從事實際管教的往往是深思熟慮、思想細緻的媽媽，但父親的身教也非常重要！」辛勤的工作與人生的享受，對他來說永遠沒有矛盾。這正是他和父親著名美術家李澤藩先生的最佳寫照，也是他盼望傳達給下一輩的信念。

「我做的每一件事都是我們夫妻倆共同的成就，是我們結婚之時就講好的。我要為我們兩人共同創一番事業，所以不只是把這榮耀與她分享，完全都是她的，她比我聰明多了，全部榮耀都應該是她的。」這令人印象深刻的話，對我們後輩學者之妻都有莫大鼓舞的力量。

「我不是男性主義的人。我們要結婚的時候，她也在念書。她原來在臺大學外語，從小功課比我好，出國後念教育，但對專注投入學術研究的情形，所造成的嚴重性，並不清楚。」

因為他在清華念碩士時，就更明瞭是怎麼回事，當下描繪給她聽：譬如晚上有時不回家吃飯，她還以為我在說笑話，我一本正經地說確實必須這樣，她想過後，也就接受了。我們兩人的工作曾好好分配，她煮飯，我也煮飯。

有了孩子之後，成績優異的太太，才覺得她還是就以相夫教子為目標好。「她是犧牲了很多，我是不願意用犧牲兩個字用在太太的工作上，她對我的幫助太大，使我一輩子從事科學等工作無後顧之憂。當然這不很公平！我的事業就是她的事業，她做後勤，我打前線。」

「當初總算是講清楚了的。常不回家吃飯，是不該的，能夠的話，我也盡量努力回家吃飯，不過常會忘記，惹太太生氣也就認了！」大學時代常被老師說用功、不懂花前月下的李教授，對太太讚不絕口。

「我雖然盡量照顧到事業和家庭兩方面，有時也不那麼理想。」尤其他對已經大學畢業的兩個兒子和一個女兒的教養感到矛盾，教育孩子實在與實驗室中花費的時間有衝突。

他忙於做研究，太太在孩子身上花的時間較多，常覺得李教授該多花些時間教育自己的孩子，所謂修身、齊家、治國等明訓，他欣賞「幼吾幼以及人之幼，老吾老以及人之老」這句話。譬如他主張凡人皆平等，應該讓小小的心靈受到尊重。兒女喜歡念新聞學、醫學、社會學等，他就讓他們去自由發展，而回實驗室去教導那些不是自己孩子：「但卻與他志同道合的化學系學生。這樣的社會是不是比較平衡？是不是比較不自私？」

由哈佛博士後研究結束、到芝大當教授那段時間，每天晚飯後就回實驗室。有晚他決定跟三歲多的小女兒玩，到女兒該睡覺的時候，對爸爸說：「謝謝你來跟我玩！」太太開導女兒：「他是妳父親，他是住在這兒的。」當時他真感詫異又難過，太太說：「小孩很快都長大了，你就不容易看到他們。」果然不出幾年，他們上大學都走了。他那二兒子常說：「如果我將來結婚有小孩子的話，我一定要比你花更多的時間在他們身上！」「妳說我是很不成功的嗎？也不！這事還

是要想開一點！」

　　初中開始，他遇到好書絕不放過：科學發展史，巴斯德，愛因斯坦，居里夫人等傳記

　　探索對他影響最深的人物，他這說起來可太多，就因年輕時愛讀科學家傳記，其中對居里夫人印象最深，此外她的理想主義給他很大吸引力。她跟愛迪生差不多同時，有人問她為何不把她的研究工作申請專利，堅毅自信的她就回答：「知識應該屬於全人類所有！」又說「天生我材必有用」都影響很大。

　　他還喜歡俄國文學如托爾斯泰的《戰爭與和平》《安娜卡列尼娜》，屠格涅夫，普希金，羅曼羅蘭的小說，也專業雜誌外涉獵社會等書。家居除英文報外，還看兩岸大報等媒

　　小學五年級以來，堅持運動：棒球，乒乓，管樂隊等都帶給他生命的力量。高一學畫解剖圖，日日三點才睡，過勞大病就醫，迫他在家休養一月，讀過的書成他思考的資源看開幼時的個人英雄主義色彩，重新追求生命的意義，脫胎換骨如哲學家般探索人類社會規律。

　　看了伊林的《蘇聯五年計畫的故事》大學決意選讀化工希望貢獻社會力量。念了一學期，發現深夜還在化學館的教授最認真，轉到臺大化學系，終身從事基礎科學研究。

　　李教授對從大處著眼的理想社會最為神往。他念高三時，尚未知道是否能進臺大念書，他老是對母親說「從整個社會來看，我若不能保送或考上最好的學校，又很用功的話，妳應該高興整個社會有那麼多孩子都是聰明能幹得比妳兒子還行」。她當然不能同意，這全是由社會的觀點看的。

　　哥哥李遠川、伯父家堂哥劉遠中（隨母姓）都對他影響很大，他們常由臺大圖書館借回許多經濟、政治、科學史等課外書，使他的見識日益開闊。

　　他那藝術家的父親更予以他無窮的稟賦。從小喜歡看父親用精巧的手創作和嘗試，在實驗室裡，也常需要他的雙手與想像力創造精巧的儀器。他描述在賀施巴赫的實驗室中設計出複雜的裝備，被大家嘆為觀止，都說他要不是有中國五千年文化在身上……。「我也說不清到底有多少傳統文化在身上，不過每次在實驗室裡絞盡腦汁，想解決充滿矛盾的實驗設備時，倒常會想起不厭其煩、追求到底的父親。」

善處逆境恐怕就是他成功的主因。

1962年到柏克萊加大後，第一年就要找指導教授。他問過當時還在那教書的賀施巴赫，但跟他做分子束那組已經太多人，就跟了寫《普通化學》的梅恩Mahan教授讀博士。那時梅恩正忙著寫書，每回他與導師討論，只見梅恩大搖其頭說：「我不知道，要是我知道的話我就不做研究工作了！」梅恩天天就來問他：「有什麼新事？下一步呢？」他漸漸適應，因為在失望之餘，也只能自力更生研究出下面的打算。「後來寫完博士論文，也只寫了七十頁，因為他沒教我多少，英文又不通。

到哈佛一看，賀施巴赫學生都寫了四百多頁，還在學術刊物發表，心裡很難過。不過當兩人遇上實驗中的疑問時，或許因為幹練的教授常常為他們按部就班安排得太妥善，那名師手下的高徒，反而缺乏主動解決問題的自信。

常有年輕人問他做學問的快捷方式，他說：「不要相信快捷方式或天才。始終認為，人類的知識，雖然經過千百年的累積，至今仍很淺薄，有的教授肯老老實實地告訴你什麼不懂，那是好事，如此才能積極地以挑戰反叛精神投入心血反復創造，奮力下苦功尋求建樹。」

常不辭辛勞到各華僑團體去演說，鼓勵大家應該站在同一立場去關懷兩岸甚至世界，更贊成實際協助。

***　***　***

甜點剛罷，1986年與李遠哲教授，因當年在哈佛及往後的合作，同以交叉分子束探索化學動力學——化學基元反應的動力學過程的研究，而分享諾貝爾化學獎的賀施巴赫Dudley Robert Herschbach，用銀匙把閃亮的水晶杯，橫敲出清脆的叮叮聲，循例起身，把這晚慶祝柯理教授，因具獨特貢獻，而得到諾貝爾化學獎的主旨提出後，就面露英氣飛揚的笑容，說化學系同仁公推他獻詩一首。似醺未醉的化學學者和夫人們的喧笑，靜止在他極有節奏磁性的頌詩中……。

他身畔穿著黑底白藍碎花西裙，曾任職文理學院院長室的精幹太座，正淺笑地仰望著他那為遮掩稀疏頭頂分得很低的髮線，不由想起無數次，由哈佛燕京圖書館下班後，會合化學系的外子，沿校園小徑，往停車場途中，常常與遛著兩條獵犬的賀施巴赫相遇，他總要談

笑風生地寒暄幾句；有幾回還向我擠一隻眼……。

再眸光慧黠地指著其中那一隻較小的狗說：那隻是女兒的狗，也是她托我遛的，反正我也得等太座一同下班……明朗挑達令他看上去頗像飾演英國007情報員的史恩康納萊。

賀施巴赫的學生時代，曾入選足球校隊，還擅寫詩。正式上學前就已懂得閱讀的樂趣，主要是被連載的漫畫所吸引，熱切地想層層揭曉謎底，看究竟那漫畫中的氣球裡有啥玩意兒？

其後他渴望讀歷史和傳記，進到史丹福大學，讀書更是無數，很難說那對他後來有多大影響，然而那種由讀傳記而衍生的靈感，無論到哈佛大學念博士或教書階段，對他都有著不可磨滅的深遠意義。

他傾心科學，是緣於11歲看了《國家地理》雜誌上一篇有關星座的文章，非但繪有繁複精美的星象圖，還標出黃道十二宮的神話傳奇，令他深深著迷。開始嘗試自己畫星象圖，追究行星的運行。

得獎後，忙裡偷閑依然愛讀書，每月總要看兩三本。書本世界那麼浩瀚，他說：我不容易說明哪本是我的最愛，我的興味與時俱變。

在科學書中他比較嘉許的要算是萊納斯·鮑林（Linus Pauling）和威爾蓀（E B Wilson）合著的量子力學概論；非科學的書，他最心儀泰克曼（Barbara Tuchman）和包溫（Catherine Drinker Bowen）的幾本傳記。

他讀書不做筆記，也大多不劃重點：曾與他人合寫過好幾本書，除作科學雜誌編輯外，寫一部研討化學物理上空間度縮展問題的書。

***　　***　　***

哈佛的老化學家，布拉克（Konrad E. Bloch, 1912-2000）。1964年因對人體膽固醇及脂肪酸新陳代謝過程研究貢獻而獲得諾貝爾醫學獎。

生於德國耐斯，他幼年並無意願當科學家。對科學，竟然只知愛因斯坦一家，其父學法律，因接管家業，並未做律師，家教嚴峻，布拉克，凡事以父母的決定為權威，記得13歲生日時，伯父任他挑大提琴或划艇作禮物，依他的心，自然選划艇，但父母卻令事與願違。

中學起有偏愛自然科學及工程的性向，最愛讀郭選（S. Goschen）有關冶金、礦物和結晶方面的書，影響他最深的是塔門（G Tamann）著的《金屬及合金的化學及物理性》，一俟進了慕尼黑技術學院，選

修的冶金課令他十分失望，反而費雪H. Fischer的有機化學引發他的大興趣，促成他後來走上有機和生化合成的路線。

1936年，布拉克離德赴美，先入耶魯醫學院做研究助理，又輾轉進入哥大攻得博士，加入顯海沫（R. Schoenheimer）的實驗室研究甫三年，不幸顯海沫英年早逝，布拉克事業頓失依傍，只得試著另謀出路，峰迴路轉因指導教授克拉克力薦他與另兩位學者，接管顯海沫遺留之大宗研究費，及研究重點，三人欣然，卻不知如何分派，只能把蛋白質合成、氨基酸和脂肪酸的新陳代謝做成三個籤，一抽就定江山，決定了他的命運。

他說：我對研究題材，不論是抽來的或1946年到芝加哥大學做教授後自選的，總是追根究底，熱切又執著不輕信定論。

布拉克退休後，依然勤奮以：活到老學到老，為座右銘，隨時隨地，不放棄學習。專心寫書，盼把生化上許多重要而易於為人忽視的研究題目剔選出來，好讓年輕人師法，鑽研生命的奧秘！

***　***　***

尼古拉斯・布倫伯根（Nicolaas Bloembergen）是1981年諾貝爾物理獎得主，與外子黃紹光同行，是研究核磁共振的先驅前輩，任教於哈佛物理系。真是出於暗室昏燈下的荷蘭才子。

1920年，布倫伯根生於荷蘭書香門第，外婆是做高中校長的數學博士，父親為化學工程師，母親擁有法文教師頭銜，他在新教徒的勤儉精神下成長，知識的追求，絕對受到讚揚。

中學時期，他遺傳到的數理天份，引發他用數學描述物理現象的興趣。由於太過潛心於書堆中，而遭父母規定每天定時在荷蘭故鄉縱橫交錯的河道裡，練習撐帆駛艇，游泳滑水，或上岸打曲棍球。這些小時候開始的戶外活動，養成他即使在長年勤奮研究中，仍不忘打網球，爬山滑雪的習慣。

第二次大戰中德國佔領荷蘭，他幸運地在大學關閉，風雲變色的戰局來臨前得到碩士學位。接著兩年為了避納粹戰亂，舉家躲在暗室裡，甚至以鬱金香球莖充飢，以市上能買到的劣質燈油點燃照明，每二拾分鐘就得清理一次，儘管環境惡劣，在昏黃的燈下，他仍研讀柯瑞摩Kramer的《量子物理》，並計劃飄洋過海出國深造。

　　歐洲浩劫過後，他來到美國哈佛，正逢普色（E. Purcell）托律（H. Torrey）龐德（R. Pound）剛剛測得核磁共振信號六週，忙於為MIT麻省理工學院，無線電放射實驗室編寫微波技術叢書。他的際遇頗好，被錄用為研究助理，協助設計儀器，同時則大量吸取新知，在核磁共振這個尚未開發的領域中，上下求索，完成被引用頻繁的BPP理論，也以此獲得萊登大學Leiden 博士。1948年更出版了《核磁共振鬆弛理論》這本經典書。

　　布倫伯返歐洲作兩年博士後研究時，結識了他的日裔印度尼西亞籍太太，她是一位學醫的鋼琴藝術家。布倫伯說，他愛做幾個人的小規模實驗；教書常遇年輕人使青春長駐，講學顧問，令他不與現實社會脫節。他有本廣為流傳的書《非線性光學》2017年9月他永別我們。

*** *** ***

　　1928年生在波士頓北邊30英里的艾里亞斯‧詹姆斯‧柯理（Elias J. Corey）教授，1990年由於他對化學合成——開發計算器輔助有機合成的理論和方法超群絕倫，而獨得諾貝爾化學獎，他說：頂影響我的是比書要複雜得多的境遇！

　　他18個月就喪父，祖父母和外祖父母均是黎巴嫩移民，在那經濟大衰頹的年代，母親僅靠維持一間小服飾店，養大他們4個孩子，雖有膝下猶虛的姨媽姨丈同住幫忙，所能做的除了努力還是努力。

　　中學之前，他讀天主教教會小學，除數學外是不教其他科學的，高中因老師教法得當，他最喜歡數學。大學到博士班都在MIT麻省理工學院，才沉醉於有益於人類健康有機合成化學。22歲得博士，轉任香檳‧俄班娜伊利諾大學UICU助理教授，八年後為哈佛大學延攬。

　　他研讀化學論文喜歡晚間夜讀，筆記無數——他指指三、四十個檔案櫃，還收藏了十書架的書和論文，在辦公室一行行排列得有如圖書館。這在哈佛大學同事之中，亦屬少見。

　　世界的科學雜誌，他都注意看，最常發表在《美國化學學會雜誌》和四面體（Tetrahedron），又愛讀不同國家歷史及風土人情的書，像是奈保羅（V. S. Naipaul）寫的有關印度的書，描述作者由生長的加拿大，回到父母來的母國印度去尋根，訪了五十年前各行各業高低階級的人物——有藝術家、煙草商、教士等。令他更能了解印度。

他指導的學生來自各國，所以在對學生關愛之餘，亦愛屋及烏地想了解他們的故鄉。對於中國的書，他看得不少：《中俄之戰，中國百年革命》、《到北京及其他》、《戰線之後》等，並說讀了耶魯歷史教授史景遷（Jonathan D. Spence）的中國史書，我不禁暗自驚愕，這位忙碌的化學名家，竟對鑽研過明清史、利瑪竇及天安門研究等領域相當專門的史學家史景遷的書感興趣。無怪乎他對青年們的忠告是：把握時間，時間最珍貴。

***　***　***

1991秋天，諾貝爾化學獎揭曉，瑞士聯邦科技學院教授恩斯特——Richard Ernst因創造出福傳式核磁共振光譜儀，增速解析分子組成結構研究的成就而得獎。他也是外子哈佛大學結識的研究同行。

談起讀書治學，他有些靦腆說：我從小就不喜歡死讀書，只熱衷科學方面的書籍。他父親是位建築師，叔叔是化學家，所以蘊釀了從年輕就愛讀化學書的喜好，也有機會學著做些實驗，然而真上了化學系，才明瞭其實許多種化學，是不能跳脫記誦的範疇。對他這思想活絡的年輕人而言，是索然無味的，因而特別選了物理化學。

恩斯特認為對他影響最大的書是四〇年代山謬格拉頓（Samual Glastone）所寫的幾本物理化學。

獲獎自受關注，徒然翻出陳年往事：少年時不讀死書，頗調皮。高中時還曾在課堂上，拿面鏡子，把陽光反射在牆壁上照來照去，攪得老師不勝其煩，要求他父親要好好管教，不然就要勒令退學。此事在他故鄉蘇黎世北郊工業城溫特突地方報上喧騰了幾日。

回頭看現在的大學生，他認為用功的不多，真想讀書的又過於死板，都不是他的理想。早年他對音樂愛好，常拉大提琴自娛。現在少拉，想把大提琴送給我們。

後來慧眼獨具地欣賞中國藏族的宗教藝術。看這方面的書。由香港、印度、中國各地蒐集而來的一壁壁陳列，好幾十幅，有濃厚宗教氣息的西藏畫，和高藝術性的相關器物。他還親手製框裱起來，功夫之巧比諸在行在業，毫不稍遜，曾獲邀巴黎展出，嘆為觀止！

***　***　***

馬丁・卡普拉斯 Martin Karplus

　　2013年的諾貝爾化學獎頒給了三位用電腦模擬真分子化學反應的先驅者。第一位是同在哈佛大學化學及化學生物學系，以及法國斯特拉斯堡大學任教的馬丁・卡普拉斯。第二位是任教於美國史丹佛大學醫學院的麥可・雷維特。第三位是任教於美國南加州大學的阿里耶・瓦舍爾。這三位當中，馬丁・卡普拉斯年紀最長，也算是其他兩位的老師。但是另兩位在受教於他前，就已經在這題目上踏出了重要的一步，所以，瑞典皇家科學院讓他們三位平分這項化學獎。

　　1982年，我們剛從康乃爾大學應邀轉任到哈佛大學。一天中午，我們到學校的銀行辦事，在排隊的時候，正好看到前面站著的是卡普拉斯教授。因為紹光的博士導馬克斯羅杰士和他是師兄弟，兩人都是在加州理工學院得過兩個諾貝爾獎的萊納斯・鮑林的學生，所以紹光早就久聞教授的名字，而他也知道這層關係。外子和他打了個招呼，也給我介紹。卡普拉斯教授當時只不過五十出頭，但頭髮已疏，顯出寬廣的額頭，一臉聰明相，對他印象很深穿著非常隨便，一件暗紅毛衣套在淺藍色的襯衫上，卡其褲和便鞋，一點都沒有大牌教授的架子。說起話來面帶微笑，半露出幾隻不太整齊的牙齒，模樣讓人覺得非常親切。

　　初來乍到紹光的辦公室離他的辦公室不遠，常會不期而遇，卡普拉斯教授還說六〇年代初，他剛到哈佛任教時的辦公室就在紹光辦公室的隔壁。卡普拉斯教授從年輕開始，就從事有關核磁共振的理論研究，這正是紹光的相關領域。卡普拉斯教授才二十幾歲就導出了一個方程式，用來解釋三鍵外氫原子之間偶合常數與第一、第三鍵夾角的關係。這個方程式後來被化學家們廣泛的運用，稱為「卡普拉斯方程式」。

　　他發表這方程式的論文，也成為有史以來被引用最多次的論文之一。所有研究分子構造及分子動態的化學家們，都非得用他這方程式不可。紹光早就預測他一定會拿到諾貝爾獎。但是一年等過一年，都還沒有輪到。

一回他和外子聊天，談起不久前他參加了一個學術會議，和學者們在雞尾酒會上互相介紹，對方聽了他的名字嚇了一跳說「你就是導出那卡普拉斯方程式的那位？真是難以置信，我還以為卡普拉斯是很老的前輩，已經不在世上了！」

卡普拉斯教授是1930年生在維也納的猶太人，他祖父是醫學院教授，外祖父開一間私人診所，其他家族裡還有很多人都是當醫生的，所以親友們也認為他將來一定也會成醫生。他有個比他大三歲的醫生哥哥，非常聰明，總是覺得有股壓力要逼他步上哥哥的後塵。但他自己也有很強的主見。三歲時被送去上暑期幼兒園，他覺得很沒意思，就偷偷的從學校走了一里多的路逃學回家。學校老師發現他不見，緊張地通知家長，到處尋找都沒找到，最後才發現他在家裡了。他媽媽雖然急得要死，卻沒有很嚴厲的責罵他，竟然還答應他不再去上那幼兒園。還有，保姆叫他要把盤子裡的菠菜吃完，他不喜歡，就把一湯匙的菠菜往上扔，把天花板印了一灘綠漬，久久不消。

1938年奧國在親德派當政後開始排斥猶太人。許多猶太人就開始了逃亡的日子，就像電影「真善美」裡描述的情景，他們準備舉家逃到瑞士。但臨行前，他爸爸卻被關進牢裡，只有母親，哥哥和他成功逃離。後來靠著早年就移居美國波士頓，擔任美國通用無線電公司總裁的伯父担保和安排，他們花了幾個月時間，輾轉經由法國移民到美國。令他驚喜的是：在上船前幾天，爸爸突然現身。1938年10月8日，當船駛進紐約港，遠遠望見在霧中的自由女神像，那種心情，他至今都難以忘懷。一登岸，他們就立刻搭上火車前往波士頓。

到了波士頓後，他們不再是生活優渥的富有家庭了。爸爸得當修理工，媽媽幫人燒飯、打掃，才能養家。他也從三年級插班。

初中後，與朋友到波士頓市立圖書館，聽一系列有關鳥類識別的演講，激起了他濃厚的興趣。從此，他就常常拿著他父親的望遠鏡，到住家附近的林子裡，或是牛頓城墓園裡尋找各種鳥類，還找機會參加愛鳥社團的野外活動。高中時，還以對鳥類的研究為題，贏得極負盛名的西屋獎。憑著這西屋獎和他優異的學業成績，申請到哈佛大學；他非常有自信，就只申請一個哈佛，並且得到國家獎學金，足夠負擔他大學住校的費用。

此後，他可說是一帆風順，在加州理工學院拿到博士學位，到牛

津大學做博士後，到香檳城的伊利諾大學和哥倫比亞大學任教，得到永久聘書。1966年回到哈佛大學當正教授。他的研究成果非凡，獲無數大獎，2013年終於得到了最高榮譽諾貝爾化學獎。

1982年卡普拉斯的原配蘇姍過世，留下一雙聰明的女兒。隨後續娶了跟他多年的秘書瑪霞，又生了一個兒子。兩個女兒後來都成了醫生，也算是補償親友們多年來對他的期望。

他的學生和加入過他的團隊的學者總共不下兩百人。就像他的博士導師鮑林教授一樣，他總是儘量提供讓學生發揮自己理念的空間，和與其他組的人相互切磋的環境。學生當中已經有許多已成為名校教授或是研究機構的領導，真可謂桃李滿天下！

*** *** ***

霍夫曼

羅德・霍夫曼（Roald Hoffmann）1981年諾貝爾化學獎得主，因為通過前線軌道理論和分子軌道對稱守恆原理來解釋化學反應的發生，而得獎。

他是外子在康奈爾大學化學系時的同事和系主任。我們在哈佛大學三十多年他也常常來訪。

猶記得在個喧鬧的宴會，他淡淡的對我說：「以一個自11歲就移民美國的波蘭裔猶太人來說，我是太不美國化了。」

看他不太合身的襯衫西褲和寡言不迎合的態度，我了解地認為他恰好為梭羅所說：「高超的思想，往往產生於單純的生活。」下了個很好的註腳。雖然，他這種不擅社交人緣較少的情商EQ，差點使康奈爾大學化學系在1969年前後，幾乎不評給他終生教授，但他依舊不改其安於樸實的讀書研究生活。

當年納粹佔領的波蘭，殺機籠罩整個猶太村，成人兒童幾乎被殺絕，父母將他「束之高閣」，在鄉間的農家閣樓頂，他渡過靠隙縫透入陽光，才能讀書的童年。後來倖免於難，輾轉流離來到美國。

早在1962年，他剛由哈佛大學隨李普康教授讀了博士，就成為伍德華（Robert Woodward）的研究員。他應用分子軌道理論預測化學反應，導出著名的「伍德華・霍夫曼規則」——邊際軌域理論，在1966

年之後的十年中，被引用多達8000次，迅速進入化學論文被引用次數最多的前十名，也在1971年印出「邊際軌域理論」發展成的《分子軌域對稱守恆》一書，被廣泛地運用到化學，醫學，學術界及工業界的有機和無機化學合成，是他獲獎的主因。

憶起得獎那天早晨，他剛把一隻漏氣的腳踏車胎，打足了氣，進屋把腿褲夾上夾子，準備輕裝簡行騎車到康奈爾大學教課，聽見晨間新聞，將他的名字播錯為「羅納德・霍夫曼」得獎……。

他少年得志，40歲出頭就得了諾貝爾獎，他說：「就某些觀點言，科學就像文學；科學家就像詩人賦詩。」他對我的說法，字句和現象都早已存在，文學家只是組字逐句，將觀念用不同的方式表達，科學家也一樣，他與伍德華結合智慧，以適當的圖畫文字，將稍早日本人富井謙一的規則清晰表明，融會有機和無機，貫通實驗理論化學，得獎實非出人意料。

霍夫曼教授通曉多國語文，喜愛寫詩，早年頗想研究藝術史，對於年輕人，誠摯的鼓勵：各人把穩單純耕耘的方向，勤樸終將收穫！

***　***　***

夜宴鄰座的威廉・李普康（利普斯科姆）（William Nunn Lipscomb, 1919-2011）教授，是1959年開始在哈佛大學任教。

這位老人家，當年是早由哈佛化學系退休的老教授，曾對我說起回憶中學時唸過一本發明家湯姆史威特（Tom Swift）的書，大獲啟發；13歲時做音樂家的媽媽給他買了一套吉伯特（Gilbert）化學實驗用具，他就開始了在屋裡做化學實驗的日子。藥用盡，就利用爸爸做醫生的方便，去藥房採買，陸續訂購其他儀器。

進高中，他發現肯塔基的鄉下學校，所擁有的化學設備，還不如他自用的完善，就捐自有的出來給學校，化學老師特准他不用聽講，可以獨個在教室後一邊做實驗，不時還要他協助教課；只有考試時，他才像一般學生作答如儀，出類拔萃地走過那段時光。

那時，他最喜歡讀的兩本書，一本艾伯特（Abbott）寫的《平地》，描寫四度空間及愛因斯坦的相對論；另一本是克羅（A. Carrell）寫的《人類未知》述及人類未知的醫學上問題。

化學之外，由於母親的陶冶，家中姐妹都會彈奏樂器，鑽研音樂

書。他也不例外，能拉小提琴，更偏愛吹黑管。

他對天文物理，也有極濃厚的興趣，常往肯塔基大學天文臺觀察星象。那時教天文和數學的道寧（Downing）送他一本貝克（Robert Baker）著的天文學教科書，令他深有體悟。

李普康教授主張學生要開拓廣大的視野，勿鑽牛角尖。所以他一直跨幾門不同的學科：化學、物理、生物、有機、合成等。常扼要的說「我要是遇到問題。不到思索出解答之前，決不放棄！

對年輕人，他主張要給多一點機會指點路線，不要太早改變他們，有人一輩子都不容易改變，多給他們信心最為重要。

據諾貝爾獎公佈，從1901年至2016年，諾貝爾化學獎已頒發108次。其中有63次，得主單獨獲獎。歷屆得主，僅有4位是女性。

最年輕得主是1935年周利歐（Frederic Joliot），當時他才35歲。

最年長得主是費恩（John B. Fenn），以高齡85歲於2002年獲獎。

英國生物化學家桑格（Frederick Sanger）是唯一兩度獲獎的人，分別於1958年與1980年戴上桂冠。平均獲獎年齡是58歲。

***　　***　　***

他們之中賀許拔最擅巧妙的推崇，記得他主持合作研究者李遠哲教授的演講會：在緊接餐會的哈佛講座演說時，介紹李先生出場，他很別緻地先放一段柴可夫斯基的「1812年序曲」，讚賞李先生的實驗，做得像柴氏的作曲一樣偉大。並且明瞭他的嗜好，代表哈佛化學系裡送李先生一件紅色的棒球衣，請他穿上演說，那場化學專題演講，搭配得意趣橫生，令人難以忘懷。

那夜的頌詩，既詼諧又華美，他在掌聲中完成朗誦！

李普康教授對我說：「他非但詩寫得不錯，提琴也拉得好！」又對外子說：「你說我們系中該不該組個室內樂團？」「對啊！你的小提琴，賀許拔的大提琴，外加戈頓的鋼琴……」他瘦瘦高高的，不像其他教授打著紅、黑領花，或色彩莊嚴的領帶，每次譙會，最喜歡打著有如西部牛仔式樣的帶狀花蝴蝶結，是他的衣著特色。要說賀許拔像史恩康奈萊的猷勁挺拔，那麼李普康就像西部老牌明星賈利古柏，但又白皙文弱得多。

舉座酣暢，不知怎麼就想念起1965年以有機合成得獎的伍德華

（Robert Woodward）的墓地，伍德華在1979年過世，葬在奧本山百年文化古墳場，新闢的墓地似乎特別陰鬱……正惶恐他們情緒陷入玄秘，想轉話題，了結這番生死契闊的追懷，幸好柯理乘空來道謝：謝謝我倆，在他得獎當天就由歐洲電傳賀辭——那天我伴外子正在瑞士開會，火車上看到日內瓦德文報上的這則喜訊，我倆都為這位極親和的前輩同事興奮不已，也感念外子剛被哈佛從康乃爾大學挖角，搬家來時他的古道熱腸，於是立傳賀忱！

哈佛大學的諾貝爾獎得主，歷年已超過五十多位，如2007年和平獎得主高爾副總統，他也是小說和電影「愛的故事」男主角的藍本，大學本科就與湯米李瓊斯（Tommy Lee Jones）和作者西格爾（Erich Segal）同宿舍，主角揉合了兩位個性。

散席前寬頗太太傳來兩盆花飾，李普康立刻周到地接下，捧一盆給我：「祝你今夜愉快！另一盆就帶回去，給我的太太。」他們老夫婦曾領養一個18個月大的中國女孩。

儒家思想中有「智者利仁，仁者安仁」的說法，他們這幾位科學智者，似乎亦度向仁者的境界。

他們也指點「不要相信天才或捷徑，唯有下功夫一途。」「人類的的知識，雖經過千百年的累積，至今仍十分有限，所以學者需要探索……。」

在黯夜之中，我瞬間剔透起來，猛然有悟，哈佛的這些位諾貝爾獎得主，胸襟既不狹窄，對萬丈紅塵也非漠不關心，更未傲然地以千秋萬世之不朽者自居，反之，他們可親而熱切的關懷，絕不只在人人盛讚的科學表象，衷心激賞他們人生智慧的涵養，正曖曖含光地益發顯得深徹邃遠。

張愛玲繡荷包的緣分
——古典小說史家韓南教授之寶物珍藏

　　久已欽仰的夏志清教授，終於1980年代由王德威教授中介得識，又因我兒子於哥大攻博士得緣綿密請益，當時福氣地常蒙他熱切教誨或來函示下許多不傳之秘。先寫成一些篇章，特別是1995秋指點我一句話：「張愛玲1967年到過哈佛訪問」，引得我上窮碧落下黃泉地深度淘寶：由尋獲罕見的哈佛史勒辛格圖書館，藍點檔案卡上僅得的八行文字考據寫成〈張愛玲與哈佛〉、〈張愛玲在不在——在哈佛尋找張愛玲〉等篇在1996.04.15日後首刊《聯合報》和《中央日報》……挑明《海上花列傳》英譯未曾交卷哈佛，四處追問下落？

　　1997年經張錯教授發現：《海上花列傳》英譯手稿來函告知，就在宋淇太太鄺文美轉贈南加大的張愛玲遺稿之中，再由南加大圖書館整理後，王德威教授交由哥大2005年出版。1996春，我又將張愛玲哈佛故居，和哈佛邦汀研究所尋得的愛玲手跡著作首先以中文在知識界公諸於世，中、德、韓、日各國張愛玲研究者，競相來訪。幾篇我的文章，並為哈佛瑞克利夫學院圖書館瑞克利夫學院檔案，諾斯（J. Knowles）太太邀去歸檔。

　　1996年之後，夏先生再傳張愛玲履歷表，仲夏慎重親傳由他作序、司馬新所著的《張愛玲與賴雅》，原書為英文，由徐斯與司馬新合譯為中文。經過韓南、海陶瑋和夏志清等教授調教的鄭緒雷（Stephen Cheng），哈佛博士論文研究《海上花列傳》。1996入夏，才在臺北大地出版社甫出，適逢我過訪，喜出望外地手捧夏教授贈書，同不肯留步送行的他在樓外，虔誠合影紀念。

　　2005年王德威教授，在哥倫比亞大學召開了10月28-29日的「夏濟安夏志清夏氏昆仲與中國文學研討會」我演講發表〈夏濟安夏志清夏氏昆仲與張愛玲〉論文。恰逢曾在1988年起，指點我良多的韓南教授（Prof. Patrick Dewes Hanan）和重新被韓南教授等延攬回哈佛任講座教授的王德威教授，即刻託付我一個嶄新的使命：留心為張愛玲送給韓南夫婦倆的繡荷包和書，找個貼切合宜的收藏地點。

　　韓南教授為聲譽卓著的中國古典小說史家。是哈佛燕京學社頭一位華裔杜維明社長之前，首位中國學的社長，1987-1996，前此59年的社長全為研究日本學的西方學者。

　　韓南教授1927年出生在紐西蘭，父親是牙醫，從小在農莊長大，韓南教授原在奧克蘭大學研究英國中古小說，忽對中國小說發生興趣，1953年便申請倫敦大學亞非學院，從頭再念起，一邊寫博士論文，邊任教於亞非學院，1961得博士後，他便開始了在中國白話文學方面的崢嶸歲月，造詣之高得以任教史丹福大學到1968年，就被哈佛的海陶瑋（James Robert Hightower）教授，鼎力爭取他來哈佛大學教書，韓南教授因此轉任哈佛東亞系：中國古典文學教授並兼任系主任，1997年榮退，1998起，哈佛大學衛特湯瑪斯（Victor S Thomas）講座教授授。

　　最初為博士論文蒐集材料，他1957年第一次到了中國，有說他曾申請北大因當時環境被拒，而後依然來了……他說：「我很幸運，1957到1958年，得到了去中國的留學獎學金。那時候中國接受來自西方的學者很少。我們有三個人，獲得了由對外文化聯絡會接待，去北京的機會。我可以充分利用北大圖書館和北京圖書館首都圖書館。通過各種組織，得以會見時任文化部長的鄭振鐸、傅惜華、吳曉鈴（韓南當社長時曾邀請他來哈佛）等學者。如果沒有這樣的機會，我就不可能如此細緻地分析《金瓶梅》的版本。」第二次訪中國，是1980年隨一個代表團進行為時三週的訪問。那時他剛剛寫好《中國的話本》花了不少額外時間審閱資料。1987年之後，韓南社長多次到中國為哈佛燕京學社面試甄選交換學者人才。

　　他的英文著作：《《金瓶梅》探源》（1960）、《《金瓶梅》版本及其他》（1962）、《中國的短篇小說：關於年代、作者和撰述問題的研究》（1973）、《中國的話本》（英文，1981）、《中國白話小說史》（中文，1989）、《中國短篇小說》（1967，1997）、《魯迅小說的技巧》（1974）、《中國近代小說的興起》（中文，2010，2004）、《十九世紀和二十世紀初期的中國小說》（英文，2004）、《韓南中國小說論集》（中文，1979；中文，2008）、《創造李漁》（英文，1988；中文2010），他還研究《兒女英雄傳》《海上花列傳》等十九世紀小說，並以慧眼開拓鮮為人知的小說或基督教用以傳

教的敘事文學，他還英譯了《肉蒲團》（1990，1996）、《無聲戲》（選譯，1990）、《禽海石》《恨海：世紀之交的中國言情小說》（1995），和《十二樓》（選譯，1998）、《黃金崇》（1999）、《風月夢》（2009）、《蜃樓志》（2014）。多次獲獎影響深遠。

　　他考據小說文本風格，分析鑒定作品的年代，小說產生的條件、方式和過程，同一個故事在不同題材文學中的流變……錢鍾書先生稱他：精思明辨，解難如斧破竹，析義如鋸攻木；耶魯名家孫康宜教授稱：書裡充滿了卓越學者的機智，加上典雅而洗練的文字，可說在當時漢學界中少有出其右者。

　　韓南教授溫和拘謹，不善社交，又低調矜持，避免與他不喜歡者應酬，但尊重人，而能交託珍藏於我；憶在圖書館尋書偶遇，會突然對我談起：「我們邀請德威從哥大回哈佛，（夏）志清對我說他會自殺……」措手不及只莞爾安慰……都令我受寵若驚！

　　韓南太太安娜為德裔，據聞年輕時在倫敦兩人一見就互相吸引，不到三星期便閃電結婚，他倆僅有位兒子Rupert Guy Hanan，竟在兩月左右父子兩人都先後離世，禁不住為他家憂心。韓南太太一向熱心，愛好和平。我與韓南太太僅在宴會中相逢，身段高挑漂亮爽氣的對我說著張愛玲……後來不久就聽說安娜患了帕金森病漸不能自理，倆人結婚六十餘年，恩愛扶持，韓南教授親自照料了太太好幾年。最後因病況不同，單眼失明的韓南教授，不得已住入另一個療養院。王德威、胡曉真、呂芳以及其高足魏愛蓮等教授皆去探望。

　　2014春，他英譯《蜃樓志》剛出版收進圖書館，87歲的他，心中還想譯《三遂平妖傳》。曾是他最早的博士導生，論文寫敦煌變文的賓大教授梅維恒（Victor Mair），2014年4月25日應王德威、歐立德之請來演講，與許多華洋學者如包弼德、杜邁可、丘慧芬和葛兆光、戴燕、梅嘉玲、李育霖、劉大任、馬小鶴諸位及我等，在哈佛費正清中心開Unpacking China會議，開完首日議程後，連夜去探望他，可能就是韓南教授最後見到的學生。我與呂芳還約著要去探病都沒來得及，韓南教授4月26日就突然安息了。

　　真是震驚！悽惶中思及兩位給我深刻啟示的韓南教授和夏志清教授，先後在四個月之間仙逝，心中真是百般不捨！

　　深深懷念1980年代後期在韓南教授課堂上聽講的場景：那年他撒

開最擅長的三言二拍——明代馮夢龍所編纂的《喻世明言》、《警世通言》和《醒世恒言》，二拍——即凌濛初作的《初刻拍案驚奇》、《二刻拍案驚奇》或他研究的《金瓶梅》，翻譯的《肉蒲團》等通俗文學，集中引導我們研讀對後來紅樓夢等小說創作，極有闡發的諸多明末清初小說：《隋煬帝艷史》《隋史遺文》《隋唐演義》《醒世姻緣傳》《蟬貞逸史》和好些後續文字《西遊記補》《水滸後傳》《續金瓶梅》；更選有《平山冷燕》《玉嬌梨》《好逑傳》；也沒漏掉清初才子李漁的《無聲戲》——現在就只有在日本才能找到，和李漁十八個故事的集子《連城璧》……尤其他寫的《創造李漁》那時才出版。他告訴我每年他只收三兩個正式學生，但在不太大的教室中，大家濟濟一堂熱烈研討，與2006年再回來哈佛教過課的臺灣中研院的胡曉真教授，和哥倫比亞大學的劉禾和商偉教授等多位，在韓南教授的小說課同室共話，令我對白話小說思古非常！

　　2006春在他把張愛玲的繡荷包交給我的當兒，想要為他與繡荷包照張相，常是和風細雨的他，竟透桃皮詼諧，輕笑著地說：我可不願意拿著這個照相，我不覺會心。忙中一時也未有機靈他想，只顧向他訴說：紙本的書，有簽名或無，都可以交哈佛燕京圖書館存藏，住這兒的我們隨時可讀……之後就撇開去了談著其他，很遺憾地錯過這個拍照的永恆因緣。後來他真把藏書全捐給了哈佛燕京圖書館，成為圖書館的韓南特藏！

　　韓南教授也對我細述他與張愛玲在哈佛不期而遇的相逢：「真是開心驚喜的遇合，那是我來哈佛的第一年，1968深秋，是幾月嘛？記得了？」藹然可親又帶點羞怯表情的韓南教授說：也可能是1969初春，就在哈佛燕京圖書館底樓，古典小說的書架旁，初初邂逅。1990年代前圖書館底樓尚無電動，還有書桌間隔著書架，他們談了好半天「她想看看我的研究，很喜歡我的《金瓶梅探源》，於是我們通訊……」，他們也傾談她翻譯的《海上花列傳》，張愛玲說：「《海上花列傳》真是好！像紅樓夢一樣好！」其後，韓南教授邀她為1936年創辦的《哈佛亞洲研究學報》寫論文（*Harvard Journal of Asiatic Studies*），她竟寫成一本文學評論集子——《紅樓夢魘》1977年出版，一本書代替了一篇論文！（此書中，張愛玲序，曾提到韓南教授考據金瓶梅，五十三回，到五十七回是兩個不相干的人寫的。）

　　韓南依稀記得「張愛玲後來幾次找我寫介紹信，大概是應徵柏克萊加大，可能也有些其他申請未竟其功？」韓南教授對我憶起，與夏志清教授等推薦許多申請，聯繫經年，幫了她一把。1969春，素來幽居不見人的張愛玲，意外邀請他和太太安娜到劍橋布拉圖街83號43座公寓吃飯，「究竟吃什麼或沒有，我想不起來」，但韓南太太安娜對我說確實吃了飯。

　　那次聚會，張愛玲送給他親筆簽名和訂正的、由英倫凱賽爾公司（Cassell）1967年出版的《怨女》英文版和《北地胭脂》（*The Rouge Of The North*），又贈韓南夫妻一個腰間垂掛，或手攜的繡花荷包，是李鴻章女兒──她的祖母李菊耦之家傳寶物。

　　回憶舊事，韓南說那個春天他們都好忙，待韓南伉儷打算回請找她時，她已離開。

　　已經退休的韓南教授，數度約我在哈佛大學會面，並謙言：「要不是妳，我辦不成這事。」在2005夏和2006春，韓南教授分別把繡荷包，以及那有簽名及訂正手跡的兩本書《北地胭脂》和後來又贈的《紅樓夢魘》，帶到圖書館託付給我。

　　這稍大於女子手掌的繡荷包，橫量不足五英吋，高有三英吋，一英寸左右百折式的黑緞袋口共有十四折，口子上有一邊鬆脫出的縫合白線。袋子的袋口以蔥綠絲線──長長的二十六英寸的綠線往兩邊繫去，兩面尾端還拿金絲線打了雙層的如意結，兩個結之下，就是紫色和綠色兩溜流蘇，左右二色四溜。最難得是繡荷包袋的主體：雙面都是金絲線底，還繡繁複多彩的花鳥、紅花綠葉之外，有一面還繡了隻公雞，紅冠金羽夾雜褐、藍、白色毛羽，踏著正綠色的剔花青草地。

　　頗有歷史使命感的我，躊躇未決，該安放何處？我先諮詢過獨步收藏了許多手稿的哈佛燕京圖書館鄭炯文館長，和倆位老友：剛回哈佛的王德威教授，他曾任哥倫比亞大學東亞系系主任出版英譯《海上花列傳》，領之上世界舞台；和再任南加大東亞系系主任的張錯教授，他邀得宋淇、鄺文美夫婦，捐藏張愛玲英文手稿者（宋淇原名奇，字悌芬，大戲劇藏書家「褐木廬」之主宋春舫哲嗣，筆名林以亮），還考慮臺灣國家圖書館和北京中國現代文學館，再詢問柏克萊加大東亞圖書館周欣平館長等位，幾番思量過後，終於當機立斷決定了存藏之處。

　　先把韓南夫婦特捐的書和繡荷包，分頭安排妥當，找到能夠永久珍藏之處：僅收紙本手稿書畫的哈佛燕京圖書館，珍藏張愛玲簽名親筆訂正過的《北地胭脂》和《紅樓夢魘》。

　　張愛玲繡荷包和林海音，鹿橋（贈紀剛）等遺珍則交柏克萊加大東亞圖書館周欣平館長收藏，隨機遇收藏的柏克萊加大圖書館設有專館，新館田長霖東亞研究中心第一座建築：史達（C. V. Starr）東亞圖書館，自2004年5月動土，2007年落成舉行開館慶典。建設此館耗資五千兩百萬美元，是由一千五百多位捐款人捐贈。周欣平館長珍惜地專闢一處陳列永藏！於是相約2006年4月20日陪先生黃紹光博士同去開會演講時，順道贈送。一併捐贈的珍稀寶物，另有夏烈親贈張鳳其母林海音的象牙小象擺設，別針和「伊豆的舞孃」木娃娃；及平路贈張鳳的威尼斯面具胸針；鹿橋教授贈紀剛醫生書於綾絹絲帛上的墨寶。

　　張愛玲到哈佛女校，先是以1967年7月到1968年6月在瑞克利夫研究院，申請得到的獨立研究經費，翻譯十九世紀小說《海上花列傳》作者韓子雲小名三慶，真名邦慶。張愛玲1967年9月往女校正式報到。從1967年9月起住在劍橋布拉圖街83號45公寓。丈夫賴雅過世於1967年10月8號劍橋。次年她又延長研究經費，並搬家到較小的劍橋布拉圖街83號43公寓。從1968年7月到1969年6月。1969年4月1日曾在瑞克利夫研究院宣讀〈中國翻譯作為文化影響的橋樑〉。在此期間繼續為港美新處翻譯。

　　據1966年11月4日張愛玲致夏志清教授信：「Fred（賴雅Reyher）久病，在華盛頓DC替他安排的，統統被賴雅女兒破壞，只好去把他接了來，預備申請哈佛，在附近城裡找個公寓給他住著，另找一個人每天來兩次照料，但迄未找到人，在我這極小的公寓擠著，實在妨礙工作」。

　　1967年3月24日又寫信給在臺休假的夏先生：（哈佛大學女校）瑞克利夫研究所因賴雅的病（就近照料或另租屋請人照料），通勤改為住定劍橋，年薪也由三千元加為五千，要待1967年4月初發表，暫請保密——她後來說兩年共拿八千元，推論頭一年五千，第二年回復年薪三千。張愛玲1967年4月18日離俄亥俄牛津鎮，邁阿密大學，到紐約暫住阿拉瑪旅館（Alamac）兩個月看醫生，再到哈佛女校。

　　巧的是柏克萊加大也與張愛玲有宿緣：擔任在柏克萊加大陳世驤教授那兒的中國研究員。陳少聰、劉大任為她同事助理，張愛玲工作為接替夏濟安、莊信正（她之後有陳若曦）擔任過的位置，也是張愛玲在美國最後的一個正式工作，她曾散散的打了三頁履歷，接著又寄柏克萊加大改正的第三頁。（夏先生主動影印寄給我，張愛玲親手打字的履歷表三張，這星星點點模糊不清，還被描改的珍貴影本，註有夏先生藍色親筆：原Copy不清楚，重印更不清楚，很抱歉　志清1996年4月5日）。

　　當年在柏克萊的莊信正與她魚雁往還三十年——曾為她查《南朝金粉》、《北地胭脂》未獲，為其少數信任者的莊先生——在夏先生引介後，也通訊指點我——曾為她作陳世驤教授之間信使，並代張愛玲重打履歷，照指示找間房——要求近又不老的乾淨房子，有無榻床沙發均可。1969年6月張愛玲搬入柏克萊杜倫街2025號307公寓，永別美東。

　　陳世驤教授1971年以心臟病突發離世，原本工作不順的她，亦另取得經濟的保障如版稅等，無需年年再苦謀生計，1973年起選擇居住在氣候宜人的洛杉磯終老，但1995年秋節前後，孤單獨逝數日始為人發現。為張愛玲處理後事的遺囑執行人林式同，亦為莊先生推薦。

　　2005年，張愛玲《海上花列傳》英譯，終於請香港中文大學孔慧儀修訂潤稿後，由哥倫比亞大學出版。張錯早在1997年發現的張愛玲《海上花列傳》英譯稿就曾來信告訴我，在鍥而不舍誠邀下，宋淇夫婦終於捐藏，張錯托在港表弟取稿寄稿，再由主掌東亞系的張錯，交南加大圖書館，後浦麗琳整理，以及夏志清王洞伉儷為出版此書，曾請宋淇女兒宋元琳一家作客吃飯，由王德威教授的關懷與玉成下出版。

　　張愛玲逝世已多年，她的一事一物仍能觸動讀者學者。如今她的繡荷包，永藏於她最後一個正式工作的地點柏克萊加大，讓大眾可藉之緬懷這傳奇女子一生的點滴。

　　周欣平館長盼望我為文作記，同送收藏，圖書館當時仍在原地，這天，樓外樹色蓊鬱碧草青青，電報街頭南天門內，學生坐臥享受久雨初晴的麗日，大理石階依舊，曾由李錦桂（Ms. Evelyn. Kuo）、趙雅靜協助館長接受珍藏，幸將與罕見古雅的珍藏，同存館中，自是欣

慰恭逢其盛。周館長並多次親迎，解說新館收藏別出心裁，2011年再度親見我闊別多年的寶物，深情地與陳少聰大拍其照。此館精益求精無庸置疑，會更耀人耳目，大放異彩發展為北美華文文學之出色景點。並經新文藝學會會長石地夫、喻麗清、葉莉莉等安排我演講，諸媒體報導後，還有效仿捐獻。

感動不已的還有趙淑俠大姐，曾贈在她身邊三十年的原白玉雕吊墜和黑河藍瑪瑙項鍊，趙淑敏二姐的東洋銀褸皮包和手鍊，莊因手書的墨寶……本書所寫諸位長年鼓勵的師友，亦有類似事。

都懷念值得銘感：琦君阿姨，曾給我親織的紫紅毛線襪並贈金筆；恩師曾祥和教授為臺大文學院沈剛伯院長夫人，託千金沈念祖帶來德意志國心型水晶盒；柯慶明張淑香教授兄嫂贈禮故宮仿青花桌巾；小說家蘇偉貞向友人訂製的雋刻有我夫婦名字的一對陶杯；詩人馮晏所贈玉石手鐲；舒乙所贈高檔檀香扇；陳忠實遠購自陝西耀州窯陳爐燒成的耀瓷倒流壺，色溫聲鏗，為橄欖綠閃黃名瓷，各物澤理文飾，晶潤沉雅，拈來皆成雅趣，均堪稱貴品，終或是我的傳家寶，平路多年前送的雪白繡花大圓桌布，更老早招待過無數貴客。

流暢華年難再，暮色到頭來，宿命力有不逮。世變滄桑復波瀾洶湧，巢空雲又散，無可奈何人生失意為常，體悟起碼能盡歡之當兒，應即時掌握。可將呈現各人生命情境的文物，八方求索尋得高潔之歸宿，並見證文學先進，含光熠熠的濃情厚誼，風範長存，也算不辜負多番的福緣恩遇！

跋

　　本書是我到哈佛大學三十多年，參與籌劃或主持文學文化演講，有感而發的一點研究和書寫。能有此因緣，還得先謝我的另一半，黃紹光博士，以及三個兒女啟寧，啟遠，啟揚，隨著紹光在哈佛化學系擔任核磁共振實驗室及貴重儀器中心主任，獨當一面，我才會長留在哈佛大學，並得到這麼多貴人相助。

　　我更應感激先嚴張青陽先生的栽培，先慈陳錦女士和公婆的支持，讓我以文史為抉擇，並謝謝弟弟張居正教授——先在紐約大學現任教德州貝勒大學醫學院——多年的切磋。

　　自國立台灣師範大學歷史系畢業，教書再深造，捨愛荷華大學而往密西根州立大學研究上世紀前半中俄關係人物史等，我對歷史人物的興趣一直濃厚。本作品的書寫論述是我對人物與歷史興趣的延展繼續。由康乃爾大學而哈佛大學，隨家遷徙工作，能在稍盡妻子母親女兒媳婦的職責之餘，再邁出這艱難的步子，實不是三更燈火五更雞，就能道盡的辛酸。

　　將心比心，我看風光人物，絕不僅瞥浮面的幸運，尤其仰慕他們深層的孤懷幽抱。對這些文化和文學人物評介書寫，我有幸能得兩岸三地的主編鼓勵重視，緬懷當年中央副刊梅新、胡有瑞、古蒙仁、林黛嫚；聯合報系從張寶琴、鄭愁予到瘂弦、陳義芝、蘇偉貞、田新彬、宇文正、吳婉如、周匀之等；又有陳雨航、蔡文甫、陳素芳、鍾惠民、蔡素芬、孫梓評等位，尤其是鞭策我的最大動力。《國家圖書館漢學研究通訊》組長劉顯叔和參考組主任王錫璋－王岫，《文訊》早期的李瑞騰，到現在的封德屏、杜秀卿都應該感謝。跨過海去，要謝上海文藝的陳先法主任，廣西師範大學出版社何林夏董事長和羅文波等同仁；三聯《讀書雜誌》前總編輯沈昌文先生以及再選刊的《新華文摘》、《文史哲》前主編蔡德貴教授、也感謝香港的《二十一世紀》陳方正等位，明報系統的潘耀明，前明報系統《亞洲周刊》後來哈佛大學的馬小鶴等位邀稿刊登。

　　此外，持續研究的文學人物如：聶華苓、趙淑俠、趙淑敏、陳

若曦、白先勇、歐陽子、張系國、鄭愁予、張錯、夏烈、莊因、施叔青、李黎、朱小燕、喻麗清、陳少聰、劉大任、李渝、韓秀、吳玲瑤、紀剛、王鼎鈞、非馬、石地夫、黃美之、伊犁、周芬娜、黃娟和在台的符兆祥等師友。

特別是齊邦媛、林毓生、柯慶明、張淑香、吳訥孫（鹿橋）等教授都以前輩先進的經驗。教我鼓舞我。後來創作了《巨流河》的齊教授還托王德威教授帶來吳魯芹的《英美十六家》，給我作範本，不免令我如履冰臨淵，更加謹慎的在現實的狂瀾下，企望呈現一部分時代的風骨。

胡適、林語堂等和「五四」學者皆鼓勵大小人物記傳，認為這是一般人，保存當代史料最好的方法，也是知識分子，對文化應盡的責任。然而今日流行的傳主，多是政治人物，經濟人物，影藝人物。對學術人物的論介，真是鳳毛麟角。但我們只要回過頭去看，又有誰還記得托爾斯泰，那代的帝王？或者與司馬遷同時的富賈？故本書寫作以我在哈佛三十多年間，所遇前後在此任教或受邀來訪演講的學術人物和出身哈佛大學之人物為主。大多文稿完成後，均經傳主親閱，指正再授權發表。

在哈佛大學，也許我算一個遊山遊得稍微長一點的旅人。現只認真地做起山邊河畔的舟子。誠摯的載起心悅的點滴，我以輕舟擺渡，載不動的更不知有多少，遺珠之憾，自然難免。仍盼將來。

原北大主管人文教學的副校長、歷史系主任何芳川生前推薦我所寫文字，他的學生侯穎麗博士——任職北京大學美國研究中心，北京大學國際關係學院，到哈佛大學研究時，告訴我這件事，才知道在北大除熟悉的知名名教授外，還曾有這樣一位來不及認識的知音。有詩寫下：〈你是人間的四月天〉的林徽音曾提過：「我們的作品會不會長存下去，就看它們會不會在那些我們從來不認識的人——我們作品的讀者，散在各時、各處互不認識的孤單的人——的心裡。」以書寫的內涵，受到各地知識界認識或完全不認識之人的看重，對於屢歷艱危病痛——十三年親侍母病，日夜輾轉於老人失智症病房，依然堅持惦記著寫作的我來說，這真是最大的安慰！

衷心感激書中所寫的諸位良師益友，沒有他們的襄助，不可能有這本書，還有秀威資訊科技股份有限公司的諸位知友和感謝在台港京

滬鼎力相助的方鵬程、陳昭瑛、張小虹、洪淑苓、黃美娥、方震華、林照真、廖炳惠、洪銘水、劉德美、林麗月、吳文星、胡其德、溫振華、張維安、王潤華、呂文翠、段馨君、陳超明、王文杰、信世昌、鄭文惠、江寶釵、汪娟、黃心雅、張錦忠、單德興、陳櫻琴、湯崇玲；劉笑敢、梁秉鈞、李金強、劉孝廷、張秀華、歐陽哲生、高毅、張重崗、王瑩、陳汝東、劉璐、高峰楓、王一川、朱青生、張美蘭、張靜、李慶本、李玲、王紅旗、梁景和、江湄、孫笑俠、陳思和、陳引馳、張業松、徐志嘯、李楠、查明建、張曼、黃碧蓉、吳敏、姜雲飛、劉佳林、羅媛、祝平、王堯、季進、徐永明、馮國棟、金進、樓含松、徐興無、劉俊、張志強、成祖明、孫競昊、顧紅亮、劉曉麗、雷啟立、孟慶粉、姜禮福、方忠、沙先一、劉曉麗、朱雲霞、張娟諸位教授。

更特別謝謝哈佛燕京中國歷史哲學與儒學講座教授現任北京大學高等人文研究院院長杜維明院長和王德威教授作序，葉嘉瑩、孫康宜等諸位教授，對此書一向的愛護。尤其哈佛大學漢德昇中國文學講座教授王德威和哥倫比亞大學的夏志清教授，還特別為中英書名費心。「若有知音見采，不辭遍唱陽春」，馬遇伯樂，人逢知己，當銘肺腑，僅以此書獻給諸位，聊表謝忱。

張鳳　寫於哈佛大學

關於張鳳

　　生於臺北近郊淡水。師大歷史學士及密西根州立大學歷史碩士。著有：《哈佛心影錄》（臺北：麥田出版社，1995，傳記思想報導文學）、《哈佛哈佛》（臺北：九歌出版社，1998，散文創作）、《域外著名華文女作家散文自選集──哈佛采微》（西安：陝西人民出版社1998）、《哈佛心影錄》（上海：上海文藝出版社，2000簡字版，傳記思想報導文學）、《哈佛緣》（桂林：廣西師範大學出版社，2004簡字版，散文創作）、《一頭栽進哈佛》（臺北：九歌出版社2006）、《哈佛問學錄──與哈佛大學教授對話30年》（重慶：重慶出版社，2015簡字版）、《哈佛問學30年》（臺北：秀威出版，2018）。

　　哈佛中國文化工作坊主持人、主持組織百場文學、文化會議。曾任職哈佛燕京圖書館編目組二十五年，並研究哈佛漢學跨過近百年的文化文學歷史思想，獲僑聯文教基金會2016年華文著述獎散文類第一名。

　　現任北美華文作家協會副會長，常務理事，北美華文作家協會紐英倫分會創會會長，兼任分會會長，持續應邀前往中國各地作協、社科院及北大、清華、南開、北師大、復旦、南京、浙江、吉林、黑龍江、蘇州、暨南、山東、濟南、青島海洋大學、武大、南昌、上海財經、政法、北京和上海外國語大學、華東、首都、華中、山東、瀋陽、陝西、曲阜及廣西師大等內地學校演講；以及臺灣的臺大、師大、政大、清大、中央、中山、中正、交大、東海、元智、輔仁、銘傳、真理、中原、東吳；香港的嶺南、浸會、香港中文大學等校演講，並受文字網絡廣電中央電視臺，美國中文電視等採訪。曾二任海外華文女作家協會審核委員，《女性人》雜誌編輯委員，哈佛中國文化九州學林研討會主持人之一，大波士頓區中華文化協會藝文小集首任召集人、紐英倫中華專業人員協會副會長，康州科技人文交流會人文組召集人之一，劍橋新語社聯絡人，列為世界國際文化文學名人錄等。

　　作品入選陝西人民出版社域外著名華文女作家散文選集、河南大象出版社《世界（紀）華人學者散文大系》。著作入世界書局暢銷書榜。所學歷史，具史家天生使命感，以獨特的經驗，擷取題材和第一手資料，曾為聯合報、僑報週刊藝文版等各大報刊撰寫專欄。2010、2011年連續獲臺灣資策會第三屆四屆文學藝術和文學創藝類部落客百傑獎。

　　獲評：「以靈動的筆觸，生花妙筆寫哈佛對人物、一草一木都瞭若指掌，如數家珍展現栩栩如生鮮活的特色文筆深情綿邈，顯示出文學與歷史的雙重魅力，可誦可贊為歷史補白。更早領先為我們展示了全面而清新智慧與卓越成就的哈佛。」

　　「以史家的冷峻，作家的溫暖，以具有中國美學歷史韻味的文字根柢，在極其縱橫深入的領域表達獨特的認知世界，體現哈佛與中國綿長的歷史淵源，她的哈佛書寫已是總體哈佛的有機組成。引領潮流又十分出眾。」

　　「為論介研究華裔學者專精思想，最具原創性的合傳思想史。憑藉零距離的優勢經驗，獨特的文學人類學手法，為北美華人學術奮鬥歷程，塑造了他人難以企及的思想群雕。」

附錄

哈佛理科人物掠影

應用物理系
應用科學系
電腦科學系
數學系
分子及細胞生物學系
化學及化學生物系

＊＊＊

　　哈佛大學理科各系，多散布在牛津街（Oxford St.）的兩邊校園。若由化學化學生物系穿過牛津街，一迎面就是應用科學系的麥凱樓（Gordon Mckay），上端前伸是傑佛遜（Jefferson）樓，向右去接近法學院的L形系館、增建蓋茲（Bill Gates）紀念母親所捐的（Maxwell Dworkin）樓，亦屬應用科學系。緊連著趙元任讀博士時的宿舍Perkins和對街的Conant Hall，和牛津街幾成平行的皮爾斯（Pierce）樓及電腦計算機實驗室，物理系和應用科學系合用；化學系向左過牛津街，數學系就設在科學中心樓上，科學中心是由拍立得（Polaroid）公司捐建，所以由哈佛老園角度去看，整棟建築造形就像一臺照相機。

＊＊＊

　　在康乃爾大學，就聽由哈佛物理系畢業的顏東茂教授談起，1960年代哈佛求學研究的一些情況。1982年我們來到哈佛，果然物理系相關的華裔教授，就只有一位吳大峻Tai Tsun Wu教授，這位前輩，被他的好友——MIT的鄭洪教授稱為「怪才」，是睿智又難得見到的莫測高深人物。據說，有些同事，也幾年才得與他碰面。能在1994年秋與他見面，實在是託鄭教授的福。吳大峻教授是跨物理系和應用科學系的教授，有半數時間都在歐洲瑞士做研究，他與鄭洪的合作曾被諾貝爾獎提名。

　　帶著家鄉口音，上海腔調的吳教授，多禮相迎之後，即問能不能講上海話，我答：「儂用上海言話亦好！」他一聽開心地說，他的普通話是到美才學的，講勿好，於是面前也擺了本筆記簿的他，就用上海話有問有答，還筆記地談了好半天。

　　吳教授1933年生於上海，為哈佛華裔教授之中最資深的。他在哈同附中畢業後，就跟隨曾經留學康乃爾大學的父母親，來到美國。雙親在阿肯色（Arkansas）大學教書，他到明尼蘇達（Minnesota）大學念電機，1953年大學畢業，聽從數學教授羅森彭（C. Rosenbloom）的建議離開明尼蘇達大學，即到哈佛念應用物理。1954年得碩士，1956年攻得博士，接著因獲選為青年學者（Junior Fellow of Harvard Society of Fellows1956~59）得獎金，輕鬆、沒有責任、隨心所欲的研究了三年物理。1959年秋，任應用物理系助教授，1963年升副教授，1966年起任麥凱講座教授（Gordon Mckay Professor of Applied Physics），七〇年代後期被提名諾貝爾獎，1980年獲選中研院士。

　　鄭教授說吳教授到哈佛深造，是因考得普特南（Putnam Exam）美加數學天分測驗冠軍獎金，吳教授卻特謙：初到哈佛書念不好，巧遇楊振寧，及其弟楊振平教授（現任教俄亥俄）是他應用物理方面同學，成為討論難題的知交。楊振寧教授自普林斯頓大學來講學，又立即引領他物理上的方向，後來繼續合作研究。

　　不僅楊振寧對他這位不世出的奇才，始終倚重，吳教授在微波方面的實驗及理論亦屬少見。名微波專家金恩（R. W. P. King），是他應用物理指導教授，前些年竟寫了本書獻給吳教授，對他讚賞不已，令他也大吃一驚。物理方面他尤其擅長高能散射理論。

　　從1964年就與他密切合作的鄭洪教授，除欽佩他二十年如一日的研究興味及狂熱，更說他能瞬間掌握透徹，又快又準，解決問題的才氣，也極獨特。那思路精深又富原創性的腦袋，似乎永不停歇，不顧睡眠飲食、生活細節，全副心思投入，曾有領薪數月散置桌上的妙事。吳教授說稍有空檔，最喜歡聊天，以研究為主，天南地北很愉快，也愛看《蜀山劍俠傳》、《三國志》等，以及鄭洪寫的小說，《南京不哭》、《紅塵裡的黑尊》。

　　吳太太余秀蘭，香港來美念華沙學院，再到哈佛物理系攻得博士，現任威斯康辛大學物理講座教授，做實驗物理，亦世界級名家，

有時在瑞士、日內瓦研究。吳教授說：這是很大問題，他倆時常飛來
飛去。

＊＊＊

應用科學系尚有何毓琦（Yu-Chi LarryHo）教授，亦是著名的前
輩。何教授是1934年出生在上海的浙江諸暨人，15歲往香港完成高中
教育。1950年到麻省理工學院念大學，1953年得電機學士，1955年再
得電子工程碩士。

他先在班迪（Bendix Aviation）公司研究部門擔任工程師，三年間
就在數值控制榮獲四項專利，1958年到哈佛繼續讀博士，1961年攻得
應用數學博士，即被留任助教授，1965年升副教授，1969年即任為麥
凱講座教授；1988年再任柯立芝（T.J. Coolidge）講座教授。獲選美國
國家工程院院士、中國科學院及中國工程院外籍院士。

長期從事系統控制科學及工程應用研究，在最優控制、微分對
策、團隊論、離散事件動態系統和智能系統等方面做出了重大貢獻。
是動態系統現代控制理論的創導者之一。

2001年由哈佛榮退。研究依然退而不休。任清華講座等。

何太太胡小非，河北人，安賀斯學院生物系畢業，喜愛音樂、合
唱，曾任大波士頓區中華文化協會合唱團指揮多年。何太太精益求精
繼續學習聲樂及鋼琴，使她原本就常單獨演唱的女高音更加圓融。興
來她常約幾家愛唱歌的朋友，或同去聽她曾任團長的「傑作合唱團」
演唱，或到他們家感受那樂音繚繞的氣氛。他們夫妻的三個兒女，均
已成長。兩人對華人社區的公益亦極熱心。

何太太為華人參政，文協活動中心，社區老人中心均曾服務，何
教授曾任全美華人協會紐英倫分會會長。他與陳香梅，吳先標在2000
年，發起「80-20促進會」。以團結就是力量的新理念，針對過往華
裔在選舉中的散漫無章，希望藉總統大選彰顯華裔的力量，呼籲至少
80%的華裔及亞裔人士共同將手中的選票，投向保證亞裔利益的總統
候選人，把投票權轉化，成能夠在美國社會獲得充分發展的公平機
會，贏得兩黨看重。他們曾在東西兩岸同步召開記者會，並盡力關注
華裔案件。

何教授不僅擔任麻州人文公眾政策基金會董事，也曾任麻州亞裔

聯合餐會1985年總主席；而且由於他在自動控制和運籌學等方面的高
超成就，成為電機電子工程師學會－控制系統會的傑出院士，還得到
電機電子工程師學會1989年控制系統和科學專業獎。1988年擔任學會
機器人和自動化大會主席，並創立網路動力公司－自動化方面的工業
軟體公司，又是參與美蘇交換計畫的資深專家，還兩度赴邀英國倫敦
皇家學院，1993年並獲香港蔣氏慈善基金獎。清華大學為他出書《新
學者融入世界科壇》等書，中英雙語《Useful Information for Scholars New
to the World of Science》。曾受訪於中央電視台《華人世界》.

　　他是國家科學基金會決策管理科學部門的委員；曾任電機電子工
程師學會控制系統會顧問團主席，1980年後一直是該會行政管理董事
會委員，在自動控制方面論文老早得過首獎。多年來，他常在世界各
名校講學，更回中國在清華等大學以科研經驗和教育理念協助引領國
內科學界。他應邀在科學網開寫「何毓琦的博客」，這個常用英文寫
了多年的博客，有幾百萬人次點擊……餘暇以步行、爬山、滑雪，旅
行作為逍遣，2012秋我曾與他倆及朋友們同登遊輪遍遊莫斯科，聖彼
得堡之間許多名勝古蹟和水域，他也愛自製物件。

　　何教授猶如智者導航，坦誠從親身成功的經驗談起：在專業上不
要害怕到嶄新領域去挖掘發展，而且有了學問工具之後，應該有恃無
恐去尋索出真正的問題鑽研，而不該因有工具榔頭就找釘子隨意釘，
以致本末倒置。

＊＊＊

　　1992年跳槽工程與應用科學學院電腦科學系的名教授孔祥重（H.
T. Kung）是張系國教授的好友，也是他中介認識的。

　　孔祥重教授1945年生在上海，在臺灣基隆長大，住了十八年，初中
基隆中學，高中成功中學，是臺灣清華大學1968年的數學系畢業生。
他自謙在臺念書壓力太大，愛下棋又好田徑，訓練耗時不少。來美後
先到新墨西哥大學念一年得數學碩士，即赴西雅圖的華盛頓大學。翌
年影響他最大的指導教授車奧（J.F. Traub）到卡內基梅隆（Carnegie-
Mellon）大學做電腦系系主任，從此跟到匹茲堡住了二十年。

　　1973年他由該校攻得博士，經過一年博士後研究，1974年擔任助
理教授，1982年升為正教授，1992年來哈佛，是應用科學學院的麥凱

講座教授之一;後來榮任哈佛大學比爾蓋茲講座教授,及哈佛大學資訊科技與管理博士學程共同主席多年,他在資訊科學的貢獻聲譽卓著,1990年獲選中央研究院院士,1993年得選美國國家工程學院院士。他的研究領域包含平行演算法,大型積體電路架構設計、行動計算與電腦網路等。獲Guggenheim Fellowship、美國華人工程成就獎,海灣資訊科學講座,行政院SRB會議海外專家與科技顧問,暨南大學頒贈名譽商學博士學位等殊榮。

孔教授除了在學術上有非凡的成就外,不辭辛勞地為臺灣多項科技研發與建設計劃提供關鍵性指導,如數位臺灣計劃(e-Taiwan)、行動台灣計劃(M-Taiwan)、電信國家型計劃、WiMAX發展藍圖、網路通訊國家型計劃等資通領域重大計劃之發展方向與策略,均在其手中擘劃完成,奠定可與國際匹敵的基礎,對提昇台灣全球競爭力影響深遠。

孔太太張玲玲也是清大和西雅圖華大碩士,任職匹茲堡大學醫院和本地KPMG LLP公司會計師多年。她熱愛文藝,每有熟悉文友來,常來聚會。他倆一兒一女都畢業於哈佛。

孔教授不僅對自己擅長的資訊交流網路,感覺興味十足,像遊戲一樣,每天「玩」到很晚才回家;他對相關的科學如經濟學也常涉獵,哲學、莊子、金庸、瓊瑤統統都看,無聊的時候還一早去釣魚。

在節律式處理大量平行運算的觀念上,孔教授是首創的先驅人物,他創建好多高速平行電腦,且常任各工業界大公司,以及許多政府及民間的電腦研究協會顧問,還常返臺北中研院臺大等演講,闡釋資訊科學促進社會民主進步的關係,提倡理工學者也該廣及人文等。

他常引導學生身體力行,把發現的最新科技,不僅運用在哈佛校內,也在國際學術網路建立出一個系統。學習的過程中,他愛畫圖,能懂的網路觀念就能畫,他認為視覺是最重要的理解方式,見他黑板上全是程式。

他笑說學工的人想法實際,做出的東西不像文理藝術的創造有長久的價值,造福了社會,卻未必完成個人理想,所獲的補償是活得待遇好一點罷了。

哈佛工程與應用科學學院,還有鎖志剛(Zhigang Suo)教授是Allen E. and Marilyn M. Puckett講座教授。1985年畢業於西安交通大學工

程力學系，1989年在哈佛大學獲博士學位，1995年起任聖巴拉拉加大教授，1997年起任普林斯頓大學教授，2002年受聘西安交通大學長江學者講座教授。2003年起任教哈佛。2007年，以他在電子材料系統、制動材料、復合材料的熱力學性能領域的基礎，和應用研究在力學與材料科學的諸多領域，具有開創性研究，當選為美國國家工程院院士。

***

在數學系有幾位華裔教授丘成桐與蕭蔭堂及姚鴻澤，均極搶眼。蕭蔭堂（Yum-Tong Siu）是廣東南海人，1943年生在廣州，剛二十歲那年，香港大學一級榮譽畢業，就得數學系的黃用諏系主任大力推薦，到美國明尼蘇達大學留學。次年得碩士，又得正在該校客座的幾何學大師卡拉比Calabi之薦，到普林斯頓從根寧Gunning研究分析多元複變函數論，二十三歲即獲博士，開始任教。1966到1970年間先在普度和聖母大學任助教授，1970年轉任耶魯數學系副教授，1972年升正教授，1978年跳槽史丹福四年，1982年起擔任哈佛數學系教授，1992年升講座教授William Elwood Byerly Professor，1992年至95年任系主任華裔首任。1993年入選德國哥廷根Gottingen科學院院士，隨後獲美國人文藝術及科學院、國家科學院，及中國科學院、中央研究院院士等榮銜，並獲美國數學會頒發 Bergman獎，以表揚他在分析多元複變函數方面的傑出貢獻。另一項榮譽是三度被邀為國際數學家大會主講人。他也是香港大學、澳門大學和德國Bochum大學的名譽博士。目前他是多個機構的Scientific Advisory Board委員，例如英倫劍橋大學克雷數學學院，邵氏數學科學評委會獎，新加坡國立大學的數學研究所，南洋理工大學的高等數學研究所等。

蕭太太黃秀芳教授也是香港大學一級榮譽畢業，主修歷史，後在哥倫比亞大學攻得社會福利博士，曾任教波士頓衛洛克學院Wheelock College社會工作系二十多年，並任系主任十年之久，現已退休，在華埠作義工，服務新移民。2005年3月獲國家社會工作協會麻州分會頒發：社工教育最大貢獻獎，又於2009年2月獲香港大學社會工作社會行政系頒發：傑出校友獎。他倆育有二子，夫婦是香港大學紐英倫區校友會的聯絡人，也經常參加基督教教會的活動，閒時喜與友人相聚合唱。

蕭教授與同事丘成桐合作部分研究，他們先後都是培正中學同學，蕭教授高六屆，崔琦、卓以和等位卓越的科學家，亦培正畢業。蕭教授說：「在培正常聽老師誇畢業生在工科的成績，有一時期還嚮往讀工科，經推究比較，還是對純數學的美，興趣較大，才走這路子。」他們幾位也已改寫了培正紀錄。2009年普林斯頓大學出版 *Mathematicians: An Outer View of the Inner World* 一書，搜集了現今全球最傑出的92位數學家的自述及黑白照片，蕭教授與丘成桐均榜上有名。

蕭教授回顧大師卡拉比上課，常藉手勢表達流型論概念，少寫黑板，學生難得能懂，選課者不多，博士後研究員才去聽課，他因有些基礎卻能學到不少，當時不能全部明白，過後慢慢反芻，而能心領神會。

他建議年輕人定要保留專注思考的空餘時間，多與師友討論理論演繹中的發展步驟，掌握他人的思路神髓，所以優良大學研究的素質和氣氛，也是促人孜孜不倦的動力。

***

丘成桐教授，在他那哈佛科學中心三樓上，懸著米芾書法的數學系辦公室，略帶廣東腔的回憶，提起影響他讀書最大的是父親丘鎮英教授。

丘成桐教授是梅縣蕉嶺客家人，是丘逢甲同宗後裔，與外子同鄉。母親梁若琳女士梅縣人，1949年他生在汕頭，長在香港，畢業於香港中文大學，英文姓名也依廣東發音拼成Shing-Tung Yau。1969年入柏克萊加大數學系，兩年得博士，僅22歲即開始研究教書，曾短暫地擔任紐約州立大學石溪分校助教授，1974年起即為史丹福延攬，成為正教授，至1979年再為普林斯頓大學研究院邀請去任教五年，1984年赴聖地牙哥加大任講座教授，1987年轉任哈佛William Caspar Graustein講座教授。

他是幾何學權威，尤其在微分幾何，卡拉比猜想，在廣義相對論中的正質量猜想等，都是他近二十年在數學界最重要的發現。自1982年得到國際數學界視為數學界的諾貝爾獎的菲爾茲獎（Fields）後，他陸續榮膺美國人文藝術及科學院、國家科學院，及中國科學院、中央研究院院士等榮銜。他時常針砭學界建立良好的學術風氣，得獎無

數也設獎鼓勵學生。

　　1982年才創設的克拉福德（Crafoord），1994年，由頒發諾獎的瑞典皇家學院宣布丘教授與牛津的唐納森（Donaldson）共得，由瑞典國王頒贈。此獎的目的在表揚從事物、化、醫科以外的科學家，因諾貝爾獎未設這些項目。2010年再獲以色列有數學家終身成就獎之稱的沃爾夫數學獎等。

　　他父親曾在中文大學前身崇基、聯合書院擔任哲學歷史教授，不但鼓勵他從小就做得不錯的數學課目，還要他讀哲學書，儒學、馮友蘭的哲學史等。那些書十二歲的年紀是看不大懂的，但在無形中潛移默化培養了他的深層和宏觀的視野。可惜父親過世頗早。憶起從事研究的歷程，他以曹雪芹的「字字看來皆是血，十年辛苦不尋常」，激勵青年勤奮和堅持的重要。

　　在出了不少數學高手的培正中學，他有幸碰到黃逸樵老師，把數學教得好活。在他看來，勾股定律就很美。學生不應只是忙著應付考試，希望能得到各方面興趣發展。讀書期間就愛好中國文學，喜歡讀魏晉之前的樸實古詩。愛讀《詩經》、《史記》和屈原的詩。柏克萊的博士導師陳省身教授，多年前即預測他的出人頭地。由書架拿來他主編的《二十世紀最偉大的幾何家──陳省身》英文版給我看，更欽敬他尊師重道之貼切。

　　頂級的數學家竟然在1998後也寫詩文，以「滿座高賢樂韻揚，沃夫獎賞顯輝光。妻兒親伴心常暖，總統嘉言意味長。」之句入詩《以色列議會領獎》，《丘成桐詩文集》2011年由岳麓書社出版，收集丘成桐的百餘篇詩、詞、賦、散文和游記。他更在港京浙等創立數學中心培養人才，又幫助清華大學數學所成為世界一流的研究所。稍有閒暇也樂意參與我們作協或專協，北大新英格蘭校友會年會演講。

　　丘太太郭友雲，臺大畢業，柏克萊加大物理博士，曾在MIT林肯實驗室任職。從清華客座返美，兒子倆的數學中文程度已高於學校，就自己教讀中文。丘教授難能可貴，忙中仍什麼書都瀏覽，除了本行研究，相關領域的演講也不放過，時常能見。還曾問起杜維明、何柄棣兩位克己復禮詮釋之爭發展如何……。

＊＊＊

　　較年輕的姚鴻澤（Horng-Tzer Yau）教授是1959年在台灣出生，1977年建中畢業，1981年得台大數學系學士，1987年獲得普林斯頓大學博士學位。1988年起任教紐約大學數學研究所Courant Institute，1987至1988年，1991年至1992年和2003年還兼普林斯頓高等研究院的會員。

　　他2000年獲得Poincar'e Prize及以獎勵對人類文明有重大貢獻的麥克阿瑟獎（MacArthur Fellow）。2001年入選美國人文藝術及科學院院士並獲得北京晨興數學金牌獎。2002年獲選為中央研究院院士。2003年轉任史丹福大學，2005年應聘哈佛大學數學系，姚教授擅長在於機率論、統計力學及量子力學。對多體複雜系統的物質穩定性問題，為天文物理中星球穩定性問題提供了堅實的理論基礎。

　　對於如何從微觀粒子的基本原理去推導出巨觀系統的性質，一直是數學及物理上非常困難的挑戰。姚教授引入了新的想法及技巧，從統計力學原理嚴格推導出巨觀的Euler及Navier Stokes方程，是他的極大貢獻。近來，姚教授專注量子動力學相關的題材領域。姚教授喜歡滑雪或運動，看書賞畫，保持身心健康愉快。他與太太王娟娟，育有一子。

＊＊＊

　　哈佛大學2012年8月15日正式在官網首頁發布統計系主任Whipple V.N. Jones講座教授孟曉犁（Xiao-Li Meng）升任哈佛大學文理研究生院（GASA）院長，這是華裔首任。

　　1963年生於上海，1982年復旦數學系畢業後，孟曉犁於1984-1986年繼續在復旦數學研究所概率統計研究生班畢業，後來哈佛留學1990年獲得哈佛統計學博士學位。後在芝加哥大學統計系任教。2001年獲聘為哈佛大學統計系教授。2004年，孟曉犁出任哈佛大學統計系主任，成為中國大陸學者首位出任哈佛系主任者，他神妙地擴展系務，統計學的核心課程人氣激增。開創課程教授像「現實生活統計學：你會快樂或痛苦的機率」，使得統計學充滿吸引力，大受學生歡迎，他並鼓勵跨學科和校際研究。

　　劉軍（Jun Liu），北京出生，1985年北京大學數學系畢業，留學先後就讀於羅格斯大學、芝大。他曾師從著名統計學家王永雄，1991

年在美國芝加哥大學獲統計學博士學位。2000年，任哈佛大學統計系和生物統計系教授。2001年劉軍完成了自己的英文著作《科學計算中的蒙特卡羅策略》。此書現已成為哈佛大學、史丹福大學及其他高等學府的教科書。2002年獲得北美五個統計學會聯合設立的統計學最高獎——考普斯會長獎，2002~2003年與學生及合作者提出尋找DNA中相似度高的功能片段的吉布斯抽樣算法。2004年選為數理統計學會會士（IMS Fellow），2005年被美國統計協會選為會士，2010年獲華人數學最高獎「晨興數學金牌獎」。

統計理論，劉軍創立了序貫蒙特卡羅方法；對馬爾可夫鏈蒙特卡羅MCMC方法和設計構建了重要理論框架。由他提出的「Gibbs保守串抽樣和指針」到目前為止是生物學者尋找DNA和蛋白序列中精巧模式的兩種重要方法之一。

還有寇星昌（Samuel Kou）教授，於1993年自甘肅省蘭州第一中學畢業後，進入北京大學數學系學習。1997年畢業，赴美國史丹福大學留學，師從著名統計學家布德利‧埃弗龍（Bradley Efron）。2001年獲博士學位。此後一直任教於哈佛大學。2005年成為John L. Loeb自然科學副教授。2008年起任哈佛終身教授。太太出身臺灣清華大學工業工程與工程管理學系，原賓州州立大學任教的張佳蓉博士，現任職商界。

寇星昌是美國統計學會會士2007年、國際統計學會會員2011年，2012年獲統計學界的最高獎「考普斯會長獎」。

＊＊＊

曾任哈佛分子及細胞生物學系系主任的王倬（James Wang）教授，1970在臺大化學系客座，教過紹光那班，所以我們見到他總要親切點尊稱王老師，當年他辦公室近在咫尺一脈相連。

王倬教授祖籍江蘇金壇，1936年生，小學沒念完便隨家赴臺，考入師大附中，做了六年附中學生。1959年臺大化工系畢業。李遠哲教授未轉化學系前與他大一同班，但因是百人大班，那時不太認得。1961年在南達科塔州（S. Dakota）十個月內就拿到碩士，三年後得密蘇里大學博士。王教授赴美後，因興趣，也改念化學系，主修物理化學。

　　王教授做無機化學、金屬離子熱力學方面實驗時，當時指導他的教授剛畢業，所以王是他第一位博士學生。學校小儀器少，就得開始自己動手，從做測溫計開始。念完到加州理工學院跟戴維森（N. Davidson）做博士後研究，從做金屬離子跟DNA的作用，半年後轉到對DNA本身的研究。

　　1966年到柏克萊加大任化學系助理教授，繼續研究DNA，1969年任副教授，1974年正教授。1977年被哈佛挖角，1983到1985年兼系主任，1986到1987年他曾領同其他五位在美的教授回臺北南港，以十四個月為中央研究院分子生物研究所奠基。1988年任Mallinckrodt講座教授。他從1982年後即分別當選中央研究院、美國人文藝術科學院、國家科學院院士等，贏得無數殊榮。

　　師母黃淑蘭，臺大歷史系畢業，與余英時教授太太陳淑平是同班好友。赴美轉攻圖書館碩士，曾在哈佛商學院圖書館任職，不時宴會或相逢，總對我親和地談點切身的經驗。

　　王教授伉儷曾是南京中央大學附屬小學四年級同學，彼此十分體貼。他過去晚上一向還到實驗室，兩個女兒念完博士結婚離家後，就只白天出來。書架書桌上放著幾張他為太太女兒外孫拍的照片。王教授說喜歡美國學界單純應酬少。

　　在分子生物方面他還得過國家科學院獎，又多次任國家衛生總署（NIH）與生物及生化有關的研究委員和主席，並赴中日港臺及歐洲各國講學或主持國際會議。如此成就，不禁直接問他是否就能得到學術界的至高榮譽——諾貝爾獎？早已聽說他被提名。

　　他謙辭表示生化進展日新月異，出色者太多，研究的樂趣是在做的過程，有些實驗上的歡喜，實不足為外人道。有回做銅離子化合結晶，原本綠色的溶液放入冰箱，吃完晚飯一看，變成藍色，驚詫中又眼見變回綠色。這種因溫差而變色現象，理論上並不難了解，但遽然目睹，當時興奮莫名。

　　對文學，近年他更能體會魏晉唐宋的詩詞文章，常想來日若要寫書，想要創作以中西文化的衝突為背景的小說。想起從李宗恬文集讀過他頗含晉人風味的詩作「君子之交山澗水，偶得斂影添清輝；蒼松不識道山路，猶自佇望故人來。」

　　關於分子生物方面的研究，他對學子的建議：讀論著需善於走馬

觀花，挑選值得細讀的著作，也要常思考問題的重要性，即現階段和下一步的發展。趁年輕時廣泛涉獵，打好基礎。決定專題毋須過早。王教授2005年提早榮退，含飴弄孫。

＊＊＊

關於化學及化學生物系，依先生黃紹光（Shaw G.Huang）之意，應當完全避諱，他不便提供資料。這三十五年間我比較熟悉的系，見到不少傑出的新人才，我似乎被剝奪了報導自由，反使中外記者捷足先登。紹光最早上報，是在五十多年前，當時他十來歲。《中國時報》前身《徵信新聞報》採訪他與二姊淑寶、大妹淑英，考家鄉楊梅中學時~一門三榜首故事。他們手足從大姊淑江到小妹淑梅，一向優秀，父母黃火生與陳己賢兩位白手起家，在他們祖籍廣東梅縣蕉嶺，辛勤的客家作風影響下，各有所成。

近年他被中國或哈佛及《波士頓環球報》記者採訪，則多為他所鑽研的核磁共振（NMR）或任麻州州長亞裔顧問事。

1978年他剛到康乃爾大學擔任化學系核磁共振實驗室主任，就有前輩告以常春藤和東部名校化學系一向是猶太人的天下，不似物理界有楊振寧、李政道等，生化界有吳瑞、錢煦等，數學界有陳省身、林家翹等，電機系有顧毓秀、朱蘭成等諸位大師老早出線，創下華裔基業，使年輕一輩較為平順。他得任實驗室主任，還算華裔首次突破。

康大四年他也遇到公司、大學挖角，系中不願放棄競爭，以求留住人才。1982年哈佛化學系系主任出馬競聘爭取，在水漲船高半年的拉鋸之後，仍對康大說：「我們決心爭到他來哈佛做核磁共振室的主任。」康乃爾大學才因經費條件不敵，而放紹光西遷。到哈佛三十餘年，他實驗室繼續擴大興建。1989至1990年加州理工學院這個勢均力敵的名校又來爭聘，哈佛大學再以高超的優勢把他留下。黃紹光（Shaw G. Huang）目前在哈佛大學核磁共振實驗室及貴重儀器中心主任（Director of Laukien-Purcell Instrumentation Center）重任上，依然日日進取研究。

由於NMR運用日廣，他除系中及哈佛醫學院、麻省總醫院等本地大學和機構，亦多次遠赴紐約、加州、芝加哥，加拿大，瑞德法義捷及大陸中科院和各主要大學，港臺各校講學，和擔任其貴重儀器實驗

室的顧問，或主持主講國際會議，擔任NIH國家衛生總署等化學及生化方面委員。1991年當選ENC——實驗性核磁共振會議——該行的主要會議，執行董事會委員幾年。據前輩言，亦是有史以來華裔首任。

1995年是核磁共振測得五十週年。他又籌備了場幾千人與會的國際會議，就在波士頓召開，又被選為核磁共振主管研究學會主席。

黃紹光臺灣桃園楊梅人，1949年生，祖籍廣東梅縣，已遷臺兩百多年。曾在炮仗鑼鼓間，應邀返鄉尋根謁祖，當年他是建中保送臺大化學系第一名。1971年臺大畢業，1973到1977年密西根州立大學攻得化學博士，在伊利諾大學香檳（Champaign）總校區做過短暫博士後研究，1978年往康乃爾，1982年到哈佛。得過不少獎，如美國化學家榮譽獎、物理及生物科學傑出貢獻獎等，1988年獲美國化學學院院士。因陳長謙、李遠哲前輩的識拔，1993年獲選華美化學學會會長，於美國化學學會和許多國際會議主持。現任華美化學學會董事委員多年。他也曾數次返兩岸任中研院中科院及臺大清華輔仁等客座教席。

在紐英倫區曾被推為臺大校友會、大波士頓區中華文化協會會長，也曾任中華專業人員協會、建中校友會董事，並為麻州州長亞裔顧問。忙碌耕耘中，曾在臺大擔任過臺大合唱團團長，訓練委員和學生指揮的他，已難得上臺唱歌和抽空讀最喜愛的歷史和詩詞，他常對我和三個兒女啟寧，啟遠，啟揚說要走的要走的路很長，當知承先啟後，努力進取，樂觀超越。

除已述的物理、化學及化學生物系、應用科學、數學、統計、分子及細胞生物學系；文理學院的天文、地質、心理（和社會關係系）等理科系所，均無長俸華裔教授。研究及求學的華裔學者來去是極多。從世紀之初的胡剛復（物理）、吳憲（生化），到之後的竺可楨（地理）、江澤涵（數學）、楊嘉墀（計算機）、姜立夫（數學）、俞大維（數理）、王安（電子），再到化學與生物化學系Mallinckrodt Professor教授謝曉亮（Xiaoliang Sunney Xie），2011年他獲選美國科學院院士，2016年入選美國國家醫學院院士，其出生於化學世家，父母均是北大教授。1984年從北京大學化學系畢業後，謝曉亮在聖地亞哥加州大學完成博士學位，現任哈佛大學化學及生物化學教授。於2008年他也當選美國人文藝術科學院院士。據稱他在近年之內即將返中國任教。

　　還有2006年哈佛聘請的莊小威（Xiaowei Zhuang），2012年獲選美國科學院院士，現為休斯醫學研究所（Howard Hughes Medical Institute）研究員，哈佛化學和化學生物系、物理系雙聘教授、中國科大大師講席教授。1972年出生於江蘇省如皋市，1987年15歲的她從蘇州中學考入中國科學技術大學少年班。她1996年獲得伯克來加大物理學博士學位，導師沈元壤，1997年後，師從諾貝爾物理學獎獲得者朱棣文教授，在史丹福大學做生物物理學博士後研究。她曾是首位獲得2003年度全美麥克亞瑟天才獎的華人女科學家。前程遠大。

　　哈佛校長佛斯特（D. Faust）2015年5月27日對外宣布，甘迺迪政府學院（HKS）教務長、民主與公民方面的福特基金會教授Archon Fung，出任該學院院長，成為首位擔任甘迺迪學院最高行政職位的亞裔教授。他的研究領域包括公民參與、公民討論和公共和私營部門統治管理透明度的影響。他的著作《授權參與：重塑城市民主》討論了芝加哥低收入社區裡發生的兩種參與性民主改革的舉措。其目前的研究還包括了研究生態系統管理、減少有毒物質排放、保護瀕危物種、地方治理和國際勞工標準方面的各項舉措。他最新的著作和編輯的書刊包括：《深化民主：在授權參與治理的制度創新》《我們能否消除血汗工廠？》《運作資金：勞工養老金的力量》《超越後院保護主義》。他曾在麻省理工學院，獲得兩科學學士學位和博士學位。在此學院研究深造過的名人有徐立德、林義雄、周玉蔻、馮寄臺、吳乃仁、黃偉哲曾獲公共行政碩士，張瑞展得博士。

　　這些教授，及榮退於波士頓學院的潘裕剛教授、陳易虹老師和夫婿丁石谷教授、達特茅斯麻大的沈邦全教授，此外林肯實驗室的高小松、吳紹中、周健夫博士等，工業界周中平等位，生化醫藥界的曾清英、李秀玲、賴清德和蘇懷仁醫生等，文科有衛斯理學院中文系劉元珠、宋明煒教授、麻大張恩華教授、任教波士頓學院的蘇玉崑教授，還有文學很有素養的劉年玲，都曾在哈佛研究。在人參和中國植物方面有驕人成就的胡秀英博士，及計算機專家胡永春等，也都是哈佛前輩。

　　波士頓城哈佛醫學院有劉瑞恆等是1913年首批留學生，現有陳良博、林繼檢、彭仲康、吳皓、施揚、趙景、吳柏林、細胞生物學系講

座教授袁鈞瑛等位、黃詩厚、莊明哲已轉任，公共衛生學院則有蕭慶倫、魏立人、李敦厚、胡丙長、林希虹教授，呂陳生副教授等位及李小玉、楊世賢、尹遠程等醫生、牙醫學院兼任的王世輝醫生等。

其中，眼科鄭宏銘醫生繈褓之時，父親鄭子昌醫師，於日據時期被日本徵召到南洋戰地服務。1945年1月12日，其父搭乘的「神靖丸」在西貢東頭頓市遭美軍魚雷擊沉。鄭宏銘醫生與母親吳玉葉母子相依的故事，寫進了龍應台的《大江大海1949》一書，並拍入王小棣監製、黃黎明導演的「目送一九四九——龍應台的探索」紀錄片中。

2007年底，鄭宏銘醫生還創建淡水史及「神靖丸」故事的網站。鄭宏銘醫生十分勤奮，1966年臺大畢業服役後，即赴美深造，取有生物科學博士及OD視光眼科醫師雙學位，1974年起即任職於哈佛大學醫學院，一直升到眼科副教授。

太太趙小怡也曾在牙醫學院擔任過研究工作。1997年鄭醫生應邀到新加坡眼科研究所任教授及研究主任。1998年回到波士頓後從事臨床工作迄今，目前也在臺中日的中山，瀋陽及金澤醫大擔任客座講座教授，理論與臨床經驗豐富。

文理學院之渾然一體，主因像人類學系、科學史、環境研究系……，外加生物物理種種跨系學位。如東亞語言文明系過去跨系的趙如蘭教授亦隸屬音樂系，張光直教授曾任人類學系系主任及東亞諮議委員會主任；杜維明教授曾任東亞系主任，也跨歷史系及宗教委員會，並曾兼任哈佛燕京學社社長，王德威跨比較文學系與東亞系，皆講座教授；又上陣的是李惠儀，田曉菲教授，藝術系的汪悅進教授，語言系的黃正德教授等位。藝術系的巫鴻教授等已經離開，趙如蘭與張光直教授離世、李歐梵、杜維明等已經榮退返中港重任。與當年趙元任（哲學）、梅光迪（文學）、陳寅恪（史學）、湯用彤（哲學）、李濟（人類）、張星烺（史學）、梁實秋（文學）、林語堂（文學）、梁思永（人類）、洪深（戲劇）、翁獨健（史學）、錢端升（政治）、周一良（史學）、洪業（史學）、方志彤（文學）、賀麟（哲學），到貝聿銘（建築）王浩（邏輯）等的留此研究時代相比，更是看得出人文薈萃，充分顯示校徽「美麗真實」之感。

其他經濟、歷史，及英、美、德、羅曼斯（Romance）、塞爾特（Celtic）、梵語及印地安語言系均有分設，社會、古典和比較文

學、美國非裔與拉丁裔研究等均屬文理學院，現在與教育、設計學院無華裔終身教授。

　　法學院亦然，法政方面，首位畢業於哈佛大學法學院的張福運於1917年歸國在北大教國際法，後任交通和外交部工作，如交通部航政司司長等；其女張之香（Julia）首任美國亞裔大使駐尼泊爾，哈佛政府管理學院畢業。之後法學院有吳經熊等參與研究、張偉仁曾兩年客座。李模、丘宏達、黃維幸、賴英照、陳長文、馬英九、呂秀蓮、吳東昇、於興中、李念祖、廖英智、陳宇廷等當代活躍人物的母系。查爾斯河對岸的哈佛商學院曾有楊聯陞教授外孫吳其光（喬治）、我北一女導師韓崇仁先生的女兒韓寧（海倫）等後起之秀，以及黃亞生教授等輪番任教。商學院隔河正好對照交相輝映。

　　哈佛十大院系，實非一己所能嘗試概括敘及的。這裡唯謹敬地悉集心力介紹較熟悉的文理學院部分學者而已。

哈佛燕京學社的漢學貢獻

在東西文化交流上舉足輕重的哈佛燕京學社，是由美國鋁業公司創辦人，查爾斯·馬丁·霍爾（Charles Martin Hall）的遺產捐贈，而成立的一個基金會。

霍爾生於1863年12月6日，俄亥俄州湯普森鎮一寒門傳教士家庭，1885年以文學士畢業於奧柏林學院（Oberlin），1886發明以電解提煉鋁土，在賓州，紐約州尼加拉瀑布等地，經營鋁業，創美國鋁業公司致富，籍屬紐約州尼加拉瀑布，1914年12月27日逝世。

他終生未娶，單身在佛羅里達州過世，遺命除將小部分財產，分給親友及美國基督教會等（另贈三分之一與俄亥俄州奧柏林學院，六分之一贈與肯塔基之伯瑞亞Berea學院；六分之一贈與美國傳教傳教士協會），並立意捐三分之一成立基金會，資助教會在亞洲興辦高等教育事業和學術研究，地區包括日本，亞洲大陸，土耳其和歐洲巴爾幹半島等，學社懸掛他的相片於門牆特別紀念。[註1]

在此之前已有美基督教公理會在1889年於中國通州成立協合大學，基督教美以美會在北京創匯文大學，1918年兩校合併，成立燕京大學，1920年加入北京協合女大，校長為司徒雷登（John Leighton Stuart）；1926年燕京大學在中國教育部備案，依定規外國人在華設校不得自任校長，乃延聘老翰林吳雷川出任校長，司徒為校務長，對外仍為President，採用所謂雙長制[註2]，1921年魯斯（Henry W. Luce）為燕京大學籌款，就由這基金得了些捐款[註3]；五年後又贈燕京大學35萬元，用於購買書籍，建造住宅和發電廠[註4]。

哈佛籌款主管董納姆（W. Donham）也希望為化學藝術等系積極爭取，惜因申請不能合規，幾經周折[註5]，只先後派華爾那（Langdon Warner），傑尼（H. Jayne）等以探索研究為名，與中方北大的王近仁，陳萬里等

組隊前往西北敦煌考察，事經洪業以因防止壁畫剝下運美事件，及史坦因偷運文物赴英的教訓為由，特加保護阻止限制，使哈佛與北大合作的想法，因而受挫也只好暫停。[註6]，燕京與哈佛大學的合作

關系於是得以確定。

　　其後哈佛在中國挑尋合作的燕京等六個教會大學（燕京得到100萬美元，另有幾所大學如：嶺南得70萬，金陵得30萬，華西協和得20萬，山東齊魯得15萬，及福建協和得5萬等，幾個大學得到捐款者：皆為合乎至少有三個教會一同合辦的基督教大學，所以聖約翰、滬江等基督教大學並未得到），據推論還是特別看重燕京等早與霍爾基金會有聯繫基礎的大學，加上燕京的成就，因勢利導更易於成功。[註7]

　　經過燕京校長司徒雷登，洪業和董納姆等籌劃結果。1928年1月4日哈佛燕京學社正式成立。由九人董事會決策。包含伍茲（J.H.Woods）科立芝（C. Coolidge）等，為哈佛三位董事，亞洲基督教高等教育聯合董事會三位，及三位在亞洲擁有大量經驗的董事，學社實是一個法定的行政財政獨立公益信托基金會機構。

　　北京方面也同時成立管理委員會，據校方記載[註8]，先成立國學研究所由陳垣任所長，容庚，洪業，顧頡剛……等五位研究教授，辦理後成績未盡理想，註冊學生漸減，1932年改組，仿照大學管理制度，取消國學研究所名稱，所長改稱哈佛燕京學社北平辦事處總幹事，負責管理學社在北京的研究工作，並維持與哈佛燕京學社及同在中國之六個相關大學的聯絡[註9]。

　　1928至1939年首任總幹事為美裔燕大哲學系博晨光（Lucius C. Porter）教授[註10]，到1939年洪業（煨蓮）繼任，1941年梅貽寶代理校長兼任、1946年聶崇岐亦曾代理，1947年由檀香山美籍華僑陳觀勝接任，至1950年告一段落。[註11]

　　哈佛燕京學社接受研究生申請，依照燕京研究院標準來加審核，學社提供獎學金，成績優異學生可在哈佛大學深造攻讀博士，如歷史學的齊思和（致中）、翁獨健、王伊同、蒙思明、楊聯陞、鄧嗣禹等；考古學鄭德坤；日本文化與佛學有周一良；佛學與印度語言有陳觀勝等。獎學金計畫：每年中文及歷史系等研究生可申請攻讀學位或繼續研究工作，款項足夠包括學費、膳宿費及零雜費用。

　　燕大圖書館也獲經費，藏書量迅速增長，由1925年所藏一萬冊，到1929年14萬冊；1933年22萬冊。有一度曾委託哈佛燕京學社北平辦事處每本書採購兩份，一份留燕大圖書館，一份寄往哈佛燕京學社漢和圖書館，兩得益彰。

　　由於有哈佛燕京學社的賦予充裕經濟後盾，燕京大學文史方面能聘請到權威學者：在中文系有容庚－考古、郭紹虞－文學評論、鄭振鐸－中國文學史、孫楷第－小說、高名凱－語言音韻學。

　　歷史系有顧頡剛－上古史、洪業－歷史方法論、基督教在中國、張星烺－中西文化交流史、許地山－社會宗教史、鄧之誠－中國通史、齊思和－上古史、聶崇歧－宋史、陳垣－中國歷史研究；日籍鳥居龍藏－考古等。陣容堅強，成為中國的歷史研究中心。[註12]

哈佛大學的哈佛燕京學社

　　正而名之以哈佛，燕京兩個大學為名的哈佛燕京學社，獨立並不屬於哈佛大學，但又與其有環環相扣的關係，例如社長總是由東亞系或人類學系、歷史系的教授薦選出任。多年來可以說是關係微妙。

　　辦公室由哈佛大學提供，原在哈佛園中威德納總圖書館右側，博斯屯樓（Boylston Hall）地下室五間，1958年搬到劍橋神學街2號現址，是一座三層樓古典紅磚建築。學社有專屬職員，被視同為哈佛大學職員，但財務完全獨立，由哈佛燕京學社信託董事會經營管理。

　　哈佛燕京學社得到霍爾基金會630萬美元，分帳目為二：一普通帳目：不受限；一為限制帳目：限制以190萬美元所得利息，每年8萬多美元，分配給所得之六個教會大學，燕京配額最高佔大部份。基金並遵囑不得應用到宣講傳道。

　　哈佛燕京學社由630萬美元的贈與基金——現有基金已累計高達一億美元——開源節流投資所得之孳息部分，作為每年開支：1928年先建立哈佛燕京學社漢和圖書館[註13]，藏書地點先在威德納總圖書館98小室，再遷博斯屯樓地下室，可以稱是冷落無人聞問的封塵失修死角，館中以只有在潛水艇才用的鐵質旋轉窄樓梯，落差極大地連接閱覽室和書庫，創業維艱。

　　1936年創辦出版《哈佛亞洲研究學報》（*Harvard Journal of Asiatic Studies*）。並開始研究生獎學金。而且在1934-1956年由法國漢學名家伯希和Paul Pelliot，推薦了他的學生俄裔世族葉理綏（Serge Elisseeff）擔任社長及新成立的東亞系系主任，哈佛東亞研究於是蓬勃發展。

　　在1928-1929年伯希和及博晨光、洪業兩位燕京教授，就被聘請

到哈佛分別教授哲學和歷史，洪先生曾開課程：「1793年以來的遠東歷史」等課程，許多本科大學生選讀。1931-1932年博晨光又開講中國哲學。

學社補助、燕京大學出版學術性書刊：

一是《燕京學報》（*Yenching Gazette*），1927-1950每年出版兩冊，戰時停刊，共計38冊，發表學社所補助的研究教授之論文，前後由容庚及齊思和教授主編，學者如伯希和等皆特別稱許，曾刊登過馮友蘭、王國維、錢穆等130位學者的論文。1995年由北京大學的一群燕京校友復刊，1999年之後再度獲得哈佛燕京學社津貼出版。

二是《哈佛燕京學社漢學引得》（*Harvard-Yenching Sinological Index Series*），1930-1950年，由洪業先生為便利學者由浩如湮海的古籍中，獲得重要資料而創設引得編纂處，洪先生主任，其後由聶崇岐接辦。工作人員前後逾二十人。共出41種正刊，23種特刊，合計64種共84冊，包括《春秋左傳》《論語》《孟子》《漢書》《大藏經》《水經注》等古籍引得，八〇年代在上海出版。[註14]

哈佛相關的中外名人[註15]

中國名人在哈佛留學研究者，據考查有：

劉瑞恒、趙元任、胡適、梅光迪、陳寅恪、湯用彤、胡先驌、張歆海（鑫海）、胡明復、胡剛復、樓光來、顧泰來、俞大維、吳宓、李濟、唐鉞、胡正詳、陳岱孫、勞幹、葉企孫、蕭蘧、錢端升、李旭初、江澤涵、楊嘉墀、張福運、梁實秋、林語堂、張星烺、羅邦輝、秦汾、金岳、楊詮（杏佛）、宋子文、竺可楨、齊思和（致中）、翁獨健、郭斌龢、范存忠、黃延毓、鄭德坤、林耀華、瞿同祖、陳觀勝、楊聯陞、周一良、嚴仁賡、任華、劉毓棠、吳于廑、關淑莊、張培剛、高振衡、陳梁生、施于民、李惠林、全漢昇、梁方仲、王念祖、王伊同、蒙思明、王鍾翰、謝強、鄧嗣禹、王岷源、李方桂、任叔永（鴻雋）、陳衡哲、梁思成、梁思永、洪深、錢端升、賀麟、姜立夫、張炳熹、張芝聯、洪業、方志彤、聶崇岐、趙理海、馮秉銓、

丁文江、衛挺生、郭廷以、袁同禮、陳榮捷、殷海光、余英時、嚴耕望、董同龢、梅祖麟、徐中約、梅儀慈、王浩、王安、貝聿銘、費孝通、許倬雲、林毓生、張灝、成中英、郝延平、蕭啟慶、許達然、梁秉鈞、漢寶德、馬英九、胡為真、王建煊、俞國華、張富美、李應元、呂秀蓮、盛建南、蔡仁堅、蘇起、唐飛、江宜樺、謝長廷、陳勁甫，賴清德，王金龍，周翊，郝慰民，林滿紅，林夏如，顏娟英等位不勝枚舉，多數曾接受燕京學社資助，也重塑了哈佛大學的文化建構。

　　從1929年起的30、40年代，哈佛燕京學社就派遣年輕的研究生及學者赴華留學：魏魯男（楷）（James Roland Ware）1929-32、畢乃德（Knight Biggerstaff）1930-35、施維許（Earl Swisher）1931-34、顧立雅（Horrlee Glessner Creel）1931-35、卜德（Derk Bodde）1931-35、費正清（John KingFairbank）1932-33-36、賈天（Charles Sidney Gardner）1938-39（1925-28）、饒大衛（David Nelson Rowe）1935-37、柯立夫（Francis W. Cleaves）、李約瑟（Joseph G. Needham）、海陶瑋（James R. Hightower）、狄百瑞（William Theodore DeBary）、柯睿格（Edward A. Kracke, Jr.）、戴德華（George Edward Taylor）1930-32、西克門（Laurence C.S. Sickman）1930-35、芮沃壽（Arthur Frederick Wright）1939-40/1941-47、葉理綏（Serge Elisseeff）、史華慈（Benjamin Isadorz Schwartz）、倪維森（David Shepherd Niviso）、賴德懋（Owen Lattimore）、費維愷（Albert Feuerwerker）、羅勃貝拉（Robert N. Bellah）等曾大多接受燕京學社資助來華研究，或輔以羅茲學者或洛克斐勒基金赴華。另有賴世和－賴肖爾（賴孝和）（Edwin O Reischauer）1935-38等赴日，後來都為美國漢學界領有聲名的亞洲學教授，如費正清被譽為美國中國研究之父。

　　魏魯南、葉理綏、費正清、賴世和、海陶瑋、柯立夫等均曾任哈佛東亞系系主任；葉理綏、賴世和兩位出任哈佛燕京學社社長，在哈佛日本研究中心以其命名；魏魯南譯釋《論語》《孟子》《莊子》；賈天納曾任教哈佛、賓大、哥大，後耶魯圖書館擔任中國史顧問；海陶瑋詩詞專家著《中國文學題材》《韓詩外傳》與名家葉嘉瑩教授合作研究詩詞；柯立夫蒙古史專家，出版詮釋蒙古史及伊朗史料，為蕭啟慶等位的指導教授；史華慈近代思想史名家為杜維明，是李歐梵

教授求學讀博士時期以及林毓生教授博士後的指導教授，著《嚴復與西方》《中國共產主義與毛的興起》《共產主義與中國》《論五四運動》等。

　　畢乃德為華盛頓大學及康乃爾大學教授著《中國最早的近代官辦學校》等；卜德任教於賓西法尼亞大學教授中國哲學，曾譯馮友蘭《中國哲學史》，1948年又以傅布萊特學者再赴京，著有《北京日記》同情中國。狄百瑞為哥倫比亞大學儒家思想專家；顧立雅為芝加哥大學知名教授，專長上古史與哲學史，著有《中國的誕生》《孔夫子其人和神話》《中國思想》等書；戴德華曾任華盛頓州大東方學院院長，擅現代政治，著《為華北而鬥爭》《變化中的中國》；西克門長於中國藝術史，後任密蘇里美術館東方藝術館館長；芮沃壽曾任史丹福和耶魯大學教授，佛學哲學專家，二戰期間被拘於濰縣「敵僑營」，1945年釋回美國。李約瑟著名於《中國科學史》；饒大衛是耶魯國際政治研究名家，夏志清教授隨其研究而後致力於書寫《中國現代小說史》；倪維森可算是哈佛燕京學社由美國派到燕京大學的最後一位研究生，擅長中國儒學哲學思想，任教史丹福；柯睿格任教芝加哥大學，擅長中國政治史等，著《中國遺產》《宋初文官制度》《中國思想制度》(註16)。

　　事實上在哈佛燕京學社成立之前，哈佛校園中就有不少中國同學社團活動，譬如由裘開明館長的老檔案尋出1919年左右的中國同學會名單；有梅光迪-安徽，倪建候-福建，牛惠生-江蘇，劉樹梅-湖南，孫學悟-山東，施濟元-浙江，唐鉞-福建，唐腴盧-浙江，祝隆德-湖北，姜蔣佐-浙江，衛挺生-湖北，溫毓慶-廣東，王純燾-湖南，何傑才-江蘇，吳憲-福建，尹寰樞-湖南，余文燦-廣東，楊詮（杏佛）-江西，江蘇來的吳旭丹為秘書，江蘇的牛惠珠為副會長，C P Chow為會長。(註17)

　　楊詮曾於1914同會長任叔永（鴻雋），趙元任（秘書），秉志（會計）、胡適、胡明復、周仁、鄒秉文、過探先、金邦正等人成立「中國科學社」，楊詮是《科學》月刊的編輯部部長。

　　趙元任先生在1922-23年度，就曾由伍茲教授協助，申請查爾斯馬丁霍爾基金，當時他正在哈佛大學開講中國哲學，又首度在國外開中國語言課-他曾開過數學、物理、哲學、心理學等，直到他應

邀回清華，擔任清華國學研究所四大導師之一，他離開哈佛，伍茲（James Haughton Woods）和賀進（William Ernest Hocking）都極力挽留，認為他是最好的學生之一，不但應留哈佛，而且應回到哲學專業。趙先生1942年再度來哈佛燕京學社與王岷源等位編纂字典及開課。（註18）

　　梅光迪於1915-1920間由芝加哥的西北大學轉到哈佛後從白璧德（Irving Babibtt）受業，歸國任教南開、東南大學，1922年與吳宓、胡先驌等創刊《學衡》他們嗜古，反對忽略古典的文學革命，致力導源，翻譯歐西蘊積籍深永重要學術文藝。因趙元任推薦其繼任，於1924-30年接任哈佛教席，其中曾於1927年度回國任中央大學代理文學院長，1936年之後任浙江大學文學院院長。（註19）

　　吳宓日記中把陳寅恪、湯用彤、張歆海（鑫海）、樓光來、顧泰來、俞大維和吳宓在1920年8月17日的聚會，視為「七星聚會」——仿法國著名文藝團體「七星社」（註20）。吳宓對梅光迪「白話文應提倡，但文言不可廢」認為是不朽之論，並曾前從陳寅恪聽講，風雨不誤，（註21）張歆海（鑫海）以《馬修安諾德的尚古主義》論文，是哈佛同學中第一個獲文學批評博士學位的清華畢業生。（註22）

　　哈佛同學梁實秋，林語堂雖未替《學衡》撰文，算外圍，在文學文化觀念上，成為新人文主義最積極，有系統的宣傳實踐者。

　　哈佛燕京學社研究生獎學金計劃，在當年，初啟智識之士求學西洋，有如大旱之望雲霓，能申獲獎金自別有意義。（註23）

　　他們前後影響相互熏陶之例很多，周一良旁聽陳寅恪講魏晉南北朝史，眼前大放異彩，佩服得五體投地，心悅誠服立意跟隨鑽研。任華、周一良、吳于廑（保安）與楊聯陞等意氣相投在1940年代在哈佛組有「成志學社」，類似兄弟會。周一良治日本文史，精通梵文，寫〈中國的密教〉論文為漢學界，佛教史參考書目中必讀。楊聯陞亦隨陳寅恪研究兩稅法等。治人類學的林耀華、蒙古史的翁獨健，後出中國任社科院民族所正副院長；齊思和、周一良先後出任北大歷史系主任。（註24）

　　燕京大學遷成都時陳寅恪、李方桂兩位教授亦由學社補助7000美元支持他們的研究工作和發表論文。衛挺生曾對國府財經制度有過貢獻，移居香港南洋，後定居哈佛大學附近。

　　在他校研究的著名學者很多也會特來哈佛演講，1944年10月22日到1945年6月17日，胡適來講學。1960年在耶魯講學半年的錢穆先生也於1960年春假期間，三月底曾來哈佛燕京學社演講，講題：學與人。地點就在哈佛燕京聚會廳（Common Room），原掛慈禧太后像那一間，楊聯陞先生英譯。1960夏天7月27日又同李田意、瞿同祖、余英時兄弟父母、楊聯陞夫妻兒女兩家都到趙如蘭、卞學鐄家中晤敘，留下珍貴的簽名文獻。(註25)

　　　　一九六〇年七月廿七日（夏曆六月初四）各有千秋
　　　　余協中、余尤亞賢、余英時、余英華、
　　　　李田意、瞿同祖、楊聯陞、楊繆鈐、楊恕立、楊德正

　　並曾與余英時教授一家到湖畔木屋歡敘，後順道參觀美歐名校再返香港。錢先生創辦的新亞研究所1955年獲哈佛燕京學社資助，設獎學金，添藏書，出版學報和論文，流露濃厚的義理人情。1966年他個人又得津貼撰述《朱子新學案》。(註26) 耶魯的雅禮學會也給了新亞大力協助(註27)。1967-68年專擅詩詞的葉嘉瑩教授亦獲獎助來訪講學。

哈佛燕京文物收藏

　　劍橋鎮牛津街之東，與其平行的神學街二號有著名的哈佛燕京學社，東亞系和哈佛燕京圖書館，自1958年起，由原來博斯屯樓（Boylston Hall）遷徙到這紅磚建築，門口就有一對前代鑄造的石獅子鎮守大門。這對石獅是波麗柴爾（Polly Thayer Starr）史達太太為紀念母親（E R Thayer）柴爾太太由中國買來的，已經成為通往哈佛東亞研究心臟的象徵，入門左向為燕京圖書館，右向是燕京學社社長辦公室，門上端高懸歷屆社長相片，正面步上大理石臺階是東亞系，樓梯左下，有十八號大階梯教室，和右向到底聚會的Common Room因杜維明教授的鼓勵，我們自1980年以後，經常在那兒辦文史哲學和電影演講，同聲相應，同氣相求來了許多熱愛中國文化和文學者和人士，隨手由我命名的「哈佛燕京大禮堂」「哈佛燕京聚會廳」之稱號不逕而走，儼然成為英語世界及哈佛以中文宣講「國學」（中國學問）

——文化及文學的道場。^(註28)

　　哈佛燕京圖書館在裘館長任內大力採購善本書。在1931年左右，還收藏了數件墨寶，現都懸展在閱覽室，裘相上方有傅增湘字——藝海珠英；依次是葉恭綽題字——海外瑯環；對面還有陳寶琛題字——學者山淵及日人題字——道者同於道，德者同於德。還有無數極為珍貴的老照片。在入門牆上，懸著的是首位講授戈鯤化及曾任燕京文理學科科長，學養淵博的洪業^(註29)。他似以悠然的姿態，冷眼看著他曾熱情貢獻過的圖書館及東亞系，燕京學社。但他卻以哈佛燕京研究員的名義終生^(註30)，顯然有懷才不遇壯志未酬之不平。

　　霍爾的相片還掛在社長室門外，面對相片斜左方為徐世昌題字——居今識古。辛未六月（1931年）羅振玉所寫的「擁書權拜小諸侯」一匾，掛在圖書館入口右邊牆上，與館長室外牆掛的饒宗頤教授的隸書題字「雅達廣覽沾溉天下」相對。很有趣的，清朝末代皇帝溥儀的老師陳寶琛以84高齡，還另寫有對聯「文明新舊能相益，心理東西本自同」。懸於我們的聚會廳位置恰恰好，是大家喜歡對著照相的文雅背景。此聯的對面牆上，原有幅慈禧太后像，是大家拍照的最愛。可是1992-1997年，哈佛為保護文物，移到到福格（Fogg）博物館存掛。

　　圖書館1965-1997年第二任吳文津館長，曾說起太后像是因1907年聖路易（St Louis）萬國博覽會，希望展出各國元首的畫像，於是慈禧請美國畫家胡博華士（Hubert Vas）畫成。博覽會後，先被紐英倫的收藏家溫耍（Winthrop）保有，然後才與其他文物同捐哈佛，有好一段時間此畫與我們同在，因此又設法將畫像索回，高掛於書庫入門，想與她接近地合影，已不大容易——此畫因怕光線損毀，2000年再度成為哈佛保護文物，存回福格博物館。吳館長1997年退休後，館中請來洛杉磯加州大學東亞圖書館鄭炯文館長繼任。^(註31)

　　中國文物在哈佛甚多，藝術系及各博物館都有。哈佛東亞學問研究，分門別類也很廣，如考古、地質、音樂、宗教、建築、醫衛、科學史等，都帶上一抹中國關係。

　　好比在紀念大堂中，東堂有雙層五葉扇形的半圓桑德斯（Sanders）劇場可供上課、音樂會，節慶、展覽、校友重聚等多重作用，杜維明教授開講容納近千學生的核心課程：儒家倫理；各國政要如江澤民或

文藝名人等來哈佛演講；馬友友等名家或校方樂團演奏，校外各華洋音樂社團演出，包含我參加過大波士頓區中華文化協會合唱團，演唱均可借用或租賃此場地。

九個博物館，或多或少展出中國文物，以及各古文明如瑪雅文明等各類展示。亞諾（Arnold）等七個植物園，都移植了槐樹等數百中國品種的植物，在植物園中流連思鄉徜徉，甚至舉行婚禮……賞心悅目。

哈佛大學三百周年紀念校慶，是在1936年9月16到18日三天，狂歡活動期間，科南特（James Bryant Conant）校長接見了來自502所大學和學會的代表。包含日後1938年擔任中國駐美大使的胡適，代表哈佛中國同學會應邀出席校慶大會，以《中國的印度化：文化借貸的專題研究》為題發表演講，會上他接受哈佛大學授予的榮譽博士，也向哈佛贈送了富有中國文化特色的贔屭。另有宋子文、林語堂、吳文藻等代表各校如燕京大學等參與，這一尊似獅似麟似龜的駝碑吉獸贔屭，立於博斯屯（Boylston）樓館前原址，多年的雨打日曬中，風化斑駁，幾乎失去了刻字及稜角。

哈佛大學每冬已將碑包裹保護，慶祝美國哈佛大學建校三百年紀念碑上刻了四百多字：（註32）

　　美國哈佛大學三百年紀念

　　　　文化為國家之命脈。國家之所以興也繫於文化，而文化之所以盛，也實繫於學。深識遠見之士，知立國之本，必亟以興學為先，創始也艱，自是光大而擴充之，而其文化之宏往往收效於數百年間而勿替，是說也徵之於美國哈佛大學，滋益信之矣。哈佛約翰先生於三百年前，由英之美講學於波士頓市，嗣在劍橋建設大學，即以哈佛名之，規制崇閎，學科美備，因而人才輩出，為世界有名之學府，與美國之國運爭榮，哈佛先生之深識遠見，其有造於國家之文化大矣。我國為東方文化古國，然世運推移，日新月異，志學之士復負笈海外，以求深造，近三十年來，就學於哈佛，學成歸國服務於國家社會者，先後幾達千人，可云極盛，今屆母校成立三百年紀念之期，同人等感念沾溉啟迪之功，不能無所表獻，自茲以往，當見兩國文化愈益溝通，必更光大擴充之，使國家之興盛得隨學問之進

　　境以增隆，斯則同人等之所馨香以祝而永永紀念不忘者爾。
　　　　西曆一九三六年九月哈佛中國留學生全體同學敬立

　　2002年5月10日－14日時任校長桑默（L. Summers）率領十多位教授包含杜維明、蕭慶倫等歷史、公共衛生、法律、人類等各行學者訪問中國，會晤國家主席及亞洲校友，並參觀長城，在清華還宣佈甘乃迪政府學院將為中國培訓公職人員等合作計劃。而前任魯丹斯丁校長是哈佛建校以來第一位訪問中國的在任校長，哈佛中國留學生現驟增921人，來訪問之學者984人。台灣留學生75人，來訪學者81人。

哈佛東亞系的開創

　　哈佛中國學的開創，最早可以上溯到1879-1882年的戈鯤化獨特的中文課程，到1921-23年趙元任先生應邀去哲學系教中國語言和哲學；繼任有梅光迪在1924-30年代的任教，1929年有洪業、博晨光、伯希和等位開課。當時的哈佛大學只渴慕研究中國古代學問，開的課程不持續，且無銘刻註記之史錄文獻。

　　常春藤盟校過去只重視中國古典文史，到1936年費正清進入哈佛任教，稍有轉變，才開始聚焦於近代中國，1939年正式開講東亞文明史。1931年開始教日文等課。1986年由台大請來曾轉任哥倫比亞東亞系主任的講座教授王德威，哈佛才有講授中國近現代文學的起點。2004起他應邀返任哈佛講座教授。（註33）

　　據現任哈佛教學發展的副教務長，1998年時任系主任，中國中古思想史專家包弼德（Peter K. Bol）代讀我所查得的，不得對外公開的老檔案（因含各教職員薪水屬隱秘資料）後來信見告：1940-1941東亞語言系的字樣首度出現在系中年度目錄。（1940-1941 Catalogue）。

　　東亞語言系1941年獨立成為文理學院之系，經費皆由哈佛燕京學社提供，直到1950年代末期，才由哈佛大學接管（註34）。1972年之後才改稱東亞語言文明系，時任系主任為孔復禮（飛力）教授（Prof. Philip Kuhn）。當系中開創網頁時，曾特派員來訪問過我。

　　前此僅在教職員工會議提到過，1937年2月9日曾投票創立一個東

亞語言部門，但很不恰當地隸屬閃族語言歷史系。又在1937年10月5日教職員工會議提到東亞語言部門和東亞語言系。（註35）

印證參照趙元任先生1942年開授中國方言，粵語課程。1943-44年教授美國政府軍隊特殊訓練計劃，由陸軍戰略服務處委託大學開辦中日語訓練班，每年派遣來哈佛的一百多個官兵，來哈佛等校接受為期10個月的速成中國話（北京話和粵語），當時還是學生的趙元任女兒趙如蘭及楊聯陞，卞學鐄，周一良等位，都曾兼任訓練班助教。

1944年10月到1945年6月，胡適曾來哈佛開講八個月「中國思想史」等（註36），1940年代後期，洪業和聶崇岐先生都開過課（如「中國目錄學」等）。哈佛大學對漢學有其熱心，但在早年相關的組織結構卻相當薄弱。

楊聯陞破天荒地在1947年，成為哈佛首位的華裔助理教授，1951年他升副教授，1958年升正教授，1965年他幾乎被請到密西根，哈佛大學以講座教授極力挽留，遂成為頭一回榮膺哈佛燕京講座教授的華裔。

這位在學術界被公認為啟沃西方漢學的名師——講座教授楊聯陞，和後來任教柏克萊加大的音韻語言學名師趙元任，及其長女——哈佛首位華裔女教授，中央研究院首位人文女院士趙如蘭，及曾任教過哈佛的陸惠風和商偉等教授，都曾在哈佛讀得博士學位。在藝術系任教的汪悅進和已去芝加哥大學的巫鴻教授，原來都是哈佛燕京學社訪問學者，轉申請為系中研究生。

任教過哈佛多年，再任耶魯西摩（C Seymour）講座教授，現任普大學史翠特（M.H.Strater）講座教授，2006年克魯格獎（Kluge）得主的余英時，是1955年哈佛燕京學社訪問學者，他及普大東亞系的高友工教授，與趙如蘭、勞延煊、陸惠風等位教授皆為同門受教於導師楊聯陞教授的哈佛同門。

在哈佛人類學系1981-1984年兼任系主任，1985-1988年兼任哈佛東亞諮議委員會主任，哈佛赫德蓀Hudson考古講座教授，曾任中央研究院副院長的張光直教授是哈佛博士。

1983-86年曾任哈佛大學宗教研究委員會主任，1986-89年兼任哈佛東亞語言與文明系主任，1988並榮膺美國人文藝術及科學院哲學組院士，1996年起出任哈佛燕京學社社長的哲學思想史教授杜維明，

1999年榮膺哈佛－燕京中國歷史及哲學與儒家研究講座教授，此教席
為英語世界裡第一次以「儒學研究」命名的講座教授，現任北京大學
高等人文研究院院長，他項榮譽亦為華裔的第一遭。

在東亞系兼任族裔研究計劃主席和當選中央研究院首位中國現代
文學院士的李歐梵教授，及1991-97年耶魯大學東亞系系主任、歷任
研究所所長，擅以女性主義角度評論詩詞的孫康宜教授，是高友工教
授的學生，常臨哈佛燕京學社研究發表，2015並榮膺美國人文藝術及
科學院院士，2016當選中央研究院院士。

哥倫比亞大學兼任東亞系系主任、丁龍（Dean Lung）講座教授
王德威原是哈佛大學第一位中國近現代文學教授，曾於1986-1990任
教哈佛，2004起再度以哈佛大學Edward C. Henderson講座教授現任教
於哈佛，2008年起擔任哈佛燕京學社9人董事會董事，這些教授可以
說全與哈佛燕京學社有些關係。他們在各常春藤盟校的地位，又多被
譽為「百年以來華裔第一人」，真是華人之光。

哈佛充裕龐大的財源，有助羅致了本身具有引領教化超拔能力
的學者。哈佛漢學領域，也以高瞻的優勢向各名校延攬挖角[註37]。
二十世紀中從歐洲敦聘漢學家，如伯希和（Paul Pelliot）得意門生葉
理綏（Serge Elisseeff），及以後來的韓南（Patrick D. Hanan）、包弼德
（Peter Bol）、伊維德（Wilt Idema）等位；又請來上述當代華裔漢學
精英人物：楊聯陞、梅祖麟、王浩等；到後來校園中的杜維明等位，
如張光直教授，是由耶魯請回來的；杜維明、李歐梵、黃正德教授，
是由加州大學各校區移帳而來；李惠儀教授由賓大普大，田曉菲教授
由康乃爾大學，汪悅進教授由芝加哥大學請來。

哈佛燕京學社對東亞系、賴世和中心、費正清中心、韓國中心以
及廣含印度、南亞、中亞，西藏、蒙古的亞洲中心在1998年成立，均有
承先啟後的助益，這些研究中心焦點大多集中當代政治社會制度等。

哈佛燕京學社指定薦舉之大學及機構

哈佛燕京學社致力於在亞洲推進人文和社會科學的高等教育，特
別是亞洲文化的研究。目前指定合作薦舉的機構已超過五十所大學
和研究中心。遍布大陸、香、台、日、韓、越、泰和柬埔寨，印度

等國家。

資助採單位推薦制。學社議定薦舉之大學及機構：依據該機構優異的教學，研究和出版條件，由指定薦舉之大學及機構，於每年夏天，推薦輯全所屬訪問學者、研究講師、博士學者候選人的申請資料，現在年齡限制已經鬆動……送達哈佛燕京學社審核。秋季由社長或指定代表，在當地面談。哈佛燕京學社董事會研究商議之後，年底聖誕節前決定邀請名單。

目前，哈佛燕京學社指定薦舉之大學及機構如：

中國：北京、清華、復旦、南京、南開、浙江、四川、吉林、山東、人民、武漢、中山、廈門大學、中國社會科學院及上海社會科學院等等。

香港：香港中文大學、香港大學。

台灣：台灣大學、台灣師範大學、台灣清華大學、中央研究院。每年不一定。

其他日、韓、越、泰、星加坡、印度均有逐年議定薦舉之機構。但巴爾幹地區一時尚未正式列入。

哈佛燕京學社資助博士後研究、訪問學人、學術刊物出版、高級培訓課程、會議和學術活動。宗旨在促進大學畢業生及研究生在亞洲研究，及其他人文、社會科學領域上的研究，同時增進加亞洲學者之間，或與世界其他地區的同行間的學術交流。^{（註38）}

哈佛燕京學社歷任社長

①首任社長：葉理綏（Serge Elisseeff）教授，1934-1956年^{（註39）}

葉理綏教授是至今為止任期最長的社長，哈佛燕京學社起頭的22年全由其掌舵。

哈佛燕京學社，原計劃聘請法國漢學名家伯希和，他卻推薦了得意門生，法籍俄裔世族葉理綏，日文名英利世夫，擔任社長。

葉理綏生於1889年，出身俄國列寧格勒世家，家族原是俄國有名的大食品東家，曾在德國柏林洪堡大學學語言。日俄戰爭時期赴日1908-1914，從芳賀矢一、藤村作等位研究日本文學，成為東京帝國大學首位文學科西洋畢業生，十月革命後，歸化定居法國巴黎為伯希

和門生，通日法英德語，純熟流利，關於日本語言學、文學、戲劇、音樂、藝術的知識都能圓融貫通；並可閱讀漢語古籍，生性詼諧，又有引人入勝的口才，在任內倡建東亞語言系，新系成立後任東亞系系主任，1956年由社長退休專任教授，1957返回法國，1975年逝世。

1936年葉理綏創辦刊印了首期《哈佛亞洲研究學報》，由他主編，到1956年第19期轉手，列其他教授為編委，學社經援。至今繼續每年出刊兩期，早成代表美國研究東亞人文面的炙手可熱的學刊。

另外葉理綏還開創了兩種系列叢書：在1935年的《哈佛燕京學社專論系列叢書》（*Harvard-Yenching Institute Monograph Series*）：內容包含東亞的人文、歷史、詩詞、文學、宗教思想分門別類之論者，持續出版了50本以上。1950年之後，開始印行《哈佛燕京學社研究系列叢書》（*Harvard-Yenching Institute Studies Series*）：為包含結集特殊主題的論文集。這兩系列叢書，均假手哈佛大學出版社印行。

②第二任社長：賴世和（或音譯賴肖爾，Edwin O Reischauer）教授，1956-1963[註40]

其父親為赴日的基督教長老會傳教士，賴世和1910年生於日本。16歲之前的早年歲月在日度過，1931年畢業於美國歐柏林學院，1932得哈佛碩士，1933-1938得哈佛燕京學社獎學金在法、日、中等國研究日本語言和歷史，1939以古代中日關係史的研究獲得哈佛博士。他是葉理綏的學生，亦曾任東亞系教授，第二次世界大戰中曾加入美國陸軍部，擔任日本電訊密碼解讀工作，戰後回哈佛任教，擔任日本語言和歷史課程。

1961年應甘乃迪總統之邀，擔任駐日大使，時值日本因簽訂美日安保條約而反美情緒高漲，他以日本研究者，日本通的身份，替戰後美日關係，化解了嚴重危機，擔任駐日大使期間兩年，社長職務由副社長巴斯特Glen Baxter代理，1963年卸任後，仍回哈佛從事研究工作，著有《日本——過去與現在》《合眾國與日本》等專門著作。對推展哈佛亞洲研究頗有貢獻。

賴世和把原在哈佛園博斯屯樓的哈佛燕京學社搬到現址，並調整哈佛燕京學社財務，東亞系歸屬哈佛大學，在他任內日本學者來訪研究頻繁，華裔張光直、趙如蘭、余英時教授皆於其任內得學社獎學

金，攻得博士。哈佛大學日本研究中心以其命名。

③第三任社長：裴澤（John Pelzel）教授，1963-1976年

裴澤是哈佛人類系教授，也是日本皇權和社會結構的專家。他擅以有力可信賴的田野考查、精通演講和講稿特色把日本的社會結構分析得洞澈明晰。

在擔任社長前，二戰之後裴澤就由學社資助，設立日、韓、台灣、香港系列的研究評議會，日後各國經濟起飛，才決定不再經援，停止這項資助。

1965年因裴澤社長的提案，1966年起實施合作研究學者計劃：已有聲望的哈佛教授可以提名邀請一位亞洲同行，訪問哈佛一年，共同開講座，進展研究計劃、翻譯工作等。如1967-68年從台大邀來的上古史權威許倬雲教授。學者和研究生獎學金仍依常規，如有郝延平教授在1963-65年，博士論文研究：1800年代廣東買辦商行，畢業後始終任教於田納西大學。

哈佛燕京學社在亞美學術交流上，提供許多學者來訪，他們回國後大量的學術出版，慎重的考查和正面評估多彩的亞洲文化舞台是功動，但在校園充斥抗議的歲月，1970年的5月，約莫200人的示威群眾，將美國研究亞洲，如席捲北京琉璃廠藝術品和古書珍藏等，詆譭為伺機而動，以干涉內部、學術文化圈。

他們在哈佛燕京學社所在的神學街上，大吼大叫，扔石頭，砸窗戶，如火如荼沸騰的情緒行動，使臨街的窗戶全都破碎，神學街頭滿是玻璃碎片。弄得學社和圖書館，東亞系教職員神經緊張。哈佛燕京學社事後開會決定：向校方申請修復，鞏固安全措施。哈佛燕京學社整棟樓關門的時刻，同時也關集會的大教室，並與文理學院協議，預測約計所需的費用十萬，雙方各付一半。他山之石，或可以攻錯，哈佛燕京學社在貢獻豐碩之餘，也值得再思。（註41）

裴澤任內哈佛燕京學社與哈佛大學雙方達成合作和經費協議：建成賴世和研究中心，校方全力支援已經由1965年改名的哈佛燕京圖書館，及支付哈佛東亞語言文明系常費。學社得以將大宗經費挪用為交換學者計劃。

④第四任社長：克雷格（Albert Craig）教授，1976-1987

克雷格得賴世和真傳，為其得意門生，曾與導師賴世和及費正清共同寫撰《東亞傳統和轉型》^{（註42）}，這本書從1958年出版上冊以來，一直是大學中奉為圭臬的東亞教科書。

他本人以研究日本近代史，明治維新時期歷史是知名專家。在經驗過美國的反共反戰，東南亞的越戰，中國的文化大革命之後，他將哈佛燕京學社定位導回平順，以沉穩寬容的態度，重新復歸學術研究的初衷。

他於1977年再將早期學社的研究講師計劃，重鑄為嶄新的博士獎學金計劃。因1960年代學社縮減給歐美研究生的獎學金，到1970年代全都頒發給亞洲學生，據他親往經濟成長的亞洲國家考察，學界的年輕講師，獲獎金到哈佛或美國其他大學深造博士，回國任教，依然效益良好。

1981年副社長艾迪貝克（Edward Baker）加入，接替前任巴斯特退休，貝克先生在耶魯得到法律博士後，曾參加和平軍團在韓國服務，與金大中總統相熟，他是韓國事務高手，並曾往越南方面拓展研究，為學社盡心服務了二十二年才退休，由Peter Kelly接手了一段短時間。^{（註43）}

⑤第五任社長：韓南（Patrick Dewes Hanan）教授，1987-1996

韓南教授，1927生於紐西蘭，1948年紐西蘭大學學士，1949年紐西蘭奧克蘭大學碩士，1953年倫敦大學碩士，1960年倫敦大學博士，先後任教於倫敦大學亞非學院、史丹福大學，1968年起任哈佛大學東亞系中國古典文學教授並兼任主任，1998起並為哈佛大學衛特湯瑪斯（Victor S Thomas）講座教授，1995年起並為南京大學合作教授，著有《金瓶梅探源》《《金瓶梅》版本及其他》《中國的短篇小說：關於年代、作者和撰述問題的研究》《中國的話本》《中國白話小說史》《中國短篇小說》《魯迅小說的技巧》《中國近代小說的興起》《十九世紀和二十世紀初期的中國小說》《韓南中國小說論集》《創造李漁》和肉蒲團等多種小說英譯，〈百家公案考〉〈論肉蒲團的原刊本〉論文多種，藹然可親的韓南教授，1997已退休，2014長逝，高

齡87歲。為聲譽卓著的古典小說專家，也是哈佛燕京學社第一位研究中國學的社長。^{（註44）}

過去近60年來，歷任社長全是日本學研究者，韓南教授任內，他於1989年建立訪問研究講師計劃，專供成為講師博士候選人，提供這些二、三十歲的學者出國赴美進修發展，在哈佛來學習一年，讓他們有機會在校園中接觸哈佛大學的學者和學生。現為最熱門的計劃之一。

韓南教授謹慎地繼續其他原有計劃，安度困難時期，如博士獎學金計劃。

又與三聯書店在1991年簽約出版一系列的《三聯哈佛燕京學術叢書》，1993年出版第一本。提振起二戰後哈佛燕京學社在中國出版學術書籍日趨低迷的情況。2014年9月12日下午學社敬悼韓南社長，由王德威，魏愛蓮教授主持。

⑥第六任社長：杜維明教授，1996-2008

杜維明教授是當代新儒家第三代的代表人物之一，他始終奉獻儒學，辛勤從事講學研究，最難得的是又能以開放的心靈論學。他奔波全球毫不懈怠地前往北大、南大，臺大、香港、星馬各大學及法國高等研究應用學院等擔任訪問教授；浙江大學、中國人民大學、中山大學，上海社會科學研究院名譽教授；並先後獲得美國理海Lehigh倫敦等大學，榮譽學位。擔任國際：新加坡、巴黎、東京、溫哥華、斯德哥爾摩、新德里、開普敦、伊斯坦堡、丹麥等高深學院，宣揚講授儒家哲學，並由比較宗教學，倫理學，美學的視野，來闡明儒家傳統及其現代化。

杜維明教授，1983-86年曾任哈佛宗教研究委員會主任。1986-89年擔任哈佛東亞系系主任，1988並榮膺美國人文藝術科學院哲學組院士，1999年更榮膺哈佛－燕京中國歷史及哲學與儒家研究講座教授，2006年榮獲美國人文學者終身成就獎。均為少有的殊榮。

特別他是首任華裔社長，引領哈佛京學社在1996-2008年間，逐年推展，邀選俊彥之士——正值金融昌盛的歲月，項目選訪有增無減，訪問學者計劃每年多達30位以上，研究講師計劃20位，博士獎學金計劃45位；並且設新項目訪問研究學者和公共知識份子計劃，邀請

學科專才的亞太學者，短期來開課作系列演講。

北大陳來教授，1997年就以中文開過課，教室內杜維明，包弼德兩位領導教授在座，和當時快完成博士的祝平次、宋家富、賀廣如（訪問）……等位及我，在哈佛英語世界，過去只有王德威、李歐梵現代文學教授、趙如蘭教授和高級語言中文課……得以如此講課，這樣多元化的開放，殊為可貴。學社對已發展的出版選項強化經援，以學社經費為種子，激勵中港臺和亞太智識學術圈攜手合作。

學社還提供已得本國經援，不敷應用之學者，短期訪問三月不等……交換學生計劃，選有美國十位博士生獎學金赴北大進修，南亞東亞研究可請各類不同獎金D. Ingalls, N. Pusey 等。

難得他為學社在寸土寸金的哈佛園，爭取規劃到：1943年趙元任，趙如蘭等位為美國軍隊特殊語言訓練計劃教學的梵瑟樓Vanserg，做為學社辦公室，研究室及對街研究辦公場所，和社長官邸兼學社研討及交誼地點房舍。正副社長及少數助理人員仍留原址，與哈佛燕京圖書館比鄰。(註45)

並開創性地鼎力襄助重要的科研，如人類考古學……西元前300年郭店竹簡的研討及出版，支持竹簡網頁，此消息哈佛校報特別報導。精彩地為歷史補白，訪問的大陸學者郭沂，郭其勇、邢文等位均參與。

積極與三聯和廣西師範大學等出版社合作出版，對《燕京學報》《中國學術》《當代》等雜誌津貼。另支持辦理高行健、林文月、聶華苓、施叔青、李渝、平路、也斯、駱以軍、黎紫書、陳子善、李銳等學者作家的演講。定期在哈佛燕京大禮堂，我們召開有24屆的中國文化研討會，請訪問學者作家演講研討。每有別開生面的主題，如新世紀的文明對話、全球語境下的華文文學、文化空間與族裔認同等……。另有每週哈佛儒學研討會及針對特殊議題如《公共理性與現代學術》《自由主義與儒家》等的研討及出版。(註46)

接受前任韓南教授建議，隔年召開一次哈佛燕京學社社友會議，首度在南京2000年；第二次在蘇州2002年。還於2000年秋創辦哈佛燕京學社網頁，加強返國社友之聯繫，也鼓勵跨學科互動。(註47)

回顧他於東海1961年畢業後，獲得哈佛燕京學社博士獎學金，1963年和1968年相繼獲得哈佛碩士、博士學位後，再任教普林斯頓四

年，柏克萊加大十年，1981年客座哈佛，1982年正式應邀返哈佛，講授中國思想史、中國哲學及進行儒學研究。2009年6月8日他邀請我，參與歷任社長慶祝杜社長照片，高懸哈佛燕京學社門楣的儀式，首見華人在哈佛大學光耀門楣，嘆為觀止。

他任教至2010年，舉行盛大70歲慶生後榮退。現轉任北京大學高等人文研究院院長。

杜教授擔任社長後，被譽為不可置信的強化了學社的威力。突飛猛進，在明智的決策下，果然像預期地將燕京學社轉變為更活動、耀眼、創造開放的一個學社。[註48]

⑦第七任社長：裴宜理教授（Elizabeth Perry），2008-

裴宜理教授[註49]，是哈佛燕京學社首位女性社長，1948年出生於上海。1951年，隨父母從中國上海遷居日本東京，在日本度過童年；1969年，畢業於紐約威廉‧史密斯學院（William Smith College），1971年，獲華盛頓大學政治學碩士學位；1978年，獲密歇根大學政治學博士學位，1972年起，先後執教於密歇根大學、亞利桑那大學、華盛頓大學、柏克萊加州大學。

1997年起，任教於哈佛大學政治系，並先後出任費正清研究中心主任及亞洲研究學會主席。她是哈佛亨利羅索夫斯基（Henry Rosovsky）政治學講座教授、中國領域的比較政治專家。

作為美國人文藝術與科學學院院士和古根漢獎金獲得者，裴宜理教授在眾多主要學術期刊擔任編委會成員、在六所中外大學獲得榮譽教授職位、並出任亞洲研究協會的主席。

裴宜理教授的研究關注當代中國的草根政治與游行，已有著作包括：《北方中國的叛亂與革命1845-1945》（1980）《後毛澤東時代的政治經濟改革》（1985）《現代中國的政治文化和民眾游行》（1992）《「單位」：比較歷史角度下的改變中的中國工作環境》（1997）《當代中國草根政改》（2007）《毛氏影響：中國特色統治的政治基礎》（2011）以及《安源：中國的改革傳統》（2014）；其著作《上海罷工：中國勞工政治》（1993）曾獲美國歷史協會的約翰費正清獎。

哈佛燕京圖書館

　　哈佛燕京圖書館（註50）是西方世界，規模最大的大學東亞圖書館。

　　燕京圖書館不但有一百四十多萬冊書的館藏，包含中、日、韓、越、蒙、滿、藏、納西等文和西文東方學研究，還有報刊，微卷，膠片，二十五史多種資料庫等。這個研究圖書館收藏很重視要點，如當代第一手史料如文革等政治事件史料文件，小冊、大字報，傳單，錄音、相片、錄影、甚至衣物；有記載長征史實最早的文獻《紅軍長征記》朱德簽名本、胡漢民、蔣廷黻、魯迅、胡適手稿等數十種二十世紀政黨珍貴圖書文物稀有物件，還有當代文學文化的收藏如紀剛，鹿橋（吳納孫），趙淑俠、陳若曦、李黎、廖輝英、吳玲瑤、王昶雄、葉石濤、阿盛、焦桐、李敏勇、許悔之、鍾肇政、向陽、鄭炯明、莫那能、沈花末、方瑜、胡台麗、方梓、吳永華、劉克襄、曾貴海、吳錦發、廖鴻基、雷驤、鍾鐵民、洪素麗等位的手稿，也因用心邀約漸漸多藏。

　　館藏最有特色的是各地的方志，叢書及珍藏宋元明清善本，鈔本，拓本，法帖等有不少孤本，為西方大學圖書館之冠。

　　走進哈佛燕京圖書館，即可見一幀相片，這就是身著清朝服飾的戈鯤化。在中美文化交流史上，戈鯤化是首位先驅應聘赴美的中文教師，據收藏哈佛歷史檔案的溥西圖書館珍藏資料：戈鯤化是1835年出生的徽州休寧（今歙縣）人士，知府侯選（候補），曾供職滬寧英美領館，久居寧波有十五年。1879年，波士頓對華貿易商人很有眼光的籌集了8750美元作基金，年底增加到一萬元，遴選他與哈佛簽約開課，依約他同一妻二兒三女——在哈佛大學又育一兒後來夭折，加一翻譯一女傭，來哈佛在劍橋住了兩年多。1880年哈佛畢業典禮，他還成為伊利奧C Eliot校長的上賓，這位在課堂穿清裝依古禮的學者，不幸於1882得肺炎病逝，伊利奧校長為他在亞培頓（Appleton）教堂追思後歸葬。（註51）

　　正因開設中文課程，哈佛始購中文書——約4500冊。（哥倫比亞大學收藏自1902年起；歐洲國家收藏中國書籍更早，如英國牛津始於1604年）而哈佛大學早有一些喜愛日本思想藝術的的教授如伍茲

（J. H. Woods）或醫學院畢業的碧歌樓（W. S. Bigelow）等，1914年也來了兩位東京帝大的教授服部宇之吉（Hattori Unokichi）和姊崎正治（Anesaki Masaharu），由於兩位講學研究而捐贈的日文書亦有1600冊左右。

這些收藏1910年先由哈佛大學圖書館主任科立芝（C. Coolidge）統管。他個人因授亞洲歷史課程，也收集了一些西文亞洲歷史書籍。

1928年，哈佛燕京學社成立，並創立「哈佛燕京學社和漢圖書館」，接收了哈佛所藏的四千五百餘冊中文書、一千六百餘冊的日文書，就請正作整理工作的農業經濟研究所學者裘開明博士（註52），擔任館長。

他是第一位聘為美國東亞圖書館館長的中國人。到目前為止，也是任期最長的一位。裘館長任內大力採購書籍，曾數度親往北京監督，購得許多善本書，辛勤地為館操勞約四十年，草創基業功不可沒，所創裘氏漢和圖書分類法，曾為外國25所圖書館使用。1965年退休，交棒給史丹福東亞圖書館敦聘的吳文津館長，吳館長1997年退休後，1998年請來洛杉磯加州大學東亞圖書館鄭炯文館長接任。

早期館內藏書，主要著眼於漢學方面資料，以中日文為主；1950年代開始收韓文書，此後中日韓滿蒙藏越南文，西文書籍均逐漸豐富。

1965年更名哈佛燕京圖書館，1976年轉隸哈佛大學圖書館系統，並開始籌募經費，發展館務積極加強近代及當代資料之搜集，漸與古典資料並駕齊驅。目前哈佛燕京圖書館為歐美大學東亞圖書館之冠，也是世界漢學研究和東亞問題研究的資料重鎮。藏書之豐僅次於國家管理的美國國會圖書館。

館中歷年向中日韓港台各國和地區圖書經理公司大宗訂購包羅萬象的書籍，直到2015-2016年度為止，藏書共有1510974冊，計有：中文86735冊，日文361252冊，韓文192765冊，西文54241冊，越南文27144冊，藏文4265冊，滿文3455冊，蒙文494冊；期刊5753種；117251種微卷微片；報紙36種。二十五史等多種資料庫。（註53）

為便利各地學者起見，1986先將近百萬張中日目錄卡，在擔任副館長二十年的賴永祥先生（原台大圖書館系系主任）主編下，於1986年，由紐約嘉蘭出版公司刊印72冊完成。韓文目錄在1980年即

已出版。

　　1989年初，編目自動化開始，中日韓西文目錄資料均輸入OCLC CJK資料庫，亦轉入哈佛大學圖書館電腦系統存檔備查，2001年已完成將全館目錄卡片逐步變為機讀格式，以應讀者需要。

　　1996年賴先生退休後，由國會圖書館請來的林國強博士接任。曾多次講授編目課程，令我們獲益良多。

　　藏書之中，特色亦復不少，中國傳統地方志藏量多達四千多種，數年前，大陸所出的《新方志》，凡能採購者亦已收藏。有些已不易在中國尋得。館藏中，各種類書共計1500種，六萬餘冊特藏中有宋版15種，元版25種，明版1328種，清乾隆時期前之版本有1964年四種，另有抄本、稿本1215種，拓片五百餘張，法帖36種，301冊。

　　其中有不少在國內已失傳的秘本，是向日本或中國藏書家如：齊耀林昆仲，齊如山哲嗣等處購得。珍本如：1036年的宋刻本《纂圖互注揚子法言》，1085年宋朝元豐年起刻的崇寧萬壽大藏本《六度集經》，1208年宋刻《漢書》殘本，1581年的《世說新語》四色套印版本，1728年印成的類書巨著《古今圖書集成》是銅活字版本，《大般若波羅蜜多經》是宋代單刻，《齊世子灌園記》、《鼎刻江湖歷覽杜騙新書》為明代單刻，另外蒙文藏文佛經，以及雲南納西族的圖書文字等，均屬舉世罕見。

　　據1992年受聘擔任編纂館內中文善本書志和主管善本書的沈津先生調查，館藏的一千餘部抄本，應為全美第一，《美國哈佛大學燕京圖書館中文善本書志》出版後，已成為一部極有價值的參考工具書。並繼續進行出版計劃。沈津2011年退休。王繫女士管理。

　　哈佛大學是一個十分傳統保守的學府，有石獅守門的燕京圖書館，雖經歷遷徙，並未能拓展多少空間。1990年代才裝置活動書架，其餘館內設備原是老式，鄭炯文館長將其逐漸改置裝新，全館部門自動化。為收集電子信息資源，鄭館長首先向哈佛大學編目網頁引進東亞字體，創設系統檢索檔案，並將善本書編目及六萬張珍藏的相片數字化編目。鄭館長還設立交換學者館員計劃，鼓勵館員發揮所長進行外訪交流，由鄭館長帶領走出去參與相關會議，申請經費完成有幫助的計劃；建立資源信息互惠，以及加強出版。

　　鄭館長與杜維明社長同有「知識為天下公器」之觀念，精選67

種罕見珍本，在2003年與廣西師範大學出版社、商務印書館合作編印
《美國哈佛大學哈佛燕京圖書館藏中文善本彙刊》，屬美國哈佛大學
哈佛燕京圖書館所編重刊書，曾得到國家圖書首獎。

　　繼續出版哈佛燕京圖書館書目叢刊及文獻叢刊：如沈津編《美國
哈佛大學哈佛燕京圖書館中文善本書誌》，朱寶樑編《二十世紀中國
作家筆名錄》，尹忠男和金成煥編《燕京圖書館韓國貴重本解題》，
鈴木淳和山田久仁子編《燕京圖書館的日本古籍》，龍向洋編《美國
哈佛大學哈佛燕京圖書館藏民國時期圖書總目》及《美國哈佛大學哈
佛燕京圖書館藏民國文獻叢刊》，張美蘭編《美國哈佛大學哈佛燕京
圖書館藏晚清民間新教傳教士中文譯著目錄提要》，李丹編《美國哈
佛大學哈佛燕京圖書館藏中國舊方志目錄》，方秀潔和伊維德編《美
國哈佛大學哈佛燕京圖書館藏明清婦女著述彙刊》等；計劃將一萬六
千部線裝書（非善本書）的目錄編印為《美國哈佛大學哈佛燕京圖書
館中文古籍目錄》等。

　　出版包含策劃哈佛燕京圖書館學術叢刊：如程煥文編《裘開明圖
書館學論文選集》，陳紅民編《胡漢民未刊往來函電稿》等；徐永明
和樂怡編《美國哈佛大學哈佛燕京圖書館藏明代善本別集叢刊》（全
40冊）等等。鄭館長更常留神圖書館藏之運用及擴展。

　　哈佛燕京圖書館更能以實實在在的庫藏文獻典籍，吸引遠近學
者，知識的力量的確無垠。圖書館常獲得贈送簽名著作，除通過我和
作協贈書外，或有團體贈書，如1998年由蔣子龍、扎西達娃、向前、
冰凌、周蕊、宋曉亮等位代表四百多華裔作家贈書給哈佛、耶魯、
哥倫比亞大學，克蘭Nacy Cline總館長和鄭炯文館長在儀式中受贈致
辭；並由李歐梵教授與我主辦一場文學座談圓滿達成這次「中國文
學的絲路之旅」。1999年獲馮國經先生贈文淵閣四庫全書電子版開放
檢索。2011年又有世界華文微型小說研究會秘書長淩鼎年、冰峰、冰
凌、林美蘭等代表微型小說作家贈書等許多重要贈與。^{（註54）}

　　哈佛圖書館華裔人才輩出。哈佛大學圖書館已退休的總館長馮彥
采就擔任過重要的Roy E Larsen Librarian；原任職商學院生化和分子生
物系王倬教授太太黃淑蘭，原在視覺收藏掌一方天地的金櫻，（波士
頓藝術博物館東方部主任吳同太太），藝術方面的魯貝爾亞洲藝術研
究圖書館館長林衍秀（物理專家趙昌熾太太），接替她的鄧南妮等位

都是個中佼佼者。

哈佛燕京圖書館經過于鏡宇（震寰）、馮漢驥（曾為湖北省圖書館主任、四川大學考古學教授）^{（註55）}兩位副館長、劉楷賢、賴永祥、陶任簡、陸秀、黃星輝、戴廉、林國強、朱寶樑、胡嘉陽等位前輩，先後襄助裘、吳兩位館長；現在更有好多位圖書館專家，如楊麗瑄、馬小鶴、邱玉芬、王繫、王藹牧等悉心輔佐鄭炯文館長分門別類地推進館務，對漢學的研究貢獻，實在功勞卓著。感謝鄭館長和主管楊麗瑄、馬小鶴、林希文等主管和同事張良玉等位過去對我寫作材料的指點。

哈佛大學除哈佛燕京圖書館外，還有亞洲中心（包含費正清中心圖書館和當代日本文獻中心、韓國中心等），皆是針對東亞的。哈佛其他圖書館也有東亞收藏，如國際法學研究中心也有東亞法學研究典藏；哈佛大學藝術博物館新展館的展覽空間比原有的三個館加起來還多了百分之四十，擁有25萬件藏品，包括福格（Fogg）藝術博物館及薩克勒博物館Sackler萊辛格Busch Reisinger館原存有的東方藝術收藏品；威德納總館更廣備南亞、東南亞、中亞藏書，並有藏放西藏書籍的散斯克圖書館；在拉蒙圖書館藏放有政府文獻、微卷外國報紙，以及普西圖書館的哈佛大學地圖收藏部，均有東亞收藏。

2003年，哈佛燕京學社和哈佛燕京圖書館，曾在10月16日至18日同時歡慶七十五周年，由哈佛燕京圖書館鄭館長主辦歡慶七十五周年的學術研討會，以「東亞書史：圖書資料與學術的關係」為主題，邀請各地著名漢學學者、圖書館館長發表論文共十八篇，會後出版論文集。以茲慶祝。^{（註56）}

哈佛燕京學社與其創建的哈佛燕京圖書館、東亞系，漸次展開中美雙方互派學者的研究計劃，從1928年來，也充實了燕京大學，燕京大學雖在1950年代遭到整合，但在哈佛的哈佛燕京學社依然好風青雲地營造出充盈的成果。在中國百年現代化的西化框架中，重新指涉出其卓越的獨特對應地位，哈佛燕京學社也算歷經興衰更替、滄海桑田，幾經消長，一言以蔽之，總歸拓廣增益不斷注入活水，豐富了哈佛和世界的歷史文化體系，跨過世紀建樹恢宏。^{（註57）}

寫於哈佛

註1：見哈佛燕京學社檔案 HARVARD YENCHING INSTITUTE ARCHIVES: [N] . AS HYI ARCHIVES: Certificate of Incorporation, The Commonwealth of Massachusetts[N]1928，麻州州政府所頒發成立證書。也見於 HARVARD ALUMNI BULLETIN, [N]. CAMBRIDGE: HARVARD BULLETIN,INC.,1933,12,22.P.361-362; STUART, JOHN LEIGHTON, Fifty year in China: The Memoirs of John Leighton Stuart MissionaryAmbassador[N]., New York: Random House, 1954。霍爾本人愛好收集東方文物，如瓷器，地毯等皆遺贈母校。並見於HYI Archives: Memorandum onThe Origin of the Harvard YenchingInstitute with particular Reference to the period beforeIncorporation.

註2：參考燕大學生自治會編《燕大三年》[M].燕大學生自治會編印，1948年 P. 4-5。

註3：張鳳，《哈佛哈佛》[M].台北：九歌出版社，1998。P. 30-32；張鳳《哈佛緣》，廣西師範大學出版社，2004，簡體字版。《哈佛燕京學社》首刊台北《聯合報》1998.8.13暨《世界日報》副刊。1921年霍爾基金會已捐贈52,000美元給燕京大學。

註4：STUART, JOHN LEIGHTON. Fifty years in China; The Memoirs of John Leighton Stuart，Missionary and Ambassador [M].New York: Random House, 1954。

註5：HYI ARCHIVES: Minutes of the Trustees Meeting ,1928-1932；樊書華：〈哈佛燕京學社創建述要〉首見英文報告，1999 HYI ARCHIVES其研究集中在學社建立之前，後以其為主題於北卡羅南那大學攻讀博士。

註6：陳毓賢。《洪業傳》[M] .臺北：聯經出版社，1992年。P. 142-147。完整的英文原版為SUSAN CHAN EGAN.A Latterday Confucian: Reminiscences of William Hung, 1893-1980[M]. Cambridge MA: Harvard University Press，1987。

註7：HYI ARCHIVES：Minutes of the Trustees Meeting, 1928-1932；美國。陳觀勝。〈哈佛燕京學社與燕京大學之關係〉[N] . 熊大絳譯。〈哈佛燕京學社與燕京大學之關係〉《燕大文史資料》第三輯[A] . 北京：北京大學出版社，1990。P.19-21。

註8：燕大學生自治會編《燕大三年》周建平[M].燕大學生自治會編印，1948年 P.13-。

註9：洪業致哈佛燕京學社信託董事委員會中，哈佛大學代表查斯G. Chase 1929, Nov. 11。

註10：對燕京大學最有貢獻的西方人物除校長司徒雷登外，第二把交椅就是擔任過燕京大學通州分校院長的博晨光。教會世家，生於天津，長於山東，畢業於耶魯神學院，1909年開始在華教書，也常返美，1922-24年為哥倫比亞大學Dean Lung講座教授，1928、1932年在哈佛大學。1927年曾營救過鮑羅廷太太。

註11：美國.陳觀勝〈哈佛燕京學社與燕京大學之關係〉[N] . 熊大絳譯。〈哈

佛燕京學社與燕京大學之關係〉《燕大文史資料》第三輯[A]．北京：
北京大學出版社，1990。P.19-21。

註12：STUART, JOHN LEIGHTON. Fifty years in China; The Memoirs of John
Leighton Stuart, Missionary and Ambassador [M].New York :Random House,
1954。燕大司徒雷登校長說：哈佛燕京學社給了燕大許多利益，其中
使中國文學發展到像任何中國大學的最高水準；而且透過我們，好些
設在中國的教會大學，也因而得益。

註13：EDWIN O REISCHAUER.Recollections of Dr. Chiu: Kaiming Chiu And
Harvard-Yenching Library[N]. ; Committee on East Asian Libraries Bulletin. no.
101[N].Dec.1993: P65-69；also see EUGENE WU. Harvard-Yenching Library
Archives and "The Founding of the Harvard-Yenching Library" Committee on
East Asian Libraries Bulletin. no. 101[N]. Dec.1993 P. 65-69.

註14：王鍾翰〈哈佛燕京學社與引得編纂處〉，見燕大文史資料第三輯[A]．
北京：北京大學出版社，1990。22-28頁。

註15：中國名人在哈佛留學研究者，據北京大歷史系張寄謙，姜文閔和張鳳
等考查[A]．見HYI ARCHIVES: Minutes of the Trustees Meeting, 1928-1992；
張寄謙〈哈佛燕京學社〉《燕大文史資料》第六輯[A]．北京：北京大
學出版社，1992年3月。P. 38-60《近代史研究》[A]．北京:中國社會科
學出版社，1990年5月9號，P149-173。

註16：Also See PHILIP WEST. Yenching University and Sino-Western Relations, 1916-
1952.[M] .Cambridge MA: Harvard University press, 1976. P.187-194.

註17：廣州中山大學圖書館程煥文館長尋出裴開明館長的老檔案，張鳳另有
〈裴開明館長〉一文收錄於《哈佛緣》P.89-97.

註18：趙新那、黃培雲編《趙元任年譜》[M].北京：北京商務印書館，
1998。P.113-123。

註19：梅光迪，《梅光迪文錄》[M].杭州：國立浙江大學出版部，1948。

註20：吳學昭整理，《吳宓日記》[M]．北京：生活、讀書、三聯出版社，
1998。P. 60-。

註21：汪榮祖。《史家陳寅恪傳》[M].台北：聯經出版社，1997。P. 59-61。

註22：吳學昭《吳宓與陳寅恪》[M]．北京：清華大學出版社，1992。P. 31-36

註23：《清華校友通訊》新卅二期[J].台北：清華校友？，1970.4.29。

註24：周一良《畢竟是書生》[M].北京：十月文藝出版社，1998。

註25：我由趙如蘭教授處得到一頁珍貴的簽名：1960年7月27日。

註26：杜維明、余英時二位教授特於指點。

註27：近年，不但文理公衛教育各學院都有短期課程，獨立的尼門基金會，
在新聞方面，也每年邀請訪問學者。亞洲中心及政府學院又常邀政界
等人物，難以盡數。

註28：張鳳。《哈佛心影錄》[M].台北：麥田出版社，1995。P. 5-6；上海：上
海文藝出版社2000簡字版. P. 1-2[M]杜維明教授序。

註29：哈佛燕京學社前任副社長 GLEN BAXTER."In Tribute" Harvard Journal of

Asiatic Studies, 24[J]. 1962-1963。陳寶琛的幼子陳立鷗教授，曾任舊金山州立大學中文系主任，他與卓以玉教授為《天天天藍》歌曲譜寫出詞曲。

註30：洪業及方志彤等位所謂哈佛燕京學社終身研究員，依然是每年在哈佛燕京學社信託委員會議中，提出薪水預算商榷之後才得安享。方志彤先生於1947年9月15日抵達哈佛，參與哈佛漢英字典的編輯工作，身份是研究員十年（research fellow），接替李方桂的工作。葉理綏作為哈佛燕京社長，出具證明。1948年2月6日據北大英語系高峰楓教授考察。

註31：張鳳．《哈佛哈佛》[M].台北：九歌出版社，1998，P. 23-25。《哈佛緣》張鳳著，廣西師範大學出版社，2004，簡體字版。

註32：胡頌平的《胡適年譜》第四冊P.1540記載。胡適去哈佛的日記缺記，據北大胡適專家歐陽哲生教授：《趙元任在美哭胡適》對此亦有回憶。三十多年來走過碑前的次數難以細計，為防風霜侵蝕刻字,哈佛每冬已將碑包裹保護，遂決定將之記錄如前。

註33：海外中國近代文學首度成為獨立研究的個體，是由哥大夏志清教授在耶魯出版《中國現代小說史》開始。時見哥倫比亞大學兼任東亞系系主任，丁龍（DeanLung）講座教授王德威，《想像中國的方法》[M].北京：生活、讀書、三聯出版社，1998，P.344-372; C.T.Hsia. A history of modern Chinese fiction: with an introduction by David Der-wei Wang.3rd ed.[M] Bloomington: Indiana University Press, 1999；美國。夏志清《中國現代小說史》[M]。台北：傳記文學出版社，1979.9.1。

註34：緊接著有哥倫比亞大學，耶魯，伯克萊等校設立東亞系。

註35：哈佛大學東亞系主任包弼德教授來信[C].1998.3.24。

註36：胡適，《胡適的日記》[M].香港：中華書局，1985。P 603-。

註37：耶魯大學東亞系系主任1991-1996，又任研究所所長孫康宜教授親自來信指導；孫康宜，《耶魯、性別與文化》[M]。台北：允晨出版社，2000。孫康宜，《遊學集》[M].台北：爾雅出版社，2001。

註38：薛龍RONALD SULESKI. A Draft about brief history of Harvard-Yenching Institute[N].Jun, 6 , 2003.（This is not an authorized or official history of the Harvard Yenching Institute）

註39：EDWIN O REISCHAUER. " Serge Elisseeff " Harvard Journal of Asiatic Studies 20[J]. - 1957. p 1-35。

註40：Also see EDWIN O REISCHAUER. My Life Between Japan and America[M]. New York: Harper & Row, 1982 p 42-。

註41：HYI ARCHIVES : Minutes of the Trustees Meeting[N] .,1970。

註42：EDWIN O REISCHAUER, JOHN KING FAIRBANK, ALBERT CRAIG.East Asia: Tradition and Transformation[MJ].Boston, Houghton Mifflin 1973.

註43：HYI ARCHIVES , Edward Baker "22 years at the Harvard Yenching Institute" draft narrative dated 29 April, 2003.

註44：Prof. P. Hanan provided his CV material，2003。

註45：張鳳.《哈佛哈佛》[M].台北：九歌出版社，1998。p74-78。《哈佛緣》張鳳著，廣西師範大學出版社，2004，簡體字版。張鳳，〈哈佛儒者杜維明〉[N].台北：聯合報，1995.3.29暨美國星島週刊1997.7.6。

註46：作者曾參與協助這些會議的主辦或宣傳，1997年之後，哈佛儒學研討會及針對特殊議題的會議等有黃萬盛先生協助，並編輯出版。

註47：網址為：http://harvard-yenching.org
　　　早期中文網http://www.harvard-yenching.net/yanjing

註48：薛龍RONALD SULESKI. A Draft about brief history of Harvard-Yenching Institute[N]. Jun, 6, 2003.（This is not an authorized or official history of the Harvard Yenching Institute）

註49：參考哈佛大學Elizabeth J. Perry 官網

註50：張鳳《哈佛心影錄》[M].台北：麥田出版社，1995。P283-287。上海：上海文藝出版社2000簡字版。p255-259。張鳳，〈哈佛燕京圖書館〉[N].首刊台北聯合報系1988.3.29暨1993.5.24。

註51：The collection contains correspondence referring to the raising of funds from Harvard alumni for the employment of an instructor of Chinese at Harvard; a nineteenth century manuscript copy of a letter written by Walter C. Miller of the British Consul（Shanghai, China）to U.S. Consul Francis P. Knight（Newchwang, China）concerning the best method of learning Chinese; and other items（appointment letters, news clippings, correspondence）concerning the appointment of Professor Ko Kun-hua teacher of Chinese language at Harvard. In English 22 cubic feet（1 document box）HOLLIS Number：001662764 and The Ko Kun-hua's collection contains a mixture of items dating from 1879 to 2009. The majority of the items are articles about Ko Kun-hua's teaching affairs at Harvard University; manuscript copies of letters written by U.S. Consul Francis P. Knight to Charles W. Eliot, President of Harvard University, concerning the appointment of Mr. Ko Kun-hua as a teacher of Chinese language at Harvard, dating from June 1879 to June 1880. The collection also contains original portraits of Mr. Ko Kun-hua. Printouts from books, periodicals and newspapers relating to Mr. Ko Kun-hua are included in this collection as well. In English 1 box HOLLIS Number :014157135 in Harvard-Yenching Rare（W）.
　　　經張鳳數度考察英文檔案於哈佛特藏檔案的普西圖書館「Z」.哈佛校史檔案，首度於1988年書寫刊發於臺北聯合報等中文媒體。亦曾閱讀哈佛燕京圖書館二任吳文津館長數語英文資料。
　　　哈佛東亞系官網製作前，東亞系曾派美國學者來訪談：記錄張鳳有關事跡和考掘。但多被人引用或剽竊無註，甚至錯引。
　　　研究者：南京大學張宏生教授交換資料，及樊書華博士「哈佛燕京學社Charles Martin Hall 1914～1928捐款到學社成立」，華東師大魏泉教授等位也來詳談。
　　　張鳳《哈佛燕京圖書館》「N」.臺北，聯合報1988年3月29日

張鳳《哈佛燕京圖書館》「N」.臺北，聯合報 1993，5月，24日.

張鳳《赴美教學第一人及紐英倫華人180年》論文「N」紐約，北美世界日報周刊，2000.5.7；臺北聯合報，2001.7.19。

哈佛燕京學社中文網頁：2000年，馬小鶴，張鳳，張忠達創立管理。

林澗編《問譜系：中美文化視野下的美華文學研究》「M」.77頁～85頁，上海，上海譯文出版社，2006。〈華美文學先驅──哈佛1879年首聘中文教師戈鯤化作品及其他〉一文，先是在2005年6月1～3日在復旦大學召開的「中美文化視野下的美華文學研究國際研討會」演講共同與會有：白先勇、劉俊、吳冰、劉登翰、單德興、王安憶、蒲若茜、張敬珏等位教授。

張鳳《哈佛心影錄》「M」.283頁，臺北麥田1995，及上海文藝出版255頁，2000。

張鳳《哈佛哈佛》「M」.28頁，臺北九歌，1998。

張鳳《哈佛緣》「M」.71頁，88頁，廣西師範大學出版社，簡字版2004。

張鳳《一頭栽進哈佛》「M」.26頁，47頁，臺北九歌2006。

張鳳《哈佛問學錄～與哈佛大學教授對話30年》「M」.255頁～261頁，北京，重慶出版集團，2015。

張宏生。《戈鯤化集》[M].南京：江蘇古籍出版社，2000年10月。

註52：ALFRED KAIMING CHIU, "Reminiscence of A Librarian" Harvard Journal of Asiatic Studies 25[J].1964-1965. p 7-18；Abridged from A speech delivered before the Board of Overseers' Visiting Committee on East Asian Civilizations in Nov. 1963.

註53：多謝哈佛燕京圖書館鄭炯文館長2015年度報告所有資料，哈佛燕京圖書館公共服務及電子資源部主管楊麗瑄女士，中文部主管馬小鶴先生提供資料。

註54：在同仁及作者熱心邀集之下，作者贈送之手稿及簽名書日益增加。

註55：為兩位副館長，馮漢驥曾為湖北省圖書館主任、四川大學考古學教授，著有《前蜀王建墓發掘報告》[M]. 北京：文物出版社，2002年（再版）。

註56：多謝當年燕京學社副社長Dr. Edward J. Baker, 和研究助理薛龍Dr. Ronald Suleski，李若虹博士協助資料檔案及各院系檔案，更萬分感謝文中所寫的每位，特別哈佛燕京圖書館鄭炯文館長，暨吳文津館長、王德威、趙如蘭、李歐梵、陸惠風、張光直教授和夫人李卉老師等位的指點，和李金強教授、張力教授、張宏生教授、程煥文館長、樊書華等位學者的交換中英資料，並感念辭世的魯貝爾亞洲藝術研究圖書館林衍秀館長所提供的珍貴資料。

註57：當年承蒙哈佛燕京學社長杜維明教授和哈佛燕京圖書館鄭炯文館長協助斧正，特申謝忱。

哈佛大學生日快樂！375年！

　　哈佛大學慶祝375週年大生日！選在2011年10月14日傍晚開始，始料未及，天不作美，竟在大雨滂沱，千萬傘下，於常行畢業典禮的300週年紀念露天劇場舉辦！

　　哈佛是美國最先創建的學院，最負盛名的大學。1636年自英移民來的清教徒，才登陸普利茅斯港16年，捐頭羊，獻匹布為建學院⋯⋯依次再有成立於1693年的威廉瑪麗－維吉尼亞大學的首所學院；耶魯設立於1701年；賓西凡尼亞大學1740年；哥倫比亞大學1754年開創。

　　上回慶祝哈佛350週年，我還是手推嬰兒的少婦，如今兒女皆長成。精神今非昔比，但還是與一同任職哈佛核磁共振實驗室及貴重儀器中心主任的外子，冒雨去參與這全校師生的同慶，激賞學生的表演，心疼他們在課業繁忙，雨水洶湧有如淋浴當中，赤足依然再三滑倒還見受傷的情況下，堅忍到底⋯⋯在中場之後雨勢方歇，發現雙腳久浸校園的泥水草地中，皮鞋幾乎報銷，但見人潮依然此消彼長不斷，上萬群眾熱舞酣歌狂歡至午夜，真是淋漓盡致。

　　但開場時，雨下如注，地動樹搖，狂亂地彷彿任何東西都運作失靈，表演竟是暗夜上場，舞台無聲配樂-水淹損了預設的燈光音響？後幸修復；無法擠出重圍去聽早已盛傳的演講樹，靈還是不靈？哈佛老園裝置了十棵會作演講的樹重現：羅斯福、邱吉爾、德蕾莎修女、比爾蓋茲、JK羅琳、高爾、甘迺迪⋯⋯的演講，世界知名人物曾來哈佛畢業演講過者，均有錄音播送聆聽。

　　放眼望去只見合唱團和瑞克利夫交響樂團，接著名震中外的1976年畢業生大提琴家馬友友，在佛斯特（Faust）校長、賀蒙（Hammonds）院長的伴同之下，不負使命精彩演奏巴哈、生日快樂歌，全場雨中齊聲高唱，嗨到極點的效果應不失色；還有前後連續舉辦的演講和展覽，都毫不受干擾。校長為哈佛許願三樁：哈佛要有讓所有畢業生都有驕傲的美好未來；全體哈佛人能夠實現圓成教書研究、擴展新知的目標；哈佛大學能夠持續保有其開放平等的入學機會。

　　哈佛週年蛋糕負責人為台灣後裔張柔安（Joanne Chang）1991年哈佛畢業的高材生，曾主修應用數學和經濟，但愛上做糕餅，旁人點石成金，她能點麵粉成金，忠於興趣，由商轉行成糕點女王——在波士頓有三家麵粉烘焙店與ChristieMatheson合作，出版2010《麵粉：波士頓麵粉烘焙店的壯觀食譜》（*Flour: Spectacular Recipes From Boston's Flour Bakery Café*）一書。

　　據張柔安的創意，將烤成以哈佛英文首字H形狀，15英尺寬，18英尺長的哈佛殷紅大蛋糕，切給整個哈佛園黑壓壓的人盡情分享，用278磅牛油，1000個蛋，1290杯糖，1100杯蛋糕粉，16加侖酪乳，125杯可可粉，25杯鹽，24杯香草精，16加侖法式酸奶——Creme Fraiche的大蛋糕由瑞克利夫學院的院長柯亨（Lizabeth Cohen）以大刀切開第一刀後，與觀眾同享。

　　哈佛現能狂慶，與校務基金當時抵320億，比以前捐的還增多40億，大概多少也有關係。（2014財政年度哈佛校務基金達364億，但投資收益欠佳15.4%）。哈佛擁有世界上任何大學都比不上的財源，目空一切，高達億萬的基金，就是各界對哈佛大學的信賴，人才濟濟更是擅長基金投資，近年來投資基金總數，也日漸上揚。

　　從久遠來看，除卻名與利這兩艘船來船往之外，375年當中，哈佛大學生機勃勃地開啟了無數極有意義的超越，還依然繼續……真的非常值得全體人類深思。

讀歷史76　PC0681

哈佛問學30年

作　　者／張　鳳
責任編輯／鄭伊庭
圖文排版／周妤靜
封面設計／楊廣榕

發　行　人／宋政坤
法律顧問／毛國樑　律師
出版發行／秀威資訊科技股份有限公司
　　　　　114台北市內湖區瑞光路76巷65號1樓
　　　　　電話：+886-2-2796-3638　傳真：+886-2-2796-1377
　　　　　http://www.showwe.com.tw
劃撥帳號／19563868　戶名：秀威資訊科技股份有限公司
　　　　　讀者服務信箱：service@showwe.com.tw
展售門市／國家書店（松江門市）
　　　　　104台北市中山區松江路209號1樓
　　　　　電話：+886-2-2518-0207　傳真：+886-2-2518-0778
網路訂購／秀威網路書店：https://store.showwe.tw
　　　　　國家網路書店：https://www.govbooks.com.tw

2018年4月　BOD一版
定價：450元
版權所有　翻印必究
本書如有缺頁、破損或裝訂錯誤，請寄回更換

國家圖書館出版品預行編目

哈佛問學30年 / 張鳳著. -- 一版. -- 臺北市：
　秀威資訊科技, 2018.04
　　面；　公分. -- (史地傳記類)
　BOD版
　ISBN 978-986-326-538-2(平裝)

　1.言論集

078　　　　　　　　　　　　107003391

讀者回函卡

感謝您購買本書,為提升服務品質,請填妥以下資料,將讀者回函卡直接寄回或傳真本公司,收到您的寶貴意見後,我們會收藏記錄及檢討,謝謝!如您需要了解本公司最新出版書目、購書優惠或企劃活動,歡迎您上網查詢或下載相關資料:http:// www.showwe.com.tw

您購買的書名:_____

出生日期:_____年_____月_____日

學歷:□高中 (含) 以下　　□大專　　□研究所 (含) 以上

職業:□製造業　□金融業　□資訊業　□軍警　□傳播業　□自由業
　　　□服務業　□公務員　□教職　　□學生　□家管　　□其它_____

購書地點:□網路書店　□實體書店　□書展　□郵購　□贈閱　□其他

您從何得知本書的消息?

　　□網路書店　□實體書店　□網路搜尋　□電子報　□書訊　□雜誌
　　□傳播媒體　□親友推薦　□網站推薦　□部落格　□其他_____

您對本書的評價:(請填代號　1.非常滿意　2.滿意　3.尚可　4.再改進)

　　封面設計____　版面編排____　內容____　文/譯筆____　價格____

讀完書後您覺得:

　　□很有收穫　□有收穫　□收穫不多　□沒收穫

對我們的建議:_____

_____

_____

_____

11466
台北市內湖區瑞光路 76 巷 65 號 1 樓

秀威資訊科技股份有限公司　　　收

　　　　　BOD 數位出版事業部

....

（請沿線對折寄回，謝謝！）

姓　　名：＿＿＿＿＿＿＿＿　年齡：＿＿＿＿　性別：□女　□男

郵遞區號：□□□□□

地　　址：＿＿＿＿＿＿＿＿＿＿＿＿＿＿＿＿＿＿＿＿

聯絡電話：(日)＿＿＿＿＿＿＿＿＿　(夜)＿＿＿＿＿＿＿＿＿

E-mail：＿＿＿＿＿＿＿＿＿＿＿＿＿＿＿＿＿＿＿＿